agenda Frieden

Österreichisches Studienzentrum
für Frieden und Konfliktlösung (Hrsg.)

Projektleitung und Redaktion: Thomas Roithner

„Die Wiedergeburt Europas“

Von den Geburtswehen eines emanzipierten Europas
und seinen Beziehungen zur „einsamen Supermacht“

agenda Frieden

Dialog, Beiträge zur Friedensforschung
Bd. 47

Österreichisches Studienzentrum
für Frieden und Konfliktlösung (Hrsg.)

Projektleitung und Redaktion: Thomas Roithner

„Die Wiedergeburt Europas“

Von den Geburtswehen eines emanzipierten Europas und seinen Beziehungen zur „einsamen Supermacht“

agenda Verlag
Münster
2005

Die Deutsche Bibliothek – CIP-Einheitsaufnahme

„Die Wiedergeburt Europas". Von den Geburtswehen eines emanzipierten Europas und seinen Beziehungen zur „einsamen Supermacht"/ Österreichisches Studienzentrum für Frieden und Konfliktlösung (Hrsg.).
Projektleitung: Thomas Roithner.
Münster: agenda Verlag, 2005. (agenda Frieden)

Drubbel 4, D-48143 Münster
Tel. +49–(0)251–79 96 10, Fax –79 95 19
E-mail: info@agenda.de
Internet: www.agenda.de
Lektorat/Satz: draft fachlektorat frieden, Wilhelm Nolte, Hamburg
Titelbild: Matthäus Zinner
Umschlaggestaltung: Frank Hättich

ISBN 3-89688-238-4

Inhalt

Anhang

VORWORT

Der vorliegende Band „„Die Wiedergeburt Europas‘. Von den Geburtswehen eines emanzipierten Europas und seinen Beziehungen zur einsamen Supermacht“ beschäftigt sich mit dem außen- und sicherheitspolitischen Weg Europas und erarbeitet die Optionen des Kontinents im transatlantischen Verhältnis.

Im Zuge der transatlantischen Debatten und der Positionsfindung Europas zum US-geführten Irak-Krieg stießen Jürgen Habermas und Jacques Derrida unter dem Titel „Die Wiedergeburt Europas“ eine breite Diskussion zur Identität und Finalität Europas an. Die weltweiten Friedensdemonstrationen bezeichneten die beiden Philosophen aus europäischer Perspektive als die „Geburt einer europäischen Öffentlichkeit“.

Einleitend wirft Ekkehart Krippendorff einen Blick auf die mythologischen Zusammenhänge. Er stellt fest, dass Europa ein Produkt der „künstlerischen Phantasie, des ‚Geistes‘ (...) und nicht der Geographie, der Ökonomie und der Eroberungskriege“ sei. Mehrere Beiträge stellen den „amerikanischen Antworten“ auf die Herausforderungen einer gegenwärtigen Weltordnung die „europäischen Antwortversuche“ (Otfried Nassauer) gegenüber. Diskutiert werden dabei die Bedingungen, Widersprüche und Ziele einer sicherheitspolitischen Emanzipation der EU und die künftige Bedeutung der Beziehungen zu den USA. Hier spielen sowohl die zivilen und die militärischen Aspekte der Außen- und Sicherheitspolitik der Europäischen Union (EU) als auch ihre Verfassung und ihre Sicherheitsstrategie eine bedeutende Rolle. Dabei werden in unterschiedlichen Beiträgen die Möglichkeiten Europas abseits einer „zweiten Weltpolizei“ und auch mit dem Verzicht auf den militärischen „big stick“ (Werner Ruf) dargelegt.

Nicht nur der Irak-Krieg der von den USA angeführten „Allianz der Willigen“ ist ein Indiz für einen transatlantischen Streit um die globale Vormachtstellung. Es liegt im existenziellen Interesse Europas, sicherheitspolitische Alternativen zu der imperialen Außenpolitik der USA zu entwickeln. Der Ökonomie kommt dabei eine ganz zentrale Rolle zu. Wichtig sei aber auch, die EU-Sicherheitspolitik „ständig kritisch, fast möchte man sagen: misstrauisch zu begleiten“ (Jürgen Rose). Ernst-Otto Czempiel kommt bei der Analyse des transatlantischen Spannungsverhältnisses u.a. zu folgendem Schluss: „Und wenn man nicht davon ausgehen muss, dass es im atlantischen Verhältnis einen Krieg geben wird, so wird es doch eine Auseinandersetzung bis kurz vor dem Messer geben. Wir können sicher sein, dass die USA jeden Zentimeter ihrer Machtfülle verteidigen werden.“

Die US-Regierung hat nach den dramatischen Terroranschlägen vom 11.9.2001 den auf Unilateralismus basierenden „permanenten Krieg gegen den Terror" begonnen. In diesem Zusammenhang stellt sich dringlich die Frage nach der Zukunft der Vereinten Nationen und nach dem Militärpakt NATO. Die Analyse der Herausforderungen und Zukunft beider Institutionen wird aus völkerrechtlicher Perspektive erarbeitet.

Die von Habermas und Derrida hervorgehobenen und von der New York Times als „zweite Weltmacht Öffentlichkeit" dargestellten zivilgesellschaftlichen (im Prozess der sozialen Foren erarbeiteten) Proteste gegen den Irak-Krieg werden in diesem Band aus globalisierungskritischer, gewerkschaftlicher und friedensbewegter Sicht beleuchtet.

Achtzehn ExpertInnen aus den Bereichen Friedens- und Militärwissenschaft, Völkerrecht, Gewerkschafts- und Friedensbewegung, religiösen Zusammenhängen und Journalismus stellen in diesem Band ihre Analysen, Schlussfolgerungen, Empfehlungen und Lösungsansätze vor, die sie während der 21. Internationalen Sommerakademie von 4.–10. Juli 2004 am Österreichischen Studienzentrum für Frieden und Konfliktlösung auf der Burg Schlaining vorgestellt haben. Noch nie zuvor haben so viele aktive ZuhörerInnen und MitdiskutantInnen den Weg in die südburgenländische Ritterburg zu einer Sommerakademie gefunden, um sich am aktuellen politischen und wissenschaftlichen Diskurs über Krieg und Frieden zu beteiligen. Dies ist für uns ein großer Ansporn und Auftrag, die Debatte und die Ergebnisse der Akademie einer breiteren Öffentlichkeit durch dieses Buch zugänglich zu machen und damit einen konstruktiven Beitrag zum sicherheitspolitischen Weg Europas und den transatlantischen Beziehungen zu leisten.

Wien, August 2004
Thomas Roithner (Projekt-Leiter)

EINLEITUNG[1]

GERALD MADER

Ich möchte heuer in der Begrüßung nicht zum Thema der Sommerakademie sprechen, sondern über die Gründungsgeschichte des Instituts, worauf ich immer wieder angesprochen werde, und sie über unser neues visionäres Zukunftsprojekt einer „Europäischen Friedenspolitik" informieren. Denn ich glaube, dass die Sommerakademie das beste Forum für eine öffentliche Erstinformation ist. Gegenstand meiner Begrüßung ist daher einerseits die Vergangenheit und andererseits die Zukunft des Instituts.

Als wir vor mehr als 20 Jahren unser Institut gründeten, hat der heutige Festredner in launiger Weise darauf hingewiesen, dass in dem Jahr, in dem die Deutsche Gesellschaft für Friedensforschung eingestellt wurde, das Österreichische Institut für Friedensforschung in Schlaining gegründet wurde. Der politische und wissenschaftliche Mainstream war in Österreich jedoch kein anderer, sondern wir verdanken es einer Reihe von Glücksfällen, dass es zur Gründung eines Instituts für Friedensforschung gekommen ist. Es waren zwei negative und ein positives Ereignis, welche die Gründung des Instituts beeinflusst haben, und sie zeigen, dass auch die Verwirklichung einer kleinen Utopie ohne Glück und Kairos nicht auskommt.

Die damalige Wissenschaftsministerin Dr. Hertha Firnberg hatte sich über meine Bitte bereit erklärt, der Österreichischen Akademie der Wissenschaft ein Institut für Friedensforschung zu finanzieren. Als die Akademie die Gründung eines Instituts für Friedensforschung ablehnte, entschlossen sich die Wissenschaftsministerin und ich – als damaliger Landesrat – zu einer Gründung eines privaten, unabhängigen Vereins für ein Institut in Schlaining. Wir verdanken daher der Ablehnung durch die Akademie der Wissenschaft die Existenz und den Ausbau eines unabhängigen Instituts. Nur so bestand die Möglichkeit, die Infrastruktur für ein Konferenzzentrum zu schaffen und eine Europäische Friedensuniversität zu errichten. Das Akademie-Institut wäre heute längst eingestellt.

Ein negatives Ereignis hat schließlich dazu geführt, dass wir zum Sitz des Instituts nicht Mattersburg gewählt haben, wo die Idee zur Institutsgründung ursprünglich entstanden ist, sondern Schlaining. Der Eigentümer der Burg Schlaining, Dr. Illig, hatte die Burg zugesperrt und wollte sie au-

---

1 Rede zur Eröffnung der 21. Internationalen Sommerakademie, 4. Juli 2004.

ßerdem an einen Spekulanten verkaufen, wodurch Schlaining seine letzte Fremdenverkehrsattraktion verloren hätte. Eine Gruppe von Schlainingern hat mich daher in meinem Bauernhaus in Mönchmeierhof besucht und um Intervention bei Dr. Illig gebeten. So entstand im Zuge der vielen Gespräche bei mir die Idee, dass das Land Burgenland die Burg Schlaining kaufen und diese dann zu einem Konferenzzentrum für ein Institut für Friedensforschung ausbauen sollte. Zu einem Kauf der Burg ist es nach größeren Schwierigkeiten gekommen, aber den Ausbau der Burg musste dann der Verein selbst in die Hände nehmen.

Es gab aber auch einen positiven Glücksfall, der darin bestand, dass der sozialdemokratische Nationalrat Dr. Heinz Fischer zum Wissenschaftsminister bestellt wurde, dem wahrscheinlich als einzigem Politiker Österreichs Friedensforschung ein persönliches Anliegen war. Über ihn erhielten wir eine Basisförderung des Wissenschaftsministeriums, welche die Grundlage für die finanzielle Situation des Instituts wurde. Nach seinem Ausscheiden als Wissenschaftsminister haben wir Heinz Fischer zum Vorsitzenden unseres Kuratoriums gewählt, welche Funktion er bis heute ausübt. Wir haben uns daher sehr gefreut, dass er zum österreichischen Bundespräsidenten gewählt wurde. Er hat mir inzwischen zugesagt, die nächste Sommerakademie als österreichischer Bundespräsident persönlich zu eröffnen. Seine Amtseinführung findet in den nächsten Tagen statt, daher möchte ich vorschlagen, ihm zu seiner Funktion als Bundespräsident und zu seiner weiteren Amtsführung viel Erfolg zu wünschen.

Diese drei Zusammenhänge sollen zeigen, dass auch die Verwirklichung einer kleinen Utopie ohne Glück und Kairos nicht möglich ist.

Nun zu unserem Zukunftsprojekt der Vision einer Europäischen Friedenspolitik:

Schlaining unterscheidet sich von anderen wissenschaftlichen Instituten, die sich mit internationaler Politik beschäftigen, dadurch, dass wir

- die Realpolitik stärker ursachenorientiert analysieren (wir fragen beispielsweise stärker nach den Ursachen des Terrors) und dass wir
- der Realpolitik mit den unterschiedlichen Bereichen normative Zielsetzungen und konkrete Alternativen gegenüberstellen.

Mit unserem neuen Forschungsprojekt gehen wir hierüber hinaus, indem wir auch zur Umsetzung beitragen wollen, und zwar dadurch, dass wir uns bemühen werden, das Forschungsprojekt bzw. die daraus abgeleitete alternative Sicherheitsstrategie manifestartig der EU zum Gegenstand einer europäischen öffentlichen Debatte zu machen. Für diese Aufgabe der Umsetzung wollen wir ein europaweites Netzwerk von Wissenschaftlern, Politikern und Friedensbewegten und eine entsprechende Medienarbeit aufbauen. Es gibt keinen europäischen Diskurs, aber das Forschungsprojekt möchte dazu einen kleinen Beitrag leisten. Wir werden versuchen, zuerst einen solchen politischen Diskurs in Österreich, dann im deutschsprachigen Raum und schließlich in allen europäischen Ländern in Gang zu bringen.

Ich bin mir bewusst, dass dies heute noch sehr vage und utopisch erscheint. Dennoch sind wir überzeugt, dass es uns gelingen wird, eine überzeugende Alternative zu entwerfen und viele überzeugte Europäer zur Teilnahme an unserem Kongress mobilisieren zu können, den wir für 2006 oder 2007 in Schlaining und Wien planen. Wir wollen mit diesem Kongress zu einer notwendigen Friedenswende in Europa beitragen, die schon jetzt dem politischen Willen der Mehrheit der europäischen Bevölkerung (15.2.2003), wenn auch nicht der politischen Eliten, entspricht. Viele Machteliten und Vertreter des industriell-ökonomischen Komplexes sehen in Friedenspolitik keine Chance, sondern eine Gefahr für die eigenen Interessen. Daher brauchen wir nicht nur Glück und Kairos, sondern auch eine friedenspolitische Strategie, die dieser Kluft zwischen Eliten und Bevölkerung Rechnung trägt. Die Eliten streben mehr nach militärischer Großmacht, die Zivilgesellschaft und die Bevölkerung mehr nach demokratischer Friedensmacht. Daher ist auch der EU-Verfassungsentwurf mit seiner Aufrüstungsverpflichtung ein typisches Projekt der Eliten, die nach Ende des Kalten Krieges und obwohl sich der Terror nicht mit Militär bekämpfen lässt noch immer in Aufrüstungskategorien denken. Diese Aufrüstungsverpflichtung des EU-Verfassungsvertrages ist eine einzigartige Absurdität, bei der sich jedem Verfassungsrechtler, der kein reiner Opportunist ist, „der Magen umdreht“. Die Wiedergeburt Europas, die Gegenstand dieser Sommerakademie ist, kann jedenfalls nicht im Geiste des Militarismus und einer Aufrüstungspolitik erfolgen. Die EU ist nicht Europa, aber der Friedensgedanke der Gründungsväter macht vor den Grenzen der EU nicht Halt. Die Anziehungskraft der EU beruht nicht auf militärischer Stärke, sondern auf geschichtlichen Erfahrungen, gemeinsamen Werten und auf wirtschaftlichen Interessensverflechtungen.

Ich kann in der Begrüßung selbstverständlich nicht das Projekt in seiner ganzen Komplexität vorstellen, aber ich werde versuchen, die Dramaturgie und die friedenspolitische Stoßrichtung des Forschungsprojektes in aller Kürze anzudeuten.

Ausgangspunkt sind die wirklichen Probleme, mit denen die Welt konfrontiert ist. Die daraus abgeleiteten grundsätzlichen Lösungen werden mit der EU-Realität konfrontiert. Daran anknüpfend soll die Vision einer europäischen Friedenspolitik entwickelt werden.

Wenn ich von europäischer Friedenspolitik spreche, dann meine ich eine europäische Friedenspolitik nach innen und außen, wie dies den Träumen der Generation nach 1945 entsprochen hat. Nie wieder Krieg in Europa, also kein Bürgerkrieg, aber auch kein Krieg, der von Europa ausgeht, an dem Europa beteiligt ist. Dieser Lehre aus zwei Weltkriegen entsprach auch die Europäische Gemeinschaft der früheren Erbfeinde Frankreich und

Deutschland. Dieser Zielsetzung ist auch die gemeinsame Außen- und Sicherheitspolitik verpflichtet. Mit dem Kölner Beschluss der EU hat sich jedoch die Verteidigungs- und Militärpolitik von der Außen- und Sicherheitspolitik abgekoppelt, und die geplante ständige strukturelle Zusammenarbeit setzt diese fort. Die Republik Österreich hat diesen Friedensgedanken in ihrer Neutralitätsverfassung umgesetzt. An diese friedenspolitische Zielsetzung will unser Forschungsprojekt anknüpfen. Sie entspricht übrigens den Träumen meiner eigenen Jugend – und man soll die Träume seiner Jugend achten, heißt es schon bei Don Carlos. Ich möchte daher allen jenen, die sich allzu schnell und allzu leicht der postmodernen und posthumanen Gesellschaft und einem zynischen und narzisstischen Treiben in Politik und Gesellschaft anpassen, meinen Leitsatz der Institutsgründung entgegenhalten: Ich träume, also bin ich. Aber ich träume nicht nur!

Von dieser Friedenssehnsucht gingen nicht zuletzt die USA aus, als sie mit der Gründung der UNO eine internationale Friedens- und Rechtsordnung zu schaffen versuchten und damit den Krieg als Mittel der Politik verhindern wollten. Später haben sich die USA jedoch immer mehr von ihrer eigenen internationalen Rechtsschöpfung entfernt. Diese Entwicklung erfuhr beim Irak-Krieg insofern einen Höhepunkt, als sich in den USA und im gespaltenen Europa die Anhänger von Unilateralismus und Multilateralismus unversöhnlich gegenüberstanden. Ein Österreicher hat bereits viel früher diese weltpolitische Entwicklung etwas simpel so formuliert: Die Amerikaner wurden Preußen und die Europäer Amerikaner.

Ein Wort zum Pazifismus: Wir setzen Friedenspolitik nicht mit Pazifismus gleich, so sehr ich die Pazifisten schätze. Es kann Situationen geben, in welchen der Einsatz militärischer Mittel notwendig ist, wenn die formalen und inhaltlichen Voraussetzungen (Völkerrecht, UNO-Charta) gegeben sind und es sich tatsächlich um das letzte Mittel handelt. Friedenspolitik heißt militärischer Machtverzicht bei Durchsetzung wirtschaftlicher und weltpolitischer Interessen, aber nicht Verzicht auf Verteidigung des EU-Raums oder auf Mitwirkung bei UNO-mandatierten Friedensmissionen. Krieg darf kein Mittel der Politik sein. Die Gründe für den Einsatz militärischer Mittel sind klar zu formulieren, anhand von Kriterien, an die auch der Sicherheitsrat gebunden sein sollte. Der politische und rechtliche Skandal der Bush-Politik besteht darin, dass sie sich über das Völkerrecht hinwegsetzt und den Krieg wieder zum normalen Mittel der Politik gemacht hat und gleichzeitig mit einer Politik der Aufrüstung – konventionell und atomar – begonnen hat. Einziger Grund: War on Terrorism. Es ist daher notwendig, die wirklichen großen Bedrohungen der Welt und die Rolle der EU in der Welt zu klären.

Viele europäische Eliten bedauern, dass die EU mangels finanzieller Mittel nur beschränkte militärische Fähigkeiten hat, statt froh zu sein, dass sie dadurch nicht die gleichen Fehler wie die Amerikaner begehen kann. Es ist bezeichnend, dass Tony Blair in einem BBC-Interview stolz hervorhob, dass Großbritannien einen Krieg führen könne, ohne die Zustimmung Brüssels einholen zu müssen. Das Recht zum Krieg als unverzichtbarer Bestandteil der britischen Souveränität! Die EU sei ein globaler Akteur, sie müsse daher Verantwortung für die Sicherheit in der Welt tragen, ist die stereotype Argumentation der Anhänger von Militärmacht und Rüstung. Ausgehend von einem erweiterten Sicherheitsbegriff, der von Armut bis zu den ethischen Konflikten reicht, muss jedoch bezweifelt werden, dass der Westen durch Kriegsführung und Aufrüstung die Sicherheit der Welt verbessern könnte. Das Gegenteil ist der Fall. Die imperiale Präsenz der USA in der Welt erzeugt mehr Bedrohungen und Risken als der Verzicht auf Angriffskriege und Rüstung. Die Chance der EU liegt nicht in Machtpolitik, sondern in Friedenspolitik. Die EU soll daher nicht eine Gegenmacht zu den USA aufbauen, sondern eine Rolle als demokratische Friedensmacht anstreben und damit zeigen, dass man weltpolitischen Einfluss nicht durch militärische Macht, sondern durch militärische Selbstbeschränkung und Soft Power gewinnen kann. Die Amerikaner haben die Europäer als militärische Zwerge karikiert. Wir sollten stolz darauf sein, da dies nur zeigt, dass wir nicht die falschen, sondern die richtigen Lehren aus unserer Vergangenheit gezogen haben. Der frühere Sicherheitsberater von Bill Clinton, Brzezinski, hat diesen Unterschied zwischen Militärmacht und weltpolitischem Einfluss so formuliert: „Die USA stehen heute militärisch machtpolitisch im Zenit, ihr weltpolitischer Einfluss ist jedoch im Nadir."

Wir gehen in unserem Forschungsprojekt nicht nur von einem erweiterten Sicherheitsbegriff, sondern auch von einem breiten Friedensbegriff aus. Friedenspolitik erfordert eine Zähmung des Kapitalismus, eine Regulierung des Finanzkapitals und eine Auseinandersetzung mit dem Neoliberalismus. Der Neoliberalismus ist kein Gespenst, wie in einem Kommentar der Presse zu lesen ist, sondern eine wirtschaftspolitische Realität, deren Mängel immer mehr Menschen zu spüren bekommen. Neoliberalismus ist heute keine Strömung gemäßigter Liberaler, sondern er ist verbunden mit dem Gegenteil von sozialer Marktwirtschaft. Neoliberalismus wird mit Thatcherismus und Reagonomik verbunden. Dazu gehören Privatisierung, Deregulierung und die Vorgaben „unabhängiger Zentralbanken" und der internationalen Konzerne, welche die Handlungsfähigkeit der Politik so einschränken, dass nationale Politik gegen den Abbau der Sozialstaatlichkeit nur wenig unternehmen kann. Die Frage lautet nicht, Markt oder nicht Markt, sondern wie viele staatliche Eingriffe notwendig sind, dass die Gesellschaft nicht inhuman wird. Ich fürchte, dass die derzeitige EU-Regierung nicht bereit ist, von diesem neoliberalen Konzept abzugehen, solange nicht ein starker demokratischer Druck von unten, von den Verlierern dieser Wirtschaftspolitik erzeugt wird.

Abschließend noch ein Wort zu den transatlantischen Beziehungen, womit auch der Antiamerikanismus in Europa angesprochen werden soll. Die friedenspolitische Stoßrichtung des Forschungsprojektes ist kein Antiamerikanismus, sondern eine pro-europäische Haltung und ein friedenspolitisches Engagement. Für ein solches Engagement gibt es gute Gründe und gute Chancen, denn die postmodernen Thesen der Beliebigkeit und des posthistorischen Zeitalters (Fukuyama) sind verbraucht. Die Menschen wollen zwar nichts von einer Moralisierung der Politik hören, die zur Rechtfertigung von Kriegen und Kriegsverbrechen missbraucht wird, aber sie sehnen sich nach einer wertegebundenen Politik und nach einer Politik mit friedlichen Mitteln. Europa braucht ein anderes Machtprofil, ein friedenspolitisches Leitbild.

USA und EU können andere Konzepte der Weltpolitik haben, aber die Unterschiede dürfen nicht zu dauernden Feindbildern werden. Die alte transatlantische Partnerschaft ist für die Politiker des Kalten Krieges eine nostalgische Sehnsucht. Wir müssen ihr nicht nachtrauern, aber wir müssen verhindern, dass aus unterschiedlichen Konzepten und Sichtweisen Feindschaften entstehen. Das, was die USA und Europa brauchen, wäre eine andere Politik, die die Welt nicht nur in Gute und Böse einteilt und die endlich das Carl Schmitt'sche Politikverständnis überwindet, das nur Freund und Feind kennt, wobei dem Feind die Menschlichkeit abgesprochen wird. Auch dazu, zur Vermittlung von Feind und Freund, möchte das Forschungsprojekt einen Beitrag leisten.

Teil 1: Die Wiedergeburt Europas

DIE WIEDERGEBURT EUROPAS – ABER AUS WELCHEM GEISTE?

EKKEHART KRIPPENDORFF

Europa war – die antiken Erzähler sind sich da nicht ganz einig – entweder die Tochter oder die Schwester des Königs Phoinix, nach dem Phönizien, der heutige Libanon, seinen Namen erhielt. Ihre Mutter hieß Telephassa, „die weithin Leuchtende", oder die „mit weißem Gesicht" – eine Frau von besonderer Schönheit, dem Gesichte des Mondes ähnelnd. „Phoinix" aber bedeutet die rötliche Farbe der Sonne. Aus der Verbindung von Sonne und Mond, den polaren Lebensspendern, ging also die Prinzessin Europa hervor, deren Schönheit die der Mutter noch weit übertraf – so weit, dass sie dem Herrscher des Olymp, Zeus, nicht verborgen bleiben konnte. Zeus hatte eine neue Epoche des Herrschens und Regierens begründet. Vor ihm hatte das Geschlecht der Titanen den Götterhimmel und die Erde vom Berge Othrys aus beherrscht; zwölf Titanen waren es, sechs männliche und sechs weibliche, unter dem Regiment ihres Fürsten Kronos. Dem war prophezeit worden, dass er durch einen starken Sohn gestürzt werde, weshalb er, um seine Regierung auf Dauer zu sichern, die Söhne, die ihm von seiner Frau Rhea geboren wurden, sofort nach der Geburt tötete, indem er sie verschlang. Diesem grausamen, gewaltgegründeten Regime wollte Rhea schließlich ein Ende setzen, weshalb sie, als sie mit Zeus schwanger war, nach Kreta floh und ihn dort in einer sicheren Höhle zur Welt brachte. Dort wuchs der Knabe waffenlos auf und musste den Kampf um sein Überleben und damit den Sturz der Gewaltherrschaft des Vaters mit gewaltfreien Mitteln aufnehmen. Das Fell einer getöteten Ziege verlieh ihm Unverwundbarkeit. Die Unterstützung der mächtigen „Hundertarmigen" aus den Tiefen des Ägaischen Meeres gewann Zeus durch das Ausschenken von Nektar und Ambrosia, Göttertrank und Götterspeise. Den Kampf selbst gewann er mittels eines Muschelhorns, das den Titanen, allen voran Kronos, einen panischen Schrecken einjagte: Da wurden sie gefesselt und an den äußersten Rand der Erde, in den Tartaros verbracht und dort zur Sicherheitsverwahrung mit einer Mauer umgeben. Im Unterschied zu den Titanen töteten Zeus und die mit ihm verbündeten anderen Titanenkinder, die alle auf dem Olympos wohnten, ihre besiegten Gegner nicht: ein erster Schritt zur Überführung der physischen in die ‚humanere' Form struktureller, nicht-lethaler Machterhaltung. Einen Preis hatte diese Abschaffung der Todesstrafe natürlich – die Gefahr einer Rückkehr der Besiegten, der Gewalttäter und Krieger –, aber der Austritt aus der barbarischen Epoche der Menschheitsgeschichte durch den qualitativ neuen Schritt erster Gewaltfreiheit war dieses Risiko wert. Die neue Herrschaft des Zeus, so wird weiter berichtet, wurde anschließend nicht mit Waffengewalt und Repressionstechniken befestigt, sondern durch eine kluge und systematische Heiratspolitik seiner Vettern und nicht zuletzt durch eine Vielzahl von fruchtbaren Liebesabenteuern des Olympiers.

Und so fand sich Zeus auch eines Tages am Strande von Phoinix ein, wo er die schöne Prinzessin Europa inmitten ihrer Gespielinnen beim Blumenpflücken fand. Er verwandelte sich in einen Stier und lockte sie in dieser Gestalt von ihren Freundinnen weg. Der Stier ist kein gewöhnlich-beliebiges Tier. Er repräsentiert Stärke und Fruchtbarkeit. Der Stier, in dem Zeus sich präsentierte, war darüber hinaus ein ganz besonders schönes Exemplar seiner Gattung – auf einem Vasenbild hat er gleich drei Farben. Ein großer Zauber ging von ihm aus. Die Dichter sagten von ihm, sein Atem dufte nach Krokus, und geschmückt war er mit Blumengirlanden. Darum bedurfte es keiner besonderen Verführungsanstrengungen, dass die schöne Europa seiner Einladung folgend sich auf seinen Rücken setzte und sich davontragen ließ – eine gewaltsame oder listige Entführung war es nicht. Die überlieferten Bilder der Vasenmaler zeigen sie als Göttin, stolz und selbstbewusst auf dem Rücken des göttlichen Stiers, manchmal mit Rebenzweigen und Trauben oder auch mit einer Blume in der Hand. Die Reise ging über das Meer nach Kreta, dem Geburtsort des Zeus, – und wiederum in einer kretischen Höhle fand die Hochzeit statt. Die Erzählungen der Dichter berichten von mindestens zwei Söhnen, die aus der Vereinigung von Zeus mit Europa hervorgingen: Minos und Rhadamanthys. Minos wurde zum Begründer der bis heute nach ihm genannten minoischen Kultur. In der Mythologie wird er als ein in besonderem Maße weiser, gerechter und friedliebender König geschildert. Karl Philipp Moritz berichtet in seiner „Götterlehre": „Die Dichtung läßt Minos in einer Grotte auf dem Ida von Zeit zu Zeit mit dem Jupiter [Zeus] geheime Unterredungen pflegen, deren Inhalt er als die Grundlage seiner Gesetzgebung dem horchenden Volke bekanntmacht. Wegen seiner weisen Regierung eignete die Dichtung dem Minos nebst seinem Bruder und Ratgeber Rhadamanthys als den gerechtesten Menschen das Richteramt über die Toten zu." Tatsächlich gibt die minoische Kultur bis heute der Archäologie besonders große Rätsel auf. Der ‚Palast des Minos' wurde ausgegraben, teilweise restauriert, und es wurden eine Fülle von Wandbildern freigelegt, die sich durch besondere Zartheit, Musikalität und Poesie vor anderen vergleichbaren frühgeschichtlichen Malereien auszeichnen. Vor allem aber hat man weder kriegerische Grabbeilagen gefunden, die sonst in keiner Kultur, ob griechischen oder anderen Ursprungs, fehlen, noch die Spuren irgendwelcher Befestigungen, Stadtmauern oder Burgen. Es scheint – und vor allem deswegen wird diese Geschichte hier so ausführlich wiedergegeben –, als stünde am Anfang der mythischen Geschichte Europas die Geburt einer Zivilisation aus dem Geiste des Friedens, als zeichnete sich der Eintritt Europas in die Geschichte in der Form mythologischer Erzählungen – zumindest teilweise verifiziert durch die archäologische Forschung – dadurch aus, dass hier der Versuch gemacht wurde, eine nicht-kriegerische Kultur zu stiften, eine reale Alternative zu den kämpferischen griechischen Stämmen und Poleis, denen das minoische Königtum dann auch zum Opfer fallen sollte: Theseus von Athen zerstörte es, gestützt auf den Verrat Ariadnes und ihres berühmten Fadens, wobei die liebende Verräterin dann selbst wieder von ihm verraten werden sollte – aber das ist eine andere Geschichte ...

Mythologien sind nicht dazu da, „entmythologisiert" zu werden: Das mag ein intellektuell reizvolles Unternehmen sein und hat, angefangen mit der kritischen Bibelforschung des 18. und 19. Jahrhunderts, viel Interessantes zutage gefordert – aber diese Unternehmungen bleiben letztlich steril, treffen weder den Nerv der alten Erzählungen noch den der Religionen, so wenig wie biographisch-psychologische Enthüllungen der großen Dichtung etwas anhaben können. Was wäre Europa, was die vielberufene und meist hilflos zerredete europäische Identität ohne die immer wieder variierten Erzählungen seiner Mythen? Sie sind der Stoff, aus dem Europa gemacht wurde – Europa ist ein Produkt seiner Mythologien, der Erzählungen über sich selbst, der frühen Dichtungen und Dichter. Europa ist ein Kunstprodukt, ein Produkt der künstlerischen Phantasie, des „Geistes", um es abgekürzt und vielleicht etwas platt zu sagen – und nicht der Geographie, der Ökonomie und der Eroberungskriege, wenngleich sie gewissermaßen die „Basis" bilden; Europa selbst ist „Überbau" – es ist der Überbau, der dieser Basis ihren Geist einhaucht, der der europäischen Geographie, Ökonomie und Politik eine Seele gibt und ein sich erst in unserer historischen Epoche langsam ausbildendes Bewusstsein von sich selbst. Sich selbst als ‚Europäer' zu definieren ist ein Vorgang, der erst in dieser Generation in Europa zu einer Art Selbstverständlichkeit zu werden beginnt, eine Selbstbezeichnung, die bis vor kurzem nur von Kolonialherren und Imperialisten mit offen rassistischer Abgrenzung ‚vor Ort' gebraucht worden ist.

Dabei sei als knapper Exkurs an dieser Stelle angemerkt, dass das, was hier in extremer Verkürzung über die Geburt Europas aus dem Geiste der dichterischen Mythen gesagt wurde, selbstverständlich genauso gilt für alle anderen uns bekannten Zivilisationen – ob sie nun historisch untergegangen sind oder durch Metamorphose überlebt haben wie die chinesische oder die indische mit ihren den europäischen Geschichtserzählungen an poetischem Reichtum und an Dramatik um nichts nachstehenden epischen Dichtungen oder mythischen Kaisern; dabei stellen die Juden und ihre Bibel keinen Sonderfall, sondern nur ein besonders herausragendes Beispiel dar für die kollektive Identitätsstiftung durch erzählte und immer wieder neu interpretierte Geschichtsmythologien. Für Mahathma Gandhi war das Riesenepos der Bhagavadgita nicht nur eine der wichtigsten Inspirationen der Gewaltfreiheit, sondern damit zugleich ein wesentliches, unverzichtbares und identitätsstiftendes Element für die geistige Wiedergeburt Indiens – sie musste der politischen vorangehen. Bei Gelegenheit der Auslegung der Gita merkte er an, dass die Mahabharata entgegen dem Anschein nicht nur kein Geschichtsbuch sei, sondern dass es eine reine Geschichtsschreibung ohnehin nicht geben könne: „Wer kann überhaupt je ein wirkliches Ereignis beschreiben? Der Mensch kann ja nicht einmal einen Wassertropfen, den er vor sich sieht, beschreiben. Gott hat ihn so schwach geschaffen – wie kann er dann eine beliebige Begebenheit perfekt beschreiben?“ Mythos und Dichtung aber können das, weil solcherart Perfektion nicht ihre Sprache ist. Aber auch die professionelle Geschichtsschreibung bleibt in letzter Instanz ein Kind der Mythologie, von der sie sich nie wird emanzipieren können. Man erinnere sich nur an den soeben gefeierten D-Day in der Normandie: Welch ein Mythos, der da evoziert wurde und den rational zu dekonstruieren an der Eigendynamik der historischen wie der heutigen Bilder scheitern muss.

Aber zurück zu Europa – dies ist offensichtlich kein geographischer, sondern ein Begriff der geistigen Topographie, und deren Grenzen sind darum schwer, wenn nicht gar unmöglich genau zu bestimmen, mit gravierenden aktuellen politischen Konsequenzen. Wie genau der Name der phönizischen, in Kreta dann beheimateten Prinzessin auf den historischen Lebensraum so vieler Völker und Kulturen gekommen ist, verbleibt im Dunkel der Vorgeschichte. Dass sich dieser Erdteil von Asien und Afrika unterschiede, das war den Griechen sehr bewusst – aber seine Grenzen wussten sie nicht zu bestimmen. Der früheste weltreisende Historiker, Herodot, berichtet im 5. Jahrhundert von seinen und anderen Entdeckungsreisen von Afrika bis ans Indische Meer: „Von Europa aber weiß kein Mensch, weder ob es von Meer umflossen ist, noch woher es diesen Namen hat oder wer ihm den Namen gegeben hat.“ Dass aber der westliche Mittelmeerraum und das westliche heutige Kleinasien selbstverständlich dazugehört haben, dafür verbürgt sich, wenn wir auf die Archäologie und die Fülle historischer Zeugnisse verzichten wollen, die Figur unserer phönizischen Prinzessin. Aus Kleinasien, dessen Zugehörigkeit zu Europa heute bekanntlich aus und mit verschiedenen Motiven bestritten wird, stammt übrigens auch die früheste und, wie manche meinen, unübertroffen größte europäische

Dichtung, die Ilias des Homer – einschließlich der Geschichte und des Ortes, von dem sie berichtet.

Troja, der Trojanische Krieg, ist gewissermaßen der zweite Gründungsmythos unseres Kontinents. An diesem und durch diesen Konflikt zwischen zwei rivalisierenden Mächten hat sich die griechische Identität entwickelt – und zwar wiederum, vermittelt über die zwei homerische Epen, als sprachliche, als kulturelle Identität. Die Griechen waren Griechen und damit Europäer, weil sie den mythologischen Kosmos der homerischen Götterwelt besaßen, unter dessen von der Dichtung gestiftetem Himmel sie sich zusammenfanden – und auch abgrenzen konnten von anderen Völkern und deren Götterwelten; dabei sei anzumerken, dass die heutige Geschichtsschreibung der Meinung ist, die Beziehungen der Griechen zu ihrer Umwelt, der orientalischen vor allem, sei sehr lange und ganz überwiegend friedlicher Natur gewesen, der Trojanische Krieg also eher eine dramatisierte Episode als ein typisches Beziehungsmuster. Die fast ungebrochene Erinnerung an den von Homer überlieferten Konflikt hat gerade in letzter Zeit wieder neue Bekräftigung erfahren – von einer spektakulären wissenschaftlichen Ausstellung zum Thema bis zum Hollywood-Film und verschiedenen Formen der Wiederentdeckung des großen Textes durch Theaterlesungen und Hörbücher. Wenn aber der Trojanische Krieg dieser zweite Gründungsmythos ist, dann dürfen wir auch da etwas genauer hinsehen und -hören, was er uns – heute – erzählt:

Im Zentrum der Handlung der Ilias steht bekanntlich der Zorn des Helden Achilles – aber, und das ist von nicht zu unterschätzender Bedeutung für die subkutane Botschaft, die da übermittelt wird: Der eigentliche Sympathieträger ist nicht er, die unverwundbare Kampfmaschine, sondern sein unterlegener Gegner Hektor. Ihm gehört die Zuneigung, das besondere Wohlwollen, die menschliche Anteilnahme des Dichters, wozu er seine Hörer und Leser schon immer verführte. Hektor ist der dem Krieg Abgeneigte, er verurteilt die kindische Provokation des Raubes der Helena, er ist liebender Gatte und gütiger Vater, ohne sich dem Schicksal, das auf ihn wartet, entziehen zu können. Die gewalttätigen Herrscher der europäischen Geschichte, vor allem, seit sie sich renaissance-neuzeitlich auf das klassische Erbe beriefen, haben sich Achill zum Vorbild genommen; das ‚andere Europa', das der Gelehrten und der Leser, der Geschichtenerzähler und Künstler, später auch der Bürger, hat Hektor und Andromache, seine Gattin, zu vielfach besungenen und gemalten Identifikationsfiguren erhoben – den Verlierer, den Besiegten, den Repräsentanten der Menschlichkeit und des ausgeglichenen, klugen Urteils in einer Welt der Gewalt. Am Himmel können wir das Andromache-Sternbild sehen, aber keines von Achill. Die von Cato formulierte, maßstabsetzende Ethik politischen Urteilens hat hier ihren mythologischen Mutterboden: *victrix causa diis placuit sed victa Catoni* – den Göttern gefällt die Sache der Sieger, Cato aber die der Besiegten; Hannah Arendt hat sich dieses Wort gerne als Motto zu eigen gemacht und das Selbstverständnis Roms als Erbin des besiegten, untergegangenen Trojas zu „den wohl merkwürdigsten und erregendsten Vorgängen der abendländischen Geschichte" gezählt, weil mit der mythologischen Rückgewinnung der Würde der Besiegten die Anerkennung der Vielschichtigkeit sozialer und politischer Konflikte für ein späteres und wünschbares Europa programmatisch werden kann. Dergestalt auf die Verweise der Mythologie zu achten, auf die Wahrheiten und Botschaften, die in diesen Erzählungen enthalten sind, führt zur Entdeckung von Bausteinen des kulturellen Selbstverständnisses – sei es hier das Friedenserbe, das die phönizische Prinzessin mit der minoischen Kultur stiftete, sei es die Empathie mit dem im physischen Kampf Unterlegenen, der zum moralischen Sieger wird. Es sind ermutigende Funde geistiger Archäologie.

Mit der Verarbeitung der Geschichte des Trojanischen Krieges, vor allem aber seiner Nachgeschichte, treten wir in die nicht mehr legendäre, sondern nunmehr stärker gesicherte und schriftlich fixierte Geschichte Europas ein; auch sie beginnt in Griechenland. Aus dem Jahre 458 v.d.Z. stammt die älteste der uns vollständig überlieferten Tragödien-Trilogien, die „Orestie" des Aischylos. Sie erzählt, was aus dem Helden und Heerführer des griechischen Invasionsheeres, aus Agamemnon wurde: Er starb unter der Axt eines Nebenbuhlers und seiner eigenen Frau und fügte damit ein weiteres Glied an die Kette von Mord und Rache und wieder Mord, die die tragische Geschichte der Atriden ausmacht. Aischylos macht aus der Orestie den Gründungsmythos der Polis Athen, den Gründungsmythos der Politik und damit den Gründungsmythos des politischen Europas, das sich, wenn es sich überhaupt als ‚Europa' erkannte (und das war nicht immer der Fall), immer auf das klassische Griechenland bezog, vorrangig vor dem viel späteren christlichen. Worin besteht dieser Gründungsmythos des Politischen? Darin, dass mit der Figur des Orestes der *circulus vitiosus* der Rache unterbrochen, aufgehoben wird, dass aus den Rachegöttinnen, den Erynnien, die Segensgöttinnen, die Eudämoniden für ein Gemeinwesen werden, das sich entschlossen hat, aus der Geschichte zu lernen und seine Konflikte von nun an mit friedlichen Mitteln, mit Argumenten und Vernunftgründen in öffentlicher Aussprache auf der Agorà, durch Abstimmung der Polis-Bürger mit Mehrheiten und Minderheiten, zu lösen beabsichtigt: ein radikaler Paradigmenwechsel, die Erfindung der Politik, eine Erfindung oder Entdeckung, die die Logik von Gewalt und Gegengewalt, von Unrecht und Rache, die wiederum Unrecht stiftet, kühn durchbrechen soll.

Die Figur der phönizischen Namensgeberin unseres Kontinents als Mutter einer göttlich gezeugten, legendären friedlichen Kultur, für die es immerhin archäologische Befunde gibt, und eine mit normativem Anspruch nacherzählte Episode aus der dichterischen Gründungsurkunde der europäischen

Kultur, die in der Erfindung der Demokratie gipfelt – das allein sind schon zwei mächtige Fundamentblöcke, die eine europäische Identität begründen und tragen können. Ein dritter kommt hinzu: Die Philosophie. Als die Kunst des Fragens und Infragestellens, als das kritische Gewissen und Insistieren auf ethischen Maßstäben der gesellschaftlichen Ordnung entstand sie zusammen mit der Entdeckung/Erfindung der Politik als Selbstbestimmung der Polis-Bürger. Sokrates, von Karls Jaspers unter die vier „maßgebenden Menschen“ gerechnet (Buddha, Konfuzius, Jesus), verunsicherte Bürger, Intellektuelle und Polis-Beamte gleichermaßen mit seinen Fragen nach der Wahrheit und den Kriterien ihres Tuns und Urteilens: Weißt du, der du dich auf die Gerechtigkeit berufst, was Gerechtigkeit ist? Der du von Tugend sprichst, was Tugend ist? Der du die Wahrheit zu wissen behauptest, was Wahrheit ist? Das sind politische Fragen, die die professionelle Politik und der tagtägliche politische Diskurs nicht zulassen, nicht zulassen wollen – sie sind zeitraubend. Aber Demokratie ist auch die Erfindung der öffentlichen Zeit in Gestalt der langsamen, sorgfältigen Urteils- und Entscheidungsfindung durch das Abwägen von Für und Wider, durch Ergründen der bestmöglichen Lösung eines gesellschaftlichen Problems oder Konflikts im Gespräch, im Meinungsaustausch, in der Debatte. Obwohl er sich dann immer wieder auf die scheinbar paradoxe Position des ‚Ich weiß, dass ich nichts weiß‘ zurückzieht, sind die bohrenden Fragen des Sokrates immer produktiv, indem sie das öffentliche Bewusstsein ausbilden, schärfen, einüben, wenn nicht überhaupt erst konstituieren als Bedingung der Möglichkeit von Selbstbestimmung, in der sich die Politik manifestierte. Demokratie, Volksherrschaft setzt ein urteilsfähiges, seiner selbst bewusstes, ein wissendes Volk voraus. Sokrates, der dort steht, wo Europa begann, zu sich selbst im Politischen zu finden, verkörpert aber zugleich ein aufklärerisch-kritisches Fragen der Philosophie, das sich letztlich immer kosmologisch verankert weiß. Um Jaspers zu zitieren: „Er treibt die Kritik ins Äußerste und lebt doch ständig unter der absoluten Instanz, die heißen kann das Wahre, das Gute, die Vernunft. Sie bedeutet eine unbedingte Verantwortung des Denkenden.“

Wer von Sokrates als dem intellektuellen Gründungsvater Europas spricht, darf von Plato nicht schweigen, der die durch die Anstrengung der Reflexion gefundenen Wahrheiten so wie Mythologien und Dichtung nur in der Form des Dialogs mitzuteilen vermochte. Auch die platonische Philosophie hat das Politische zu ihrem Gegenstand, sie ist politische Philosophie, begründet die Selbstbestimmung, die Auto-Nomie des Volkes und das Regieren der Polis als ethische Aufgabe, als Verwirklichung von Sittlichkeit – nicht als Technik der Machtausübung oder den Verfolg von Interessen. „Es ist aber,“ so Plato in den *Gesetzen*, „die Absicht [richtiger hieße es wohl: ‚Es sollte die Absicht sein‘] eines vernünftig denkenden Staatsmannes nicht die, die die große Menge ihm unterschiebt, indem sie sagt, der gute Gesetzgeber müsse darauf ausgehen, den Staat [...] so groß wie möglich und so reich wie möglich zu machen und ihm zum Besitz von Gold und Silber und zu möglichst ausgedehnter Herrschaft zu Lande und zu Wasser zu verhelfen.“ Die tendenziell als totalitär denunzierten Ordnungsutopien des späten Plato nehmen nichts von der ungebrochenen Aktualität einer solchen normativen Herausforderung, die seit zweieinhalbtausend Jahren uneingelöst und ins Reich unrealistischer Träumerei abgeschoben am Anfang der Erfindung des Politischen steht, aus dem Europa heute nun als profilierte Gestalt wiedergeboren werden soll. Schon damals, als Plato seine kühnen Forderungen aufstellte, rechnete er mit dem völligen Unverständnis und dem Vorwurf geradezu lächerlicher Realitätsferne. Heute, wo wir der Möglichkeit des Totalkollapses der Politik und ihrer Auflösung in ein gewalttätiges Chaos unerklärter Kriege aller gegen alle mit den pathologischsten Rechtfertigungen um Lichtjahre nähergerückt sind (wogegen der mörderische Zerfall der griechischen politischen Kultur im Peloponnesischen Krieg ein harmlos-lokales Ereignis ist), hören wir beispielsweise die mit so vielen Vorbehalten und Entschuldigungen vorgetragenen berühmten Gedanken zum Verhältnis von Philosophie und Politik mit ganz anderen Ohren.

> „So will ich mich denn hervorwagen [...]. Das Wort soll also gesprochen werden, mag es auch den Verkünder geradezu wie eine Woge mit Hohngelächter und Schmach überschütten [...]. Wenn nicht entweder die Philosophen Könige werden in den Staaten, oder die jetzt sogenannten Könige und Gewalthaber sich aufrichtig und gründlich mit Philosophie befassen, und dies beides in eins zusammenfällt, politische Macht und Philosophie, unter denen aber, die jetzt getrennt voneinander je eines der beiden Ziele verfolgen, diejenigen, die ihrer Natur nach bloße Politiker sind, zu völligem Verzicht gezwungen werden, gibt es [...] kein Ende des Unheils für die Staaten, wenn ich recht sehe auch nicht für das Menschengeschlecht überhaupt, [...]. Aber das ist es, was auszusprechen ich mich schon lange scheue, weil ich sehe, wie sehr es wider die allgemeine Meinung verstößt.“

Ein Europa, das sich diese Normen, diese Auswahlkriterien für sein zu wählendes Führungspersonal nicht zu eigen macht oder sie doch wenigstens ernst nimmt, ein Europa der Macher und der Taktierer, der Banker und Generäle, der Bürokraten und der mediengerechten Selbstdarsteller, der Sicherheitsexperten und Karrieristen wäre kein politisches Europa, sondern nur die großdimensionale Fortschreibung der im Kleinen historisch so katastrophal gescheiterten Staatsstrukturen. Entsprechend großdimensioniert werden – bzw. sind bereits – die Katastrophen, die von einer leichtfertigen, von Wahl zu Wiederwahl taktierenden, ethisch haltlosen politischen Klasse entweder durch Unterlassung oder durch aktives Tun zu verantworten sind: Vom ‚Kampf der Kulturen‘, der mit strategischem Kalkül vom Zaune gebrochen wurde, bis zu den dramatischen Folgen der Klimaveränderung.

Platos Monitum wurde bekanntlich nicht zum Paradigma öffentlicher Urteilsbildung, seine mit so viel Zurückhaltung formulierten Idealvorstellungen von politischer Klasse, hinter deren Wortwahl sich nur mühsam die große Sorge um die Zukunft selbstbestimmter Gemeinwesen verbirgt, gehören nicht in den Wertekanon guten Regierens. Und ebenso wenig wurden das von ihm praktizierte Denken in Gleichnissen und paradigmatischen Erzählungen oder auch die dialogische Präsentation von Argumenten zur Sprachform der Verständigung und Orientierung im Raume der Politik. Diese schöpfte ihre Sprache und Begrifflichkeit nicht aus den Mythologien oder den Werken der Dichtung, nicht aus der Welt der Kunst oder aus den philosophischen Untersuchungen zur Ethik. Das eigentlich erfolgreiche ‚Lehrbuch', das die politische Diskurssprache bis heute unangefochten kodifizierte, wurde vielmehr von einem Mann der Politik geschrieben. Dieser Mann war Thukydides, der unübertroffene Augenzeuge und Historiker des Peloponnesischen Krieges, gegen den die Tragödiendichter vergeblich angeschrieben hatten. Thukydides war selbst ein gescheiterter Politiker, darum kannte er gewissermaßen ‚von innen' deren Logik, Motivationen, Weltbild und Interessen. Seine maßstabsetzende Größe bestand darin, seine Beobachtungen nüchtern und ohne Parteilichkeit als Chronist auf den Begriff gebracht zu haben – und dieser Begriff hieß: Macht. Die Macht als Grundgesetz der Politik – das war nicht mehr Politik als poetisch-mythologisch vermittelte Selbstbestimmung der Bürger, auch nicht Politik als Versuch der Verwirklichung ethischer Werte in der Gemeinschaft, wie es die Philosophen normativ gelehrt hatten. Thukydides stellte sich auf den Boden einer von ihm selbst entdeckten und definierten Realität, und schloss damit zugleich andere Sprachen und Parameter, in denen die Wirklichkeit des Politischen auch begriffen werden konnte – und damals eben auch noch begriffen wurde – als ‚unrealistisch' oder, wie wir heute sagen würden, als ‚unwissenschaftlich' und ‚ideologisch' aus. Seine ungeheure und beispiellose Leistung bestand in einer „riesigen Reduktion" (Schadewaldt) des empirischen Geschehens: der Reduktion des gesamten historischen Prozesses auf einige wenige machtpolitische und geostrategische Parameter. Es ist eben dieser Reduktionismus, der uns seine Historiographie so modern erscheinen lässt, weil er es uns erlaubt, vom „Schein" zum „Wesen" vorzudringen, hinter der bunten und verwirrenden Welt der Erscheinungen ‚objektive' Gesetzmäßigkeiten und die Akteure auf der Bühne des Geschehens als ‚Charaktermasken' der Exekution von Interessen und Staatsnotwendigkeiten zu erkennen. Unsere „Wissenschaft von den internationalen Beziehungen" z.B. lebt davon, Strukturen und Konflikte im Welt-Staatensystem aufgrund derartiger Gesetzmäßigkeiten analytisch herauszupräparieren – unter weitgehender Abstraktion von den persönlichen Interessen und Motiven der Akteure. Thukydides hat uns für diese Betrachtungsweise die Augen geöffnet – oder richtiger müssten wir sagen: Er hat uns dafür überhaupt erst die Augen gegeben.

Indem nun die Verwirklichung von Macht auf so kraftvolle und empirisch beglaubigte Weise als das Wesen der Politik bestimmt wurde, ist sie für die nachfolgenden Generationen bis hin zu den unseren nicht nur zu einer analytischen, sondern vor allem zu einer handlungsleitenden und – rechtfertigenden Kategorie geworden. Die normativen Visionen von Frieden, Dialog und zu verwirklichender Sittlichkeit, das Geschichts- und Politikverständnis der Mythologien und der Dichter, die ethischen Perspektiven der Philosophen wurden dekonstruiert, entzaubert und ins Reich des schönen Scheins des Geistes und der Träume verbannt. Und das Politische wurde auf jene eindimensionale Wahrheit reduziert, die dann ihrerseits von Praktikern und Theoretikern der Herrschaft und später der modernen Staatlichkeit axiomatisch zur Maxime eigenen Handelns geadelt wurde. Die dergestalt reduzierte und verabsolutierte Wahrheit erfuhr das Schicksal einer ‚self-fulfilling prophecy': Die Behandlung der politischen Wirklichkeit mittels reiner Machtkategorien formierte diese Wirklichkeit dann tatsächlich zum Machtagglomerat, das seinerseits wiederum analytisch am adäquatesten mit den auf Thukydides zurückführbaren Kategorien von Macht und Interesse erfasst werden kann – ein Teufelskreis gegenseitiger Bestätigungen und Verstärkungen. So hat Thukydides nicht nur unsere Wahrnehmung der historisch-politischen Weltzusammenhänge verändert, er hat damit auch die Wirklichkeit dieser Welt selbst verwandelt, indem die Protagonisten des Politischen sich nun selbst so verhalten und so handeln, als ob die Macht die einzige Münze sei, in der hier bezahlt wird.

Die geistesgeschichtliche Thukydides-Rezeption – er wurde zum „Klassiker" bei den Römern, war dann für Jahrhunderte vergessen und wurde erst im 15. Jahrhundert wiederentdeckt, nicht zuletzt von seinem großen Geistesverwandten Machiavelli – die soll hier nicht betrachtet werden. Es geht um das „Thukydides-Paradigma": Seine Sprache, seine Begrifflichkeit, sein nüchterner Blick wurden zur hegemonialen Sprache und Weltsicht von Geschichts- und Sozialwissenschaften, der Politikwissenschaft neuerer Zeit insbesondere. Sie alle mögen Thukydides – oder den für die europäische Moderne unvergleichlich direkt einflussreicheren Machiavelli – nie gelesen haben, und sind doch alle, wir sind doch alle beider Schüler im Geiste (wenn auch selten auf deren Niveau). Wir alle bewegen uns nach wie vor innerhalb des Thukydides-Paradigmas, das den öffentlichen Diskurs der politischen Protagonisten und ihrer intellektuellen Hilfskräfte unangefochten hegemonial beherrscht. Wissenschaft und Politik, politische Analyse und das Selbstverständnis politischer Praxis, politische Publizistik und parlamentarische Rhetorik schöpfen letztlich aus denselben Quellen des Diskurses darüber, was Politik ist, wie sie zu artikulieren, auf welcher kommunikativen Ebene sie anzusiedeln ist. Die politische Klasse fühlt sich zuhause im Thukydides-Paradigma, weil es strukturell ihr eigenes Selbstverständnis reflektiert und bestätigt, und den Analytikern liefert es eben die Kategorien, die die Wirklichkeit ihres Gegenstandes deshalb problemlos erfassen, weil sie ihr entnommen wurden. Beide legitimieren sich sprachlich und substanziell gegenseitig durch eben ihre gemeinsamen axiomatischen Voraussetzungen: dass Politik in der Ausübung, Kontrolle, Einhegung oder Ausbalancierung von Macht besteht.

Es ist kein Zufall, dass das Leitmotiv europäischer Staatsräson seit dem 17. Jahrhundert das „Gleichgewicht der Mächte“ war und bis auf unsere Tage blieb; inzwischen ist es zu einer globalen Orientierungsnorm geworden. Der Kalte Krieg hatte diesen auf das Thukydides-Paradigma zurückführbaren Lehrsatz der Außenpolitik auf seine extremste Erscheinungsform, die „Bipolarität“, zugespitzt. Und obwohl wir aus der fast fünfzig Jahre lang drohenden großen Katastrophe mit mehr Glück als staatsmännischem Verstand noch einmal davongekommen sind (wie oft stand die Weltgesellschaft vor der realen Wahrscheinlichkeit eines nuklearen Schlagabtauschs zwischen den beiden Supermächten!), hat die politische Welterfassung in reduktionistischen Kategorien derzeit wieder Konjunktur: Die anscheinend den meisten politisch denkenden Menschen in Europa einleuchtendste *raison d'être* einer Europäischen Einheit ist die, dass die europäischen Staaten in Zukunft mit einer Stimme sprechen, Europa also vor allem anderen eine gemeinsame sogenannte „Sicherheits- und Außenpolitik“ haben müsste, um das zusammengebrochene Gleichgewicht der Mächte wieder herzustellen. Großmacht Europa mit dem Militär im Verfassungsrang und auf gleicher Augenhöhe mit den USA und zumindest einer in absehbarer Zukunft wahrscheinlichen weiteren Großmacht, China: Das Thukydides-Paradigma reproduziert sich auf einer höheren Stufenleiter, intellektuell begleitet vom Chor realpolitischer Kommentatoren und Kritiker.

Und Kritiker: Denn auch das gehört zum Paradigma des realpolitischen Diskurses, dass er sich auch noch von der kritischsten Kritik affirmativ bestätigen lässt, indem auch sie sich terminologisch und kategorial in seinem Rahmen und auf ihrem Boden bewegt. Beispielsweise ist derzeit ist die schärfste und präziseste Kritik am EU-Verfassungsprojekt diejenige, die durch sorgfältige Textlektüre und unter Heranziehung einschlägiger Begleitdokumente die deutliche Zielvorstellung ‚militärische Großmacht Europa‘ ins grelle Licht der Öffentlichkeit gezerrt hat. Das ist in der Tat besorgnis- und furchterregend. Nur aufregend, neu und unerwartet ist es nicht – und sagt, indem es ihnen ihren Spiegel vorhält, den Protagonisten auch weder Neues noch Unerwartetes oder Unbekanntes – so als seien sie möglicherweise in ihrer tagtäglichen Geschäftigkeit strategisch betriebsblind geworden, als wüssten sie nicht, was sie tun, und bräuchten diesen Spiegel der Kritik. Sofern aber solche kritischen Analysen der ‚Gemeinsamen Außen- und Sicherheitspolitik‘ einer breiteren, interessierten Öffentlichkeit etwas Neues und Unerwartetes sagen: Was folgt daraus für diese Öffentlichkeit, wenn wir sie unterstellen als die Summe politisch urteilender Subjekte? Führt die Tatsachenfeststellung, dass hier erst- und einmalig in der europäischen Verfassungsgeschichte militärische Aufrüstung Verfassungsrang erhalten soll, zu einem großen öffentlichen Aufschrei der Empörung? Einem Sturm der europäischen Massen auf Straßburg oder Brüssel? Offensichtlich nicht – Straßburg und Brüssel sind weit weg, und Feststellungen dieser Art können sie gar nicht empören, weil sie als Erscheinungsformen von Realpolitik wahrgenommen und eingeordnet werden, so wie das ihnen von den berufenen einschlägigen Experten kategorial im Thukydides-Paradigma vorgegeben wurde. Diese europäische Öffentlichkeit (zutreffender: die Öffentlichkeiten der europäischen Staaten), informiert und ausgebildet im Laufe einer langen – eben in letzter Instanz zweieinhalbtausend Jahre alten – Geschichte ‚realpolitischen' Denkens, ist gewissermaßen stolz darauf, den vermeintlichen Tatsachen der Politik nüchtern ‚thukydideisch' ins Auge schauen zu können. Kriterien der Urteilsbildung jenseits der Kategorie „Kompetenz im Machtmanagement" haben sie nicht. In der Regel reicht das ja auch, möchte man doch schon zufrieden sein, wenn Probleme und Konflikte mit einem Minimum von professioneller Kompetenz – sei es in der Gesetzgebung, sei es von der Diplomatie – behandelt, bearbeitet und beigelegt werden. Aber zugleich bleibt es Machtmanagement, in das die Anwendung der monopolisierten Gewalt, als Krieg als Mittel der Politik, eingebaut bleibt und darum mit geradezu gesetzlicher Regelmäßigkeit wie ein Proteus in immer neuen Formen – und, wie historisch hinzuzufügen ist, mit immer größerem Zerstörungspotential auf die Bühne der Realpolitik zurückkehrt. Und nicht zufällig hat in solchen Situationen in der historisch gebildeten Publizistik Thukydides wieder Konjunktur und wird gern gebildet zitiert.

Ist es der intellektuellen Anstrengung wert, das Geschäft der kritischen Politik- und Außenpolitikanalyse weiter zu betreiben? Ist es nicht ein steriles, unfruchtbares, resonanzloses Geschäft geworden bzw. geblieben? Die alarmistisch vorgetragene Kritik gibt zwar uns Vortragenden das subjektiv gute Gefühl des radikalen Gewissens – etwa wenn es um die Militarisierung des Europa-Projektes geht – aber zugleich wissen wir, dass solche Wahrheiten keinen gesellschaftlichen Ansprechpartner, kein politisches Subjekt haben, die auf solche Erkenntnisse und Warnungen nur gewartet haben, um etwas zu unternehmen. Noch immer geht die Politikkritik von der eigentlich doch längst widerlegten Prämisse aus, dass sie der glühende Funke sei, der das Feuer politischer Veränderungsbereitschaft (um das inflationierte Wort „Revolution" zu vermeiden) wenn schon nicht bei den Massen, so doch bei signifikanten sozialen Bewegungen entfache. Dabei hat sie lediglich nie erkannt und auch nicht erkennen können, dass es die breite Akzeptanz ihrer eigenen realpolitischen Prämissen ist, die die Empörung über die tatsächlichen Ungeheuerlichkeiten von Machterwerb und Machterhaltung gar nicht aufkommen lassen – denn ‚so ist die Politik nun einmal'. Weil wir alle wissen – und in der Schule des Thukydides-Paradigmas gelernt haben

– dass das taktische Lügen zum strategischen Regierungsgeschäft gehört, treffen die aufgeregten Enthüllungen auf taube, oder besser, auf vorbereitete Ohren. Zugegeben, die jüngsten Beispiele des weltpolitischen Machtspiels haben da Dimensionen erreicht, die sich auch Zyniker bis vor wenigen Jahren nicht haben träumen lassen; und wenn nicht, dann nicht etwa wegen der Lügen selbst, sondern wegen ihres schlechten Managements.

Auf einer Rechts-Links-Achse, die für eine lange historische Periode wenigstens eine Orientierung bot, auch wenn sie sich innerhalb des Thukydides-Paradigmas bewegt, lässt sich das heutige Meinungs- und Urteilsspektrum kaum mehr verorten. In einer letztlich tragisch zu nennenden Weise muss man der jüngst nichtwählenden Mehrheit der Europäer geradezu dankbar sein für die darin sich ausdrückende Ehrlichkeit des Desinteresses; gleichzeitig wird man bei der Minderheit, die bei den Europa-Wahlen ihre Stimme aufgrund von nationalen Stimmungen und Befindlichkeiten abgab, von einem europa-politischen, substanziellen Urteilsvermögen so gut wie nicht sprechen können. Das Europa, das unter unseren Augen von einer Klasse politischer Funktionäre und Karrieristen gegründet wird, hat keine Seele ethischer Substanz, sondern nur eine machtpolitische und ökonomische in der Fortschreibung des kriegsgeborenen Thukydides-Paradigmas. Eine prominente Partei propagierte während dieses Wahlkampfes eine „Friedensmacht Europa" – womit sie verschämt die Wahrheit sagte und zugleich schamlos eine ganz andere Erwartung, die viele Menschen mit dem Europa-Projekt irgendwie verbinden, mit falscher Münze bediente. Tatsächlich geht es der sich formierenden ‚Euroklasse' um eine „Großmacht Europa", zu welchem Ziele sie sich eines von ihnen selbst nie geträumten Friedenstraumes bemächtigte und eine bis in mythische Dimensionen zurückreichende Vision entschädigungslos expropriierte – eine Vision, deren realer Kern, deren geistige Substanz nicht von der herrschaftlichen Politik, sondern trotz dieser und sogar weitgehend im Widerstand gegen diese Politik entstanden ist: das kulturelle Europa.

Auf wen auch immer es zurückgehen mag: Aber die Delegierten des Verfassungskonvents haben es anscheinend mit Bildungs-Genugtuung sich angelegen sein lassen, der überwiegend nichtssagenden Rhetorik der Präambel ein im griechischen Original beibehaltenes Zitat voranzustellen, das dort wie eine Ikone wirkt. Es soll das neue Europa unüberhörbar in die Tradition der griechischen Politikerfindung stellen. Das ist auf den ersten Blick erstaunlich und mehr als bemerkenswert, ermutigend und ein positives Signal für die „Wiedergeburt Europas." Aber es wird hier weder etwa der Friedensmythos der phönizischen Europa zitiert, noch der erste und größte Europa-Dichter Homer, der einst den eigenen historischen Augenblick so definierte: „Ob wir von neuem schlimmen Krieg und schreckliches Getümmel erregen oder Freundschaft stiften" – und damit einen radikalen Paradigmenwechsel einklagte. Auch hätte es dem legitimen, ja notwendigen Rückbezug des modernen Europa auf seine antiken Wurzeln gut angestanden, der kühnen Forderung Platos nach einer philosophisch gebildeten, sich ethischen Maßstäben verpflichtenden politischen Klasse eine Chance gegeben. Nein – das griechische Zitat aus der großen Zeit der Klassik stammt von keinem Geringeren als Thukydides und ist seinerseits wiederum ein Zitat aus einer Rede des Perikles, die den Krieg Athens gegen Sparta vor seinen Bürgern verteidigte und mit der moralischen Überlegenheit der athenischen Demokratie rechtfertigte. So wird hier nicht nur in verschlüsselt-gebildeter Form ein kriegsbereites, interventionistisches Europa angekündigt, sondern mit der Affirmation des thukydideischen Erbes zugleich einer zukunftsgerichteten Rekonstruktion des nicht-realpolitischen, nicht-kriegerischen, des kulturellen Europas aus dem politischen Geist von Dichtung und Philosophie eine Absage erteilt.

Es ist eben dieses kulturelle, das „andere" Europa, das die Voraussetzungen auch für ein anderes als das thukydideische Paradigma enthält, deren wir uns vergewissern können durch Wiederaneignung ihrer anderen, ihrer genuin politischen Gehalte. Politik als Selbstbestimmung, das war das Programm der klassischen Tragödie, die diese Entdeckung artikulierte – denn „die Politik", das, wie eine Polis mit sich selbst autonom umgeht, das war eine radikale Entdeckung, die Demokratie sich selbst regierender Stadt-Bürger eine unerhörte Erfindung, die größte und revolutionärste, die wir kennen. Es war eine europäische Erfindung, auf die diese Kultur ohne Hybris (vor der zu warnen dieselben Tragödiendichter nicht müde wurden) stolz sein darf. Aber sie hat sie sich in einem selbst verschuldeten Krieg dann wieder abnehmen lassen von dem herrschaftlich praktizierten und ideologisch oktroyierten Macht-Paradigma. Die heutige Europäische Union als ein neues politisches Gebilde, als eine neue Gestalt auf der Bühne der Welt kann den Anspruch solches Neuen nur erheben, wenn sie auch in der Substanz – und nicht nur in der äußeren Form, in geographischer Ausdehnung und akkumuliertem Wirtschafts- und Militärpotential – Neues wenigstens programmatisch auch im Politischen projektiert. Dazu soll und darf Europa, indem es sich seiner spezifischen Herkunft erinnert, seine Identität als kulturelle Identität ins Spiel bringen, aus seiner Kultur das Feuer eines Paradigmenwechsels des Politischen entfachen. Vom kulturellen Europa als politischem Projekt sprechen heißt, die kulturelle Produktion selbst zum Thema und Gegenstand politischer Analyse zu machen – und nicht „die Politik", nicht die ökonomischen, die Macht- und strategischen Interessen der sich als EU neu positionierenden Staaten und Staatsklassen. Die kritischen, engagierten Politologen, Soziologen und Historiker, die Sozialwissenschaftler aller Fachrichtungen sollten ihr Erkenntnisinteresse auf die Leistungen richten, die Europa zu dem Potential verholfen haben, das „die Politiker des kurzen Blicks und der raschen Hand", wie sie der seismographische Nietzsche in einem Europa-Aphorismus nannte, nunmehr opportunistisch ihren Interessen dienstbar machen. Der hatte damals, inmitten des „Nationalitäts-Wahnsinns", die „unzweideutigsten Anzeichen" gesehen, „in denen sich ausspricht, daß Europa Eins werden will. Bei allen tieferen und umfänglicheren Menschen dieses Jahrhunderts war es die eigentliche Gesammt-Richtung in der geheimnissvollen Arbeit ihrer Seele, den Weg zu jener neuen Synthesis vorzubereiten und versuchsweise den Europäer der Zukunft vorwegzunehmen: ... Ich denke an Menschen wie Napoleon, Goethe, Beethoven, Stendhal, Heinrich Heine, Schopenhauer, ... Richard Wagner." Dabei erstaune man nicht über den Namen Napoleon, des einzigen „Politikers" in dieser Ahnenreihe großer Europäer: Napoleon gehört nicht eigentlich in deren Kategorie, war vielmehr „das letzte große europäische Phänomen", wie ihn ein anderer großer Europäer und Dichter, Hugo von Hofmannsthal, nannte. Und man nehme diese wenigen Namen nur metaphorisch dafür, was Europa seine geistig-konkrete Gestalt gibt – Literatur, Philosophie, Musik und bildende Kunst, Theater und diese große Synthese von Dichtung, Wissenschaft und Politik: Goethe. Diese Felder zum Gegenstand politischer Analyse in europäischer, und das heißt auch in demokratischer und pazifistischer Perspektive zu machen, das wäre der Einstieg in ein neues Paradigma des Politischen – oder auch: die Wiedergewinnung eines ‚alten' Paradigmas aus dem Geiste der europäischen Kultur.

Was könnte das bedeuten, worin sollte das bestehen, wie könnte das aussehen? Ich bin kein Künstler oder Dichter oder Moralphilosoph, sondern Sozialwissenschaftler – und das Publikum, das ich anspreche und überhaupt erreichen kann, kommt, alles in allem, aus demselben Umkreis. Wir können nur mit der Sprache arbeiten und uns verständigen, die wir gelernt und gemeinsam haben – die der akademischen Diskurse. Aber dieser Sprachraum ist weiter und geräumiger, als dass ihn der wissenschaftlich definierte Gegenstand „Politik" ausfüllen könnte. Das Politische ist größer und hat mehr Dimensionen, als die dafür zuständigen konventionellen wissenschaftlichen Disziplinen zugeben wollen. Es ist weit mehr, als es das *arcanum imperii* im Thukydides-Paradigma vorgibt. Das Politische verwirklicht sich in der ständigen Arbeit an einer guten, gerechten, einer solidarischen und zugleich freiheitlichen Ordnung, es ist eine ethische Aufgabe, die alle angeht und sich allen BürgerInnen eines Gemeinwesens stellt. Das ist keine Entdeckung der politischen Theorie – die hat sich, wie erwähnt, vor allem der Darstellung und auch Kritik der Machtverhältnisse gewidmet – sondern lange vor und unabhängig von ihr, gewissermaßen „neben" ihr wurde das Politische in der ästhetischen Arbeit thematisiert: in Literatur und Poesie, Kunst, Musik und Philosophie, die hier dazugezählt werden darf. Die Literatur, um nur diese herauszugreifen, hat immer den Menschen und seine Gesellschaft an sittlichen Maßstäben gemessen, und sittliche Maßstäbe gewonnen aus der genauen Beobachtung des ‚Menschen, der Gemeinschaft hat', wie man das aristotelische *zoon politicon* übersetzen darf. Und daraus dürfen und können Sozialwissenschaftler so gut wie die politische Öffentlichkeit lernen und mehr und komplexeres erfahren, als aus den Statistiken und Wirtschaftszahlen, als aus Kriegsgeschichte und Herrschaftstechniken. Wie langweilig sind doch deren Erkenntnisse, wie vorhersehbar, wie steril! Wer Shakespeare aufmerksam gelesen hat, der weiß, was, wie und warum in Washington (oder Paris, London und Berlin) gespielt wird. Die Werke der Literatur durchzumustern nicht etwa darauf hin, was sie „über Europa" zu sagen haben (das wäre ein vergleichsweise banales ideologiekritisches oder philologisches Projekt), sondern darauf hin, was sie zum Ethischen und zum Politischen vielgestaltig und normativ erzählt.

Man lese etwa aufmerksam, was Goethe in seinem Alterswerk „Wilhelm Meisters Wanderjahre", einem höchst subtilen politischen Roman, an pädagogischen Experimenten anstellt, von denen Europa Grundsätzliches lernen könnte über die Stiftung und Erhaltung von gesellschaftlicher Ordnung und Gemeinschaft. Da berichtet etwa ein Erzieher aus der „Pädagogischen Provinz" über die Einübung in sprachlichen Pluralismus: „Zu jenen Sprachübungen wurden wir dadurch bestimmt, daß aus allen Weltgegenden Jünglinge sich hier befinden. Um nun zu verhüten, daß sich nicht, wie in der Fremde zu geschehen pflegt, die Landsleute vereinigen und, von den übrigen Nationen abgesondert, Parteien bilden, so suchen wir durch freie Sprachmitteilung sie einander zu nähern. ... Damit jedoch keine Babylonische Verwirrung, kein Verderbnis entstehe, so wird das Jahr über monatweise nur Eine Sprache im Allgemeinen gesprochen; nach dem Grundsatz, daß man nichts lerne außerhalb des Elements, welches bezwungen werden soll." Auch wird die instrumentale Musikerziehung zur Einübung in die Prinzipien gesellschaftlich-politischen Zusammenlebens und ergibt eine Metapher für das Zugleich von Freiheit und Ordnung: „Hier wird auffallen, daß nichts der Willkür des Lernenden überlassen sei; das Element worin er wirken soll, ist entschieden gegeben, das Werkzeug das er zu handhaben hat, ist ihm eingehändigt, sogar die Art und Weise wie er sich dessen bedienen soll, ich meine den Fingerwechsel, findet er vorgeschrieben, damit ein Glied dem andern aus dem Wege gehe und seinem Nachfolger den rechten Weg bereite; durch welches gesetzliche Zusammenwirken denn zuletzt das Unmögliche möglich wird." (MA 17, S. 476 ff.) Die derzeit geführten literaturwissenschaftlichen Gespräche oder Diskussionen darüber, ob es so etwas wie einen Kanon europäischer Literatur gebe, scheinen im Grundsätzlichen positiv beantwortet zu werden: Der gemeinsame Nenner ist ein kultureller Pluralismus mit deutlichen nationalen Schwerpunktsetzungen, aber eben doch einem konsensualen Kernbestand europäischer Literatur, vor allem aus nicht-europäischer Perspektive (Eggert). Dazu aber gehören auch das gesellschaftliche Engagement und die Sensibilität dieser Literatur für politische verursachte Brüche und Konflikte.

Auch Goethe, einer der wichtigsten Kronzeugen in diesem Zusammenhang, hat sein Werk in eben diesem Sinne verstanden: „Wenn ein Dichter lebenslänglich bemüht war, schädliche Vorurteile zu bekämpfen, engherzige Ansichten zu beseitigen, den Geist seines Volkes aufzuklären, dessen Geschmack zu reinigen und dessen Gesinnungs- und Denkweise zu veredeln, was soll er denn da besseres tun? Und wie soll er denn da patriotisch wirken?“ So zu Eckermann kurz vor seinem Tode im März 1832. – Die Antwort auf die Frage „Wer ist das würdigste Glied des Staats? / Ein wackerer Bürger; / Unter jeglicher Form / bleibt er der edelste Stoff“ variiert er in vielfacher Umschreibung von Tugenden, die alle, auch oder gerade weil sie einen altmodisch-vormodernen Klang haben, im griechischen Ursprungssinn politischer Natur sind: verständig, tüchtig, unaufgeregt, wohlwollend, brav, weltfromm, menschenfreundlich, sittsam, wacker, aufrecht. Es käme darauf an, diese Begriffe ins Moderne zu übersetzen, ohne ihnen das Widerständige, Unzeitgemäße zu nehmen, das der heute so dringlich notwendige Paradigmenwechsel erfordert. Goethe sah dafür in unserer Epoche eine reale, eine europäische Chance. In einer fragmentarischen Notiz heißt es: „Der höchste Begriff vom Menschen kann nur durch Vielseitigkeit, Liberalität erlangt werden. – Dessen war zu seiner Zeit der Grieche fähig. – Der Europäer ist es noch. – Unterschied der Nationen.“ Damit wäre auch der generelle Hintergrund gegeben für einen Begriff, den Goethe als Perspektive für Europa als vor allem kulturell vernetzte und kommunizierende Gemeinschaft geprägt hat: Weltliteratur. Eben das, was damit programmatisch formuliert wurde, ist für uns und das Nachdenken über eine aus der Welt der Kultur zu rekonstruierende europäische Identität von größter Bedeutung: „Wenn wir eine europäische, ja eine allgemeine Weltliteratur zu verkünden gewagt haben, so heißt das nicht, daß die verschiedenen Nationen ... von ihren Erzeugnissen Kenntnis nehmen, denn in diesem Sinne existiert sie schon lange ... nein! Hier ist vielmehr davon die Rede, daß die lebendigen und strebenden Literatoren ... durch Neigung und Gemeinsinn sich veranlaßt finden, gesellschaftlich zu wirken.“ Gesellschaftliches Wirkenwollen der Schriftsteller und Dichter: Das qualifiziert für Goethe eine zeitgenössische als europäische Literatur – ganz gewiss ein traditioneller Ästhetik deutlich widersprechendes, nämlich ein politisches Kriterium für Literatur. Dass „die Nationen sich begreifen“ und „wenn sie sich wechselseitig nicht lieben mögen, sich einander wenigstens dulden lernen“, das ist dabei ein zwar nicht zu unterschätzendes aber doch letztliches Nebenprodukt. Was Goethe hier zumindest in europäischer Perspektive antizipiert, ist eine transnationale Kommunikationsgesellschaft im Medium der Literatur, der Kultur generell – denn wir dürfen und müssen da heute selbstverständlich Theater, Ballett und Oper mit ihren europäischen Festivals, den Film, die Rock- und Popkultur oder auch und nicht zuletzt beispielsweise das Europäische Jugendsymphonieorchester Claudio Abbados hinzuzählen. Das alles gehört inzwischen zu den selbstverständlichen europäischen Einrichtungen, alljährlich gekrönt von einer wechselnden „Kulturhauptstadt“; und als völligem Ignoranten auf diesem Gebiet möchte ich gleichwohl die vielleicht größte und populärste europäische Veranstaltung nicht unterschlagen, die Fußball-Europa-Meisterschaft.

Der soeben erwähnte Claudio Abbado ist einer von vielen hochkarätigen Künstlern, Theatermachern, Komponisten, Sängern, Regisseuren, die kürzlich in einem dringenden Appell an die Regierungschefs und Staatsoberhäupter der EU eine Verankerung der Kultur in der entstehenden europäischen Verfassung forderten: „In diesem Zusammenhang müssten die wirtschaftlichen Ziele als Mittel zum Zweck und nicht als unmittelbarer Inhalt dienen". Es müsse, so betonten sie, die „kulturelle Identität Europas" Priorität erhalten: „Ganz Europa sollte ein vitaler Lebensraum werden, in dem der künstlerische und kulturelle Austausch von Ideen, von Kreationen und deren Urhebern gepflegt wird." Nur als kulturell definiertes politisches Subjekt habe Europa „auf planetarischer Ebene" die Befugnis, jene dringend notwendige zivilisatorische Rolle zu spielen, zu der es in besonderem Maße qualifiziert sei. Das sind zwar große Worte – aber auch zugleich mahnende, wichtige, die Prioritäten zurechtrückende. Warum, so müssen wir uns fragen, sind solche Forderungen nicht von den Sozialwissenschaftlern gekommen? Warum resultieren sie nicht aus unserer kritischen Kritik am realexistierenden Europaprojekt? Die Antwort ist nicht schwer zu finden: Wir haben dafür kein Gespür, keine Antenne, keine Kategorien, weil wir uns aus den traditionellen analytischen Parametern anscheinend nicht zu befreien in der Lage sind oder den Mut dazu haben. Die unterzeichnenden Künstler hingegen haben den Mut zu einem europäischen Selbstbewusstsein aus dem Geiste der Kunst und damit implizit zum Entwurf eines anderen politischen Paradigmas. Wer ihre Forderungen als wirklichkeitsfremd und utopisch belächelt, der hat das große Europaprojekt als historische Chance eines qualitativen Neubeginns schon aufgegeben. „In der Idee leben", so hatte Goethe dekretiert (übrigens am Beispiel der überlebensgroßen Figur Napoleons und der ihm von Goethe optimistisch unterstellten Vision eines Friedens-Europas) „heißt, das Unmögliche zu behandeln, als wenn es möglich wäre."

Tatsächlich finden wir bei den Vätern (oder Müttern) des Verfassungsvertrags-Entwurfes sogar ernsthafte Spurenelemente eines ideellen Europa, das die pragmatisch-ökonomisch-militärisch-machtpolitische *raison d'être* transzendiert. Da ist einmal die in Art. IV,1 „Die Symbole der Union" festgelegte Flagge mit einem Kreis von zwölf Sternen auf blauem Grund. Die Zwölf ist in Mystik und Religion, in Astrologie und Mythologie die Zahl der Vollkommenheit, sie ist die göttliche Zahl, nach der der Himmel eingeteilt ist, die Zahl des Tierkreises und der Propheten, der Titanen und Apostel, der Tore des himmlischen Jerusalem und der biblischen Stämme Israels, der Stunden des Tages und der Monate des Jahres, zwölf Arbeiten verrichtete Herkules, das Dutzend ist die Jupiterzahl, die einzige, die durch vier Zahlen teilbar ist – man kann sich mühelos (oder mit Hilfe einschlägiger Nachschlagewerke) auf eigene Entdeckungsreisen ins faszinierende

Reich der Zahlen begeben, etwa auch noch die zwölf Töne der temperierten Tonleiter hinzuzählen wollen. Und natürlich gibt es da auch einen klassisch-politischen Bezug. Herodot behauptet: „Die Griechen gründeten ihre zwölf Städte in Asien und weigerten sich, die Zahl auszudehnen, weil sie, wie ich vermute, in zwölf Staaten eingeteilt wurden, als sie im Peloponnes lebten." Die Zwölf war also auch eine für die Polis-Ordnung wichtige Zahl. Zum 1955 angenommenen Flaggenentwurf des Straßburgers Arsene Heitz – es gab eine Vielzahl von Vorschlägen – heißt es, der Künstler habe sich zum Sternenkranz auf blauem Grund von der „Offenbarung des Johannes" (12,1) visionär inspirieren lassen: „Und es erschien ein großes Zeichen am Himmel: ein Weib, mit der Sonne bekleidet, und der Mond unter ihren Füßen und auf ihrem Haupt eine Krone von zwölf Sternen. Und sie war schwanger und schrie in Kindesnöten und hatte große Qual bei der Geburt." Der Berliner Völker- und Europarechtslehrer Armin von Bogdandy kommentiert: „Hier erfolgt, je nach Lesart, im Zeichen des Kranzes aus zwölf Sternen die Geburt des Messias, des Volkes Gottes oder ein umfassender Neubeginn der Geschichte." Wie auch immer: In jedem Falle wird signalisiert, dass Europa mehr ist oder sein soll als eine aus geographisch-taktischen Gründen gebildete superstaatliche Einheit. Symbolisiert wird ein Versprechen des Neuen, gespeist aus den Erwartungen und Kosmologien des Alten und Ältesten – also auch die Vision einer neuen, einer anderen Politik. Nach dem von Deutschland verschuldeten, von Europa miterantworteten Zivilisationsbruch, für den der Name Auschwitz steht, wäre das auch ein mehr als überfälliges Versprechen.

Im selben Artikel IV,1 heißt es: „Die Hymne der Union entstammt der Ode an die Freude aus der Neunten Symphonie von Ludwig van Beethoven." Kein Komponist hat so emphatisch die Menschenbrüderlichkeit und -schwesterlichkeit in Tönen beschworen, wie dieser. Er ist, wie schon Nietzsche erkannt hatte, „die Stimme für die Seele Europas". Niemand hat das schlichter und in ein poetischeres Bild gefasst als der aus seinem eigenen Musizieren heraus selbst zu ethischer Politik motivierte und motivierende Yehudi Menuhin in seiner Antwort auf meine Frage, warum er 1946 in Berlin Beethoven und nicht Mozart gespielt habe: „There is no composer who is more basically pure and bereft of all affectation or manner, it is music between the human and beyond the human. It has almost no fingerprints – for me it is definitely the most universal music ever conceived." Den Schlusschor aus seiner 9. Symphonie zur europäischen Hymne gemacht zu haben, das darf man als ein optimistisches, inspirierendes, aber auch verpflichtendes Signal lesen. Schiller, dessen hymnisches Gedicht „An die Freude" Beethoven für diesen Zweck bearbeitete, hat ihn offensichtlich mit seinem ästhetischen Pathos unmittelbar angesprochen, und er hat in ihm einen Bruder im Geiste der Grenzüberschreitung vom Nationalen zum Universalen erkannt. Dessen programmatische „Briefe über die ästhetische Erziehung" dürfte er gekannt haben – eine Schrift, die das uneingelöste Paradigma einer anderen Haltung im Politischen formuliert, das quer liegt zu aller real- und machtpolitischen Tradition intellektueller Bildungs- und Aufklärungsarbeit. Es seien daraus nur einige wenige Kernsätze zitiert, Bruchstücke für die anstehende größere Aufgabe eines Paradigmenwechsels im Zeichen kulturell-ästhetischer Diskurse:

> „Man wird damit anfangen müssen für die Verfassung Bürger zu erschaffen, ehe man den Bürgern eine Verfassung geben kann."
>
> „Aufklärung der Begriffe kann es allein nicht ausrichten, denn von dem Kopf ist noch ein gar weiter Weg zu dem Herzen, und bei weitem der größere Teil der Menschen wird durch Empfinden zum Handeln bestimmt."
>
> „Das dringende Bedürfnis unseres Zeitalters scheint mir die Veredelung der Gefühle und die sittliche Reinigung des Willens zu sein, denn für die Aufklärung des Verstandes ist schon sehr viel getan worden. Es fehlt nur ... an ästhetischer Kultur. Diese letztere halte ich für das wirksamste Instrument der Charakterbildung, und zugleich für dasjenige, welches von dem politischen Zustand völlig unabhängig, und also auch ohne Hilfe des Staates zu erhalten ist."
>
> „Das Zeitalter ist aufgeklärt, ..., die Kenntnisse sind wirklich gefunden und ausgestellt, welche unsere Begriffe berichtigen könnten ... Woran liegt es, daß wir nichts desto weniger noch Barbaren sind."

Wenn Beethoven nun Schillers Ode „An die Freude" als Höhepunkt seiner letzten vollendeten Symphonie wählte, so übernahm er damit auch die Schiller'sche Hoffnung von der politisch bildenden Wirkung ästhetischer Sprache, die mit der Verschmelzung von Poesie und symphonischer Musik eine bis dahin unerhörte Potenzierung und breitenwirksame Ausstrahlungskraft erfahren würde – sie hat bis heute ungebrochen angehalten, ja, sie ist, wie die Entscheidung für die Europa-Hymne zeigt, im Laufe der fast zwei Jahrhunderte noch mächtiger geworden.

Schillers Text aber führt uns noch einmal zurück an den Anfang, an die Erzählung von der Entstehung einer Friedenskultur aus der Vereinigung des Gottes, der selbst der Gewaltherrschaft abgeschworen hatte, mit der mondschönen phönizischen Prinzessin Europa. Deren zweiter Sohn neben dem vorbildlich-weisen König Minos war Rhadamanthys, dem in der Dichtung der Alten als „dem gerechtesten Menschen das Richteramt über die Toten" zugeschrieben wird (Moritz, S. 204). Dort präsidiert er über das Land der Seligen, wo sich „die Seelen der Menschen aus den besseren goldenen Zeiten, die noch mit keinem Verbrechen sich befleckt hatten" (ebd. S. 288) aufhielten. Dieses Land aber trägt den Namen Elysium: Von diesem Land spricht Schiller als der Heimat der Freude, und von Elysium unter der gerechten Regierung des Sohnes der schönen Europa singen nun die Europäer. Sie wissen sicher kaum genau, wovon sie da singen – aber der Name selbst transportiert über die Kraft der Musik doch so etwas wie den Geist einer großen Utopie. Als Leonard Bernstein die 9. Symphonie am 10. November 1989 in Ostberlin dirigierte, erlaubte er sich einen Eingriff in den Text, von dem man sicher sein kann, dass er von Schiller und Beethoven emphatisch begrüßt worden wäre: Er ersetzte die „Freude" durch das Wort „Freiheit". Vielleicht erleben wir es noch, eines Tages mit vergleichbarer historischer Berechtigung diesen Text ein weiteres mal einmalig an derselben Stelle verändern zu dürfen:

Friede, schöner Götterfunken,
Tochter aus Elysium,
Wir betreten feuertrunken
Himmlische, dein Heiligtum.
Deine Zauber binden wieder,
Was die Mode streng geteilt;
(Schiller: *Was der Mode Schwert geteilt*)
Alle Menschen werden Brüder
(Schiller: *Bettler werden Fürstenbrüder*)
Wo dein sanfter Flügel weilt.

Wem der große Wurf gelungen,
Eines Freundes Freund zu sein;
Wer ein holdes Weib errungen,
Mische seinen Jubel ein!
Ja – wer auch nur *eine* Seele
Sein nennt auf dem Erdenrund!
Und wers nie gekonnt, der stehle
Weinend sich aus diesem Bund!

Seid umschlungen, Millionen!
Diesen Kuß der ganzen Welt!
Brüder überm Sternenzelt
Muß ein lieber Vater wohnen.
Ihr stürzt nieder, Millionen?
Ahnest du den Schöpfer, Welt?
Such ihn überm Sternenzelt!
Über Sternen muß er wohnen.

Dann wäre ein politisches Europa der Kultur entstanden, für das sich eingesetzt zu haben die Anstrengung wert war.

SICHERHEIT UND SICHERHEITSPOLITIK EUROPAS[1]

ERNST-OTTO CZEMPIEL

Dieser Beitrag geht von einem Begriff von Sicherheit aus, den ich als einen umfassenden Sicherheitsbegriff bezeichne, einen Begriff, der den Erwartungen jedes Einzelnen in seinem Lande entspricht, nämlich: nicht bedroht zu werden. Also nicht nur in der Lage zu sein, sich zu verteidigen, wenn man überfallen wird, sondern nicht überfallen zu werden. Sicher zu sein, dass man nicht überfallen wird, diese Sicherheit bietet der Nationalstaat, und im internationalen System ist sie nicht, noch nicht gegeben. Sicherheit würde eben erst dann bestehen, wenn in einem internationalen System eine Situation herrscht, in der auf Dauer und verlässlich gewährleistet ist, dass zwischenstaatliche wie innerstaatliche, zwischengesellschaftliche wie innergesellschaftliche, politische Konflikte generell und ausnahmslos gewaltfrei bearbeitet werden. Das ist umfassende Sicherheit. Sie ist nicht identisch mit Verteidigungsfähigkeit, sondern gilt in Situationen, in denen die Verteidigungsfähigkeit gar nicht mehr gebraucht wird, sie ist nicht identisch mit dem so genannten erweiterten Sicherheitsbegriff, der den klassischen Sicherheitsbegriff der Verteidigung nur semantisch verbrämt und auf weitere Politikfelder erstreckt, sondern allumfassend. Insofern ist sie neu, aber nicht utopisch. Denn wir haben diesen Zustand schon innerhalb der Europäischen Union, seit dem 1. Mai 2004 , innerhalb von 25 Ländern in Europa, die über Jahrhunderte hin die Hauptkriegsherde der Welt waren. Wir haben diesen Zustand in vielen Friedenszonen der Welt, wir haben ihn auch zum Beispiel im Verhältnis zwischen Nordamerika und Kanada. Dieser Zustand ist also überhaupt nicht utopisch, wir wissen auch, wie er hergestellt werden kann, wir haben es nur wieder vergessen oder wir haben es bisher nicht verstanden, die Strategien zu selektieren, die diese Zustände in Europa heraufgeführt haben, und sie passend zu machen, fähig zu machen für die Anwendung in der ganzen Welt.

Die Frage meines Beitrages lautet: Ist die Sicherheitspolitik der Europäischen Union so konzipiert, dass sie diese umfassende Sicherheit erzeugt, in Europa und in der Welt? Und das heißt, dass sie die drei großen Gewalt-

---

1 Transkript Ralph Luger; Hinweis des Herausgebers: Der Beitrag beruht auf freier Rede, das hiervon gefertigte Transkript wurde in enger Abstimmung mit dem Autoren in weitgehendem Verzicht auf die persönliche mündliche Vortragsweise überarbeitet.

ursachen, die es in der Welt gibt, die drei großen Kriegsursachen eliminiert?

1) die Anarchie des internationalen Systems und die Machtverteilung darin,
2) diktatoriale/autoritäre Herrschaftssysteme und der Einfluss der Interessengruppen und
3) die Interaktion und die dazugehörige Kompetenz der Akteure.

Ohne diese drei Gewaltursachen hier näher ausführen zu wollen,[2] ist es ist mir aber wichtig, sie an den Anfang unserer Überlegungen zu stellen, weil Sicherheitspolitik, eine Politik, die diese umfassende Sicherheit herbeiführen soll, Strukturen verändern muss und Prozesse, vor allen Dingen aber Strukturen, nämlich die Anarchie des Systems beseitigen, um die Demokratisierung der Herrschaftssysteme zu ermöglichen und die Interaktion zu steuern. Daher die Frage: Ist die Sicherheitspolitik der Europäischen Union innerhalb der Sicherheitspolitik des Westens in ihrer Anlage stimmig?

Doch gibt es diese Europäische Union. Es gibt den Namen, sein Inhalt ist schillernd, vage und in einer dramatischen Entwicklung befindlich. Ich verstehe unter Europäischer Union ihre gegenwärtige Organisation auf ihrem Wege in die Zukunft, in ihrer aktuellen Erweiterung um zehn Mitglieder und in ihrer Vertiefung in Gestalt der zwar jetzt beschlossenen, aber noch nicht ratifizierten Verfassung.

Unter ihrer Sicherheitspolitik verstehe ich das gegenwärtige Gemenge aus gemeinsamer Außen- und Sicherheitspolitik und der europäischen Sicherheits- und Verteidigungspolitik. In die Details dieser Mixtur zu gehen, ist hier nicht der Ort. Daher werde ich an Stelle dieser beiden sich überschneidenden Begriffspaare den Begriff der Außen- und Sicherheitspolitik gesamtheitlich verwenden und darin zugleich die europäische Sicherheits- und Verteidigungspolitik mit fassen, die Teil der gemeinsamen Außen- und Sicherheitspolitik ist, obwohl zumeist niemand genau weiß, wenn die Europäische Union etwas macht, was sie da macht und als was sie das macht.

Die Europäische Union als politisches Konzept

Die Europäische Union ist in erster Linie eine politische und wirtschaftliche Union, sie ist auch eine Rechtsunion mit einer zunehmenden Fülle der Außenbeziehungen, mit einer zunehmenden Fülle der Binnenregelungen. Sie ist ein Regionalstaat im Werden, eine außerordentlich interessante Konstruktion, die nicht verwechselt werden sollte mit der Vergrößerung eines

---

2 Im Einzelnen siehe hierzu Ernst-Otto Czempiel, Kluge Macht. Außenpolitik für das 21. Jahrhundert, München 1999.

Nationalstaats. Der Regionalstaat Europäische Union wird ein Staat neuen Typs sein. Er wird sich vom Nationalstaat so unterscheiden, wie er sich vom Territorialstaat unterscheidet. Trotzdem wird er ein Regionalstaat mit globaler Reichweite werden, aber einer, der seinen Hauptakzent auf der inneren Integrations- und Befriedungsleistung hat. Genau dies ist in der Erweiterung um die zehn neuen Mitglieder deutlich zum Ausdruck gekommen, die innere Integrations- und Befriedungsleistung der Europäischen Union ist ein außerordentlich wichtiger und gar nicht zu überschätzender Beitrag.

Die Europäische Union ist zwangsläufig ein globaler Akteur, einfach schon wegen ihrer Größe mit 450 Millionen Einwohnern, und verantwortlich für ein Viertel des Bruttosozialproduktes der Welt, mit der Tatsache, dass sie über das gesamte Spektrum der außen- und sicherheitspolitischen Instrumente verfügt, von der Ökonomie bis hin zum Militär. Als globaler Akteur ist sie auf der Suche nach ihrer Rolle und nach ihren Möglichkeiten.

Die Außen- und Sicherheitspolitik ist der schwierigste Politiksektor, den es gibt, der letzte, der integriert werden dürfte. Die Außenpolitik war immer schon die letzte „heilige Kuh" des europäischen Nationalstaats, und sie wird es bleiben. Dies war auch historisch so bei der Europäischen Union, angefangen von der Europäischen Wirtschaftsgemeinschaft, die keinerlei außenpolitische Kompetenz hatte, über die Europäische politische Zusammenarbeit (EPZ), die immer eine zwischenstaatliche Kooperation war, bis hin zur Gemeinsamen Außen- und Sicherheitspolitik (GASP), die das immer noch ist. Sie ist nach wie vor eine zwischenstaatliche, eine intergouvernementale , keine integrierte Angelegenheit.

Die neue Verfassung hat zwar letzthin eine bessere und verständlichere Gliederung erfahren, die Außen- und Sicherheitspolitik erscheint in Artikel 5 dieser Verfassung mit den darin aufgeführten einzelnen Politikfeldern. Aber in der Sache hat sich nicht sehr viel geändert. Die Außen- und Sicherheitspolitik wird im Wesentlichen einstimmig entschieden werden, also mit dem Vetorecht eines jeden Staates, die drei großen Regelwerke der verstärkten, der strukturierten oder der engeren Zusammenarbeit sind alle abhängig davon, dass ihnen entweder alle oder jedenfalls die qualifizierte Mehrheit der Staaten zustimmen. Diese Konstruktionen sind mehr dazu geeignet, die weitere Integration der Außen- und Sicherheitspolitik zu verhindern, als sie zu erleichtern, sie dienen auch dazu, diese Kooperationen zu erschweren. Immerhin wird es einen europäischen Außenminister geben, immerhin gibt es die Solidaritätsklausel, also eine etwas engere Zusammenarbeit bei der Abwehr des Terrorismus. Dabei bleibt – wohl juristisch – zu klären, was eigentlich aus dem Artikel 5 des WEU-Vertrages geworden ist, nachdem auch sie in die Europäische Union eingegliedert worden ist? Der Artikel 5 enthielt explizit eine Verteidigungsverpflichtung, die sehr viel stärker formuliert war als der Artikel 5 des NATO-Vertrages.

Es gibt immerhin die engere Zusammenarbeit auf dem Gebiet der Verteidigung, und ich denke, es wird jeder Verfassung so gehen, wie es der Europäischen Union seit 1992 und der europäischen Integration immer schon gegangen ist. Alles klingt zwar besser, als es ist, aber alles wirkt im Endeffekt besser, als es gemeint war. Die Erfahrung zeigt, dass die Sachzwänge, die auf die Verteidigungspolitik der Europäischen Union einwirken, letztendlich die Integration verstärken, weil sich auch bei den Politikern der Eindruck durchsetzen muss, dass sie entweder zusammenhängen oder zusammen *hängen* werden.

Die strukturfunktionale Analyse zeigt sehr deutlich und gegen alle Unkenrufe seit 1957, die verhallt sind im Dunkeln der Nacht der europäischen Integration – wie viel aus der Europäischen Union schon geworden ist; man muss nur akzeptieren, dass aus ihr nun das werden wird, was ihr Endzweck ist, eben jener europäische Postnationalstaat.

Ein Grund, warum sich das Feld der Außen- und Sicherheitspolitik der Integration so erfolgreich versagt, ist die Bewahrung der Souveränität. Alle europäischen Staaten beharren darauf und haben sich ihre eigene Außen- und Sicherheitspolitik bewahrt.

Der zweite wichtige Grund dafür ist zweifellos das Interesse der Vereinigten Staaten am Fortleben der NATO und an der Fortgeltung der amerikanischen Führung bei der Gestaltung der europäischen Verhältnisse – die NATO ist das Hauptinstrument amerikanischer Europapolitik.

Vor allem dieses zweite Interesse, auf amerikanischer Seite, ist ein bedeutendes Hindernis, zumal ihm auf europäischer Seite ein komplementäres Interesse entgegenkommt. Großbritannien, aber auch kleinere europäische Staaten wie etwa Dänemark und Holland bevorzugen nach wie vor die Kooperation mit den Vereinigten Staaten auf dem Gebiet der Außen- und Sicherheitspolitik gegenüber einer französischen, deutschen Dominanz, einer eigenständigen, von Frankreich und Deutschland geführten Außen- und Sicherheitspolitik der Europäischen Union. Das muss man als fact of life hinnehmen, so ist es, und es wird sich wohl erst langsam zurückbilden. In der Gegenwart jedenfalls ist dies wohl auch die Einstellung mehrerer Staaten Osteuropas, die von Rumsfeld als das „neue Europa" bezeichnet worden sind. Diese Einstellungen erschweren die Vertiefung der europäischen Sicherheits- und Außenpolitik. Dabei kommt hinzu, dass die Vereinigten Staaten grundsätzlich gegen die Aushöhlung der NATO, gegen die Emanzipation der Europäer auf dem Gebiet der Außen- und Sicherheitspolitik sind. Die Emanzipation Europas auf dem Gebiet der Wirtschafts-, Währungs- und Handelspolitik haben sie nicht verhindern können, sie werden aber alles Erdenkliche tun, um zu verhindern, dass in diesem auch für die USA wichtigsten Punkt – Außen- und Sicherheitspolitik – die Europäische Union ihre Emanzipation vollendet und sich gegenüber den Vereinigten Staaten zu einem gleichberechtigten Allianzpartner entwickelt.

Diese Tendenz, die Europa zweifellos innewohnt und die nicht aufzuhalten sein wird, zumal sie sich seit 1962 im Atlantischen Bündnis vollzieht, ist außerordentlich konfliktträchtig. In der Geschichte hat nichts so viele Kriege erzeugt, wie der Versuch eines Staates oder einer Staatengruppe, die Machtposition eines anderen Staates oder einer anderen Staatengruppe zu verringern. Früher wurde dergleichen Hegemonialkrieg genannt, heute würde man von der Konfliktträchtigkeit einer Veränderung der Machtverteilung in einem internationalen System sprechen. Zu betonen bleibt: Dies ist außerordentlich gefährlich, ist gewiss auch kriegsträchtig, und selbst wenn man nicht davon ausgehen muss, dass es im atlantischen Verhältnis einen Krieg geben wird, so wird es doch eine Auseinandersetzung bis kurz vor dem Messer geben. Wir können sicher sein, dass sowohl die Vereinigten Staaten jeden Zentimeter ihrer Machtfülle verteidigen werden, wie andererseits die Europäer mit Deutschland und Frankreich im Zentrum versuchen werden, immer mehr Zentimeter der Machtverteilung im atlantischen Verhältnis hinzu zu gewinnen. Denn diese Machtverteilung ist asymmetrisch. Während die Symmetrierung im Wirtschafts-, Handels- und Währungsbereich bereits erreicht wurde, steht sie auf diesem Gebiet noch aus und wird nur sehr schwer und sollte nur sehr vorsichtig betrieben werden, um letztlich die Atlantische Gemeinschaft, die nicht identisch ist mit der NATO, nicht zu zerstören.

Wir haben die Gefährlichkeit, die Brisanz dieses Problems der Machtveränderung im Zusammenhang mit dem Irak-Krieg gesehen; wir haben gesehen, dass auf den Gipfelkonferenzen dieses Jahres, vom D-Day bis nach Istanbul, diese Machtkonkurrenzen übertüncht, aber keineswegs beseitigt worden sind. Die von Bush beabsichtigte Einschaltung der NATO im Irak ist nicht ganz gelungen, aber doch in gewisser Weise, insofern die NATO sich bereit erklärte, bei der Ausbildung irakischer Polizeikräfte mitzuwirken. Das ist weniger, als Bush vorhatte, aber mehr, als die Europäer eigentlich geplant hatten. Denn die NATO und ihre zunächst harmlose Mitarbeit bei Verwaltungs- oder administrativen Tätigkeiten (wie der Ausbildung von Polizisten) war schon immer Türöffner für ein Engagement der NATO insgesamt. Und das ist genau das, was die Vereinigten Staaten beabsichtigen, nämlich die NATO als ihr Führungsinstrument beizubehalten und die Europäer jenseits der Emanzipationsinteressen der Europäischen Union über die Mitarbeit der meisten Staaten in der NATO wieder unter das Joch der amerikanischen Führung zu zwingen und dazu zu bringen – mit einem etwas übertreibenden, in Amerika gängigen Begriff –, als „Putzfrau" der Vereinigten Staaten zu arbeiten. Der Plan der Bush-Administration ist eindeutig: Eroberung des Irak als erster Schritt, Eroberung des Iran als zweiter Schritt, mögliche Besetzung weiterer Teile des Mittleren Ostens als dritter Schritt. Afghanistan *ist* schon besetzt. Dies alles ist nur zu schaffen, wenn die NATO „das Geschirr spült", um eine weitere gängige Metapher zu verwenden, das die Vereinigten Staaten als Koch der Weltpolitik bei ihrem Versuch der selektiven Weltherrschaft hinterlassen, als Kennzeichen des Unilateralismus der Bush-Administration.

Die Europäer wollen hier nicht mitmachen, und wir haben in Istanbul 2004 gesehen, wie sehr sich vor allem Frankreich und Deutschland gesperrt haben. Die alte Konstellation vom Frühjahr vorigen Jahres ist nach wie vor aktiv, und es wird interessant sein abzuwarten, ob und in welcher Weise sich das Bündnis oder nur einzelne Staaten im Irak engagieren und was passiert, wenn NATO-Truppen, sollten sie je dort als Ausbilder auftreten, von irakischen Widerstandsterrorismusaktivitäten angegriffen werden.

Der Prozess der Emanzipation Europas aus der amerikanischen Führung ist weiter im Gange, er ist hochsensibel und zugleich aktuell, und er wird erst in dem Moment aufhören, in dem auch hier, auf diesem Sektor der Außen- und Sicherheitspolitik, die Symmetrie mit den Vereinigten Staaten hergestellt worden ist. Asymmetrische Machtverteilung lässt den Europäern keine andere Chance, sie wollen die gleiche Augenhöhe mit den USA. Und dagegen ist nichts einzuwenden, weil nur diese Symmetrierung des letzten Gebietes dazu führen wird, dass die Atlantische Gemeinschaft, ich sage es noch einmal: nicht die NATO, als Kooperation zwischen Westeuropa und den Vereinigten Staaten eine Zukunft hat, die über die hinausgeht, die sie während des Kalten Krieges inne gehabt hat.

Europa soll nicht das Gegengewicht der Vereinigten Staaten werden, sondern ihr gleichberechtigter Partner, ein Partner, der in arbeitsteiliger Kooperation mit den Vereinigten Staaten, aber eben selbständig und auf Grund von Entscheidungen, die in Europa gefasst werden, mit den Vereinigten Staaten zusammenarbeitet. So muss die europäische Außen- und Sicherheitspolitik im Bereich der atlantischen Gemeinschaft angegangen und angelegt werden, und man sollte sich nicht in die Ecke des Anti-Amerikanismus schieben lassen, wenn man die These vertritt, dass diese Symmetrierung unbedingt erforderlich ist, unausweichlich, um die Atlantische Gemeinschaft nicht zerfallen zu lassen.

Inhalte der Außen- und Sicherheitspolitik der Europäischen Union

Der Betrachtung der Inhalte der Außen- und Sicherheitspolitik der Europäischen Union setze ich die These voran, dass die Europäische Union sehr viel aktiver auf diesem Gebiet gewesen ist, als es bisher den Anschein hat und als sie bisher für sich in Anspruch nimmt. Hervorgehoben werden immer die neuerlichen Nachrückaktivitäten der EU dort, wo die NATO sich zurückzieht. Sei dies bei der Übernahme der SFOR-Mission in Bosnien-Herzegowina, bei den Stabilisierungsfunktionen in Mazedonien, bei der Friedensmission Artemis im Kongo. So unbestritten wichtig dies ist, verbleibt es doch am Rande der europäischen Zivilmacht und daher mehr im Hintergrund meiner Überlegungen. Auch wenn zu fragen bliebe, ob Europa aufrüsten muss und militärische Aktivitäten übernehmen muss, geht es mir um die außenpolitische Politik der Europäischen Union. Und hier muss man, in allererster Linie, die politische Intervention der Europäischen Union in die Herrschaftssysteme der Beitrittskandidaten im Rahmen der Heranführungsstrategie der Europäischen Union erwähnen. Die Erweiterung der Europäischen Union, unabhängig von ihrer Vertiefung, die Tatsache, dass sich 25 Staaten West- und Osteuropas in einer organisatorischen Einheit zusammengefügt haben, erfolgreich zusammengeführt worden sind, und dass zu diesem Behufe die Herrschaftssysteme Osteuropas demokratisiert worden sind und auf diese Weise eine maßgebliche Gewaltursache beseitigt haben, das halte ich für die wichtigste und in ihrer Bedeutung gar nicht zu übertreibende Friedensleistung der Union. Die Union hat diesen Halbkontinent, der über 300 Jahre lang der Kriegsherd Europas war, wirklich befriedet. Das ist eine Leistung, die wir besonders hoch bewerten sollten. Ohne dass die dies bewirkende Politik als Außen- und Sicherheitspolitik bezeichnet wurde, war sie dies und ist es nach wie vor: die Erweiterung der Union als Befriedung Europas. Die Schaffung der europäischen Friedenszone ist die zentrale Leistung der Europäischen Union.

In diesem Zusammenhang gehört die Drittwelt- und Entwicklungspolitik der Europäischen Union, zuvor der Europäischen Gemeinschaft und ihr voraus der Europäischen Wirtschaftsgemeinschaft. Denn diese Entwicklungspolitik, Drittweltpolitik und Handelspolitik gibt es seit der Gründung der Europäischen Wirtschaftsgemeinschaft 1957. Sie hat die massiven außenpolitischen und sicherheitspolitischen Wirkungen erzeugt, die die Europäische Union so gerne unterschlägt. Sie tut so, als hätte sie keine Außenpolitik betrieben, und dabei hat sie im Rahmen beispielsweise der AKP-Politik, seit fast 50 Jahren, eine intensive Außen- und Sicherheitspolitik verfolgt, jedenfalls eine Politik, die massive außen- und sicherheitspolitische Wirkungen gezeitigt hat, mit denen wir es bis heute zu tun haben. Denn diese AKP-Politik war kein besonderes Ruhmesblatt der Europäischen Gemeinschaften. Schwarzafrika ergeht es seit der Assoziation mit der Europäischen Union schlechter als zuvor, die Konflikte im Gebiet der großen Seen, der ungeheuerliche Genozid in Ruanda sind mitten im Einflussgebiet der europäischen Außen- und Sicherheitspolitik passiert. Der Barcelona-Prozess für die euro-mediterrane Partnerschaft wurde erst 1995 ins Leben gerufen und ist nur sehr schwach ausgestattet worden, die Herausforderungen durch den islamischen Extremismus, der Bürgerkriegssituation in Zagreb blieben unbewältigt. Alles das, was hier eigentlich unter diesem Aspekt Außen- und Sicherheitspolitik der Europäischen Union behandelt werden müsste, aber nicht behandelt wird, muss in ihr groß geschrieben, in ihr Bewusstsein gerückt werden, weil es eine absolut negative Bilanz aufweist. Eine negative Bilanz, die im Wesentlichen auf die zweite

Gewaltursache zurückzuführen ist, die eingangs genannt wurde: Einfluss der Interessengruppen. Ob wir die Politik der Europäischen Union in Afrika ansehen, oder die Politik der Europäischen Union gegenüber der Marktöffnung oder insbesondere den Agrarprotektionismus, dann wird offensichtlich, welchen Einfluss die Interessengruppen auf diese Politik nehmen, deren außen- und sicherheitspolitische Konsequenzen gar nicht abzusehen sind.

Die Europäische Union führt mithin seit langem eine hochwirksame Außenpolitik mit erheblicher sicherheitspolitischer Bedeutung, aber leider bei weitem nicht mit den positiven Leistungen, die sie für sich selbst, für Inner-Europa zu erzeugen vermochte.

Immerhin aber hat sie im Dezember des vergangenen Jahres ein Strategiepapier vorgelegt, das sogenannte Solana-Papier.[3] Dieses Papier mit dem Titel „Ein sicheres Europa in einer besseren Welt" wurde am 12. Dezember 2003 dem Europäischen Rat in Brüssel vorgelegt und von diesem angenommen. Es enthält erstmals eine schriftliche Niederlegung der außen- und sicherheitspolitischen Identität der Europäischen Union einen Katalog der Zielsetzung und der Instrumente. Es ist ein Art Highlight der Europäischen Politik und ein durchaus modernes Instrument, das sich deutlich von der Bush-Doktrin unterscheidet, indem die Europäische Union sich auf eine multilaterale Weltordnung verlässt, keine unilaterale. „In einer Welt globaler Bedrohung", heißt es in diesem Papier, hängen unsere Sicherheit und unser Wohlstand von einem funktionsfähigen, multilateralen System ab. Die neuen Bedrohungen durch den Terrorismus werden zutreffend eingeschätzt und zwar als Bedrohungen, die nicht nur militärische, sondern vor allen Dingen politische Antworten erfordern. Bleibt dieses Papier im Großen und Ganzen ein zwar vages Papier, ein Papier, das immer noch eine gewisse Neigung hat, die militärische Seite von Sicherheit stärker zu betonen als die politische, so werden aber doch die politischen Positionen erheblich stärker betont, als das früher der Fall gewesen ist.

Das Solana-Papier ist eine implizite Alternative, eine überaus deutliche Alternative in Hinblick auf die Zielproblematik und die Strategiepräferenz zur Bush-Doktrin. Und sie wäre durchaus eine konzeptuelle Grundlage für die Außen- und Sicherheitspolitik der Europäischen Union wenn, ja wenn es nicht die NATO gäbe, die mit dem Europäer eine völlig andere Politik konzipiert hat und die diese Politik sehr viel konzentrierter ausformuliert – erinnert sei an den NATO-Gipfel von Prag im Dezember 2002, auf dem sich die NATO-Mitglieder zu einer Politik der traditionellen Expeditionscorps haben überreden lassen, die die selektive Weltherrschaft der Bush-

---

3 Javier Solana ist der Hohe Vertreter für die gemeinsame Außen- und Sicherheitspolitik und wird wahrscheinlich erster Außenminister der EU. Javier Solana: Ein sicheres Europa in einer besseren Welt, Europäischer Rat, Thessaloniki, 20.6.2003.

Administration inhaltlich, thematisch, programmatisch und praktisch unterfüttert.

Die europäische Position also – zwischen Prag und Solana – ist absolut schizophren. Mit dem Hut Europas auf dem Kopfe formulieren die Europäer eine sehr deutlich erkennbare, brauchbare, entwicklungsfähige Außen- und Sicherheitspolitik – mit dem NATO-Hut aber, und der ist sehr viel größer oder passt sehr viel genauer, erzeugen die Europäer vor allen Dingen erhebliche praktisch politische Konsequenzen, mit dem NATO-Hut folgen sie der Präferenz der Bush-Administration für eine ausschließlich auf Militär gestützte Weltpolitik, die im Zeichen der Terrorismusbekämpfung Expansions- und Okkupationspolitik vorantreibt.

Das mag taktisch praktisch sein für die Europäer, weil es auch nur sehr wenigen Leuten auffällt, dass Europa mit gespaltener Zunge spricht, für die politische Weiterentwicklung der Europäischen Union und für die Identität ihrer Außen- und Sicherheitspolitik aber ist es verheerend. Denn wenn man die Sache von der Organisationsseite her ansieht, wird die sehr viel stärker durchorganisierte NATO mit ihren eingefahrenen und bewährten Entscheidungsmechanismen den Vorrang behalten und sich immer wieder durchsetzen, sobald und wo immer sie in Konkurrenz zur Europäischen Union und ihrer Außen- und Sicherheitspolitik steht. Gerade deswegen muss man den Kompromiss in Istanbul mit großer Vorsicht genießen. Die NATO ist eine außerordentlich starke Klammer, die die Europäer zu Politiken verleitet, die sie als Europäische Union abgelehnt haben. Nur unter der Hand gestehen sie sich ein, dass die NATO schon dabei ist, auch praktisch im Kielwasser Amerikas zu segeln, erarbeitet sie doch derzeit die militärische Zusammenarbeit mit den Golfstaaten, erwägt auch die Ausdehnung des Programms „Partnerschaft für den Frieden", ist also dabei, sich organisatorisch und sogar institutionell bereits in den Mittleren Osten zu begeben – mit erheblichen Konsequenzen für die EU. Dies ist für die Europäer umso tragischer, als die amerikanische Politik in diesem Bereich absolut negative Konsequenzen bereits heraufgeführt hat: Amerikanische Staatsbürger müssen Saudi-Arabien verlassen, das amerikanische Militär ist aus dem Land abgezogen, amerikanische Staatsbürger müssen jetzt sogar Bahrain meiden, das Hauptquartier der 5. amerikanischen Flotte, weil ihre Sicherheit nicht mehr gewährleistet werden kann infolge der übermilitarisierten Gewaltpolitik der USA in der Nahost-Region. Und hier schiebt sich die NATO – sozusagen auf dem Verwaltungswege – schon hinein, ohne dass das in Europa diskutiert, kritisiert und, wenn es irgendwie ginge, verhindert würde.

Die Europäische Union betreibt also mit ihrer Außen- und Sicherheitspolitik eine zweiäugige Politik, von der das eine Auge nicht sehen will, was das andere Auge sieht, noch, was vor allen Dingen die dazugehörige Hand (auch schon) macht.

Hier ist zu fragen: Was sollte eigentlich die europäische Außen- und Sicherheitspolitik ausmachen, was sind die eigentlichen Herausforderungen?

Es sind deren drei, wiederum auch angelehnt an die drei hauptsächlichen Gewaltursachen, die es zu beseitigen gilt, aber aktualisiert an Hand der drei großen Ursachen des Terrorismus – der politische Terrorismus ist, und das wird weithin so gesehen, wirklich die akute Herausforderung der ganzen Welt, nicht nur der westlichen, sondern der ganzen Welt. Dieser Terrorismus wird erst zum Ende kommen, wenn seine drei Quellen zum Versiegen gebracht worden sind. Dieser Terrorismus ist in keiner Weise seriöser Provenienz und schon gar nicht ethnischer Provenienz, sondern politischer Provenienz. Er ist die Reaktion von – im Wesentlichen – Arabern, die sich von der westlichen Aggressions- und Okkupationspolitik zum Widerstand veranlasst sehen. Hieraus folgt, dass die Europäische Union in ihrer Außen- und Sicherheitspolitik diesen aktuellen Anlass besonders berücksichtigen sollte, wenn sie die Ziele ihrer Politik eigenständig gegenüber denen der Bush-Administration formuliert.

Es sollten drei Ziele sein: *erstens* die Beseitigung der politisch-wirtschaftlich-militärischen Dominanz des Westens, die unter dem Stichwort Globalisierung läuft, denn hierin, in der ungleichartigen Machtverteilung, ist die erste Gewaltursache angelegt; *zweitens*, die Europäische Union sollte unbedingt die Weltarmut zu beseitigen suchen, die durch die Globalisierung verstärkt wird, die zweite Gewaltursache, denn die Armut wird im Wesentlichen heraufgeführt durch die Berücksichtigung der verschiedenen Interessen in der industrialisierten Welt. Und schließlich, *drittens,* muss die Europäische Union auf die Auflösung der Konflikte im Vorderen Orient hinarbeiten, angefangen vom Nahostkonflikt über den im Irak bis hin zu dem in Afghanistan und den kommenden Konflikten in den Scheichtümern, die dritte Gewaltursache hier, diktatoriale Herrschaftssysteme.

Herausforderungen der europäischen Außen- und Sicherheitspolitik

Erstens: Die Dominanz sollte in multilaterale Weltführung umgewandelt werden, denn sie wird in allen davon betroffenen Ländern als Bevormundung, wenn nicht gar als Unterdrückung empfunden – Führung ist erwünscht, Dominanz hingegen, die keine Rücksicht auf die Interessen der Geführten nimmt, nicht. Alle Umfragen unter den politischen Eliten der Welt, die das amerikanische Pew-Zentrum vorgenommen hat, weisen das aus. Auch das in Stuttgart ansässige Institut für Auslandsbeziehungen hat vor kurzem eine sehr aufschlussreiche Zusammenstellung der Beiträge von sechs islamischen Angehörigen der Elite aus sechs islamischen Ländern veröffentlicht, die den Amerikanern und den Europäern die Leviten liest.[4]

4 The Pew Global Attitudes Project, Views of a Changing World, Washington 2003; Insti-

Beide Quellen zeigen eindringlich, was diese Dominanz des Westens angerichtet hat. Abzuhelfen ist hier durch eine Stärkung des Multilateralismus, der die Betroffenen beteiligt. Die Strategie hierfür liegt in der Stärkung internationaler Organisationen, der Vereinten Nationen wie vor allen Dingen regionaler Organisationen, das gilt selbstredend auch für die OSZE, die in Wien effektiv zentriert ist, das gilt gleicherweise auch für den Nahen und Mittleren Osten, für den eine solche Organisation überhaupt erst mal eingerichtet werden müsste, was bislang aber am Widerstand der Interessierten scheitert.

Die Europäische Union könnte in diesem Dialog mit den arabischen Gesellschaften, nicht deren Regierungen allein, sondern mit den arabischen Gesellschaften, der Westen könnte in diesem Multilateralismus, in diesem Dialog lernen, warum der politische Terrorismus die wirkliche neue Gefahr im 21. Jahrhundert darstellt. Solange der Westen seinen weithin undifferenzierten Terrorismusbegriff beibehält, mit dem er sowohl den blinden Terrorismus der Aum-Sekte wie zugleich alle Phänomene des palästinensischen wie des tschetschenischen Widerstandes zusammen mit dem politischen Terrorismus des 11. September und des 11. März in einen Topf wirft, solange benutzt er den „Terrorismus" nur als Aushängeschild, hinter dem sich seine Interessen realisieren lassen – so wie der Kommunismus während des Ost-West-Konflikts dazu gedient hat, resp. den Amerikanern dazu gedient hat, ihre Führungspolitik zu rechtfertigen.

Aufgabe der Sicherheitspolitik Europas müsste es sein, erst einmal den Dialog in Gang zu bringen, um zu hören, was auf der arabisch-islamischen Seite gesagt wird. Das wirksamste Instrument hierzu wäre eine regionale internationale Organisation. Wichtig wäre sodann, dass die Europäische Union die bewährten Strategien der Sicherheit, die in der Vergangenheit erprobt worden sind und die die Bush-Administration beiseite gelegt hat, wieder aktiviert, insbesondere die Rüstungskontrolle, vor allem die der Massenvernichtungswaffen. Sie wissen, dass die Bush-Administration stattdessen auf Counter-Proliferation setzt und aktuell, im Juni 2004, die ersten Raketenabwehrstationen der Vereinigten Staaten in Betrieb genommen hat – also ein ganz anderes Konzept verfolgt, ein Konzept das auf unilaterale Gewaltandrohung und Gewalteinsatz setzt, um die eigenen Ziele durchzusetzen; eine Politik die nachweislich zum Scheitern verurteilt ist, angesichts des Kooperationserfordernisses, ohne das eine Rüstungskontrolle niemals in Gang gesetzt werden kann.

Rüstungskontrolle hingegen ist die beste und auch die bewährte Form der Einhegung der militärischen Gewalt. Was sie bewirken kann, lässt sich an der OSZE und ihrer Leistung ablesen. Hier ist herauszuheben, dass in der OSZE die konventionelle Abrüstung in Europa vereinbart worden ist,

---

tut für Auslandsbeziehungen (Hrsg.), Der Westen und die islamische Welt. Eine muslimische Position, Stuttgart 2004.

in den zahllosen Wiener Dokumenten ein System der wirklich kontrollierten und verifizierten Rüstungskontrolle und Abrüstung eingerichtet worden ist, sodass wir es dieser Rüstungskontrolle mit ihrer Verifikation zu danken haben, dass wir in ganz Europa, eigentlich vom Atlantik bis hinter den Ural, einen Grad von Transparenz und wechselseitigem Vertrauen erzeugt haben, der in der Geschichte einmalig ist. Vor allen Dingen hat er die Voraussetzung kontinuierlicher Absenz des Bedrohungsgefühls erzeugt. In dieser Zone gibt es kein Sicherheitsdilemma mehr, kein Misstrauen, keine Unklarheiten. Und diese Zone umfasst eben auch, besser: reicht weit über das erweiterte Europa hinaus, umschließt den gesamten Bereich der früheren Sowjetunion und sogar, wenn auch mit einer gewissen Einschränkung, die Vereinigten Staaten.

Zu der modernen Strategie der Sicherheitspolitik sollte die Vorbeugung gehören. Und in das Zentrum der Vorbeugung gehört die Demokratisierung der Herrschaftssysteme. Das demokratische Herrschaftssystem ist der wichtigste Garant für den permanenten Gewaltverzicht eines Staates. Das wussten wir, als wir die Charta von Paris 1990 unterzeichnet haben, das haben wir leider wieder vergessen und sind wieder dabei, es neu zu vergessen, wiewohl die Europäische Union es bei der europäischen Erweiterung geistesgegenwärtig in den Vordergrund gestellt hat. Die Demokratisierung der Herrschaftssysteme war die Zugangsvoraussetzung für die Beitrittsländer. Auch für die NATO wie für die „Partnerschaft für den Frieden" gibt es solche, wenn auch weniger greifende Demokratieerfordernisse – etwa in der Unterstellung des Militärs unter die politische Leitung, etc. – die man auch nicht vernachlässigen sollte. Diese Demokratisierungsstrategie ist eine Interventionsstrategie. Sie mischt sich in die inneren Angelegenheiten eines fremden Staates ein, was bisher im Völkerrecht verboten ist, und zu Recht verboten, wenn es sich um eine gewaltsame Intervention handelt. Gewaltfreie Interventionen sind nicht verboten, und nur sie sind erfolgreich. Man muss das Interventionsverbot des klassischen Völkerrechts fallen lassen. Es muss die Außen- und Sicherheitspolitik eine Interventionspolitik werden, eine Politik, die sich gewaltfrei, aber erfolgreich in die inneren Angelegenheiten der Staaten einmischt, vor allen Dingen in das Zentrum des Herrschaftssystems. Was auf alle Fälle vermieden werden muss, ist die Anwendung militärischer Gewalt, sie ist das falsche Entree. Das kann man im Irak sehen, das kann man in Afghanistan sehen – und deswegen sind alle Demokratisierungsversuche dort solange ausgeschlossen, solange die Vereinigten Staaten dort als militärische Besetzer bleiben. Voraussetzung für jegliche Form erfolgreicher Einmischung wäre der Rückzug Amerikas, der Einzug der Vereinten Nationen oder einer anderen Internationalen Organisation, die jedenfalls nichts mehr mit dem unglückseligen Krieg der Vereinigten Staaten zu tun hat und deswegen möglicherweise Erfolg dabei haben könnte, in Afghanistan und im Irak das Herrschaftssystem zu verändern.[5]

Die zweite große Strategie, die die Europäische Union zu Sicherheitszwecken verfolgen sollte, ist die Beseitigung der Armut. Solana hat vorgerechnet, dass die 25 europäischen Unionsstaaten jährlich 160 Mrd. Dollar für ihre militärische Rüstung ausgeben,[6] also für eine veraltete Sicherheitsstrategie, die zwar Verteidigung ermöglicht, aber keine Sicherheit erzeugt. Weniger als die Hälfte, nämlich 60 Mrd. Dollar, so hat das World Watch Institute ausgerechnet,[7] würden reichen, um die Armut weltweit zu beseitigen. Der Generalsekretär der Vereinten Nationen möchte nur 50 Mrd. Dollar dafür haben,[8] er bekommt sie aber nicht. Und hier sollte die Europäische Union gefragt werden – sie ist für diesen Zustand der Weltarmut mindestens zur Hälfte verantwortlich, weil sie praktisch die Hälfte der Weltwirtschaft bestreitet; und sie brauchte nicht auf die Vereinigten Staaten zu warten, die in vielen Punkten die Europäische Union sogar überholen. Vielmehr könnte sie von sich aus etwas tun, insbesondere ihre Märkte öffnen. Das gilt insbesondere für Afrika, dem die Union, wie oben ausgeführt, seit fast 40 Jahren eng verbunden ist. Wenn aber die Europäische Union jede europäische Kuh mit zwei Dollar täglich subventioniert, aber die Afrikaner südlich der Sahara pro Tag nur einen Dollar täglich zum Leben zur Verfügung haben, dann ist hier ganz deutlich zu sehen, wie die Agrarinteressen Europas direkt zur Armut Afrikas beitragen. Das gilt vergleichsweise auch für die Amerikaner, deren Baumwollsubventionierung so hoch ist, dass die Baumwollproduktion in Afrika praktisch zum Erliegen gekommen ist. Die Beseitigung der Armut, das ist langfristig die wichtigste Vorraussetzung für die Erzeugung jener umfassenden Sicherheit, die wir in Europa geschaffen haben und in der Welt brauchen.

Zum Abschluss dieses Beitrages noch ein Wort zum Nahost-Konflikt. Dieser Nahost-Konflikt müsste beendet werden, die Europäer sollten die Macht, über die sie reichlich verfügen, einsetzen, nämlich die Definitionsmacht. Sie könnten dafür sorgen, dass dieser Konflikt nicht hinter dem Terrorismusvorhang verschwindet, sondern hervorgezogen wird und eine seiner wichtigsten, nämlich die wichtigste Quelle schlechthin, angegangen wird. Meine These ist: Das Ende des Nahost-Konfliktes würde 80 % des Terrorismus aus dieser Welt beseitigen, und mit dem Rest können wir uns abfinden.

---

5 Pfaff, William, An Exit Strategy Based on Iraqi Nationalism. In: International Herald Tribune (IHT), 5.5.2004.

6 Javier Solana (Anm. 3), S. 13.

7 IHT, 16./17.3.2002.

8 Annan, Kofi, Wir, die Völker. Die Rolle der Vereinten Nationen im 21. Jahrhundert, Bonn 2000, S. 17 ff.

Sicherheitspolitik also ist nicht als Verteidigungspolitik zu denken und zu planen, sondern als Beseitigung der Gewaltursachen, die ich allgemein formuliert und dann konkretisiert habe: Außenpolitik ist nicht auf militärische Gewalt zu stützen, sondern auf politische Macht und auf ein aufgeklärtes Selbstinteresse, das die Interessen der anderen berücksichtigt, wie es Morgenthau gesagt hat. Diese anderen sind vor allem alle übrigen Gesellschaften. Wer ihren Konsens erzeugt, wer ihren Konsens für sich und seine Politik gewinnt, der hat diejenige Sicherheit gefunden, die ich eingangs als umfassende Sicherheit bezeichnet habe.

Nachträge aus der Aussprache[9]

Die erste Frage beschäftigt sich mit dem *Nahostkonflikt* – ein Gebiet, das ich bewusst etwas kurz gehalten habe, weil es einer sehr ausführlichen und detaillierten Auseinandersetzung an sich bedarf, um dieses schwierige Problem überhaupt richtig zu besprechen. Meine These ist, dass weder Israel noch die Palästinenser in der Lage sind, nach 50-jährigem, zunehmend gewaltsamen, Kampf eine Friedenslösung zu erreichen. Die beiden Kampfparteien sind derart ineinander verkrallt, dass man die Forderungen, die von beiden Seiten erhoben worden sind, so überhaupt gar nicht umsetzen kann. Wenn also, wie Sie gesagt haben, von Amerika aus Strukturveränderungen der Palästinenser gefordert werden, ist es sicherlich in dem Sinne zu verstehen: Es ist ganz ausgeschlossen, dass das passiert, solange große Teile des palästinensischen Gebietes besetzt sind. Die Forderung nach Demokratisierung der Palästinenser ist auch der Versuch, die Friedenslösung und deren Inhalt, derer man sich eigentlich seit den verschiedenen Papieren, die da vorgelegt worden sind, im Klaren ist, weiter rauszuschieben, ebenso wie die Palästinenser ihrerseits die Einstellung der militärischen Gewalthandlungen der Israelis fordern. Insofern, denke ich, ist dieser Konflikt den Partnern völlig aus der Hand geglitten, er sollte mindestens einer neuen internationalen Konferenz zugeführt werden – einem Madrid II. Bilateralisierung der Konfliktlösung führt zu gar nichts und die Multilateralisierung der Konfliktlösung hat, wie wir es in Madrid gesehen haben, die erste wirkliche Friedenschance eröffnet. Die Gegner dieses Friedens haben zehn Jahre gebraucht, um ihn wieder umzustoßen. Deswegen also mein Vorschlag, entweder eine neue multilaterale Konferenz à la Madrid oder, was, glaube ich, hier wirklich noch angemessener wäre, der Einsatz der NATO zu einer robusten Friedenssicherung, die erst mal auf Jahre hin diese beiden Bevöl-

9 Die nachfolgenden Passagen geben Reaktionen des Autors auf Einlassungen des Publikums im Zuge der Aussprache wider, die auf seinen vorangehenden Vortrag folgte. Die Überarbeitung erhält hier, anders als im vorangehenden Vortragstext, bewusst die individuellen Ausdrucksweisen und Textelemente weitestgehend aufrecht.

kerungsteile trennt, ohne Mauer, und erst mal die Ruhe dafür schafft, dass überhaupt auf beiden Seiten die Besonnenen zu Wort kommen können.

Ich glaube, das war auch Ihre Frage. Dass Israel eigentlich eine Demokratie ist, das ist völlig richtig. Aber Demokratien sind, wenn sie angegriffen werden, unter Umständen, nicht nur unter Umständen, sondern meistens, wie schon Tocqueville festgestellt hat, unerbittlicher in der Bekämpfung dieser Herausforderung, als es Monarchien je gewesen sind. Und hier können Sie auch sehen, wie die Herausforderung von außen, die man sich ja blutiger gar nicht vorstellen kann, natürlich auch die Demokratie im Inneren eingeschränkt hat. Also kann man hier von Israel, muss man von Israel, von einer Demokratie im Belagerungszustand sprechen, und das heißt, es ist nur noch eine ganz rudimentäre Demokratie. Und trotzdem ist es wichtig, dass die Hälfte der israelischen Bevölkerung eine friedliche Aussöhnung mit Palästina haben möchte. Und umso mehr denke ich, und ich glaube, auf der palästinensischen Seite ist es ähnlich, gerade wenn man die Interessen der israelischen Gesellschaft – nicht notwendigerweise die des Likud-Blocks, die beiden halte ich nicht für identisch – wenn man die Interessen der israelischen Gesellschaft berücksichtigt, wäre ein Eingriff von außen nicht nur dringend erforderlich, sondern auch ganz im Interesse der Betroffenen – in Israel wie in Palästina.

Natürlich sind die 80 %, die Verminderung des Terrorismus um 80 %, eine Faustformel, aber sie bringt ihn in ein quantitatives Verhältnis, was eigentlich jeder sagt, den Sie fragen würden – der israelisch-palästinensische Konflikt wird seit jeher und zunehmend seit der Ersten und der Zweiten Intifada in den arabischen Gesellschaften als Manifest westlicher Unterdrückungspolitik begriffen. Und Sie müssen ihn sich mal von dieser Seite aus ansehen. Nicht umsonst ist die Zweite Intifada mit der Verschärfung des Konflikts zwischen Israelis und Palästinensern durch Sharon und Bush auf die Beine gekommen, und nicht umsonst ist der Terrorismus seitdem angeschwollen, und vor allem natürlich seit dem Irakkrieg, wie der Krieg gegen Afghanistan im minderen Maße, ebenso wie die vorangegangenen zehn Jahre diskriminierende Aktionen als Unterdrückung arabischer Staaten durch den Westen begriffen und ausgegeben wird. Das finden Sie bei allen arabischen Regierungen, gemäßigt, wie sie sind, das finden Sie als verbreitete Meinung in allen arabischen Gesellschaften. Und der extreme Ausdruck, der von den Gesellschaften nicht geteilt wird, aber dessen Ansatz sozusagen, dessen politische Richtung sehr wohl geteilt wird, dieser extreme Ausdruck ist der Terrorismus. Wenn wir diese drei Konflikte, insbesondere den israelisch-palästinensischen, endlich nach 50 Jahren gelöst haben werden, wenn sich Amerika aus dem Irak zurückzieht, wird diesem Terrorismus die wichtigste Quelle entzogen. Und dann fällt er so zusammen, wie die RAF in Deutschland zusammengefallen ist, weil sie keinen Rückhalt mehr in der Bevölkerung hatte. Der Terrorismus sucht immer den zu beteiligenden Dritten, und der ist inzwischen, leider muss man sagen, in der ganzen arabischen Welt zu finden.

Wichtig erscheint mir auch der *Beitrag der neutralen Länder* in Europa zur Friedenspolitik. Das ist deswegen besonders wichtig, weil die neutralen Länder für den Gewaltverzicht stehen, weil sie sozusagen in ihrer Neutralität diesen wichtigen Bestandteil einer modernen Sicherheitspolitik personalisieren und politisch repräsentieren. Deswegen, denke ich, könnten und sollten gerade die Neutralen auf diesem Aspekt bestehen und Einwände erheben gegen das Solana-Papier, Einwände erheben auch gegen die Tendenz der Militarisierung der europäischen Sicherheitspolitik im Gefolge des Kölner Gipfels und des Gipfels von Helsinki, wo ja eine eigene europäische Streitmacht, eine eigene militärische Komponente der Europäer aufgebaut wird, die jetzt auch ein eigenes Hauptquartier in Gestalt einer Planungszelle in der Europäischen Union hat, aber die weiter vorangehen wird, einfach weil hier auch massive Interessen der europäischen Militärs vorliegen. Ich vertrete zwar die These, dass die Europäer eine größere militärische Komponente brauchen, einfach um die Unabhängigkeit von den Vereinigten Staaten zu erreichen, aber ich vertrete keinesfalls die These einer größeren Aufrüstung, sondern, wenn überhaupt, die einer Umrüstung. Die Europäer geben genug Geld für eine völlig veraltete Verteidigung aus, die Deutschen jedenfalls stellen dauernd Panzer her, die kein Mensch mehr braucht, aber deren Produktion nachgefragt wird von den Rüstungsindustrien, die in der Lage sind, diese Panzer herzustellen.

Ein amerikanischer Verteidigungsminister, ich glaube, es war Cohen, hat vorgerechnet, dass die Verteidigungsetats der europäischen Länder 60 % des Volumens des amerikanischen haben, aber ihre militärische Effektivität beträgt nur 10 %. Wenn wir also im Bereich der Logistik, im Bereich der Transportfähigkeiten uns so von den Vereinigten Staaten abkoppeln müssen, dass wir in der Lage sind, eine Aktion wie die in Bosnien-Herzegowina oder die in Mazedonien auch auszuführen, ohne auf amerikanisches Gerät zurückzugreifen – wenn ich auch hier der Meinung bin, dass man in der Welt wie sie ist, auch eine militärische Komponente haben muss, dann heißt diese Meinung nur, dass man auch eine militärische Komponente im Rückhalt der politischen Macht haben muss, aber wie Clinton gesagt hat, eine Politik führen muss, die den Einsatz der militärischen Komponente absolut unnötig macht – also man muss sie haben, aber man darf sie nicht gebrauchen. Das, denke ich, sollte die These der Neutralen sein.

Was die Eindämmung der *atomaren* Proliferation anlangt, bin ich der Meinung, dass die Counterproliferations-Politik der Bush-Politik zusammen mit der entsprechenden Aufrüstung falsch ist, weil sie die Nachrüstung der Staaten auf dem Gebiet der Massenvernichtungswaffen geradezu erzwingt. Deswegen halte ich auch für völlig falsch, was Sharon zu El Baradei gesagt hat, nämlich dass die Bedrohung Israels durch die arabischen Staaten seine Nuklearrüstung geradezu erzwingt. Das ist vollkommen veraltetes Denken, weil jeder, der die Dynamik von Rüstungswettläufen kennt, weiß, dass auf jede Vorrüstung eine Nachrüstung erfolgt, und Israel erst in dem Moment sicher sein wird, in dem im Mittleren Osten eine Zone der Denuklearisierung, eine atomwaffenfreie Zone, errichtet sein wird, genauer: eine Zone, die frei ist von Massenvernichtungswaffen. Und ich erinnere Sie an die Resolution des Sicherheitsrates 978, wenn ich es richtig in Erinnerung habe, von 1991, in deren § 14 steht, dass die Abrüstung des Irak den Anfang machen soll zu einer Abrüstung der gesamten mittelöstlichen Region – das ist die richtige Antwort auf die Bedrohung durch Massenvernichtungswaffen im Mittleren Osten und auf der ganzen Welt. Deswegen bin ich der Meinung, dass der Nichtweiterverbreitungsvertrag der Nuklearwaffen unbedingt verlängert, aber sicherlich im Verifikationsbereich verschärft werden sollte.

Die nächste wichtige Frage ist die *Europäische Union*, die kein Regionalstaat wird, weil sie keine Außenpolitik hat. Also erst mal habe ich ja gesagt, sie ist im Werden, und sie macht schon erhebliche Schritte voraus. Vergleichen Sie das mal, was jetzt verabschiedet worden ist, mit der Situation 1980, mit der Gemeinsamen Europäischen Akte – wir machen Schritte voraus. Aber ich möchte gerne der These widersprechen, dass man Staat erst wird, wenn man eine Außenpolitik hat. Staat wird man, wenn man eine Innenpolitik hat – und friedlicher Staat wird man, indem man den Akzent auf die Innenpolitik legt. Und wenn Sie meinem umfassenden Sicherheitsbegriff folgen, dann ist die Herstellung einer Welt, in der es gar keine Feinde mehr gibt, genau in dieser Linie des Fortschritts zu sehen – ein Staat wird man, indem man seine Binnenverhältnisse gemeinsam regelt, und in dem Maße, in dem die Europäische Union das tut, gewinnt sie eine postnationalstaatliche Staatlichkeit. Deswegen wird sie eine außenpolitische Komponente brauchen, das ist unbestritten, das habe ich auch gesagt, aber ihre eigentliche Identität gewinnt sie in der Innenpolitik. Ich gebe Ihnen Recht, wenn Sie sagen, zwischen Vertiefung und Erweiterung klafft ein Widerspruch, der klaffte da von Anfang an, das war eine semantische Zauberformel, die die Politik unter Kohl erfunden hat, um zwei gegensätzliche Interessen semantisch zu harmonisieren. Solange sie, was sie mit der Erweiterung zu einem großen Teil schon gemacht hat, die Herrschaftssysteme, die Rechtssysteme und die Sozialsysteme, von den Wirtschaftssystemen mal ganz zu schweigen, in Europa angleicht, erbringt sie einen großen Schritt in Richtung postnationaler Staat.

Dass wir eine Entdemokratisierungstendenz bei dem Prozess der Integration haben, das ist eindeutig, gar keine Frage – es ist leider so, dass die Kompetenzen, die die Nationalstaaten verlieren, und sie haben sehr viel verloren, nicht an das Europäische Parlament, sondern an die Kommission und den Ministerrat gegangen sind, was selbstverständlich nicht zu tolerieren ist, und dass wir – um das zu korrigieren – einen Aufstand der Bürger, sprich eine neue europäische Bewegung brauchen, sonst profitiert die Exekutive und wir werden im Zuge der Erweiterung, aber auch im Zuge der Vertiefung ein entdemokratisiertes Europa bekommen, ein Europa der Fachleute und ein Europa der Exekutive.

Was den Widerspruch Vertiefung und Erweiterung anlangt, muss ich sagen, die Erweiterung war friedenspolitisch unvermeidlich, absolut wichtig, und ich denke, die wird auch weitergehen – sie sollte auch weitergehen, aber erweitert werden wird dann eben nur die alte Wirtschaftsgemeinschaft, nicht die Union. Wir werden ein Europa der zwei, wenn nicht der mehreren Geschwindigkeiten haben, und je größer diese Union wird, desto unvermeidlicher wird der Zwang zur strukturierten oder engeren Zusammenarbeit kleinerer Gruppen. Ich erwarte schon, dass der Vertrag gar nicht von allen Staaten ratifiziert werden wird, sodass die ganze Sache neu aufgelegt und dazu führen wird, dass ein kleineres Europa, vielleicht das Euro-Europa der Zwölf, sich auch außenpolitisch und verteidigungspolitisch enger zusammenschließt.

Die Schnelle *Eingreiftruppe der NATO* von Prag ist ja eine Antwort auf die Schnelle Eingreiftruppe der Europäischen Union von Köln – und es ist ja auch diese Kölner Truppe, die in Bosnien-Herzegowina tätig wird, und nicht die NATO. Auch Bosnien-Herzegowina, auch Mazedonien – das ist die Schnelle Eingreiftruppe der EU. Wann und wo die in Prag beschlossene eingesetzt werden wird oder schon eingesetzt worden ist, weiß ich nicht auswendig, ich habe sie aber noch nicht in Aktion gesehen. Ich denke, sie würde erst dann eingesetzt werden, wenn es um wirklich globale militärische Aktivitäten geht.

Wir sollten nicht vergessen, dass die *Anbindung der Osteuropäer an die Vereinigten Staaten* sehr verstärkt über die NATO läuft. Wenn es nach mir gegangen wäre, hätte die Europäische Union sich beeilen müssen mit ihrer Öffnung nach Osten, weil sie und nicht die NATO der richtige Platz ist für die europäischen Länder, ihre politische Heimat, die kulturelle, die historische – die europäische Form, die wirklich sowohl auf dem Gebiet der Verteidigung wie vor allen Dingen auf dem Gebiet der Wirtschaft und der Werte eine Gesamtofferte anzubieten hat. Jetzt hat die EU nachgezogen, und insofern sollte man das zunächst einmal begrüßen.

Obwohl es keine Demonstrationen in Osteuropa gegeben hat, gibt es, soweit ich die öffentlichen Meinungsumfragen richtig sehe, einen deutlichen Rückgang der Unterstützung des Irak-Krieges. Jedenfalls hat die polnische Regierung nach dem Vorgang der spanischen schon erhebliche Probleme gesehen bei der Weiterführung ihres Kurses. Ich denke, dass sich auch die amerikanische Position ändern wird, weil und wenn der Widerstand Deutschlands, Frankreichs und Spaniens, und es werden noch mehr dazu kommen, wenn dieser Widerstand sich verstärkt. Wenn ich eine Zeitungsmeldung über das Treffen der Europäischen Union und die Vereinigten Staaten vor ein paar Tagen in Irland richtig sehe, hat es erhebliche Meinungsverschiedenheiten über das Terrorismuspapier gegeben, weil die Europäer einen sehr viel deutlicheren Hinweis auf die politischen, wirtschaftlichen und ethnischen Quellen des Terrorismus haben wollten. Also, ich glaube, wir sind weit über den Zustand hinaus, in dem Deutschland und Frankreich im März vorigen Jahres, sozusagen als die Widerborstigen, Isolierten dargestellt werden konnten. Inzwischen hat sich herausgestellt, dass Deutschland und Frankreich Europa und die europäischen Gesellschaften repräsentiert haben – und die Vereinigten Staaten isoliert sind. Insofern würde ich das einfach einmal der Zukunft anvertrauen – der französische Präsident Chirac hat es ja sehr unfreundlich ausgedrückt. Ich will das jetzt mit einem Spruch ausdrücken, der aus dem Mittelalter stammt und damals die territoriale Herrschaft betraf: Wess' Brot ich ess', dess' Lied ich sing'. Insofern wird sich bei osteuropäischen Regierungen die Einsicht einstellen, dass man von der EU nicht profitieren kann auf der einen Seite, wenn man sie auf der anderen Seite schädigt. Ich denke mir, dass das langfristig seine Wirkung schon tun wird.

Dass wir in Osteuropa noch nicht den gewünschten Grad der Demokratisierung haben, ist klar, es sind aber erhebliche Fortschritte gemacht worden, ich verweise auf die Berichte der Kommission über die innere Entwicklung der Beitrittsländer, und ich verweise darauf, dass es noch ein paar Jahre dauern wird. Auch die Bundesrepublik Deutschland, wenn ich die einmal als Beispiel nehme, war 1948 noch nicht die Demokratie, die sie heute ist. In dem Maße, in dem der Lebensstandard steigt, wird in Osteuropa die Demokratisierung ihren Weg nehmen.

Während des Kalten Krieges bin ich häufig auf Konferenzen gewesen, auf denen auch damals Vertreter des Warschauer Paktes waren. Abends, nachdem alles vorüber war, konnte man sich mit den meisten, abgesehen von den Vertretern der DDR, in der Bar vernünftig unterhalten, aber die Ungarn haben schon im öffentlichen Teil immer wieder gegen den Stachel gelöckt. Wenn der DDR-Vertreter 100 %ig die Moskauer Position proklamiert hatte, da trat dann der ungarische Vertreter auf und zog das sehr nett und sehr freundlich absolut in Zweifel.

Das *Solanapapier* hat auch eine positive Seite. Ich habe gesucht und stelle fest, wenn ich das vergleiche mit dem Prager Papier der NATO, dann sind das wirklich Unterschiede. Im Prager NATO-Papier steht nur drin: Zusammenstehen gegen den Terrorismus, Aufrüsten und Technisieren. Hier im Papier von Solana ist der erste Punkt in der Tat: mehr Mittel für die Verteidigung. Aber der zweite Punkt heißt schon: zu viele Duplizierungen bei den militärischen Mitteln, gemeinsame Nutzung könnte die Gemeinkosten senken und mittelfristig die Fähigkeiten verbessern. Also wird im zweiten Satz schon zurückgenommen, was im ersten gesagt wird. Der Mittelpunkt ist die verstärkte Fähigkeit, zivile Mittel in und nach Krisen einzusetzen – und die Vorbeugung. Bei allen größeren Militäreinsätzen folgt auf militärische Effizienz politisches Chaos, das hat Washington noch nicht gehört, so ist es aber. Der vierte Punkt verstärkt diplomatische Fähigkeiten, diese sind ebenso wichtig wie die zivilen und militärischen Fähigkeiten. Also hier wird, denke ich, doch Ernst gemacht mit einem anderen Verständnis auch der Konflikte, hier wird ein besseres Verständnis für andere Länder gefordert.

Dieses Papier, das ja ein offizielles EU-Papier geworden ist, ist ein Anknüpfungspunkt für diejenigen Regierungen in der EU und auch für diejenigen politischen Kräfte in der EU, die sie als Zivilmacht voranbringen und die militärischen Funktionen beiseite schieben wollen, weil die sowieso genug, wenn nicht zu viel Aufmerksamkeit bekommen. In diesem Licht ist dieses Strategiepapier der Europäischen Union eine Basis, die sehr wohl benutzt werden könnte, um eine Strategie der Zivilmacht zu stärken. Dafür müssen aber aus den Mitgliedsstaaten die entsprechenden Initiativen kommen.

Dass die Europäische Union und die Vereinigten Staaten bei der *Weltführung* unentbehrlich sind, ist eine Sache der Faktizität. Ökonomisch vor allen Dingen, aber auch politisch, auch was den Lebensstandard anlangt, die Demokratie anlangt, sind beide das Impulszentrum für die Weltführung. Was dieses Zentrum nur machen müsste, ist, seine Strategie ändern, eben nicht wie unter der Führung der Bush-Administration, aber auch nicht wie wahrscheinlich unter der möglichen Kerry-Administration, unilateral oder überhaupt nur militärisch, sondern multilateral zivil und präventiv. Das steht in dem Solanapapier, das kann jedenfalls rausgelesen werden. Niemand hindert die Europäische Union daran, ihrerseits den Bilateralismus aufzugeben und mal stärker den multilateralen Dialog zu fördern. Denken Sie einmal an den Mittelmeerdialog. Die EU ist den Versuchungen des Bilateralismus genauso ausgesetzt, wie übrigens die Bundesrepublik ihn auch sehr gerne betreibt, weil man im Bilateralismus seine Macht besser anwenden kann als im Multilateralismus. Gerade deswegen müsste innerhalb der Europäischen Union, von den Staaten, von den Gesellschaften die Initiative kommen, den Multilateralismus zu fördern, regionale Organisationen auszubilden – ich habe über den Nahen Osten gesprochen. Es gibt im Fernen Osten das Asian Regional Forum. Es gibt sonst nicht sehr viel, und Amerika ist berühmt dafür, dass es diesem Multilateralismus ablehnend gegenüber steht, und zwar nicht nur Bush. Schon die Regierung Bush-Vater mit dem Außenminister Baker an der Spitze hat immer vor übertriebenem Multilateralismus gewarnt, weil der Bilateralismus, ich sagte es schon, die besseren Führungsmöglichkeiten hergibt. Umso mehr sollte die EU das ändern.

Jetzt komme ich noch schnell zur *gewaltfreien Intervention*, ich kann das hier nur andeuten, ausführlich habe ich sie in dem Buch „Kluge Macht“ beschrieben. Es gibt direkte und indirekte Strategien, mittelbare und unmittelbare. Die indirekten Strategien sind eigentlich die besten, weil man das Land gar nicht betreten muss. Da gibt es das berühmte Seeley'sche Gesetz: Der Grad der Freiheit in einem Land ist umgekehrt proportional zum Außendruck auf seinen Grenzen. Das heißt umgekehrt, man muss die Situation entspannen – und das rundherum, man muss zunächst einmal die Konflikte bereinigen und lösen, um die Situation zu entspannen, damit die vorhandenen, an der Demokratie interessierten Kräfte die Handlungsfreiheit erhalten, sich innen drin zu entfalten und die Regierung entweder zu stürzen oder zu Konzessionen zu bewegen. Wie groß diese demokratische Bewegung ist, sehen Sie an den Tatsachen, dass von den 33 Kriegen, die wir haben, 32 Bürgerkriege sind, und es hier nicht immer, aber vielfach um diese demokratische Mitbeteiligung geht. Wenn Sie an die Vereinbarung über den Abbau der Mittelstreckenraketen 1987 zwischen Gorbatschow und Reagan denken, dann hat dieser Schub der Entspannung – symbolisiert durch den Spaziergang Reagans und Gorbatschows Arm in Arm auf dem roten Platz – die sanfte Revolution ausgelöst. Die Entspannung des Kontextes ist die erste und wichtigste Voraussetzung zur Demokratisierung von außen.

Die direkten Mittel gehen sehr viel weiter. Sie haben bei der Auslandshilfe die Möglichkeit, die Gesellschaft zu fördern *oder* die Regierung. Wenn Sie die Regierung fördern und die Gesellschaft vernachlässigen, wie die Deutschen das jahrelang mit den Ostdeutschen gemacht haben, erzeugen sie das Gegenteil von Demokratisierung. Wenn Sie die gesellschaftlichen Kräfte fördern, wenn Sie die Entwicklungshilfe, die Auslandshilfe so steuern, dass sie der Infrastruktur zu Gute kommt, nicht den militärischen Erfordernissen, nicht Ausfallstraßen und Eisenbahnen zur Panzerbeförderung, sondern U-Bahn und Telefon, tragen Sie unmittelbar zur Förderung der Demokratisierungskräfte bei. Wenn Sie ihre gesellschaftlichen Gruppen auffordern, gesellschaftlichen Gruppen in einem anderen Land stärker zu unterstützen, von NGOs angefangen über die Städtepartnerschaften bis zu Konferenzen, wie sie hier abgehalten werden, transportieren Sie immer ein Stück Stärkung der gesellschaftlichen Kräfte, immer ein Stück Demokratisierung. Ich gehe sogar so weit, zu sagen, dass jede Interaktion eines demokratischen mit einem nicht-demokratischen Land, wenn man sie so auffassen und so auch benutzen würde, ein Stück Intervention in die inneren Angelegenheiten ist.

Es gibt also eine Fülle von Möglichkeiten, und wie erfolgreich sie sein können, zeigt ein Beispiel: Der Marshallplan Amerikas für Westeuropa war nicht nur eine Hilfsaktion, er war auch eine Auflage: Hilfe bekam nur, wer sich zur Einführung des demokratischen Herrschaftssystems verpflichtete. Die Heranführungsstrategie der Europäischen Union hat genau so funktioniert. Solche Strategien sind sicherlich nichts, was man gegenüber einem afrikanischen Subsistenzstaat einsetzen kann, aber etwas, was man gegenüber einem schon entwickelten Staat sehr wohl einsetzen kann. Und auch bei dem Subsistenzstaat kann man sehr viel machen, indem man dort die Hilfe gezielt vergibt, das habe ich in dem Artikel im „Merkur“ ausgeführt.[10]

Und schließlich: Warum habe ich nicht von *Frieden* gesprochen? Eine gute Frage. Erstens, weil ich dann Gefahr gelaufen wäre, gefragt zu werden „Was ist Frieden?“. Dann hätten wir ein Thema gehabt für eine neue Woche. Zweitens, weil ich glaube, dass der Begriff Friede, ich sage es leider, so abgenutzt ist, dass man ihn, ohne ihn zu operationalisieren, gar nicht verwenden kann; und ich habe, drittens, eigentlich den ganzen Vormittag über Frieden gesprochen. Wenn Sie einen Zustand haben, meine Damen, meine Herren, in dem es keinen Gegner mehr gibt, in dem kein Staat, keine Gesellschaft mehr Gefahr läuft, von außen angegriffen zu werden – ist das nicht Frieden? Ich würde sagen, das ist Frieden. Dann kommen jene mit dem „positiven Frieden“ und zweifeln. Lassen wir sie. Ich wäre schon zufrieden, wir hätten auf der ganzen Welt erst einmal diesen Zustand. Wir hätten den Zustand, dass es keinen Krieg mehr gibt, dass wir die Gewalt bei der Anwendung von politischen Konflikten verlässlich ausgeschaltet haben. Den erst einmal herzustellen, ist schwierig genug. Wenn wir den haben, haben wir alles andere. Und deswegen habe ich nicht von Frieden, sondern von umfassender Sicherheit gesprochen. Sie ist der zureichende Friede.

---

10 Czempiel, Ernst-Otto, Demokratisierung von außen. Vorhaben und Folgen. In: Merkur 58, 6/2004, S. 467-479.

Teil 2: Die Emanzipation des erweiterten Europas und die USA als einsame Weltmacht

EUROPA ZURÜCK ZUM SELBSTBEWUSSTSEIN: BEDINGUNGEN, WIDERSPRÜCHE UND ZIELE

DOLORES M. BAUER

Wenn man sich in diesen Tagen, Wochen, Monaten Gedanken über Europa machen und sie auch formulieren soll, dann kann es sein, dass sich eine leichte Frustration einschleicht. Gibt es da überhaupt noch irgendeinen Gedanken, der noch nicht gedacht, irgendeinen Satz, der noch nicht gesagt worden ist in dieser Zeit, – in der überhaupt alles totgeredet wird.

Die Vokabel Europa ist abgelutscht wie ein Malzbonbon, oder klebrig wie Zuckerwatte. Der Nachgeschmack: süßlich und irgendwie fad. Und fad ist offensichtlich auch den Europäern selber geworden, die ihren Zustand mit weitgehender Wahlverweigerung zum Ausdruck gebracht haben, auch in den kurz vorher mit Tanz und Tralala beigetretenen neuen Staaten. 17 Prozent waren es nur in der Slowakei, die wählen gegangen sind.

Nein, es war wirklich einfach ein bisserl zuviel. Der Wahlzirkus, der von den nationalen Parteien meist dazu missbraucht worden ist, eigene Rechnungen zu begleichen, das Gerangel und Gefeilsche um die Verfassung, die nicht gerade zu Begeisterungsstürmen hinreißt, wenn man den Fachleuten und Kommentatoren glauben will, – denn persönlich hatte ich keine Chance, Einblick zu nehmen. Das ist vermutlich auch besser so, denn diese Art von Beamtenchinesisch verstehe ich ohnehin nicht. Eines allerdings beruhigt mich: Gott wird in diesem Text nicht bemüht. Man kann sich also auch nicht auf ihn berufen, nicht seinen Namen schänden, wie das anderswo täglich geschieht und in der Geschichte oft genug geschehen ist, egal ob er Jahwe, Gott oder Allah genannt wird.

Ausgestanden ist der Verfassungszirkus dabei längst noch nicht. Die einzelnen Ländern müssen das Konstrukt noch ratifizieren, Volksabstimmungen stehen an und dafür schaut es nicht gut aus – siehe EU-Wahlen.

Und dann war da noch der Kommissionspräsident, um den man sich die Lippen wund geredet hat, bis endlich der offensichtlich kleinste gemeinsame Nenner in der Person des konservativen portugiesischen Regierungschefs José Manuel Barroso herausgekommen ist. Ja, und dann noch, quasi als Zugabe, die Fußball-Europa-Meisterschaft mit all den üblichen Plattitüden. Ein bisserl viel Malzzuckerl, meinen Sie nicht? Europa jedenfalls geht es damit mit Sicherheit nicht besser, auch wenn noch soviel Sendezeit gefüllt, noch so viel Papier verschmutzt worden ist.

Das Problem, so glaube ich, liegt nicht bei diesem an sich wirklich wichtigen und für uns alle irgendwie zukunftsentscheidenden Thema, sondern im generellen Verblödungstrend.

Die Frage lautet daher: In welcher Zeit leben wir in dieser Welt und damit auch in diesem sich langsam den Schlaf aus den Augen reibenden Europa? – Lassen Sie mich einen weiten zeitlichen und kulturellen Sprung machen. Im Jahre 605 vor unserer Zeitrechnung begann ein weiser und unerschrockener Mann namens Jeremia seinem Sekretär und Jünger Baruch eine erste Sammlung von Texten zu diktieren. Baruch hat dann diese Buchrolle im Tempelhof vorgelesen. Sie wurde beschlagnahmt und von König Jojakim verbrannt. Die Mächtigen waren schon damals heikel, wenn es um unangenehme Wahrheiten ging.

Und so schrieb Jeremia in seiner Klage über Juda und Jerusalem:

> Hätte ich doch eine Herberge in der Wüste.
> Dann könnte ich mein Volk verlassen und von ihm weggehen.
> Sie sind alle Ehebrecher, eine Rotte von Treulosen.
> Sie machen ihre Zunge zu einem gespannten Bogen;
> Lüge, nicht Wahrheit herrscht im Land.
> Ja, sie schreiten von Verbrechen zu Verbrechen,
> mich aber kennen sie nicht.
> Jeder Bruder betrügt und jeder Nächste verleumdet.
> Ein jeder täuscht seinen Nächsten,
> die Wahrheit reden sie nicht.
> Sie haben ihre Zunge ans Lügen gewöhnt,
> sie handeln verkehrt, zur Umkehr sind sie zu träge.
> „Friede", sagt man zum Nächsten,
> doch im Herzen plant man den Überfall.
> Sollte ich sie dafür nicht bestrafen –
> Spruch des Herren – und an einem solchen Volk und seinen Führern keine Rache nehmen?

Diese alten Texte haben zuweilen jene Wucht, die einen mit der Nase mitten hinein in die Gegenwart stößt, in dieses Lügen und Betrügen, in dieses Feilschen und Über-den-Tisch-ziehen, in dieses Verleumden und Täuschen, Austricksen, wie man das heute nennt, das einen umgibt, wohin man schaut, wohin man hört, vor allem jetzt im Zusammenhang mit dem irakischen US-amerikanischen Abenteuer oder auch mit dem eben geschilderten europäischen Theater, das uns in den letzten Wochen vorgeführt wurde, soweit es überhaupt an irgendeine Öffentlichkeit gelangt ist. Denn die wirkliche Wahrheit ist auch da nicht heraus geapert, was vielleicht grad' noch ein Glück ist. Wie hat Torberg in seiner „Tante Jolesch" gesagt: „Gott soll abhiten von allem, was grad noch a Glick is."

Die Portraitgenauigkeit des Jeremia-Textes, was unsere Situation in dieser Zeit des globalisierten Turbokapitalismus angeht, habe ich kürzlich in einem Text des seit vielen Jahren in Jerusalem lebenden und lehrenden deutschen Autors und Dichters Wilhelm Bruners entdeckt. Da heißt es im Zusammenhang mit der eben erwähnten Bibelstelle in einem Auszug, der an die Bedrohlichkeit unserer Situation gemahnt, von der im wir Grunde selber wissen, dass wir den Weg so nicht weitergehen können.

Die wenigsten haben es damals Jeremia,
dem Propheten geglaubt. Die wenigsten glauben es heute.
Wiegen sich in Sicherheit.
Stehen am Fenster. Und schauen zu.

Schon beginnt der Abbau der sozialen Systeme.
Mühsam errungen in schlechteren Zeiten.
Schon klagt die Psychiatrie: Übervoll.
Schon bist du registriert mit Fingerabdruck.
Schon ....
Aber die Fete geht weiter,
bis uns das Wasser bis zum Halse steht.
Bis das Fenster dunkel wird.
Und alle froh sind, wenn der Spuk vorbei ist.
Das Fest der Narren.

Danach, vielleicht danach,
ein Einsehen, ein Blick aus dem Fenster.
Der Himmel ist, Gott sei Dank, inkonsequent:

Es blüht draußen immer noch. Schon wieder.

Natürlich lebe ich mitten in dieser Zeit – aber doch auch irgendwie und am Rande der Spaßgesellschaft, weil ich die dunklen Seiten kenne, in vielen Regionen der Welt den Verlierern dieses Systems begegnet bin, und weil ich weiß, welche Kosten der Standard des Wirtschaftssystems amerikanischer und europäischer Prägung anderswo verursacht. Ich lebe ganz bewusst am Rande dieser Konsumorgien, weil ich mich ängstige, nicht um mich, sondern um die Zukunft meiner Kinder und Enkelkinder und all ihrer Zeit- und Weltgenossen, und weil ich weiß, dass wir so nicht weiter machen können und dürfen, weil unser kleiner blauer Planet das nicht hinnehmen wird.

Um zu wissen, was uns hier in Europa passiert ist, sollten wir den Blick einmal zurücklenken. Woher kommt das, was wir heute Europa nennen? Es kommt eindeutig nicht aus dem Westen, den gab es damals noch nicht, der lag irgendwo weitab hinter dem, was man lange „Mare tenebris“, das „Meer der Finsternis“ nannte und das zu überwinden jenem Verrückten namens Cristobal Colon vorbehalten bleiben sollte. Die ersten Kulturpflanzen, die ersten Kulturtechniken, wie der Pflug und vielleicht auch das Rad, kamen lange vor unserer Zeitrechnung aus der Hochkultur des so genannten „fruchtbaren Halbmonds“, also aus Mesopotamien, dem Zweistromland zwischen Euphrat und Tigris zu uns, dem laut seinerzeitiger, inzwischen zurückgenommener US-Definition „Schurkenstaat“ Syrien und jenem von europäischen Mächten fabrizierten Konstrukt, das heute Irak genannt wird und eben von US-amerikanischen Truppen in Trümmer gebombt worden ist.

Und das, was als „unsere“ christlich-humanistischen Wurzeln „beschworen“ wird, kommt auch aus dem Osten: Stimmen wie jene des eingangs zitierten Jeremia und jenes des Rabbi aus Nazareth, der die Liebe, ja auch die Feindesliebe gepredigt hat, etwas, was die christlichen Fürsten- Königs- und Kaisertümer der heute europäisch genannten Region nie wirklich ernst genommen haben. Das, was später die „Bergpredigt“ genannt worden ist und was der Kern der von Matthäus formulierten oder auch kompilierten Lehre Jesu gewesen ist, wurde nach der so genannten „konstantinischen Wende“ gründlich missverstanden. Wie sollte auch eine gerade zur Staatskirche des langsam verendenden römischen Reiches aufgestiegene „jüdische Sekte“ eine Lehre der Gewaltlosigkeit, der Friedfertigkeit etc. aufrechterhalten können, wenn es doch darum ging, die Rache der vom Imperium Romanum unterdrückten Völker abzuhalten und selber weiter auf Eroberung aus zu sein. Da konnte man diese eben noch selig gepriesenen Gewaltlosen und Friedfertigen, da konnte man Kriegsdienstverweigerer nicht brauchen. Der jungen Kirche war der Sündenfall mit der Macht passiert, der noch immer auf Erlösung wartet, oder wie es der evangelische Theologe Gronemeyer sagt: „Die Kirche muss endlich dem Konstantin abschwören und wieder gottfarbiger werden.“

Dieser Sündenfall mit der Macht ist im Negativen wie im Positiven das Pflanzbeet des „christlichen Abendlandes“ – mit allem, was es so über die Jahrhunderte zu bieten hatte, an grandiosen künstlerischen, wissenschaftlichen, also kulturellen Entwicklungen, die meist aus tief schürfenden und oftmals auch blutigen Auseinandersetzungen geboren worden sind, aber auch an dem niemals enden wollenden Schlachtenlärm, der über die weiten Ebenen, durch die Täler und über die Berghänge dröhnte, Jahrzehnt für Jahrzehnt, Jahrhundert für Jahrhundert, und für den Generation um Generation ein hoher Blutzoll zu bezahlen war. Und der, wenn man die heutigen ethnischen Probleme in Europa anschaut, noch nicht endgültig beglichen, also nicht vergessen worden ist.

Den europäischen Mächtigen wurde langsam die Haut zu eng. Neugierde, Forschergeist, Entdeckerfreude bis zum Wahnwitz, gepaart mit der unstillbaren Gier nach Macht und Besitz und dem Missionseifer der immer den Mächtigen nahen Kirche, treiben immer mehr Abenteurer über die Küsten hinaus nach anderen Ländern und Kontinenten – und mit einem Mal ist auch das berüchtigte Meer der Finsternis keine Grenze mehr. Die europäischen Mächte werden zu Kolonialherren. Unterwerfung und Ausbeutung sind angesagt, die vom christlichen Mäntelchen kaum verdeckt werden können.

Vor ein paar Jahren stellte mir nach Stunden der vielfältigsten Leidensgeschichten aus den eigenen Familien, den eigenen Dörfern, ein junger guatemaltekischer Lehrer in der alten Königsstadt des Reiches der Quichè, Quetzaltenango, die Frage: „Was ist das gefährlichste Tier der Welt?" – Nun, ich habe dann halt so ein bisserl herumgeraten, um ihm die Freude und den Triumph, den ich erwartete, nicht zu verderben. Dann lachte er übers ganze Gesicht, zeigte mit dem Finger auf mich und sprach es männlich aus: „Der Europäer!" Nun nach dem, was mehr als 500 Jahre lang über sein und andere Völker hereingebrochen ist, an Massenschlächtereien, Ausbeutung, Verelendung, Versklavung bis auf den heutigen Tag, ist das nicht weiter erstaunlich und ihm und seinen Landsleuten auch nicht zu verübeln.

Ich legte dem jungen Mann meinen Arm um die Schulter und fragte nicht nur ihn, sondern in die Runde der jungen Lehrer, die ihren schlecht bezahlten Dienst, in den steilen Bergtälern und kleinen Indiodörfern leisteten: „Wenn ihr Euch zusammenschließen und mächtig werden würdet, würdet ihr Euch an uns, die Euch in Eurer Geschichte so Schreckliches angetan haben, rächen, Vergeltung üben?" Es kam ganz klar: „Wenn wir uns rächen, wenn wir Vergeltung üben würden, würden wir den Sinn der Geschichte verraten, das Schlimme noch schlimmer machen. Der Sinn der Geschichte, nach unserer Überlieferung, ist Freiheit für alle, ist Solidarität mit allen, ist Respekt vor der Würde jedes Menschen, und da hat Rache, da hat Vergeltung keinen Raum." – So stand es also in der kalten Bergluft vor mir und zwischen uns, und es war eine einzige Geste möglich: Wir fielen einander um den Hals, umarmten einander und standen noch eine Weile Hand in Hand im kleinen Kreis, als wollten wir uns verschwören. für einen Neubeginn.

Meine Überlegung damals, nach meinem Abschied von den jungen Leuten: „Vielleicht hätten die Europäer, hätten die Soldaten, wie die Missionare damals diesen Menschen zuhören, von ihnen lernen sollen, statt sie mit der verkürzten Botschaft zu belehren und sie als Knechte zu behandeln. Vielleicht wäre die europäische Kolonialgeschichte anders ausgegangen und wir würden heute anders da stehen, als wir es tun."

Vor gerade 90 Jahren, am 28. Juni 1914, gellten nahe der Lateinerbrücke in Sarajevo mehrere Pistolenschüsse. Erzherzog Franz Ferdinand, der Thronfolger der österreichisch-ungarischen Monarchie und seine Frau Sophie von Hohenberg sinken blutüberströmt in den Fonds ihres Wagens und sterben wenig später. Der Attentäter, der 18-jährige serbische Nationalist Gavrilo Princip, wird von der rasenden Menge überwältigt und verhaftet.

In den „Salzburger Nachrichten“ von Samstag, dem 26. Juni, lese ich in einem Beitrag von Alexander Burger unter dem Titel: „Die Schüsse von Sarajevo“: „Die Schüsse sind Auslöser des Ersten Weltkriegs. Nach einem Frieden, der bloß ein Waffenstillstand ist, folgt der Zweite Weltkrieg. Europa wird von seiner weltbeherrschenden Stellung zum Schauplatz des Kalten Krieges der beiden neuen Supermächte degradiert. Die politischen Aufräumungsarbeiten in Europa dauern bis heute an.“

Nun, die Reiche, diese und jene, waren ins Wanken geraten. Nichts mehr war im Lot. Der verheißungsvolle Slogan der französischen Revolution von: „Freiheit, Gleichheit, Brüderlichkeit“ war zwar von Napoleon niedergeprügelt, aber nicht zum Schweigen gebracht worden. Der Nationalismus schwoll an, und damit war ein neues Biotop für kriegerische Auseinandersetzungen geschaffen. Und da blühte er denn auch, genährt aus der wachsenden und auch begründeten Unzufriedenheit sozial ausgebeuteter Völker.

Damals, und davon bin ich auch heute überzeugt, hätte die Stunde der christlichen Kirchen in Europa geschlagen, wenn sie den Stundenschlag gehört hätten. Wären die christlichen Kirchen damals an der Seite der Armen, der ausgebeuteten und gedemütigten Arbeiterinnen und Arbeiter, der versklavten Kinder gestanden, hätten sie also die Position Jesu eingenommen, dann hätten sich Europa und die Welt den Umweg über den Marxismus ersparen können. Aber nein, sie kuschelten sich an die Mächtigen und Reichen, um ihre Pfründen und Privilegien nicht zu verlieren, und haben so einen nicht unwesentlichen Beitrag zum schrecklichen Fortgang der Geschichte geleistet.

Dem Ersten Weltkrieg mit seinen zehn Millionen Toten folgte ein bis heute nicht nachvollziehbarer nicht nur quantitativer, sondern vor allem qualitativer Sprung ins Negative mit der Etablierung des Naziregimes und dem von Hitler vom Zaun gebrochenen „Zweiten Weltkrieg“.

Ich habe erst vor kurzem einen Filmausschnitt gesehen, in dem einer der schmucken Offiziere die Kosten der „Handarbeit“ des Tötens der Juden vorgerechnet hat. Wie vieler Munition, wie vieler Arbeitsstunden, wie vieler Soldaten oder auch Zivilisten bedarf es, um 100.000 Juden vom Leben zum Tode zu befördern? Und erst die Aufräumungsarbeiten, das Wegschaffen, das Vergraben, Vernichten der Leichen etc.? Und dann kam in der Runde der (Zitat:) „grandiose“ Vorschlag des Herrn Eichmann: Die Sache doch sozusagen zu industrialisieren und chemisch rein, mit Gas zu erledigen. Natürlich war das nur eine Filmszene, eine zynisch nachgestellte Situation, aber es lässt einem noch heute das Blut in den Adern stocken. Dazu also waren damals gebildete, gut erzogene, so genannte hoch entwickelte Europäer fähig? Ja, sie waren es, und es kostete sechs Millionen Menschen das Leben. Und heute regen sie sich über die Schlächtereien in Ruanda oder sonst wo auf, entrüsten sich moralisch, obgleich sie doch wissen sollten, dass der Dritte Weltkrieg gegen die Mehrheitsbevölkerung der Welt längst im Gange ist – mit Millionen Toten jedes Jahr –, an dem wir alle mehr oder weniger ungerührt vorbeischauen.

In diesem Zusammenhang drängen sich mir einige knappe Bilder auf. Ich war ein kleines Kind am Sterbebett meines Großvaters im Februar 1938. Seine letzten Worte: „Kinder bleibt stark. Es kommt eine Zeit, da werden die Lebenden die Toten beneiden:" Natürlich verstand ich nichts davon. Das kam erst später, langsam, als die Mutter diesen Satz immer wieder zitierte. Dann war der September 1939. Ich war vorübergehend bei Freunden untergebracht. Die Eltern übersiedelten gerade. Plötzlich waren der Herr des Hauses und die Buben damit beschäftigt, komische und hässliche Rollen über den Fenstern zu befestigen. Ich verstand wieder nichts. Aber bei Einbruch der Dunkelheit pflanzte sich der Hausvater vor dem Küchenfenster auf und ließ eine der Rollen los, worauf Dunkelheit herrschte, und er meinte dazu: „Daran werden wir uns gewöhnen müssen. Es herrscht Krieg, und keines unserer Häuser darf ein Lichtzeichen sein, an das der Feind sich halten und uns angreifen kann." Er sagte es mit strenger Stimme und sah so seltsam aus, denn er war in Uniform mit frisch gewachsten Stiefeln. Ich verstand zwar nichts mit meinen nicht einmal fünf Jahren, aber ich begriff, dass das nichts Gutes bedeutete, und weinte mich aus Sehnsucht nach Mutter und Vater in den Schlaf. Irgendwie fühlte ich mich an diesem mir ohnehin nicht gewohnten Ort plötzlich verlassen, irgendwie im Stich gelassen.

Vater hatte dann plötzlich auch eine Uniform an, drückte mich an sich und küsste mich. Es war für lange. Und ich wuchs auf in diesem Krieg. Im Salzkammergut haben wir davon nicht viel abgekriegt, aber meine Mutter hat alles gelesen, alles, auch das Unerlaubte, gehört und sich mit ihren Freundinnen ausgetauscht. Und daran hatte auch ich Anteil mit ziemlich offenen Ohren.

Irgendwann war dann auch das vorbei. Die Staaten Europas erwachten in Trümmern, und sie standen einander wieder auf zwei Seiten gegenüber, die einen auf der Seite der Sieger, die anderen als Besiegte, die einen als Besatzer, die anderen als Besetzte. Den Hass, so schien es, hatten sie herüber gerettet, und mir als damals zehnjährigem Kind wurde in aller Grausamkeit vor Augen geführt, was Hass, was Rache, was Vergeltung bedeuten kann. Es war schon dunkel. Ich war ohne Erlaubnis unterwegs, als nur wenige Meter von mir entfernt zwei Männer in Häftlingskleidung auf einen Mann, der ebenfalls den „Streifen-Pyjama" der Häftlinge des KZ Ebensee trug, einschlugen. Blind und taub vor Hass warfen sie den Schwerverletzten über das Geländer auf die Ufersteine des Sees. Seine Schreie gellten in meinen Ohren. Ich hörte noch das stumpfe Geräusch, als ein offenbar schwerer Stein den Kopf des Opfers traf. Dann war alles still. Ich werde weder die Schreie noch diese Stille je vergessen, ich werde aber auch die Tatsache nicht vergessen, dass gleich jenseits der Straße amerikanische Soldaten vor ihrem Hauptquartier, dem okkupierten Gebäude der Bezirkshauptmannschaft, in aller Ruhe weiter hin- und herpatrouillierten. Sie mussten das alles, wenn schon nicht gesehen, so doch gehört haben, was mein Vertrauen in die neuen Herren nicht gerade stärkte. Aber was tat das schon, ich war ja nur ein Kind, und meine älteren Schulkollegen und Kolleginnen waren sehr begeistert von den feschen GIs, wie überhaupt die Begeisterung für die „Befreier“ von jenseits des Atlantik wie ein Fieber um sich griff – was nicht nur am Coca Cola, am Kaugummi, der Schokolade und den neuen Klängen lag. Auch die alt eingesessenen Nazis hatten sich total „gewendet“ und sogar aus den Fenstern der Bäckerhauses gegenüber drangen plötzlich völlig andere Rhythmen.

Aber das Essen wurde knapp, aus den größeren Städten und vor allem aus Wien hörte man von Hungersnot, langsam wurde das Ausmaß der Zerstörungen deutlich. Und doch erwuchs in dieser Zeit der Not und des Leidens etwas Neues, Zukunftsträchtiges. Es war die Überzeugung eines NIE MEHR WIEDER! Und das galt nicht nur für die Besiegten in ihren rauchenden Trümmern.

Das trugen Frauen und Männer auf den Lippen, die einander als ideologische Gegner, ja Feinde mit einem plötzlich gemeinsamen Schicksal auf den Lagerstraßen der KZs begegnet waren, das trugen ehemalige Soldaten in den Köpfen, die die furchtbaren Tage und Nächte in den Schützengräben überlebt hatten und überzeugt waren, es müsse einen Neu-Anfang geben – für alle Nationen, des in sich gespaltenen, von Nationalitäten- und Parteienstreitereien zerrissenen Europa. Dieser Neu-Anfang war, von heute aus gesehen, unendlich lang. Aber vermutlich notwendig, denn schnell das Falsche gemacht hat man vorher oft genug, und was da an historischem Schutt herumgelegen ist, aufzuarbeiten, war eher Marke Sysiphus. Johannes Voggenhuber hat gerade kürzlich dieses Bild aufgegriffen, indem er meinte, Sysiphus sei der Schutzpatron Europas. Er mag Recht haben, denn ob es je gelingen wird, aus diesem Wirrwarr, man könnte vielleicht auch freundlicher sagen, aus dieser Vielfalt an nationalen, regionalen, lokalen Gefühlen und auch Ressentiments je etwas Einiges, um Himmels willen, nicht Einheitliches, aber eben ein konstruktives Miteinander entstehen zu lassen, ist bis heute nicht ganz klar. Jedenfalls hat der Mann seinen schweren Stein noch eine Weile bergauf zu rollen. Gutes Gelingen, kann man nur sagen.

Nicht lange nach dem Desaster des Krieges brach Europa in zwei Hemisphären auseinander, eine kommunistische und eine westliche und zunehmend kapitalistische. Schon wieder Spaltung statt Vereinigung. Aber zumindest in diesem Westen rührte sich etwas. Man träumte immer lauter von einem Miteinander. Der erste Versuch, 1951, die Europäische Gemeinschaft für Kohle und Stahl (EGKS), dann die EWG und die EAG und schließlich, 1965, die EG alias Europäische Gemeinschaft – und dann das Gebilde, in dem wir uns heute befinden, die inzwischen auf 25 Mitgliedstaaten angewachsenen Europäische Union, das den meisten Menschen immer noch „unbekannte Wesen". Das holpert und stolpert ja auch so dahin, zu fest in den Krallen des US-dominierten Terror-Kapitalismus, der es fast unmöglich macht, einen Blick auf die positiven Kräfte des gemeinsamen Erbes zu werfen, weil der Götze Kapital die Sicht verstellt.

Und doch ist da eine Idee, eine Vision, ein Traum, der nicht tot zu kriegen ist – und das ist eben jener von: NIE WIEDER KRIEG, der immerhin, abgesehen von den schrecklichen Rückfällen am Balkan, als geschichtlich gelebte Tatsache vor uns steht, seit einem halben Jahrhundert, eine für Europa nie gekannte Zeit des Friedens Und dieses FRIEDENSPROJEKT EUROPA ist denn auch eines der wesentlichen Anliegen dieses Hauses.

Botschafter Egon Maschke dazu in seinem Buch „Europa auf Friedenssuche":

> „Zum ersten Mal seit Jahrhunderten besteht eine Chance, den Kontinent einem politischen Zustand neuer Prägung zuzuführen, der eine Überwindung der gefährlichen Nationalismen vergangener Jahrhunderte ermöglichen und allen Völkern gleiche Vorteile aus einer Mitgliedschaft verschaffen sollte Ein Krieg innerhalb eines dergestalt vereinten, in einer Interessens-Identität eingebetteten Europa wäre dann nur schwer vorstellbar.
>
> Ein solches Friedensprojekt, das zugleich auch ein unfassendes Sicherheitsprojekt zu sein hätte, ist aus der Selbstverständlichkeit der Friedenserfahrung, mit der die große Mehrheit unserer heutigen Mitbürger glücklicherweise aufgewachsen ist, in seiner ganzen Tragweite gar nicht leicht zu erfassen. Das Projekt lohnt jedenfalls jede Kraftanstrengung und verdient eine großzügige Einstellung gegenüber Zukunftsentscheidungen seitens der politische Verantwortlichen, aber auch seitens des einzelnen Staatsbürgers."

Man darf nicht übersehen, dass schon viele kleine und größere Schritte gegangen wurden, weg von der Arroganz der vertikalen Machtstrukturen mit ihren Befehls- und Gehorsamsattitüden hin zu eher horizontalen Vernetzungen der Vielfalt und gegenseitigen Verantwortung, wie das europäische Nachkriegsprojekt „Sozialstaat" sie augenscheinlich gemacht hat, der aus langen und mühevollen Lernprozessen geboren worden war.

Aber da hapert es schon wieder. Der Sozialstaat ist zu einem Abbauprodukt des Kapitalismus geworden – „Mühsam errungen in schlechteren Zeiten", hat Wilhelm Bruners geschrieben –. Wie gerade die letzten Jahre und Monate gezeigt haben, geistert in den Köpfen politisch Verantwortlicher nur ein Ziel herum: Europa zur größten Wirtschaftsmacht der Welt zu machen, die in den Zwängen des herrschenden Systems nur dazu führen kann, die Reichen reicher und die Armen ärmer zu machen, wie wir das auf der ganzen Welt sehen können. Und diese Art von Reichtum, das wissen wir auch, fordert Sicherheit, und das heißt militärischen Schutz, wie er uns gerade von den USA auf besonders perverse Weise vorexerziert wird. Und in diesem Zusammenhang gerät das einzig sinnvolle, nämlich das Friedensprojekt in den Hintergrund.

Ich erinnere mich sehr genau an ein Gespräch, das ich im vergangenen Jahr mit einem der Vortragenden, mit Peter Strutynski hier in diesem Haus geführt habe. Er sagte: „Ausgerechnet in einer Situation, wo in den Kernländern der ehemaligen Kriegesallianz die Legitimation für den Krieg mehr als je zuvor in Frage gestellt wird und das Ansehen des US-Imperiums in der Welt weiter im Sinken ist“ – in der Zwischenzeit ist es auf Rekordtiefstwerte gesunken, was sich langsam sogar in den Gehirnwindungen des George W. Bush herumzusprechen beginnt und ihn zu ganz neuen Schalmaientönen veranlasst – „also gerade in solchen Zeiten begräbt Berlin und begraben auch Frankreich und Russland den Streit und blicken in neuer transatlantischer Verbundenheit nur nach vorne, was immer das heißen mag. Es gibt ein neues Dokument mentaler Unterwerfung unter die normative Kraft des Faktischen, das am 18. Juni der EU-Außenbeauftragte Javier Solana vorgelegt hat. Sein Papier unter dem Titel *Ein sicheres Europa in einer besseren Welt* ist nichts anderes als ein Entwurf einer europäischen Militär- und Sicherheitsdoktrin, ein Novum für die EU, die ja schließlich als Wirtschaftsgemeinschaft und nicht als Militärbündnis ihre Erfolgsgeschichte begonnen hat. Wenn alles seinen Gang geht, ist anzunehmen, dass dieses Papier bis Ende des Jahres von der EU verabschiedet wird, wobei die starken Anklänge an die Nationale Sicherheitsstrategie der USA nicht zu übersehen sind.“

Das war im Juli vergangenen Jahres. Inzwischen haben wir das Ergebnis sozusagen auf dem Tisch, in dem eben erst verabschiedeten EU-Verfassungs-Vertrag. Was da formuliert wurde, steht im Gegensatz zur Rechtstradition der 2. Republik. Da gibt es eine Verankerung der Aufrüstungsverpflichtung, eine Art Selbstermächtigung zu globalen Militärinterventionen, eine militärische Beistandspflicht bei terroristischer Bedrohung und den Ausbau so genannter „Schlachtgruppen“ etc.

Die Linzer Friedenswerkstatt, die sich eingehend mit dem Papier beschäftigt zu haben scheint, ist jedenfalls der Ansicht, dass dieser Verfassungs-Vertrag einen schweren Eingriff zumindest in die österreichische Souveränität darstellt. Abgesehen davon, dass das Papier noch einen gehörigen Weg über 25 Staaten und vor allem einige Völker, die zu einer Volksabstimmung aufgefordert werden, zurückzulegen hat, ist doch der Grundzug erkennbar, den der deutsche Brigadegeneral Heinz Loquai schon im vergangenen Jahr in aller Schärfe analysiert hat:

> „Das ist nichts anderes als eine Wiederbelebung des Krieges als Mittel der Politik und das ist einfach absurd. Es schaut ja plötzlich manchmal so aus, als müss-

> te sich Europa auf einen Rüstungswettlauf mit den Vereinigten Staaten einlassen, so als sollten wir Krieg gegen die USA führen, was natürlich absurd ist. – Ich glaube, dass die Europäer auf der Grundlage einer gesicherten Verteidigungsfähigkeit, wie es in der Nachkriegsordnung festgeschrieben ist, sich der eigenen Stärken bewusster werden müssen, Stärken, die in der Kultur, in der Philosophie und in dem liegen, was Europa aus zwei schrecklichen Kriegen gelernt haben sollte, dass eben Krieg kein Mittel der Politik sein kann.
>
> Die deutschen Politiker sollten vielleicht wieder einmal die Präambeln des Grundgesetzes und der Charta der Vereinten Nationen lesen, um wieder zur Besinnung zu kommen und sich nicht nur vor den Karren eines Rüstungswettlaufes mit den USA auf Kosten der Völker spannen lassen."

Das war die Stimme eines Militärs, der vermutlich gewusst hat, wovon da die Rede war und ist.

Da ist nun ein Jahr herumgegangen, und nichts deutet inzwischen auf ein Umdenken hin, wenn man davon absieht, dass die Eskapaden und die phänomenale Sturheit oder Begrenztheit inzwischen die Völker aufgeweckt und in eine an sich völlig neue US-Skepsis getrieben hat. Das ergeben jedenfalls Umfragen in und außerhalb der USA. Bei den politisch Verantwortlichen bin ich da nicht so sicher, wenn ich sie vereint hinter 23.000 Mann Sicherheitskräften in der Türkei sehe, wie sie ihre Köpfe zusammen stecken und mauscheln und offensichtlich immer weniger Ahnung davon haben, was sich draußen, was sich in der Realität hinter den Sperrmauern und Barrikaden abspielt.

Tatsache ist eines, die Walzkraft des Wirtschaftssystems hat nichts von seiner Brutalität verloren. Die Kleinen werden immer kleiner gemacht, die, die noch Jobs haben, immer mehr unter Druck gesetzt, und die anderen – nun die interessieren ohnehin niemanden. Die Verlierer, wen interessieren die Verlierer?

Die Brutalisierung der Gesellschaften nimmt zu und leider nicht ab, und sie wird immer jünger, hat sich bereits in den Schulen eingenistet und wagt den Vorstoß auf die Kindergräten, denn man kann die neuen „Kulturtechniken" gar nicht früh genug lernen, um zu überleben. Lügen, Betrügen, Verleumden, Übervorteilen, Bestehlen, Berauben, das alles ist angesagt und tägliche Praxis im Kleinen und natürlich im Großen – und auch im weltweiten Maßstab. Und wenn man dann genug zusammengerafft und gestohlen hat, dann braucht man, das heißt, dann brauchen die Schätze „security", das neue riesige Geschäft. – Mir kommt da wieder der Prophet Jeremia in den Sinn aus dem fünften vorchristlichen Jahrhundert, den ich eingangs zitiert habe.

Trotzdem wage ich es, an einen möglichen Fortschritt der menschlichen Entwicklung zu glauben. Das kann doch nicht alles gewesen sein. Wir müssten nur widerständiger werden und mutiger und eigensinniger, nicht egoistischer, nein eigensinniger gegen die Macht der Gleichmacherei und Volksverblödung, wir müssten uns um der Zukunft unserer Kinder und

Kindeskinder, um der Zukunft jenes Friedenstraums von Europa wehren, denn nicht nur eine andere Welt, sondern auch ein anderes Europa ist möglich.

Eine zunehmende Militarisierung und Brutalisierung Europas ist wohl das Gegenteil von dem, was die Zukunft braucht. Vielleicht sollte es eben nicht der Ehrgeiz der europäischen Völker und Regierungen sein, den USA nachzuhumpeln, sondern zum Weltmeister in Sachen Sozialisierung, Solidarisierung und Ökologisierung heranzuwachsen und die Kraft für eine ethische Revolution zu entwickeln, um die Welt vielleicht noch vor dem sonst zu erwartenden Absturz zu retten, wenn wir uns beeilen und endlich nach so vielen Jahrhunderten der Weltausbeutung auf Weltverantwortung umschalten würden. Die Mehrheit der Menschheit wartet darauf. Sage mir keiner, die Mittel dazu wären nicht vorhanden, solange das Finanzkapital, auch das europäische völlig unproduktiv rund um den Globus rast, nur um sich weiter zu vermehren, wie auch immer das funktionieren mag.

Lassen Sie mich zum Abschluss zu Otto M. Maschke und seinem Buch „Europa auf Friedenssuche" zurückkommen. Auf Seite 214 schreibt er:

> „Im Mittelpunkt des Handelns hat – im Sinne des humanistischen Ideals – der Mensch zu stehen, und zwar als Individuum und als Gemeinschaft. Daraus ergeben sich die Werte: Achtung der Menschenwürde, Freiheit, Demokratie, Gleichheit, Rechtsstaatlichkeit und die Wahrung der Menschenrechte. Die Einhaltung dieser Werte erfordert von unserer Gesellschaft das Bekenntnis zu Pluralismus, Nichtdiskriminierung, Toleranz, Gerechtigkeit, Solidarität und Gleichheit von Mann und Frau.
>
> Die Ziele Europas und auch der Union müssen, auf den knappsten Nennen gebracht, folgende sein: die Förderung des Friedens, der gemeinsamen Grundwerte und des Wohlergehens der Völker. Es sind dies ein politisches, ein moralisch-zivilisatorisches und ein wirtschaftlich-soziales Ziel. Die Reihenfolge ist von Bedeutung: Nur im Frieden besteht die Chance, dass eine Völkergemeinschaft die systematische Einhaltung der genannten Werte und das Wohlergehen der Menschen auch zuwege zu bringen."

Dies alles kann aber nicht in nationalem Egoismus gelingen, sondern nur in der Gesamtsicht und Solidarität mit anderen Gesellschaften, in gelebter Solidarität mit der Mehrheit der Menschen. Da gibt es so ein altes und gar nicht dummes Wort: „Mir kann es nur gut gehen, wenn es auch meinem nächsten und fernsten Nächsten gut geht. Ich kann mich nur sicher fühlen, wenn auch die Schwester , auch der Bruder sich sicher fühlen kann." Da gibt es, so scheint mir noch eine ganze Menge zu tun, auch wenn die Damen und Herren in Brüssel das noch nicht kapiert haben. Dann werden wir sie es eben lehren müssen, indem wir es leben, jeder und jede, wo er, wo sie steht, als Geschwister, als lebende Glieder dessen, was man heute noch so verschämt und verbrämt „Zivilgesellschaft" nennt, „civil society", ungeliebt von den Konzernen und den eingebildeten Mächtigen – und trotzdem der Same für eine lebbare und aufrechterhaltbare Zukunft der Menschheit.

Und noch einmal Botschafter Maschke mit seinem Schlusssatz: „Der Friede ist kein Geschenk des Himmels, sondern die Frucht zielbewussten Tuns. Von uns gefragt sind ein wacher, kritischer Sinn, aber auch Verständnis und Toleranz, vor allem aber Zuversicht und Mut."

Ich hätte da ganz persönlich noch den Hinweis auf jenen Text, von dem bereits die Rede war und der im Zuge des konstantinischen Sündenfalls mit der Macht von der Kirche mehr oder weniger weggeräumt, im Depot verstaut worden ist, weil in ihm nämlich ein revolutionärer Kern steckt, der Unruhe verursachen könnte Für mich eröffnet das, was man die Bergpredigt nennt und was das Kernstück der Lehre Jesu ist, sozusagen seine Regierungserklärung für das in dieser Welt verwurzelte Reich Gottes, eine große Chance für die Zukunft. Bismarck und andere haben erklärt, dass man mit der Bergpredigt keine Politik machen kann; und ich bin sicher, dass der ach so fromme George W. dies sofort unterschreiben würde, sonst könnte er auch nicht so handeln, wie er handelt. Ich setze hiergegen aber mehr und mehr die Überzeugung, dass man heute überhaupt nur noch mit der Bergpredigt Politik machen kann, wenn man die Zukunft Europas und der Welt gewinnen will. Und das sollten wir doch alle wollen – oder nicht?

Auf dem Weg zu einer neuen Weltordnung – Europäische Versuche und amerikanische Antworten

Otfried Nassauer

1. Zur Einführung

„Gibt es noch *den* Westen?" – so lautet eine Frage, die immer häufiger gestellt wird. Sie ist in Mode gekommen. Im Herbst 2003 präsentierten beispielsweise Thomas L. Friedman, der bekannte Kolumnist der New York Times, und der ehemalige Leiter der UNO-Inspektionen im Irak, Hans Blix, fast zeitgleich eine neue Variante dieser Frage: Entwickeln sich Europa und die USA unaufhaltsam auseinander, weil für Europa[1] nunmehr der 9.11.1989, das Ende des Kalten Krieges, das Identität stiftende Bezugsdatum ist, während für die USA 9/11, der 11. September 2001, der Tag der Terroranschläge in New York und Washington, diese Funktion hat?

Die Gegenfrage: Gab es jemals „*den* Westen"? Gab es jemals eine westliche Gemeinschaft mit gleichen Werten, identischen Interessen und mit einer wirklich gemeinsamen ideologischen und kulturellen Basis? Gingen die realen Gemeinsamkeiten des Westens tatsächlich so weit über die faktisch aus dem Antagonismus der Systemkonkurrenz wirtschaftlicher und sicherheitspolitischer Natur zwischen Ost und West resultierenden Grundgemeinsamkeiten hinaus, dass man von identischen Interessen hätte sprechen können?

Schon die Betrachtung sicherheitspolitischer Aspekte – also jenes Bereichs, in dem aufgrund einer gemeinsam definierten Hauptbedrohung eigentlich mit der größten Übereinstimmung zu rechnen wäre – spricht eher dafür, dass es damals wie heute wesentliche Unterschiede gab. Damals wie heute waren es vor allem Unterschiede in der Bedrohungsperzeption, die eine wesentliche Ursache transatlantischer, sicherheitspolitischer Differenzen darstellten. Während des Kalten Krieges hieß es beispielsweise: Ein Nuklearkrieg zwischen Ost und West setzt möglicherweise alle NATO-Staaten einer absoluten Existenzgefährdung aus. Zugleich aber gab es wiederholt Diskussionen über die Möglichkeit eines auf Europa begrenzten

1 In diesem Beitrag werden die Begriffe „Europa" und „Europäische Union" aus Lesbarkeitsgründen über weite Strecken synonym benutzt.

Atomkrieges, über An- und Abkopplung und damit deutliche Anzeichen dafür, dass es diesseits und jenseits des Atlantiks Unterschiede in der Bedrohungswahrnehmung gab. Ein Nuklearkrieg hätte möglicherweise eben nicht zwingend alle NATO-Staaten in ihrer staatlichen Existenz gefährdet. Unterschiedliche sicherheitspolitische Interessen waren die Folge: Westeuropa – wie übrigens auch Mitteleuropa als Teil der Warschauer Vertragsorganisation – waren daran interessiert, dass die USA und die Sowjetunion eine nukleare Konfrontation nicht auf Europa begrenzen konnten. Für beide Supermächte hingegen wäre eine vorläufige Verschonung der eigenen Territorien auf Gegenseitigkeit durchaus eine bedenkenswerte Option gewesen. Tausende Seiten sicherheitspolitischer Fachliteratur widmeten sich allein dieser Diskussion.

Die Lage nach dem Ende des Kalten Krieges: Das Gefühl einer akuten, grundsätzlichen Bedrohung der staatlichen Existenz findet sich nicht mehr, weder in West- noch Mitteleuropa. Für die USA dagegen hat der 11.9.2001 eine neue Erfahrung impliziert. Das Ende des Traums von der Unverwundbarkeit Amerikas ist eingeläutet. Terrorismus und die Weiterverbreitung von Massenvernichtungswaffen werden in den USA als Bedrohungen betrachtet, von manchen sogar als existenzgefährdende Bedrohung, zu deren Eliminierung jedes Mittel recht ist, sogar der Bruch bestehenden Völkerrechts und substanzielle Verletzungen der individuellen Menschenrechte. Anders in Europa: Hierzulande werden Terrorismus und Proliferation zwar auch als bedeutende Risiken eingeschätzt – nicht jedoch als einem Nuklearkrieg vergleichbare, existenzielle Bedrohungen. Man kann sie eindämmen und reduzieren, aber eliminieren kann man sie nicht – so die Einschätzung der meisten europäischen Fachleute und Politiker. Sie sind mit jenen Risiken vergleichbar, die jede hochentwickelte Industriegesellschaft zur Risikogesellschaft machen. So, wie man viel für die Sicherheit eines Atomkraftwerks tun, sich letztlich aber nicht 100-prozentig gegen einen GAU absichern kann, so kann eine infrastrukturell verletzliche, hochindustrialisierte Gesellschaft nicht mit letzter Sicherheit gegen einen Terroranschlag geschützt werden. Es bleibt ein Restrisiko. Was während des Kalten Krieges galt, gilt somit auch weiterhin: Westeuropa und die USA haben sicherheitspolitisch überwiegend ähnliche, aber nicht identische Interessen.

Es gab und gibt so wenig „den Westen" wie es „den Kapitalismus" oder die „freie Marktwirtschaft" gab und gibt. Wenn es sprachlich nicht so unschön klänge – korrekter wäre es, davon zu sprechen, dass es „die Westen" gibt, „die Kapitalismen" und „die (freien) Marktwirtschaften". Systemkonkurrenz findet auch heute statt – ohne als solche bezeichnet zu werden – zwischen verschiedenen Formen der Marktwirtschaft, verschiedenen Ausprägungen des Kapitalismus.

Dieser Beitrag diskutiert die künftigen sicherheitspolitischen Optionen Europas angesichts veränderter Rahmenbedingungen nach dem Ende des Kalten Krieges. Er fragt, welche Veränderungen und veränderten Anforderungen sich die Sicherheitspolitik der Zukunft stellen muss, wie der Wandel in der Sicherheitspolitik Washingtons zu bewerten ist, ob Europa diesen Wandel nachvollziehen kann oder sollte, ob es eine eigenständige militärische Sicherheitspolitik betreiben sollte, und wie die bisherigen Bemühungen um eine Europäische Sicherheits- und Verteidigungspolitik mit ihren Stärken und Schwächen einzuschätzen sind? Schließlich wirft er die Frage auf, ob es Alternativen zu dem bisher eingeschlagenen Weg der Europäischen Union gibt und ob mit ihnen adäquater auf die veränderten Rahmenbedingungen und Herausforderungen reagiert werden könnte.

2. Neue Rahmenbedingungen

Militärische Einsätze zur Verteidigung nationaler Territorien gegen einen klassischen, staatlich geführten, militärischen Angriff von außen sind in Europa und für die USA auf absehbare Zukunft unwahrscheinlich. Weder den NATO- noch den EU-Staaten droht angesichts ihrer weit überlegenen militärischen Fähigkeiten ein solcher Angriff durch einen Staat oder eine Staatenkoalition, der erfolgversprechend sein könnte.[2] Frühere denkbare, potente Gegner wie Russland haben heute ein wohlverstanden genuines Eigeninteresse an sicherheitspolitischer Kooperation, da sie von Kooperation – z.B. im Energiesektor – lebenswichtig profitieren, unter Konkurrenzbedingungen aber viel zu verlieren hätten. Mithin konzentriert sich die Debatte über die Zukunftsaufgaben von Militär und Sicherheitspolitik in Europa, der NATO und Deutschland zunehmend auf verbleibende sicherheitspolitische Risiken anderer Art.

Drei Risikokategorien und den möglichen Kombinationen aus ihnen wird dabei immer wieder besondere Aufmerksamkeit gewidmet. Dies sind

- erstens Risiken, die sich im weitesten Sinne aus Staatszerfall und der teilweisen bzw. vollständigen Aneignung von Funktionen des staatlichen Gewaltmonopols durch nichtstaatliche Akteure ergeben;
- zweitens Risiken, die sich aus dem Handeln nichtstaatlicher, transnational tätiger, bewaffneter Akteure, wie z.B. Terroristen, religiöser Extremisten oder auch transnationaler Konzerne ergeben können;
- drittens Risiken, die aus der Proliferation von Massenvernichtungswaffen an staatliche oder nicht-staatliche Akteure erwachsen könnten, da diesen Waffen ein exorbitantes Schadenspotential inhärent ist.

---

2 In dieser grundsätzlichen Analyse treffen sich die Aussagen der Europäischen Sicherheitsstrategie und der nationalen deutschen „Verteidigungspolitischen Richtlinien". Vgl. Europäischer Rat, Ein sicheres Europa in einer besseren Welt, Brüssel, 12.12.2003 (im Folgenden: ESS) und Bundesministerium der Verteidigung, Verteidigungspolitische Richtlinien für den Geschäftsbereich des Bundesministers der Verteidigung, Berlin, 21.5.2003.

Hinsichtlich aller drei Risikokategorien wird von asymmetrischen Risiken gesprochen, da sie keine klassische Kriegsherausforderung, wohl aber probate Formen der gewaltförmigen Auseinandersetzung zwischen höchst ungleich gerüsteten Gegnern darstellen können. Aus Sicht der potentiellen Opponenten: David sucht seine Chance gegen Goliath.

Für all diese Risiken gilt, dass

- kein Staat alleine, auf nationalem Wege und mit nationalen Mitteln, Sicherheit gegen diese Risiken gewährleisten kann;
- militärische Mittel nicht und schon gar nicht alleine in der Lage sind, diese Risiken auszuschalten;
- die bestmögliche Sicherheit in multilateraler Kooperation und mittels eines ressortübergreifenden Ansatzes, einer Sicherheitspolitik aus einem Guss, erzielt werden kann;
- hundertprozentige Sicherheit weder möglich noch – wegen der die Demokratie gefährdenden, innenpolitisch-autoritären Nebeneffekte – erstrebenswert ist und
- diesen Risiken nicht ausschließlich mit Maßnahmen innerhalb eines einzelnen nationalen Territoriums begegnet werden kann.

Diese sicherheitspolitischen Risiken werden in den USA und in Europa hinsichtlich ihres Potentials, eine „akute“ Bedrohung darzustellen, unterschiedlich bewertet. Jenseits des Atlantiks geschieht dies unter dem Vorzeichen bzw. auf dem Hintergrund der Folie der Abwehr gegen den Verlust des Traumes von der Unverwundbarkeit in Form einer Worst-Case-Analyse, die primär militärisches Handeln – ob reaktiv oder präventiv – erfordert. In Europa dagegen steht eher die Reminiszenz an die gegen Ende des Kalten Krieges geführte Debatte über die Verwundbarkeit moderner Industriegesellschaften und an die hochindustrialisierte Gesellschaft als Risikogesellschaft Pate. Deswegen wird das in den USA oft als akute Bedrohung eingeschätzte Risikopotential in Europa zumeist als nicht völlig ausschaltbares Restrisiko betrachtet, dem man besser mit polizeilichen und anderen nicht-militärischen Präventiv-Maßnahmen vorbeugt.

Die Diskussionen in Europa machen darüber hinaus deutlich, dass auf weitere Risiken zu achten ist, die in der US-amerikanischen Debatte deutlich weniger Beachtung finden. Dies sind u.a. Risiken, die sich aus dem globalen Klimawandel (und damit auch aus der Energiepolitik), aus der organisierten Kriminalität, aus Ressourcenkonflikten, z.B. um Trinkwasser, oder aus künftigen Migrationsströmen ergeben könnten.

3. Außen- und Sicherheitspolitik unter George W. Bush

Die Außen- und Sicherheitspolitik der Administration von US-Präsident George W. Bush[3] wird bislang von Neokonservativen dominiert, die argumentieren, dass die USA sich ihrer Rolle als alleinige Supermacht erst noch bewusst werden und daraus die Konsequenzen ziehen müssen. Es gelte, die Weltordnung so neu zu gestalten, dass diese die Aufrechterhaltung der alleinigen amerikanischen Führung erleichtere und die Herausbildung regionaler Konkurrenten erschwere. Eine deutliche Flexibilisierung der amerikanischen machtpolitischen Handlungsmöglichkeiten sei vonnöten. Ein verstärkter Rückgriff auf naturrechtliche Vorstellungen, das Recht des Stärkeren, sei angemessen, weil das Verhältnis der Staaten untereinander anarchisch sei. Nicht Legalität und Recht, sondern Legitimität und Rechtfertigbarkeit rücken in den Vordergrund der Begründung konkreter politischer Schritte. Flexiblere Optionen zur Ausübung von Macht werden durch eine Politik der aktiven *Deregulierung der internationalen Beziehungen* erreicht. Diese nimmt verschiedene Formen an:

1) Sie drückt sich in einer *Entrechtlichung der internationalen Beziehungen* aus. Rechtliche Regeln, die die eigene Handlungsfreiheit einschränken, werden beseitigt (ABM-Vertrag) oder gar nicht erst eingegangen (Internationaler Strafgerichtshof). Praktiziert wird ein Multilateralismus à la carte: Nur Vereinbarungen, die – wie der nukleare Nichtverbreitungsvertrag – dem nationalen Interesse dienlich sind, bleiben erhalten.
2) Mit der Entrechtlichung einher geht eine Politik der *Renationalisierung von Entscheidungsbefugnissen und Rechtssetzungsansprüchen.* Die Bush-Administration verlagert zentrale politische Entscheidungsbefugnisse von internationalen Institutionen zur nationalen Regierung. So wurde die Entscheidung über den Irak-Krieg von New York (UN) nach Washington (USA) gezogen.
3) Die Deregulierung zeigt sich damit auch in einer *Devaluierung internationaler Organisationen,* die bisher die Aufgabe hatten, multilateral kollektive Entscheidungsprozesse zu organisieren. Sie werden vor die Wahl gestellt, „freiwillig" zu Erfüllungsgehilfen nationaler Entscheidungen der USA zu werden oder nur noch als potentielle Konsulta-

---

[3] Die wesentlichen Grundzüge sind dargelegt in: The White House, The National Security Strategy of the United States, Washington, September 2002; The White House, National Strategy to Combat Weapons of Mass Destruction, Washington, Dezember 2002; The White House, National Strategy for Combating Terrorism, Washington, Februar 2003 und, was deren militärische Seite betrifft, implementiert in: Joint Chiefs of Staff, National Military Strategy of the United States of America 2004, Washington, 2004. Eine seit langem angekündigte National Defense Strategy des Pentagons lässt weiter auf sich warten.

tionsgremien zu dienen bzw. ins Abseits geschoben zu werden. Sowohl die NATO als auch die Vereinten Nationen sind von dieser Tendenz betroffen.

4) In der *Bündnispolitik* wird ebenfalls Multilateralismus à la carte praktiziert – als „Coalition of the Willing". Nicht Strukturen, die wie die NATO als Orte gemeinsamer Entscheidungsfindung konzipiert sind, dienen als vorrangiges Instrument multilateraler Kooperation, sondern ad-hoc-Koalitionen, die sich entlang der Vorgaben Washingtons ergeben bzw. als möglich erweisen. Donald Rumsfeld's Diktum von der Aufgabe (mission), die die Koalition definiere, statt dass die Koalition über die Mission entscheide, beschreibt dies treffend.

5) Die Bush-Administration verfolgt eine *Ausweitung der als legitim erachteten Interventionsgründe* für militärische Einsätze auf dem Territorium souveräner Nationalstaaten. Neben die „humanitäre Intervention" treten die Bekämpfung des Terrorismus und der Proliferation von Massenvernichtungswaffen an staatliche wie an nichtstaatliche Akteure. Das amerikanische Rechtsverständnis ist präzedenzfallorientiert. War Kosovo der Präzedenzfall für eine humanitäre Intervention, so ist Afghanistan jener für die Bekämpfung des Terrorismus und der Irak sollte es für die Bekämpfung der Proliferation werden.[4] Auf Präzedenzfälle kann man sich berufen, wenn es gilt, künftige Interventionen als legitim darzustellen.

6) Schließlich werden die Umstände, unter denen legitimerweise Krieg geführt werden darf, erweitert: *Prävention und Präemption* mit militärischen Mitteln wurden in den Kanon legitimer Handlungsmöglichkeiten aufgenommen. Dieser Schritt findet seine Analogie in einer Politik, die sich abzeichnende geopolitische Veränderungen oder Krisen nicht abwartet und darauf reagiert, sondern unter dem Vorzeichen, Weltordnung neu zu gestalten, selbst einleitet.

Die Deregulierung der internationalen Beziehungen ist kein Selbstzweck, sondern Schritt und Phase auf dem Weg zu einer den neuen Risiken und

4 Hinzuweisen ist zudem auf eine Nebenwirkung dieser Entwicklung: Humanitäre Interventionen sind für Regierungen oft Ressourcenverschwendung und mindern die Flexibilität des eigenen Handelns im Sinne des nationalen Interesses, weil sie Ressourcen binden. Zudem kommen sie unliebsamerweise oft auf Druck einer Öffentlichkeit – Stichwort CNN-Faktor – zustande; beides gilt für Interventionen zur Bekämpfung des Terrorismus und der Proliferation von Massenvernichtungswaffen nicht. Die Legitimation solcher Interventionen erfolgt zumeist auf Basis (politisch instrumentalisierbaren) Herrschafts- und Geheimdienstwissens, das auch eine informierte Öffentlichkeit nur selten in der erforderlichen Kürze der Zeit als ggf. unzulänglich oder falsch nachweisen kann. Mithin, beide Legitimationsmuster haben gegenüber der Begründung von Interventionen mit dem Ziel eines Regimewechsels noch einmal erhebliche Vorteile im Blick auf die Öffentlichkeitsarbeit.

Gefährdungen angepassten internationalen Ordnung unter dauerhafter Führung der USA. Richard N. Haass, ehemals Planungsdirektor im US-Außenministerium, sprach davon, eine *„Doktrin der Grenzen nationaler Souveränität"* zu entwickeln, also ein Set von Werten, an das sich Regierungen halten müssen, wenn sie vor Interventionen der internationalen Staatengemeinschaft oder der USA sicher sein wollen. Regierungen müssen Werte wie Demokratie, Menschenrechte, freie Marktwirtschaft, Nichtunterstützung von Terrorismus oder Proliferation gewährleisten.[5] Tun oder können sie das nicht, so darf und muss ein Regierungswechsel, *„Regime Change"*, erzwungen werden können. Die vorhandenen internationalen Organisationen müssen entweder zu nützlichen Instrumenten bei der Implementierung dieser neuen Weltordnung umgestaltet werden oder aber – wenn sie sich dazu unfähig bzw. unwillig zeigen – durch neue, unter Führung Washingtons zu gründende Institutionen in ihrer legitimierenden wie unterstützenden Funktion abgelöst werden. Ähnliches gilt für das internationale Recht. Es muss angepasst werden – oder es verliert seine Bindungskraft.

Ob – wie es sich in den Vorstellungen von Richard Haass andeutet – auf die Phase der Deregulierung der internationalen Beziehungen auch wirklich eine Phase der Rekonstruktion folgen wird, lässt sich heute noch nicht abschließend beurteilen. Begründete Zweifel aber sind möglich. Zum einen, weil Glaubwürdigkeit und Konsistenz für die Wertebasierung einer neuen Weltordnung unabdingbare Voraussetzungen sind. Beides steht in Frage, seit die partiell parallele Eskalation der Konflikte um die Massenvernichtungswaffen Nordkoreas und des Iraks Washington vor die Frage „Viele Kriege oder viele Standards?" stellte und die Regierung George W. Bush sich für eine Politik unterschiedlicher Standards entschied. Die Irak-Politik der Administration hat ein Übriges dazu beigetragen, um die Voraussetzungen der Glaubwürdigkeit und Konsistenz als fraglich erscheinen zu lassen. Im Blick auf die Terrorismusbekämpfung gilt ähnliches.

Es darf darüber hinaus bezweifelt werden, ob die USA über die wirtschaftlichen und militärischen Ressourcen verfügen, um die angedachte neue Ordnung im Alleingang und wo immer nötig militärisch durchzusetzen – das Phänomen der Gefahr der imperialen Überdehnung.

Würde dagegen nur eine Deregulierung der internationalen Beziehungen vollzogen, der Aufbau einer neuen Weltordnung auf veränderter Wertebasis aber scheitern, so wäre ein deutliches Weniger an Stabilität und ein deutliches Mehr an zwischenstaatlicher Anarchie die wahrscheinliche Folge. Als Kolalateralschaden kann eintreten, was vorgeblich verhindert und bekämpft werden soll – ein Mehr an Terror und Proliferation. Zumindest ersteres deutet sich ansatzweise im Irak bereits an. Zweiteres ist schwerer

---

5 Lehmann, Nicholas, The next World Order. In: New Yorker, 1.4.2002, online verfügbar unter: www.newyorker.com/fact/content/?020401fa_FACT1 (eingesehen 10.8.2004).

abzuschätzen, kann aber nicht ausgeschlossen werden.[6] Dies hätte für Washington schwerwiegende Folgen – mehr aber noch für ein Europa, das noch kein einheitlicher politischer Akteur ist, der immer schnell genug agieren könnte. Es bleibt abzuwarten, ob Washington eine solche Entwicklungsoption als ein Ziel seiner Politik zu erkennen gibt bzw. sie als Mittel einsetzt, um dem Entstehen eines regionalen, europäischen Konkurrenten vorzubeugen.

4. Europäische Antwortversuche – Ein kurzer Rückblick

Die Europäische Union bemüht sich, auf die neuen sicherheitspolitischen Fragestellungen im Rahmen der Weiterentwicklung der Europäischen Sicherheits- und Verteidigungspolitik (ESVP) erste gemeinsame Antworten zu finden. Der Europäische Rat in Thessaloniki billigte am 19. Juni 2003 erstmals Grundzüge einer sicherheitspolitischen Strategie für die Staaten der Europäischen Union (EU).[7] Diese wurden, wenig – aber entscheidend – verändert, anlässlich des nächsten Gipfeltreffens der EU während des Europäischen Rates in Brüssel am 12. Dezember 2003 endgültig verabschiedet.[8] Das Dokument ist Ausdruck der Tatsache, dass die sicherheitspolitische Diskussion in Europa weiter in Bewegung bleibt. Die Stoßrichtung verdeutlicht ein Zitat aus dem von Javier Solana verantworteten Papier mit dem Titel ‚Ein sicheres Europa in einer besseren Welt': „Als Zusammenschluss von 25 Staaten mit über 450 Millionen Einwohnern, die ein Viertel des Bruttosozialproduktes weltweit erwirtschaften, ist die Europäische Union, der zudem ein umfangreiches Instrumentarium zur Verfügung steht, zwangsläufig ein globaler Akteur. (...) Europa muss daher bereit sein, Verantwortung für die globale Sicherheit und für eine bessere Welt zu tragen."[9]

Deutlich wird, dass nichts Geringeres als eine Bestimmung der sicherheitspolitischen Rolle Europas Gegenstand der Debatte ist.[10] Im Kern geht

---

6 Die Sorge gilt hier nicht nur der bereits praktizierten Proliferation seitens Pakistans, sondern auch der Frage, ob Staaten wie Saudi-Arabien ihre nuklearen Optionen neu bewerten, und andererseits den Konsequenzen des zeitweiligen Kontrollverlustes über die nuklearen Materialien des Iraks am Ende des Krieges.

7 Solana, Javier, Ein sicheres Europa in einer besseren Welt, Europäischer Rat, Tessaloniki, 20.6.2003 (im Folgenden: TESS).

8 Europäischer Rat, Ein sicheres Europa in einer besseren Welt, Brüssel, 12.12.2003 (im Folgenden: ESS).

9 ESS, S. 1.

10 Dies geschieht allerdings nicht zum ersten Mal. Als Vorläufer im Rahmen der vormals zuständigen Westeuropäischen Union (WEU) können gelten: Die am 27.10.1987 verabschiedete Den Haager „Plattform Europäischer Sicherheitsinteressen" des WEU-Minis-

es um Europa als global wirkenden sicherheitspolitischen Akteur. Erneut ausgelöst wurde diese Debatte zum einen durch die Nachwirkungen der Terroranschläge vom 11. September 2001. Andererseits aber und viel nachhaltiger wirkt die Neuformulierung der US-Außen- und Sicherheitspolitik unter George W. Bush. Bush setzte nach acht Jahren demokratischer Präsidentschaft wieder dort an, wo sein Vorgänger und Vater, George H. W. Bush, 1992 gezwungenermaßen aufhören musste – bei der Ausgestaltung einer neuen Weltordnung für die Zeit nach der Bipolarität des Kalten Krieges, einer Weltordnung unter Führung Washingtons als einzig verbliebener Supermacht mit im nationalen Interesse distanziert-skeptischer, wenn nicht sogar ablehnender Haltung gegenüber der sicherheitspolitischen Integration Europas. Verkörpert wird diese inhaltliche Kontinuität durch den damaligen Verteidigungsminister und heutigen Vizepräsidenten Dick Cheney.[11] Die neue, alte Haltung Washingtons veranlasste die EU-Staaten angesichts der mittlerweile erreichten Teilintegration der europäischen Sicherheitspolitiken zu einer Standortbestimmung trotz für die nahe und mittlere Zukunft absehbar erschwerter Rahmenbedingungen.[12] Deren Ergebnis findet sich in Solanas Sicherheitsstrategie.

Europa wendete sich – rückblickend betrachtet – der Debatte über eine Anpassung der Weltordnung nach dem Ende des Kalten Krieges und der Frage nach seiner eigenen sicherheitspolitischen und militärischen Rolle außerhalb Europas nur schrittweise und vergleichsweise langsam zu. Frankreich unternahm zunächst mit der Reaktivierung der WEU und der Initiative zu den „Petersberger Aufgaben“ von 1992 einen Versuch, Europa mit friedensunterstützenden, militärischen Maßnahmen zur Unterstützung der UNO und der OSZE ein eigenständiges Handlungsfeld und Profil zu erschließen. Dieser Versuch wurde jedoch durch die Öffnung der NATO

---

terrates und die am 14.11.1995 vom WEU-Ministerrat in Madrid angenommene Erklärung „Europäische Sicherheit: Ein gemeinsames Konzept der 27 WEU-Staaten“.

11 Vgl. Secretary of Defense, Dick Cheney: Defense Strategies for the 1990s: The Regional Defense Strategy, Washington, Januar 1993.

12 Diese ergeben sich (a) aus der skeptischeren und stärker am nationalen Interesse ausgerichteten Haltung Washingtons; (b) aus der bevorstehenden Integration von zehn, später 12 neuen Mitgliedsstaaten, die sich erstens teils eigen- teils fremdmotiviert sicherheitspolitisch stärker an Washington bzw. an der NATO als an der EU orientieren, und zweitens angesichts ihrer erst vor wenig mehr als zehn Jahren (wieder)erlangten vollen nationalen Souveränität einer raschen erneuten Souveränitätsabgabe verständlicherweise eher skeptisch gegenüberstehen (vgl. dazu beispielhaft, weil ernsthaft um Verständnis bemüht: Cornelia Frank: Polnische Sicherheitspolitik – Warschaus Position zur ESVP, AKUF-Arbeitspapier 2-2003, Hamburg 2003), sowie (c) aus den sich gegenseitig und die Friktionen verstärkenden integrationsbehindernden Tendenzen sowohl des Erweiterungs- als auch des Vertiefungsprozesses (vgl. den Disput um die europäische Verfassung) der EU ergeben. Zu den Implikationen der Verfassungsdebatte vgl.: Catriona Gourlay, Joshua Kleymeyer: The Defense Deal in the IGC. In: European Security Review, No 20, Dezember 2003, S. 1 f.

für das gleiche Aufgabenfeld und durch technische Abkommen zur Anbindung der WEU und des Eurokorps an die NATO binnen weniger Jahre wieder eingehegt.[13] Fortan galt, dass sich die Europäische Sicherheits- und Verteidigungsidentität innerhalb der NATO herausbilden solle.

Erst die Erweiterung der sicherheitspolitischen Befugnisse der EU durch den demnächst in Kraft tretenden Amsterdamer Vertrag und die in diesem Kontext initiierte Idee einer gemeinsamen Europäischen Sicherheits- und Verteidigungspolitik (ESVP), die letztlich in einer Europäischen Verteidigungspolitik münden soll, bot Ende 1998 erneut Anlass, über Europa als potentiell eigenständigen, sicherheitspolitischen Akteur neu nachzudenken.[14] Parallel zur Eskalation der Kosovo-Krise zum Krieg entwickelte die EU auf intergouvernementaler Ebene Grundlagen eines Konzeptes für ein autonomes europäisches Krisenmanagement im Rahmen der Petersberg-Aufgaben. Diese wurden erstmals während des informellen Treffens der EU-Außenminister in Reinhardtshausen unmittelbar vor Beginn des Krieges gebilligt und fanden nach intensiver Diskussion im Kern überraschenderweise Eingang in das Abschlusskommunique des Washingtoner NATO-Gipfels im April 1999.[15] Während der Sitzung des Europäischen Rates in Köln wurden sie im Juni 1999 endgültig verabschiedet. Sechs Monate später fielen in Helsinki erste Beschlüsse, dieses Konzept durch entsprechende militärische und wenig später auch durch nicht-militärische Fähigkeiten zu unterfüttern.[16] Washington versuchte in der Folge letztlich erfolgreich, auch diese Initiativen, soweit von militärischer Bedeutung, über technische Abkommen zwischen der EU und der NATO einzuhegen. Ziel war es dabei, europäische Prozesse politisch für die USA über deren Mit-

---

13 Vgl dazu: Chilton, Patricia / Nassauer, Otfried et al., NATO, Peacekeeping and the United Nations, BASIC-BITS Report 94.1, September 1994, insbesondere S. 5-13 und 25-29.

14 Idee und Konzept selbst sind bereits in der Madrider Erklärung des WEU-Ministerrates aus dem Jahre 1995 enthalten. Vgl. dazu auch: Assembly of the Western European Union, Defence Committee (Rapporteur Mr Gubert): A European Strategic Concept – Defence aspects, Document A/1841, Paris, 1.12.2003.

15 In deutlichem Gegensatz dazu spiegelte das bei gleicher Gelegenheit verabschiedete neue Strategische Konzept der NATO weiterhin die klassische Vorstellung der Entwicklung einer Europäischen Sicherheits- und Verteidigungsidentität im Kontext der NATO. Das Strategische Konzept wurde anlässlich des Gipfels nicht intensiv diskutiert, sondern in einer Fassung verabschiedet, die aufgrund der Beschäftigung mit der Kosovo-Krise weitestgehend einer mehrere Monate alten Vorlage folgte. Der Wortlaut der Originaldokumente des NATO-Gipfels 1999, auch der Entwürfe, kann unter Verlinkungen eingesehen werden, die unter www.bits.de/CESD-PA/NEWCESDMAIN.html im Abschnitt über das Jahr 1999 zugänglich sind. US-amerikanische Politiker beriefen sich in den Diskussionen nach 1999 regelmäßig auf die Formulierungen des neuen strategischen Konzeptes, europäische auf das Abschlusskommunique, um zu betonen, dass ihre Vorstellungen, Vorhaben und Forderungen im Einklang mit den Beschlüssen der Allianz stünden.

16 Die wesentlichen Dokumente zu diesem Prozess und eine kommentierende Erläuterung sind zusammengetragen unter: www.bits.de/CESD-PA/newcesdmain.html.

spracherechte in der NATO kontrollierbar zu machen. Die EU sollte zwar autonome Beschlüsse zum Krisenmanagement fassen können, nicht aber über gesicherte autonome Planungs- und Kommandostrukturen sowie autonome Durchführungsmöglichkeiten für entsprechende militärische Aktionen verfügen.[17]

Nach den Anschlägen des 11.9.2001 drängten die USA zudem verstärkt auf ein erweitertes, globales Engagement der NATO bei Interventionen zur Bekämpfung des Terrorismus und der Proliferation. Mit dem Vorschlag der NATO-Response Force, einer primär europäischen Eingreiftruppe zur Unterstützung solcher US-geführter Interventionen, soll Europa zudem veranlasst werden, die Modernisierung seiner Streitkräfte nach US-Vorbild zu beschleunigen und sich auf die politische Debatte über die Notwendigkeit und Legitimität solcher Interventionen einzulassen.[18] Da solche Einsätze bislang noch außerhalb der europäischen Konzeption für das Krisenmanagement angesiedelt waren,[19] wurde so zugleich eine sicherheitspolitische Refokussierung auf die NATO eingeleitet. Der beschleunigte Ablauf des politischen Prozesses verstärkt für die europäischen Staaten zudem die Notwendigkeit, sich auf nationaler und nicht auf europäischer Ebene zu den völkerrechtlich und politisch problematischen Aspekten der veränderten Strategie Washingtons zu verhalten: Für entscheidende Fragen wie jene, ob ein Mandat der UNO Voraussetzung einer Intervention oder ob präventives oder präemptives militärisches Handeln zulässig sein sollte, müssen statt einer europäischen viele nationale Antworten gesucht werden;

---

17 Vgl. Gourlay, Catriona / Nassauer, Otfried, Controversy over EU Access to NATO military capabilities. In: European Security Review, Nr. 4, Februar 2001, S.1f. Die Auseinandersetzung um die Frequenzen für die Satellitenortungssysteme GPS (USA) und Galileo (EU) stellt ein weiteres, anschauliches Beispiel dafür dar, bis in welche technischen Einzelheiten solche Einflussstrategien reichen können. Vgl. Härpfer, Susanne, Mogelpackung Galileo. In: Blätter für Deutsche und Internationale Politik, 9/2003 sowie dies., Satellitennavigation – Mit Galileo fährt Europa an seinen ehrgeizigen Zielen vorbei. In: Frankfurter Rundschau, 3.12.2003, S.1.

18 Ausführlicher: Nassauer, Otfried, Die NATO Response Force – Präventives Instrument der USA mit europäischer Beteiligung. In: Streitkräfte und Strategien, NDR-Info, 4.10.2003, Manuskript einsehbar unter: www.bits.de/public/ndrinfo/sunds041003.

19 Erst mit der Abschlusserklärung des britisch-französischen Gipfels in London: „Strengthening European Cooperation in Security and Defense“, 24.11.2003, in der erweiterte europäische Streitkräfte-Ziele (Headline Goals), die bis 2010 zu implementieren wären, angekündigt werden, und mehr noch mit einem undatierten britisch-deutsch-französischen „Food for Thought Paper“ mit dem Titel „Capabilities Development in Support of EU Rapid Reponse – The Battlegroup Concept“, o.O, o.D. (Anfang 2004), beginnt europäischerseits ein konkretes, aber doch reaktives Nachdenken, wie NATO-Response Force und die am schnellsten einsetzbaren Teile der europäischen Eingreifkräfte so harmonisiert werden können, dass die Investitionen in entsprechende Fähigkeiten auch der Europäischen Union zugute kommen. Die Ansätze werden gemäß der Beschlüsse des EU-Gipfels im Juni 2004 weiter verfolgt.

Antworten, die eine spätere gemeinsame, europäische Antwort erschweren, aber auch präjudizieren könnten.

Dieser Prozess impliziert zudem eine Reorientierung der europäischen Diskussion auf die seitens der USA präferierte militärische Seite der Sicherheitspolitik. Das unterscheidet die Vorgänge im militärischen Bündnis NATO von der Herangehensweise in der (ursprünglich rein zivilen) EU – in der parallel, wenn auch ungleich gewichtet, die Entwicklung eines zivilen und eines militärischen Instrumentariums für das Krisenmanagement vorangetrieben wird, das letztlich konsekutiv, ergänzend oder auch integriert angewendet werden kann.

5. Europäische Antwortversuche – Die Europäische Sicherheitsstrategie

Solanas Grundzüge einer europäischen sicherheitspolitischen Strategie und die vom Europäischen Rat im Dezember 2003 verabschiedete Europäische Sicherheitsstrategie spiegeln die geschilderte Entwicklung bzw. die Gemengelage: Die Autoren versuchen, eine Balance zwischen der Vision eines auch gegenüber Washington eigenständigen, europäischen Ansatzes, die sich während der ESVP-Aufbruchsstimmung der Jahre 1998–2000 entwickelt hatte, und der ihnen (unterbewusst) bekannten, bereits erfolgten Einhegung europäischer Autonomie-Ambitionen auf militärisch-technischer Ebene durch EU-US-Vereinbarungen durchzuhalten. Die US-Einhegungserfolge versuchen sie, so gut wie möglich zu kaschieren, indem ihre Aussagen zu den militärischen Aspekten der Sicherheitspolitik ausgesprochen vage und allgemein bleiben.[20] Trotzdem wird die EU bereits als glaubwürdiger und handlungsstarker Akteur im globalen sicherheitspolitischen Kontext beschrieben.[21]

---

20 Dafür mag es zwei zusätzliche Motive bzw. Anlässe gegeben haben: Zum einen den Wunsch, das Dokument mit Zustimmung aller Mitglieder, also auch Dänemarks und der „Neutralen“ veröffentlichen zu können und zum anderen die verständliche Skepsis vieler Nichtregierungsorganisationen, gerade auch aus dem Bereich des zivilen Krisenmanagements, gegen potentiell „zweideutige“ Formulierungen, mit denen anderen als humanitären Interventionen „Tür und Tor“ geöffnet werden könnten. Zugleich darf aber nicht unterschlagen werden, dass es – aus taktischen Gründen und mit völlig unterschiedlichen Begründungen – sowohl im Interesse der Regierungen, die größtmögliche nationale sicherheitspolitische Flexibilität der Bindungswirkung europäischer Integration vorziehen, als auch im Interesse jener, die Offenheit für US-Positionen und Interpretationen wünschen, liegen musste, den Verzicht auf klare Aussagen zu präferieren. Für die weitere Entwicklung der ESVP dürfte sich diese – nur zeitweilig funktionsfähige – taktische Allianz noch als schädlich erweisen.

21 ESS, S. 1.

Das Ergebnis ist zwiespältig. In der Analyse der Sicherheitsrisiken folgt die Europäische Sicherheitsstrategie in weiten Teilen der Tonlage Washingtons – allerdings mit leicht anderen Gewichtungen. Terrorismus, die Weiterverbreitung von Massenvernichtungswaffen, Regionalkonflikte und das Scheitern von Staaten, die Organisierte Kriminalität – aber leider nicht mehr wie noch im Entwurf jene Risiken, die sich z.B. aus dem drohenden Klimawandel ergeben, werden als „Hauptbedrohungen“ dargestellt.[22]

Sodann benennt sie drei strategische Ziele europäischer Sicherheitspolitik: die Abwehr der Hauptbedrohungen, Europas Interesse an einer Stabilisierung und Stärkung der Sicherheit in seiner weiteren Nachbarschaft (Balkan, Nahost, Südkaukasus, Mittelmeerraum), sowie eine „Weltordnung auf Grundlage eines wirksamen Multilateralismus“, zu der u.a. die Stärkung der Vereinten Nationen, der Welthandelsorganisation und regionaler Organisationen gehört. Der von Washington abgelehnte Internationale Strafgerichtshof – im Entwurf noch explizit erwähnt – fehlt.[23]

Schließlich formuliert das Dokument „Auswirkungen auf die Europäische Politik“, die man auch Anforderungen für eine verbesserte Handlungsfähigkeit in der Zukunft nennen könnte. Verglichen mit dem Dokument von Thessaloniki haben hier weitere Veränderungen stattgefunden. Die Forderung nach einer strategischen Kultur, die frühzeitiges, rasches und robustes Eingreifen fördert, steht nunmehr nicht mehr eindeutig im Kontext militärischer Einsätze, sondern im Kontext des zivil-militärischen Mittelmixes, den es möglichst wirksam einzusetzen gilt. Die Option präventiven Eingreifens wurde scheinbar ‚entmilitarisiert‘, d.h. sie bezieht sich nunmehr als „präventives Engagement“ auf politische Wirkinstrumente, impliziert militärisches Engagement aber letztlich doch im Rahmen jener Kultur frühzeitiger „wenn nötig robuster Interventionen“. Ausgerichtet soll das präventive Engagement auf „humanitäre Krisen“ und „Anzeichen der Proliferation“ sein.[24]

Unter der Überschrift: „Mehr Handlungsfähigkeit“ fordert die Strategie mehr Ressourcen für die Verteidigung, sowie deren effizientere Nutzung, verbesserte Möglichkeiten, zivile Krisenmanagementmittel zu Einsatz zu bringen, sowie eine verbesserte Zusammenarbeit im diplomatischen und geheimdienstlichen Bereich. Unter dem Stichwort „Mehr Kohärenz“ wird eine verbesserte Integration der verschiedenen politischen Handlungsoptionen der EU sowie deren Ausrichtung auf gemeinsame politische Zielsetzungen gefordert. Neu hinzugekommen sind in diesem Abschnitt ebenso

---

22 ESS, S. 3-5. Zur Kennzeichnung als Bedrohung siehe auch Abschnitt 4.1. dieses Beitrags.

23 ESS, S. 6-10. Auffällig gegenüber dem Entwurf aus dem Juni ist auch, dass sich nunmehr die Reihenfolge der Ziele verkehrt hat. Die Bedrohungsabwehr rangiert vor Stabilisierung und Multilateralismus. Im Juni rangierte die Stabilisierung vor der Stärkung multilateraler Institutionen und der Abwehr der Bedrohungen (vgl. TESS. S. 6-10).

24 Vgl. ESS, S. 11 und TESS, S. 12-14.

wie in einer Passage über Zusammenarbeit mit Partnern außerhalb der EU verstärkende Formulierungen zur Kooperation mit der NATO.[25]

Januskopfig ist das Dokument vor allem, wenn es um die künftige militärische Rolle der EU, insbesondere jene jenseits von friedensunterstützenden Maßnahmen geht. Es stellt fest, angesichts der neuen Risiken liege die erste Verteidigungslinie immer häufiger weit entfernt im Ausland. Gefordert wird eine strategische Kultur für frühzeitige, schnelle und wenn nötig robuste Interventionen. Aber eine erkennbare, klare Konzeption für Voraussetzungen, Ziel, Art und Charakter europäischer militärischer Interventionen fehlt. Es wird kein Versuch unternommen, zu klären, unter welchen Bedingungen Europa Streitkräfte einsetzen sollte und unter welchen nicht. Manch wichtige Frage ist einfach ausgeblendet. Zum Beispiel jene nach der Finalität der ESVP oder jene nach dem künftigen Verhältnis von innerer und äußerer Sicherheit. Vor allem aber die Frage nach den Kriterien, die angelegt werden sollten, wenn über ein militärisches Engagement der EU entschieden werden muss, bleibt unbeantwortet. Soll dies entlang des kleinsten gemeinsamen Nenners nationaler Interessenlagen geschehen? Oder entwickelt die EU verbindliche Voraussetzungen, die gegeben sein müssen, wenn ein militärisches Eingreifen erwogen werden soll? Sind beispielsweise ein UN-Mandat oder klare militärische und politische Zielvorgaben für einen Einsatz zwingend? Bedarf es klarer Vorgaben für eine Exit-Strategie? Also einen Abbruch der Mission, wenn diese sich als undurchführbar erweist? Sollen präventive oder präemptive militärische Schläge zulässig oder unzulässig sein?

Damit bleiben für die Grundausrichtung der europäischen Sicherheitspolitik entscheidende Fragen vorläufig vertagt oder bewusst unbeantwortet, weil eine Einigung unter den Mitgliedern der EU derzeit nicht möglich ist oder eine bewusste Positionierung der EU in Opposition zu den Vorstellungen Washingtons nicht für opportun gehalten wird. Es bleibt offen, ob Europa seiner Sicherheitspolitik wie Washington eine vorrangig militärische Ausrichtung geben sollte oder bewusst auf einen anderen Mix aus nichtmilitärischen und militärischen Mitteln zielen und damit eine eigenständige Krisenmanagementstrategie verfolgen sollte. Es bleibt offen, ob Europa sich letztlich an die veränderte Strategie Washingtons anpassen sollte oder auf Basis seiner eigenen Interessen eine eigenständige Politik formulieren will.

Wunsch und Wirklichkeit klaffen derzeit zudem in Europa nicht zuletzt deshalb oft noch weit auseinander, weil nicht rechtzeitig über entscheidende Fragen diskutiert wird. Oft werden notwendige Debatten blockiert, weil schon das Diskutieren als Präjudiz hinsichtlich des Zieles oder Zeitplans erachtet werden könnte oder dazu zwänge, Positionen zu beziehen, die die

25 Vgl. ESS, S. 12-14.

tagespolitische Flexibilität nationaler Regierungen einschränken könnte, die sich zudem im Rahmen der NATO oder der bilateralen Zusammenarbeit mit den USA konkret politisch verhalten müssen. Die Stärkung der intergouvernementalen Zusammenarbeit gegenüber der vergemeinschafteten, die sich im Verfassungsentwurf des Europäischen Konventes spiegelt, wird diese Tendenz weiter verstärken.

Schließlich muss angemerkt werden, dass die neue Europäische Sicherheitsstrategie nicht immer kohärent ist. Sie plädiert zwar deutlich für eine Integration der außen- und sicherheitspolitischen Wirkinstrumente der EU und erkennt an, dass die Risiken der Zukunft nicht vorrangig mit militärischen Mitteln eingedämmt werden können. Jedoch weist sie – was den Zusammenhang zwischen wirtschaftlicher Entwicklung und Sicherheit betrifft – eine seltsame Einäugigkeit auf: „Sicherheit" sei, so das Dokument, „eine Vorbedingung für Entwicklung".[26] Die zweite Seite der Medaille, dass nämlich Entwicklung eine Vorbedingung für Sicherheit sein könnte, sucht man dagegen vergebens – und mit ihr den Versuch, in der Strategie präzise und kohärent zu beschreiben, wie nicht-militärische, außenpolitische Wirkinstrumente wie wirtschaftliche Zusammenarbeit, Entwicklungspolitik oder Handels- und Zollpolitik präventiv zur Verhinderung potentiell militärisch relevanter Konflikte beitragen können oder wie deren Wirksamkeit mit jener militärischer Mittel effizient und zielgerichtet integriert werden können.

6. Europas Antworten der Zukunft – Rückbesinnung auf die Rahmenbedingungen

Fragt man, wie diese Ambivalenzen, Offenheiten, Inkonsistenzen und teilweise auch problematischen Tendenzen bei der Entwicklung einer europäischen Sicherheitspolitik in Zukunft produktiv aufgelöst werden können, so ist zunächst ein erneuter Blick auf die veränderten sicherheitspolitischen Risiken und geopolitischen Rahmenbedingungen erforderlich.

Transformation und schneller Wandel sind weltweit die Kennzeichen der gegenwärtigen Entwicklung. Industriegesellschaften werden zu Informationsgesellschaften; Agrargesellschaften teils zu Industrie-, teils zu Informations- und Wissensgesellschaften. Die Globalisierung verändert die Welt. Ökonomische, kulturelle und informationelle Systeme vernetzen sich über die ganze Erde und verschärfen Konkurrenzen. Menschen leben und wirtschaften immer weniger in Nationalstaaten und Nationalgesellschaften. Erste Konturen einer Weltgesellschaft bilden sich heraus – unter Bedin-

---

26 ESS, S. 2.

gungen, in denen oft das Recht des Stärkeren Vorrang vor dem vereinbarten Recht – dem Ergebnis politisch gewollter Verrechtlichung – bekommt.

Diese Prozesse nehmen keine Rücksicht auf ungleich verteilte Ressourcen, Produktionsmittel oder Bildungschancen. Transformation und Globalisierung verstärken soziale, wirtschaftliche und politische Verwerfungen mit der Konsequenz schnell wachsender Konfliktpotentiale. Dabei besteht oft die Gefahr, dass diese gewaltförmig ausgetragen werden, wenn es nicht rechtzeitig gelingt, sie politisch zu regulieren. Immer mehr Staaten, die auf der Verliererseite der Transformationsprozesse stehen oder deren Eliten es dem Staatserhalt vorziehen, ihre Gesellschaften zum eigenen, privaten Nutzen auszubeuten, zerfallen mit der Konsequenz der Entstaatlichung und des Verlustes der staatlichen Kontrolle über die Gewaltmittel. Die private Kontrolle über Gewaltmittel gewinnt dagegen an Bedeutung, u.a. als Instrument der Privilegienabsicherung. Vielerorts verliert das staatliche Gewaltmonopol an Bedeutung. Der durch Globalisierung und Liberalisierung in seinen Handlungsmöglichkeiten bereits eingeschränkte Staat bekommt auch im Blick auf sein außen- und sicherheitspolitisches Handlungsinstrumentarium Konkurrenz durch nichtstaatliche Akteure (Terrorismus, Söldner, Privatarmeen). Während die Relevanz größerer zwischenstaatlicher Kriege derzeit abnimmt, gewinnen innerstaatliche und die sogenannten „kleinen Kriege" an Bedeutung. Diese erfassen oft alle Lebensbereiche und die gesamte Gesellschaft, die letztlich zu einer Kriegsgesellschaft retardiert, in der Erwerb, Sicherheit und Freiheit der Menschen von der Kriegführung bestimmt oder beeinflusst werden. Die Gewaltformen kleiner Kriege überlappen oft mit jenen von Terrorismus, organisierter Kriminalität, privatisierter Gewalt und anderen asymmetrischen Formen der Gewaltausübung. Gewaltförmige Konfliktaustragung und Krieg werden zur Lebensform, in der die klare Unterscheidung von Zivilbevölkerung und Kombattanten nicht länger existiert, das humanitäre Kriegsvölkerrecht an Bedeutung und Bindungswirkung verliert.

Die mit kleinen Kriegen verbundene Ökonomisierung des Krieges verstärkt Not, Gewalt und Unfreiheit gleichermaßen und unterbindet damit oft alle Chancen zu demokratischer, politischer, wirtschaftlicher und kultureller Entwicklung – die wirksamste Prävention gegen Krieg.

Die Deregulierung internationaler Ordnung von unten, durch den Zerfall der Schwachen, schreitet fort. Auf sie mit einer Deregulierung internationaler Ordnung von oben, durch die Starken, zu antworten, wie dies die Administration George W. Bush's tut, vergrößert höchstwahrscheinlich nur die den Konflikten zu Grunde liegenden Probleme und verknappt die Ressourcen, mit denen eine kooperative Weltordnung gestaltet, Krisen vorgebeugt und Konfliktaustragung zivilisiert werden kann. Denn: Das Recht der wenigen Starken würde gestärkt, und die Schutzwirkung des Rechtes für die Schwachen würde erodieren. Mithin – auch zu einer verstärkten Verrechtlichung der internationalen Beziehungen gibt es angesichts der Charakteristika der zu Beginn dieses Beitrages diskutierten Risiken kaum eine friedenspolitisch akzeptable Alternative.

Sicherheitspolitik wird damit immer mehr zu einer Gestaltungsaufgabe. Weltordnung muss in all ihren Dimensionen – von der Rechtsordnung über die Wirtschafts- und Sozialordnung bis zur politischen Ordnung – gestaltet werden. Aufgabe muss es sein, eine Friedensordnung zu gestalten. Frieden als Zustand, als Abwesenheit von Krieg zu verstehen, wäre dabei verkürzend, ja falsch. Friedenspolitik sollte daher mit Hans-Georg Picht als ein Prozess verstanden werden, der das ständig neue Bemühen umfasst, die Einflüsse und Wirkungen jener Faktoren zu mindern, die zu gewaltsam ausgetragenen Konflikten führen und beitragen: Unfreiheit, Not und Gewalt. Ob Friedenspolitik erfolgreich praktiziert wird, ergibt sich aus der Gesamtschau der Faktoren, dem Ergebnis aller Dimensionen friedenspolitischen Handelns. Als Vision kann die Herausbildung einer neuen internationalen Ordnung dienen, die nach menschenrechtlichen, ökologischen, sozialen, demokratischen, friedlichen und freiheitlichen Maßstäben gestaltet wird. Ressortübergreifende Zusammenarbeit, die Verzahnung und Integration aller außen- und sicherheitspolitischen Wirkmittel und Instrumente zu einer „Sicherheitspolitik aus einem Guss“ ist dafür die eine wesentliche Voraussetzung. Zu diesen Gestaltungsmitteln gehören u.a. humanitäre Hilfe, Sanktionen, Entwicklungspolitik, Außenwirtschaftspolitik, internationale Finanzpolitik, Rüstungsexportpolitik, Diplomatie, Rüstungskontrolle und Nichtverbreitung, aber auch die heutigen Mittel des zivilen und militärischen Krisenmanagements. All diese Instrumente „sollten derselben Agenda folgen. In einer Krise ist eine einheitliche Führung durch nichts zu ersetzen“, so bemerkte Javier Solana in seinem Entwurf der Europäischen Sicherheitsstrategie zurecht.[27] Zusätzlich erforderlich ist die Bereitschaft und Fähigkeit zu multinationaler Kooperation, zunehmender Verrechtlichung, Stärkung multilateraler Institutionen und damit die Bereitschaft gerade der Starken oder Stärkeren zu freiwilliger Selbstbeschränkung.

Eine kooperative, multipolare Weltordnung zu gestalten, Konfliktaustragung zu zivilisieren und staatliche wie nichtstaatliche Akteure, die konstruktive Beiträge leisten können, zu entwickeln, all das ist nur möglich, wenn Friedenspolitik als Querschnittsaufgabe betrachtet wird. Die Ressourcenverteilung zwischen den Instrumentarien einer solchen Friedenspolitik muss überprüft und an neuen Prioritäten ausgerichtet werden.

Soll kooperative Multipolarität zum Paradigma internationaler Ordnung werden, so müssen darüber hinaus die supranationalen (EU), multinationalen (NATO) und internationalen Instrumente (Vereinte Nationen, Organisation für Sicherheit und Zusammenarbeit in Europa, Internationaler Wäh-

---

27 TESS, S. 13.

rungsfonds, Weltbank) an diese Aufgabenstellung angepasst und gestärkt werden.

Globalisierter Unsicherheit und privatisierter Gewalt kann wirksam nur mit einer multilateralen, grenzüberschreitenden Politik für umfassende und gemeinsame Sicherheit und an Gerechtigkeit orientierten Friedensprozessen begegnet werden. Europa steht dabei angesichts seiner Geschichte, seiner Erfahrung und Potentiale in besonderer Verantwortung.[28] Es kann sich der Verantwortung nicht entziehen, Weltordnung mitzugestalten.

Der Früherkennung von (gewaltförmigen) Konflikten und der Gewaltprävention sollten dabei Vorrang vor deren Eindämmung und Einhegung zukommen. Der Gewalteindämmung und -einhegung muss Vorrang vor der Bekämpfung von Gewalt mit Gewalt, d.h. vor Interventionen zukommen. Ein möglichst breit abgestütztes multilaterales und multinationales Vorgehen muss Vorrang vor eng begrenzten Koalitionen oder gar nationalen Alleingängen haben. Die Arbeit für eine kooperative, multipolare Weltordnung schafft bessere Voraussetzungen für erfolgreiche Entwicklung, Konfliktbegrenzung und Krisenprävention als jede andere Herangehensweise. Staatliche und nicht-staatliche gesellschaftliche Kräfte müssen bei der Förderung von Demokratie, wirtschaftlicher Entwicklung, politischer Stabilität und somit bei der Gewaltprävention zusammenwirken.

7. Aktive Asymmetrie – Eine europäische Sicherheitspolitik aus einem Guss

Betrachten wir nun – und partiell unabhängig von den kurzfristigen machtpolitischen Realisierungschancen – die Frage, wie eine europäische Sicherheitspolitik der Zukunft eigentlich aussehen müsste – gerade dann, wenn sie gemeinsam, wirkungsvoll und unter Rückgriff auf Europas breites Ressourcenpotential erfolgen würde.

Europa ist – wenn die bereits erreichte Integration nicht wieder zur Disposition gestellt werden soll – langfristig auf dem Weg, ein einheitlicher Staat und – vielleicht schon zuvor – ein einheitlicher Akteur in der Außen- und Sicherheitspolitik zu werden. Dies erfordert es, dass die EU hinsichtlich aller Souveränitätsfragen bereits heute agieren so muss, als sei das Endstadium der Integration bereits erreicht. Souveränitätsverzicht darf nur

---

28 Es sei an dieser Stelle angemerkt, dass der Autor weder glaubt, „die Europäer" seien „bessere Menschen", noch der Auffassung ist, die europäischen Staaten würden „weniger Machtpolitik" betreiben als die USA. Dazu gäbe weder das Handeln Deutschlands, noch der europäischen Kolonialmächte den geringsten Anlass. Er glaubt aber an die Chance Europas, die richtigen Lehren aus dieser Geschichte des vergangenen Jahrhunderts ziehen zu können und im wohlverstandenen Eigeninteresse auf diesen gezogenen Lehren aufzusetzen.

auf Gegenseitigkeit geübt werden – auch gegenüber der NATO oder den Vereinigten Staaten[29] – es sei denn, dies geschieht als bewusst kalkulierter Schritt der freiwilligen Selbstbeschränkung zugunsten der Stärkung internationaler Institutionen bzw. internationalen Rechts.[30]

Europas Interessen sind mit denen der Vereinigten Staaten auch jenseits des Feldes der Risikoperzeption nicht identisch. Übereinstimmung und Gemeinsamkeiten überwiegen zwar, es gibt aber auch gravierende Unterschiede. So muss Europa beispielsweise an Multilateralismus und kooperativer Multipolarität ebenso interessiert sein wie an einer zunehmenden Verrechtlichung der internationalen Beziehungen[31] und an einer Stärkung internationaler Regime und Institutionen. Dies ergibt sich quasi „natürlich" daraus, dass Europa nicht „der Stärkste" ist, der „ungestraft" von Regelverletzungen profitieren könnte. Europa muss zudem ein Interesse daran haben, dass auf Krisen frühzeitig und mit vorrangig nicht-militärischen Mitteln reagiert wird, nicht aber spät und mit dann zumeist militärischen Instrumenten. Im Gegensatz zu Washington verfügt die Europäische Union schon aus historischen Gründen primär über nichtmilitärische Ressourcen zum Konfliktmanagement. Europa muss darüber hinaus ein Interesse haben, darüber ein Mitentscheidungsrecht – auch gegenüber Washington – zu haben, wie auf Krisen und Konflikte reagiert wird. Dies setzt voraus, dass Europa bei der Gestaltung von Weltordnung verantwortlich mitwirken kann und glaubwürdige Fähigkeiten besitzt, um mitwirken zu können. Dies gilt – gerade in den Augen Washingtons – auch im Hinblick auf seine militärischen Fähigkeiten.

Europa wird nicht um Entscheidungen herumkommen, mittels derer es Umfang, Auftrag und Ausrichtung seiner militärischen Mittel bestimmt. Ähnliches gilt für die Kriterien, mittels derer die Europäische Union und ihre Mitglieder entscheiden, wann sie bereit sind, Streitkräfte einzusetzen und wann nicht. Bestandteil dieser notwendigen Entscheidungsprozesse wird es auch sein, festzulegen, ob die militärischen Krisenmanagementkräfte der Europäischen Union jenen der USA nachempfunden sein sollen, deren Fähigkeiten nachholend imitieren oder aufgrund unterschiedlicher Aufgabenzuweisung anders proportioniert, ausgerichtet und ausgestaltet werden. Hier mag es hilfreich sein, zunächst zu fragen, in welchen Szenarien Streitkräfte aus der Europäischen Union bzw. aus deren Mitgliedsländern am wahrscheinlichsten zum Einsatz gelangen werden.

---

29 Diese Forderung muss unabhängig davon erhoben werden, dass die EU hinsichtlich ihrer bisherigen Verhandlungsergebnisse mit der NATO bereits einige einseitige Souveränitätsverzichte eingegangen ist, sei es aus Unbedachtheit, Unkenntnis oder aus Anpassung an Wünsche der USA.

30 Der Beitritt europäischer Staaten zum Internationalen Strafgerichtshof stellt ein Beispiel dar.

31 Sie stellt das grundlegende Funktionsmuster der europäischen Integration dar.

Hinsichtlich der Eintrittswahrscheinlichkeit dürften – von kleinen Einsätzen z.B. zu humanitären oder Evakuierungszwecken abgesehen – drei Szenarien die kurz- und mittelfristige Zukunft europäischer Streitkräfteeinsätze bestimmen.

- Dies sind zum einen friedenserhaltende und friedenserzwingende Maßnahmen, also längere, ressourcenintensive Einsätze, die im Wesentlichen von einem niedrigen oder mittleren Gewaltniveau gekennzeichnet sind und die der Befriedung aus humanitären Gründen bzw. dem Wiederaufbau in ehemaligen Kriegsregionen dienen. An solchen Einsätzen werden europäische Streitkräfte gleichberechtigt oder auch in führender Rolle teilnehmen.
- Zweitens dürften europäische Streitkräfte – realistischerweise – gelegentlich bei harten Interventionseinsätzen zum Tragen kommen, wenn eine Unterstützung der USA aufgrund übereinstimmender Interessen oder eines drohenden, inakzeptabel großen Schadens im transatlantischen Verhältnis politisch geraten oder geboten erscheint. Hier ist zumeist von einer unterstützenden, nicht-gleichberechtigten Rolle und von einem hohen Gewaltniveau im Rahmen vergleichsweise kurzer Kriegshandlungen auszugehen.
- Drittens dürften sie – ebenfalls aus meist eher politisch – opportunistischen Gründen – dann zum Einsatz kommen, wenn nach U.S.-geführten Interventionen das seitens der USA ungeliebte Nation-Building ansteht. Dabei ist – je nach Konfliktlage – von einem zunächst eher mittleren oder niedrigen Gewaltniveau auszugehen, wobei sich aber erst im Laufe der Zeit zeigt, ob sich die Lage im Einsatzgebiet stabilisiert oder die Auseinandersetzungen erneut eskalieren. Auch hier ist mit einer zumeist längeren oder gar sehr langen Einsatzdauer zu rechnen.

Kennzeichnend für dieses Spektrum wahrscheinlicher, militärischer Einsätze ist es zudem, dass zielbedingt sehr unterschiedliche Fähigkeiten gefordert und gefragt sein werden: Zum einen sind dies zur Deeskalation beitragende, die Lage stabilisierende militärische Fähigkeiten (quasi polizeilicher Natur), zum anderen unter allen Bedingungen durchsetzungsfähige überlegene, dominanz- und eskalationsfähige Interventionsfähigkeiten.

Mögliche militärische Einsätze dürften von äußerst unterschiedlichen politischen Rahmenbedingungen begleitet sein. Für militärische Stabilisierungsmaßnahmen in und im direkten Umfeld Europas und europäische Beteiligungen an Maßnahmen der Vereinten Nationen oder der OSZE, die der politischen Interessenslage Europas entsprechen, ist mit politischem und öffentlichem Rückhalt zu rechnen. Mit einer relativ einheitlichen politischen Haltung der Staaten Europas wäre zu rechnen. Europäische Mitsprache und Entscheidungsbefugnis hinsichtlich der Frage, wie mit einer solchen aufkommenden Krise umgegangen werden sollte, darf in den meisten

Fällen als gesichert gelten. Mit dem Vorliegen einer Mandatierung kann gerechnet werden.

Ganz anders bei der Unterstützung US-geführter Interventionen und bei Nation-Building-Aufgaben nach US-Interventionen. Von Fall zu Fall dürfte sich in diesem Kontext entscheiden, ob die USA Europa z.B. innerhalb der NATO ein Mitspracherecht bei Entscheidungen über potentielle Interventionen, die neue Nation-Building-Aufgaben generieren könnten, gewähren wird oder nicht. Bei Nation-Building-Aufgaben nach unilateralen Interventionen Washingtons – wie z.B. im Irak – träfen die europäischen Staaten auf eine vorgegebene Lage. Es stünde die Frage an, ob sie sich beteiligen oder ob sie sich einer Beteiligung entziehen können und wollen. Die Antwort auf diese Frage könnte unterschiedlich ausfallen. Ähnlich ist die Situation wahrscheinlich immer dann, wenn die USA national eine Entscheidung zugunsten einer militärischen Intervention fällen, die Europäer nicht an dieser Entscheidung beteiligen, trotzdem aber eine europäische Beteiligung an ihrem Vorhaben fordern, z.B. weil auf diesem Wege in der internationalen Öffentlichkeit ein höheres Maß an Legitimität argumentiert oder eine militärisch und finanziell günstigere Lastenteilung erreicht werden kann.

Schließlich kann davon ausgegangen werden, dass Diskussionen über die Notwendigkeit humanitärer Interventionen vorläufig wahrscheinlicher im Rahmen der Europäischen Union geführt werden, während die Frage nach der Beteiligung an Wiederaufbau-Maßnahmen nach einer kriegerischen Intervention sowie an solchen Interventionen selbst sich vorrangig im Rahmen der NATO oder auch der nationalen bilateralen sicherheitspolitischen Kooperationen mit den USA stellt.

Die Umstände, unter denen Europa über seine Beteiligung an militärischem Krisenmanagement wird entscheiden müssen, sind also voraussichtlich nicht nur durch die je aktuelle Krise selbst bestimmt, sondern auch durch Anforderungen Washingtons im Kontext der je aktuellen politischen und militärischen Interessenslage. Jenseits einer theoretischen Option wäre es dabei illusorisch, davon auszugehen, dass alle europäischen Staaten sich jederzeit und in jedem Fall der Mitwirkung an US-geführten Militäroperationen entziehen könnten – selbst dann, wenn Sinn und Zweck dieser Operationen offen bezweifelt würden.

Mithin müssen die europäischen Staaten für sich selbst die Frage beantworten, in welcher Form, unter welchen Voraussetzungen und mit welchem Anteil ihrer Ressourcen sie zu einer solchen Unterstützung bereit sind. Diese Frage ist mit einer anderen verbunden: In welcher Relation stehen die so aufgewendeten Ressourcen zu jenen, mit denen Europa sich selbst militärische und nicht-militärische Krisenmanagementfähigkeiten schafft? Bei der Antwortsuche können die folgende Aspekte hilfreich sein:

- Ein ernsthafte Möglichkeit für Europa, die technologischen oder quantitativen Fähigkeiten der US-Streitkräfte zu kopieren, besteht nicht –

schon aus finanziellen Gründen. Dieser Weg wäre zudem kontraproduktiv. Er könnte nur wissentlich und entgegen der Analyse der Risiken und Rahmenbedingungen der Zukunft begangen werden und würde zwar darauf hinauslaufen, die Schwächen europäischer Krisenmanagementfähigkeiten teilweise zu beseitigen, während andererseits deren komparative Stärken eliminiert würden. „Aufholen, um einzuholen" – das stellt keinen realistischen Entwicklungspfad dar.

- Genauso illusorisch und kontraproduktiv wäre es anzunehmen, dass sich die europäischen Staaten gänzlich von der Entwicklung in den USA abkoppeln würden, könnten oder wollten und ihre militärischen Krisenmanagementfähigkeiten ausschließlich auf autonom durch die Europäische Union durchzuführende Aufgaben ausrichten würden.
- Ein dritter Entwicklungspfad ist der wahrscheinlichste:[32] In der Europäischen Union werden begrenzte, zur Zusammenarbeit mit den US-Streitkräften in allen potentiellen Szenarios fähige militärische Fähigkeiten aufgebaut, deren Umfang ausreicht, um auch aus Washingtoner Sicht einen glaubwürdigen Solidar-Beitrag Europas zu signalisieren. Diese Fähigkeiten werden zugleich darauf ausgerichtet, der Umsetzung eigenständiger europäischer Krisenmanagementfähigkeiten Glaubwürdigkeit zu verleihen. Deswegen umfassen sie über das von Washington Geforderte hinaus zum Teil auch Fähigkeiten, die – wie Satellitenaufklärung, weitreichende Führungsmittel und Lufttransportmittel – innerhalb der NATO bestimmte US-Fähigkeiten duplizieren, aber Europa erstmals mit einer unabhängigen Fähigkeit ausstatten. Alternativ können sie dem Modell der „konstruktiven Duplizierung" folgen, indem sie auch bei der NATO rare Fähigkeiten ergänzen und somit den Beitrag der Europäer zum Leistungsspektrum des Bündnisses stärken.

Der dritte Pfad ist allerdings nicht nur der wahrscheinlichste. Er ist auch der bei den meisten EU-Staaten beliebteste, da er auf absehbare Zeit die Notwendigkeit einer Entscheidung darüber ausspart, welches Gewicht den militärischen Fähigkeiten der EU im Kontext ihrer Gesamtfähigkeiten zum Krisenmanagement letztlich zukommen soll. Offen lässt er auch, ob europäische Krisenmanagementfähigkeiten künftig vorrangig im Kontext der NATO oder der EU zum Einsatz kommen. Angesichts begrenzter finanzieller Ressourcen und immer noch vorhandener substanzieller Widerstände

---

32 Er deutet sich vor allem bei jenen Staaten, die sowohl EU- als auch NATO-Mitglieder sind, dadurch an, dass sie aus einem Streitkräftepool ihre Beiträge sowohl zur NATO Response Force als auch zu den European Battlegroups bestreiten wollen und sich deshalb für den Fall einer Verwendung von Streitkräftepaketen im Rahmen einer nationalen oder EU-Operation eine „opt-out-Option" hinsichtlich ihrer Zusage zur Bereitstellung dieser Kräfte für die NRF zusichern ließen.

innerhalb der EU gegen ein zu starkes militärisches Engagement der Union sowie eine zu enge Verkopplung mit der NATO gilt dieser Pfad als attraktiv. Er ist im Blick auf das langfristige Ergebnis offen. Schließlich belässt er angesichts einer primär intergouvernemental und nicht vergemeinschaftet betriebenen Sicherheitspolitik die Verfügungsgewalt über geschaffene Fähigkeiten weitgehend bei den nationalen Regierungen. Deren politisch-taktische Flexibilität bleibt erhalten, sie können in den Fähigkeiten ein Kapital sehen, ihr politisches Gewicht sowohl in der NATO als auch in der EU zur Geltung zu bringen.

Trotzdem und gerade angesichts dieser Ambiguität wird deutlich, dass die Staaten der Europäischen Union bei der weiteren Ausgestaltung der ESVP bald grundlegende Entscheidungen treffen müssen, wollen sie nicht Gefahr laufen, Ressourcen zu vergeuden und weiter an Einfluss einzubüßen, weil sie Getriebene und nicht Gestaltende ihres Schicksals sind. Wenn es keine Option darstellt, „aufzuholen, um einzuholen", müssen sie sich fragen, ob sich die Möglichkeit bietet, „zu überholen, ohne einzuholen".

Diese Option steht aber nur offen, wenn sowohl im Blick auf die technologischen Fähigkeiten, als auch im Blick auf die zivilen und militärischen Strukturen des Krisenmanagements die politische Bereitschaft besteht, Generationssprünge zu wagen, künftig wünschenswerte technische und strukturelle Fähigkeiten vom Ende, vom Ergebnis her zu denken. Dies impliziert, sich aufgrund einer Analyse der Risiken und Rahmenbedingungen über strategische Fähigkeiten, Kosten, Mix und gewünschte Potentiale künftiger ziviler und militärischer sicherheitspolitischer Wirkinstrumente für eine europäische Sicherheitspolitik aus einem Guss politisch zu einigen. Vorhandene, begrenzte Ressourcen müssen zielgerichtet zum Erreichen dieses Ziels eingesetzt werden. National wie auf europäischer Ebene muss dieser Entwicklung Priorität eingeräumt werden.

Wird ein solcher Weg eingeschlagen, so kann eines nicht übersehen werden: Aus historischen Gründen liegen die Stärken der vorhandenen europäischen Fähigkeiten zum Krisenmanagement im zivilen Bereich, in der Fähigkeit zu sozialer, politischer, wirtschaftlicher und gesellschaftlicher Intervention. Dies gilt auf europäischer Ebene noch deutlicher als auf nationaler. Dies ist zunächst das europäische Standbein. Die militärischen Fähigkeiten sind dagegen auf absehbare Zeit Europas Spielbein. Wird das Spielbein trainiert, so darf nicht vergessen werden, das Standbein rechtzeitig entsprechend zu kräftigen.

Um seine Stärken zu Geltung und Wirkung zu bringen, muss Europa sich frühzeitig in Krisen engagieren. Die EU kann nicht länger darauf verzichten, die globale Tagesordnung mitzubestimmen. Sie muss Zukunftskonflikte und Zukunftsrisiken benennen, Wege und Mittel zum Umgang mit ihnen vorschlagen. Prävention und Präemption müssen feste Bestandteile einer künftigen europäischen Sicherheitspolitik sein – mit nichtmilitärischen Mitteln. Will Europa sein Stärken ins Spiel bringen, so muss es zudem von einem erweiterten Sicherheitsbegriff ausgehen – und zugleich von einem erweiterten Begriff der Lastenteilung im transatlantischen Verhältnis. So sind beispielsweise Europas entwicklungspolitische Transferleistungen ebenso wie seine Zahlungen zur Stabilisierung Südost- oder Osteuropas zweifelsohne Beiträge zur Sicherheit.[33] Ein Mitentscheidungsrecht über den Umgang mit künftigen Krisen und Konflikten wird sich Europa in Washington zwar trotzdem nur sichern können, wenn es begrenzte, aber glaubwürdige eigene Mittel zur Mitwirkung auch bei militärischen Handlungsoptionen besitzt. Solche Mittel zu besitzen, heißt aber nicht, sie auch immer einzusetzen. Es impliziert, sie als letztes Mittel einsetzen zu können. Dies schafft zugleich die Möglichkeit, deren Einsatz abzulehnen und damit dem Drängen auf eine politische, nicht-militärische Lösung höhere Glaubwürdigkeit zu verleihen. Auch dies geschähe gemeinsam politisch wirksamer. Glaubwürdige militärische Mittel können Europa auch bei autonomem Vorgehen als letztes Mittel dienen, um andere Formen des Konfliktmanagements abzusichern. Sie sind aber kein Selbstzweck und können aufgrund des Charakters der sicherheitspolitischen Restrisiken auch kein vorrangiges Mittel politischen Handelns sein.

Wenn Europa als einheitlicher sicherheitspolitischer Akteur auftreten und seine Stärken wirklich zur Geltung bringen will, dann steht es vor der Herkulesaufgabe einer dreifachen Integration auf dem Wege zu einer wirksamen gemeinsamen Außen- und Sicherheitspolitik. Integriert werden müssen

- erstens die nationalen Sicherheitspolitiken,
- zweitens die vergemeinschafteten und intergouvernementalen Aspekte der europäischen Zusammenarbeit und
- drittens die möglichen Gestaltungsmittel und Wirkungsinstrumente einer europäischen Sicherheitspolitik aus einem Guss.

Niemand hätte erwarten können, dass es der EU, die erstmals eine eigene Sicherheitspolitik und diese gemeinsam mit vielen Akteuren entwickeln musste, aus dem Stand gelingen würde, innerhalb weniger Monate ein stimmiges Gegenstück zur Nationalen Sicherheitsstrategie der USA zu erarbeiten, die ja schon lange ein einheitlicher Akteur sind. Selbst dort benötigte Condoleezza Rice mit ihrem Team rund 20 Monate zur Erstellung des Dokuments.

---

33 Es ist schwer verständlich, warum dieses Argument in Europa so selten vorgebracht wird. Interessanterweise wird es in den USA immer wieder einmal genutzt. Vgl. z.B.: General Accounting Office: European Security: U.S. and European Contributions to foster Stability and Security in Europe, GAO-02-174, Washington, November 2001 oder: Congressional Budget Office: NATO-Burdensharing After Enlargement, Washington, August 2001.

Niemand hätte zudem erwarten können, dass die Europäische Union binnen so kurzer Zeit einheitliche „nationale" Interessen zu formulieren vermochte. Europa hat erst begonnen, sich mit seiner globalen Mitverantwortung für die Gestaltung von Weltordnung wieder zu befassen. Während des Kalten Krieges agierten die westeuropäischen Staaten – nicht zuletzt auf Wunsch und Druck Washingtons – vorrangig in und um Europa.[34]

Die Europäische Union steht nunmehr vor der Aufgabe, eine ureigene, an den eigenen Stärken, Fähigkeiten und Interessen orientierte Sicherheitspolitik zu entwickeln. Mit Javier Solanas Sicherheitsstrategie mag ein erster Anfang gemacht sein. Weitere Schritte müssen folgen. Europa wird dabei nicht umhin kommen, seine eigenen Interessen zu definieren – als europäische Interessen und nicht als den kleinsten gemeinsamen Nenner der Interessen der europäischen Nationalstaaten. Dies kann nur geschehen, wenn die Gemeinsamkeiten und Unterschiede zu den Interessen der USA möglichst genau herausgearbeitet werden. Zudem wird Europa nicht umhin kommen, seine Interessen in Relation zu seinen schon vorhandenen und zu den für die Zukunft wünschenswerten sicherheitspolitischen Wirkinstrumenten zu setzen. Dabei wäre es ein Fehler, ausschließlich oder primär die militärisch dominierten Ansätze Washingtons zu kopieren.

Die Forderungen Washingtons an die Europäische Union, Weltordnung mit den USA vorrangig militärisch zu gestalten, gleichen einer Einladung der amerikanischen National Football League an die Spitzenspieler des Europäischen Fußballs, gemeinsam an Football-Meisterschaften teilzunehmen. Nicht nur, dass der Unterscheidung zwischen Standbein und Spielbein sehr unterschiedliche Bedeutung zukommt – gespielt wird auch nach völlig verschiedenen Regeln. Diese kennt kaum ein europäischer Spitzenfußballer – mithin er wäre voraussichtlich nicht nur ein schlechtes Mitglied im Team, sondern seine Kernfähigkeiten kämen weder zum Tragen, noch wären sie in den meisten Fällen überhaupt gefragt.

Europa muss aktiv und asymmetrisch auf seinen vorhanden Fähigkeiten und Stärken aufsetzen. Diese sind vorrangig nicht-militärischer Natur. Nur wenn diese Fähigkeiten aktiv in die Gleichung der transatlantischen Lastenteilung einbezogen werden, kann Europa Washington ein (ge)wichtiger Partner sein.

Folgende Aspekte könnten deshalb im Blick auf die Weiterentwicklung der Europäischen Sicherheitsstrategie hilfreich sein:

1) Die Europäische Sicherheitsstrategie weist darauf hin, dass Sicherheit die Voraussetzung für Entwicklung sei. Entwicklung ist aber auch eine Voraussetzung für Sicherheit. Daraus ergibt sich: Bislang sind Bedeutung und Rolle der ökonomischen Aspekte in der Europäischen Si-

---

34 Die Entwicklung einer – oft kritisierten und beklagten – eurozentristischen Betrachtungsweise in vielen westeuropäischen Gesellschaften steht damit in einem unauflösbaren ursächlichen Zusammenhang.

cherheitsstrategie unterbelichtet. Dies gilt sowohl im Hinblick auf die Analyse von Krisenursachen als auch im Hinblick auf Ausgestaltung und Einsatz des sicherheitspolitischen Wirkinstrumentariums. Hier sind komplementäre Ergänzungen nötig, will Europa zu einer kohärenten Strategie und zu einem integrierten, effizienten Mitteleinsatz bei der Umsetzung derselben kommen.

2) Der Verknüpfung, Integration und Zusammenführung aller außen- und sicherheitspolitischen Wirkmittel der Europäischen Union, sowie deren Ausrichtung auf gemeinsam festgelegte Ziele und Prioritäten kommt für die Effizienz der künftigen Sicherheitspolitik Europas allergrößte Bedeutung zu – dies gilt trotz der aus den Komplikationen der Notwendigkeit der dreifachen Integration sicher folgenden Hemmnisse. Leisten die Staaten der Europäischen Union diese Integration nicht, so können sie ihre Stärke im Bereich nicht-militärischen Krisenmanagements nicht zur Geltung bringen und werden zugleich in der Verfolgung ihrer Ziele ineffizient bleiben.

3) Die EU-Sicherheitsstrategie plädiert für ein frühzeitiges, proaktives, präventives Krisenmanagement mit Vorrang für nichtmilitärische Mittel. Dessen Charakter und die damit verbundene Bereitschaft, potentielle Krisen frühzeitig und rechtzeitig zu identifizieren, damit nichtmilitärische Krisenmanagementkapazitäten ihre Wirksamkeit entfalten können, sollte stärker herausgearbeitet werden. Eine solche Politik impliziert die Bereitschaft zum politischen „Agenda-Setting" – auch auf globaler Ebene und in internationalen Institutionen.

4) Die Europäische Sicherheitsstrategie macht die Bedeutung und die Rolle nicht-traditioneller, nicht-staatlicher Akteure im Blick auf die sicherheitspolitischen Risiken der Zukunft deutlich. Sie weist aber keinen hinlänglichen Ansatz auf, wie das Verhalten dieser Akteure wirksam und mit den Mitteln (zwischen)staatlicher Politik beeinflusst werden könnte. Einen solchen Ansatz, der über die Forderung nach (zumeist repressiver) Einschränkung der Handlungsfreiheit der nichtstaatlichen Akteure hinausgeht, gilt es zu entwickeln. So müssen z.B. traditionelle Handlungsfelder zwischenstaatlicher Politik wie Proliferationsverhinderung, Export- und Rüstungskontrolle neu ausgerichtet und neue, geeignete Instrumente entwickelt werden.

5) Eine Sicherheitspolitik aus einem Guss, die die Vorrangigkeit nichtmilitärischer Instrumente anerkennt, muss nicht zuletzt von entsprechenden Ressourcen begleitet sein. Nicht nur das Mittel Militär will vorgehalten werden, sondern gerade auch die nicht-militärischen Fähigkeiten des Krisenmanagements. Die EU erkennt dies an, indem sie zivile Krisenmanagementkapazitäten aufbaut. Dieser Prozess bedarf der Stärkung und der Beschleunigung, aber auch der planerischen Harmonisierung mit den Restrukturierungs- und Abbauprozessen im mili-

tärischen Bereich, wenn auf die Nutzung möglicher Synergien nicht zugunsten hoher Mehrkosten verzichtet werden soll. Auch hier bietet sich ein ressortübergreifender Ansatz an. Zugleich bedingt diese Umstrukturierung eine Neugewichtung und Neuaufteilung der Ressourcen.

6) Eine Neugewichtung der Ressourcenverteilung zwischen den zivilen und militärischen Mitteln des Krisenmanagements impliziert, was auch die Haushaltsrealitäten und die haushälterischen Prioritäten in einer sich erweiternden EU diktieren: Für das Mittel Militär wird künftig eher weniger denn mehr Geld zur Verfügung stehen. Dies zwingt zur Nutzung von Einspar- und Rationalisierungspotentialen durch eine zunehmende, angesichts der Charakteristika der Risiken der Zukunft auch sicherheitspolitisch sinnvolle Integration der Streitkräfte in Europa. Nationale Streitkräftereformen sollten, wo immer möglich, darauf ausgerichtet werden, diese Entwicklung zu antizipieren, also konsequent europäisch ausgerichtet werden.

7) Der Vorrang der Stärkung der Vergemeinschaftung vor der Stärkung intergouvernementaler Zusammenarbeit muss, wo immer möglich, politisch herausgearbeitet und praktiziert werden. Eine gemeinsame Außen-, Sicherheits- und Verteidigungspolitik kann Europa nur entwickeln, wenn der Weg und die Mittel auf das Ziel ausgerichtet bleiben. Zielwidrige Mittel sollten sich von selbst verbieten. Der vorliegende Entwurf einer Europäischen Verfassung genügt dieser Voraussetzung gerade auch im Blick auf die sicherheitspolitischen Aussagen keineswegs. Er ist sogar kontraproduktiv.

8) Schließlich sollte die Europäische Union bei der weiteren Ausgestaltung ihrer Sicherheitspolitik auch neue ungewohnte Fragen und neue Ansätze in den Blick nehmen. Zwei Beispiele sollen verdeutlichen, dass es sinnvoll sein könnte, sicherheitspolitische Investitionen und Initiativen neu zu gewichten. Das erste: In schöner Regelmäßigkeit diskutieren Nationalstaaten, ob und wie sie ihre sicherheitspolitisch relevanten industriellen Kernfähigkeiten sichern können und müssen. Gemeint ist dann in aller Regel die wehrtechnische Industrie. Was aber ist die bedeutsamere industrielle Kernfähigkeit für die Zukunft? Jene, binnen kurzer Zeit große Mengen Munition für Gewehre oder Panzer herstellen zu können oder jene, binnen kurzer Zeit große Mengen Impfstoff gegen biologische Kampfstoffe produzieren zu können? Das zweite Beispiel: Was stellt eine sinnvollere sicherheitspolitische Investition dar? Milliardeninvestitionen in die auch militärischen Fähigkeit, die Sicherheit der Energieversorgung mit den fossilen Brennstoffen Öl und Gas besser zu gewährleisten oder Milliardeninvestitionen in neue und erneuerbare Energieträger und in neue Energie- und Energiespartechnologien, die Europa unabhängiger von Öl und Gas machen und zur Entspannung auf den Öl- und Gasmärkten beitragen können?

STREIT UM EUROPA

PETER STRUTYNSKI

Die deutsche Friedensbewegung, aber auch andere soziale Bewegungen hatten sich lange Zeit kaum oder gar nicht mit dem Europa-Thema befasst. Dafür gab es viele verständliche Gründe – ich möchte nur ein paar erwähnen:

Erstens: Die EU (früher die EG) wurde lange Zeit mit der Tätigkeit der Kommission insbesondere in Bezug auf die gemeinsamen Märkte, die Agrar- und Strukturförderung in eins gesetzt. Das war für den normalen Bürger weit weg, bürokratisch und daher extrem dröge und langweilig. Die Beschäftigung mit „Europa" war eben „fad" (Dolores Bauer).

Zweitens gab es in Kreisen der Friedensbewegung und der politischen Linken eine sozusagen grundsätzlich positive Einstellung zum europäischen Integrationsprozess, weil er so positiv besetzte Ziele wie Transnationalisierung und Multikulturalismus zu verfolgen schien. Schließlich war die Überwindung von Grenzen und die Konstruktion eines europäischen Bundes freier republikanischer Staaten schon ein uralter Traum der europäischen Aufklärung. „Europa minus Kommission" wäre ein erstrebenswertes Ziel gewesen. Doch war auch kaum jemand auf der Linken bereit, sich dafür zu engagieren.

Drittens wurde mit dem ökonomischen und in Grenzen auch politischen Integrationsprozess Westeuropas von vielen ein Gegengewicht zum Unilateralismus der USA gesehen. In dieser Projektion traf sich die Friedensbewegung sogar mit konservative Kräften. Deren Ziel war indessen nicht eine rein zivile Macht, sondern eine Großmacht, die sowohl ökonomisch als auch politisch und damit militärisch „auf gleicher Augenhöhe" mit der Supermacht USA verhandeln können sollte. Zu erinnern ist aber daran, dass der friedenswissenschaftliche und friedensbewegte Diskurs – sofern letzterer stattfand – seit Beginn der 90er Jahre ausschließlich die Zivil- oder Friedensmacht Europa thematisierte – als Alternative zur immer deutlicher hervortretenden Militär- oder Kriegsmacht USA.

Viertens kann für die europapolitische Abstinenz der Friedensbewegung entschuldigend angeführt werden, dass sie in den letzten Jahren, genauer: seit dem NATO-Krieg gegen Jugoslawien vor fünf Jahren ständig in Atem und auf Trab gehalten wurde durch die Kriegspolitik von USA und NATO und natürlich auch der deutschen Bundesregierung, sodass die Beschäftigung mit Europa dabei systematisch zu kurz kam.

Die Friedens- und globalisierungskritische Bewegung wachte erst auf, nachdem der von der Europäischen Union eingesetzte Konvent im Sommer 2003 einen Verfassungsentwurf vorlegte und beim EU-Gipfel im Juni desselben Jahre in Thessaloniki der EU-Außenbeauftragte Javier Solana ein Papier präsentierte, das nichts weniger als eine eigenständige europäische Sicherheitsdoktrin enthielt. Dieses „Solana-Papier" wurde vom Rat zustimmend zur Kenntnis genommen und Solana erhielt den Auftrag, zum nächsten Gipfel in Brüssel im Dezember daraus ein endgültiges abstimmungsfähiges Papier zu machen.

So geschah es denn auch. Während beim Brüsseler Gipfel der Verfassungsentwurf durchfiel – allerdings nicht wegen der darin enthaltenen Bestimmungen zur Außen- und Sicherheitspolitik, sondern wegen unterschiedlicher Meinungen hinsichtlich der Stimmgewichte im Rat und in der Kommission –, reüssierte das Solana-Papier problemlos. Vom 12. Dezember datiert die Verabschiedung der Europäischen Sicherheitsstrategie (ESS) mit dem anspruchsvollen Namen „Ein sicheres Europa in einer besseren Welt".[1] Es ist das erste Mal, dass die EU ihre Außen- und Sicherheitspolitik in einem in sich geschlossenen strategischen Konzept vorstellt. Die Anklänge an die im September 2002 von US-Präsident George W. Bush verkündete „Nationale Sicherheitsstrategie"[2] sind so auffällig, dass es gerechtfertigt erscheint, das EU-Papier als „Militärdoktrin" der EU zu bezeichnen. Als Militärdoktrin auch deshalb, weil die darin behandelten strategischen Schritte und Maßnahmen ausschließlich militärischer Natur sind – auch wenn betont wird, dass vielen Bedrohungen und Problemen politisch zu begegnen sei und sie somit auch ziviler Mittel bedürfen.

Was die EU-Verfassung betrifft, so wurde ihre Verabschiedung erst im zweiten Anlauf, nämlich auf dem Brüsseler Gipfel am 17./18. Juni 2004, geschafft. Dabei erfuhr der Entwurf noch eine ganze Reihe von Veränderungen, die indessen hinsichtlich der außen- und sicherheitspolitischen Festlegungen nicht sonderlich ins Gewicht fallen. Am 6. August 2004 wurde der Verfassungstext in einer nochmals „konsolidierten" Fassung ins Netz gestellt. Dabei ergaben auch keine gravierenden Änderungen in der Sache. Wohl haben sich aber die Nummern der meisten Artikel geändert, teilweise wurden sprachliche Glättungen vorgenommen.[3] Sieht man sich

---

1 Der vollständige Text (deutsch und englisch) ist auf der Website der AG Friedensforschung dokumentiert: www.uni-kassel.de/fb10/frieden/themen/Europa/strategie.html.

2 Siehe den vollen Wortlaut des Dokuments auf der Homepage der AG Friedensforschung: www.uni-kassel.de/fb10/frieden/regionen/USA/doktrin-lang.html.

3 Ich verwende im Folgenden diese letzte Fassung; siehe den vollen Wortlaut der EU-Verfassung in der konsolidierten Fassung vom 6.8.2004: www.uni-kassel.de/fb10/frieden/themen/Europa/verfassungsentwurf2004.pdf.

den Verfassungstext an, so wird man relativ rasch feststellen, dass ihm nicht die Zivilmacht-Konzeption, sondern eine Militärmacht-Konzeption zugrunde liegt. Im Unterschied zu jenen wohlmeinenden Politikern und Friedensforschern, die immer gern auf die positiven Elemente der EU-Verfassung verweisen (z.B. Grundrechte-Charta, Stärkung des EU-Parlaments in bestimmten Fragen), vermag ich weder „Ambivalenz“ noch „Offenheit“ darin zu erkennen, sondern sehe vielmehr ihre sicherheitspolitische Eindeutigkeit: Die Friedenspassagen in der Verfassung (etwa in der Präambel) sind unverbindliche Rhetorik, die Militär- und Kriegspassagen dagegen sind operationalisierbar. Das ist doch ein wesentlicher Unterschied!

Die Gemeinsame Außen- und Sicherheitspolitik in der EU-Verfassung

Ich sehe vor allem drei Gefahren, die durch die Annahme dieser Verfassung verschärft würden:

- Krieg als Mittel der Politik wird weiter enttabuisiert, ja als ggf. unausweichliches Mittel zur Interessenwahrung des neu-formierten EU-Staatengefüges legitimiert.
- Weitere Aufrüstung bzw. Rüstungsmodernisierung erhalten mit dieser EU-Verfassung für alle EU- Mitgliedstaaten Verfassungsrang.
- Die Versuchung, regionale oder lokale Krisen eigenmächtig militärinterventionistisch zu lösen, wird zunehmen und damit weltweit neue Rüstungsdynamiken provozieren.

Ich muss das im Einzelnen nicht vertiefen, weil hierzu in den Beiträgen von Werner Ruf, Corinna Hauswedell, Claudia Haydt und Jürgen Rose schon einiges gesagt wurde. Ich möchte aber folgende fünf Punkte deutlicher herausstellen:

(1) Eine allgemeine Aufrüstungsverpflichtung nach Art. 41 Abs. 3 der EU-Verfassung. Hier heißt es unmissverständlich: *„Die Mitgliedstaaten verpflichten sich, ihre militärischen Fähigkeiten schrittweise zu verbessern.“* Zu diesem Zweck wird eine Europäische Rüstungsagentur eingerichtet (ebd.). Auch in der ESS werden mehr Mittel für die Rüstung gefordert: *„Damit wir unsere Streitkräfte zu flexibleren, mobilen Einsatzkräften umgestalten und sie in die Lage versetzen können, sich den neuen Bedrohungen zu stellen, müssen die Mittel für die Verteidigung aufgestockt und effektiver genutzt werden.“*

(2) Die Einrichtung einer europäischen „Rüstungsagentur“. Doch da muss ich mich gleich korrigieren, denn so hieß diese Stelle ursprünglich, mitt-

lerweile wurde der Name aber geändert in „Europäische Verteidigungsagentur". In Art. 41, Ziff. 3 heißt es hierzu:

> „Es wird eine Agentur für die Bereiche Entwicklung der Verteidigungsfähigkeiten, Forschung, Beschaffung und Rüstung (Europäische Verteidigungsagentur) eingerichtet, deren Aufgabe es ist, den operativen Bedarf zu ermitteln und Maßnahmen zur Bedarfsdeckung zu fördern, zur Ermittlung von Maßnahmen zur Stärkung der industriellen und technologischen Grundlage des Verteidigungssektors beizutragen und diese Maßnahmen gegebenenfalls durchzuführen, sich an der Festlegung einer europäischen Politik im Bereich der Fähigkeiten und der Rüstung zu beteiligen sowie den Rat bei der Beurteilung der Verbesserung der militärischen Fähigkeiten zu unterstützen."

In Artikel III-311 werden die Aufgaben der Agentur genauer bestimmt. Im Kern geht es darum, „zweckdienliche Maßnahmen zur Stärkung der industriellen und technologischen Basis des Verteidigungssektors" vorzuschlagen und selbst zu ergreifen. Die Befürchtung, hier etabliere sich so etwas wir eine Kommandozentrale des militärisch-industriellen Komplexes, ist nicht von der Hand zu weisen.

(3) Die Festschreibung von Kampfeinsätzen in aller Welt, und zwar auch und gerade im Zusammenhang mit dem „Kampf gegen den internationalen Terrorismus". Von zentraler Bedeutung ist hierbei der Art. III-309, Ziff. 1. Hier werden zunächst die sog. Petersberg-Aufgaben benannt[4], d.h. die ganze Palette der möglichen Anlässe für ein militärisches Eingreifen der Europäischen Union aufgezählt:

> „Die in Artikel I-41 Absatz 1 vorgesehenen Missionen, bei deren Durchführung die Union auf zivile und militärische Mittel zurückgreifen kann, umfassen gemeinsame Abrüstungsmaßnahmen, humanitäre Aufgaben und Rettungseinsätze, Aufgaben der militärischen Beratung und Unterstützung, Aufgaben der Konfliktverhütung und der Erhaltung des Friedens sowie Kampfeinsätze im Rahmen der Krisenbewältigung einschließlich Frieden schaffender Maßnahmen und Operationen zur Stabilisierung der Lage nach Konflikten."

Soweit die Petersberg-Aufgaben: Nun heißt es aber weiter in der Verfassung:

> „Mit allen diesen Missionen kann zur Bekämpfung des Terrorismus beigetragen werden, unter anderem auch durch die Unterstützung für Drittstaaten bei der Bekämpfung des Terrorismus in ihrem Hoheitsgebiet."

---

4 Die Petersberg-Aufgaben gehen zurück auf eine Erklärung des Ministerrats der Westeuropäischen Union (WEU) vom 19. Juni 1992 auf dem Petersberg bei Bonn. Es handelt sich um die Definition von drei militärischen Einsatzfeldern: *1.* Humanitäre Aufgaben und Rettungseinsätze, *2.* friedenserhaltende Einsätze, *3.* Kampfeinsätze zur Krisenbewältigung einschließlich „Frieden erzwingende" Maßnahmen.

Mit der Übertragung der „Terrorismusbekämpfung“ in das Aufgabenspektrum des Militärs verwischt die EU die Grenze zwischen militärischen und polizeilichen Aufgaben. Die Verfolgung und Bestrafung von Verbrechern (und was anderes sind Terroristen?!) waren im modernen Rechtsstaatsverständnis bislang eine Angelegenheit der Ermittlungs- und Strafverfolgungsbehörden, also von Polizei und Justiz. Die Streitkräfte sind dagegen in erster Linie dazu da, auf äußere Bedrohungen zu reagieren, notfalls auch Kriege zu führen. Diese Zweckbestimmung soll nun auch für die Bekämpfung des Terrorismus gelten, wobei die EU davon ausgeht, dass dieser Kampf häufig in „Drittstaaten“ ausgetragen wird. Dies hatte auch schon die ESS im Auge, als sie – eine Meisterleistung sprachlicher Verdunkelung! – salopp formulierte: *„Bei den neuen Bedrohungen wird die erste Verteidigungslinie oftmals im Ausland liegen.“*

(4) Die Etablierung eines militarisierten Kerneuropa. Da dieser Punkt in der Diskussion stark unterbelichtet ist, ein paar Worte dazu:

In Artikel I-41, Absatz 6 heißt es:

> „Die Mitgliedstaaten, die anspruchsvolle Kriterien in Bezug auf die militärischen Fähigkeiten erfüllen und die im Hinblick auf Missionen mit höchsten Anforderungen untereinander festere Verpflichtungen eingegangen sind, begründen eine strukturierte Zusammenarbeit im Rahmen der Union.“

Dies bedeutet, dass einzelne Staaten innerhalb der EU, die „untereinander festere Verpflichtungen eingegangen“ sind, gemeinsam auch festere militärische Strukturen schaffen können. Weiter heißt es:

> „Im Rahmen der nach Artikel III-310 erlassenen Europäischen Beschlüsse kann der Ministerrat die Durchführung einer Mission einer Gruppe von Mitgliedstaaten übertragen, die über die erforderlichen Fähigkeiten verfügen und sich an dieser Mission beteiligen wollen.“ (Art. III-311)

Dies führt, sollte es Verfassungsrang erhalten, auf jeden Fall zur Festschreibung militärinterventionistischer Strukturen und Politik innerhalb der EU: Auch wenn Regierungen einzelner Staaten dies nicht (mehr) mitmachen wollen, dann werden es eben die Staaten tun, die „untereinander festere Verpflichtungen eingegangen“ sind – und den anderen wird ein Mitspracherecht verweigert.

(5) Die Nichtbeteiligung des Europäischen Parlaments bei Kriegsentscheidungen. Die Verfassung gesteht dem EU-Parlament lediglich ein Anhörungsrecht zu und erlegt der Kommission bzw. dem Rat lediglich eine Informationspflicht auf (Art. I-40, Abs. 6, Art. I-41, Abs. 8). Ein echtes Mitbestimmungsrecht des Parlaments erwächst weder aus dem einen noch aus dem anderen.

Um den letzten Punkt entspann sich in der Integrativ-Arbeitsgruppe der Sommerakademie 2004 eine interessante Diskussion mit einer überraschenden demokratietheoretischen Wendung. Neben den auch in anderen Debatten häufig geäußerten Zweifeln in das Funktionieren einer europäischen Öffentlichkeit oder gar die Existenz einer europäischen politischen Identität – beides Voraussetzungen für eine wirklich partizipative Demokratie – wurde beispielsweise darauf hingewiesen, dass der Einigungszwang der EU-Regierungen (Art. I-40, Abs. 7, Art. I-41, Abs. 4, Art. III-300, Abs. 1, Art. III-312, Abs. 6) im Europäischen Rat in Fragen der Außen- und Sicherheitspolitik demokratiepolitisch möglicherweise höher zu bewerten sei als die Mehrheitsentscheidung von rund 700 EU-Parlamentariern, die von ihrer Wählerbasis ähnlich weit entfernt seien wie die Vertreter der Exekutive. Letztere seien sogar aus einem sehr viel transparenteren politischen Wahlprozess – jeweils auf nationaler Ebene – hervorgegangen und könnten somit auf eine größere demokratische Legitimität verweisen als die Abgeordneten in Straßburg. Gegen diese gouvernementale Sichtweise ließe sich allerdings einwenden, dass parlamentarische Diskussions- und Abstimmungsprozesse nicht denkbar sind ohne Öffentlichkeit und außerparlamentarischen Druck. In dem Augenblick, in dem das EU-Parlament sozusagen über Krieg und Frieden zu befinden hätte, bestünde zumindest die Chance, dass sich in ihm die Meinungen der europäischen Bevölkerung(en) adäquat abbilden.[5]

Zwischen „pazifistischem Alarmismus“ und „europagläubiger Selbstberuhigung“

Die Dynamik des europäischen Integrations- und Erweiterungsprozesses der letzten Jahre, die insbesondere auch den Bereich der Außen- und Sicherheitspolitik erfasste, hat in der Friedensforschung und Friedensbewegung unterschiedliche diskursive Reaktionen ausgelöst. Auf der einen Seite wird der Militarisierungsaspekt als ein dem europäischen Einigungsprozess wesensfremdes Element kritisiert, auf der anderen Seite wird darauf vertraut, dass die EU, selbst wenn sie wollte, nicht in der Lage sei, eine ernstzunehmende Militärmacht zu werden.

Die Militarisierungskritiker können nicht nur auf die seit Maastricht und Amsterdam und der Formulierung der Petersberg-Aufgaben in Angriff genommene (außen-)politische Neuorientierung der EU verweisen, die in der ESS und den zahlreichen einschlägigen Artikeln des EU-Verfassungsentwurfs gipfeln, sondern auch auf den (Teil-)Vollzug beim Aufbau realer

5 Das *muss* selbstverständlich *nicht* so sein. In Deutschland gibt es seit der Zustimmung zum NATO-Krieg gegen Jugoslawien eine Reihe von Bundestagsentscheidungen pro Kriegsbeteiligung bzw. Militäreinsatz, die von überwältigenden Mehrheiten getragen wurden (zwischen 94 % und 99 %), während in der Bevölkerung die Zustimmungsrate höchstens die 50 Prozentmarke knapp überschritt (Jugoslawienkrieg), in anderen Fällen sogar deutlich unterbot (z.B. Beteiligung an „Enduring Freedom“).

militärischer Fähigkeiten der EU, wofür die Weichenstellung auf den EU-Gipfeln in Köln und Helsinki 1999 (Aufstellung einer europäischen Eingreiftruppe) getroffen worden waren. Eine Rolle spielen darüber hinaus die diversen Militäreinsätze auf dem Balkan, in Afghanistan und im Kongo, die, auch wenn sie teilweise nur symbolischen Charakter hatten, einen nicht zu unterschätzenden „Gewöhnungsfaktor" darstellen (sollen). Die pazifistische bzw. antimilitaristische Kritik an der Militarisierung der EU – die im Übrigen auf einzelstaatlicher Ebene durch die Re-Legitimierung des Krieges als politischem Mittel ergänzt wird – befürchtet mittelfristig die Umwandlung des außerordentlich erfolgreichen Wirtschaftsprojekts EWG/EG in eine Militärallianz, die nach innen durchaus Stabilität und Frieden zu garantieren vermag, die sich aber auf der weltpolitischen Bühne als globaler Akteur etablieren möchte – mit all den Attributen, die einer Hegemonialmacht zugeschrieben werden: wirtschaftliche Leistungskraft, wissenschaftlich-technologische Spitzenstellung, Verfolgung globaler Interessen, politische Durchsetzungskraft und militärisches Droh- und Einsatzpotenzial. Schließlich hat die von den USA ausgehende Revitalisierung der realistischen Denkschule in Politik und Politikwissenschaft auch um Europa keinen Bogen gemacht.[6] Die nach dem Ende der Blockkonfrontation und der Bipolarität Gestalt annehmende Vorstellung von einem globalen Kampf um Ressourcen, den Weltmarkt und die Weltherrschaft, der sich innerhalb der „Triade" aus USA, (EU-)Europa und Ostasien (Japan und/oder China) abspielen wird, gehört mittlerweile zum Allgemeingut politischer Analytik. Damit dieser Kampf nicht dereinst auch mit militärischen Mitteln ausgetragen wird, müsse EU-Europa vom militärischen Pfad des Krieges ab- und auf den zivilen Pfad des Friedens zurückgebracht werden.

Die andere Konzeption, die ebenfalls für sich beanspruchen kann friedensorientiert zu sein, geht davon aus, dass sich in Europa (sprich: Westeuropa bzw. heute um einen Teil Osteuropas erweitertes EU-Europa) seit dem Zweiten Weltkrieg ein grundsätzlich neues Verständnis von internationalen Beziehungen entwickelt habe. Die EU-Staaten zeichnen sich heute durch ein hohes Maß an Rechtsstaatlichkeit, politischer Stabilität und demokratischer Kontrolle aus. Die internationalen Beziehungen seien gekennzeichnet von der grundsätzlichen Anerkennung des Völkerrechts (es gibt Staaten, in deren Verfassung dem Völkerrecht eine bindende Wirkungskraft gegenüber der eigenen Gesetzgebung eingeräumt wird, z.B. Art. 24 Grundgesetz der Bundesrepublik Deutschland), der grundsätzlichen Bereitschaft auf Hoheitsrechte zugunsten internationaler Vereinigungen zu verzichten (z.B. Art. 23 GG), der Anerkennung des Vorrangs ziviler Instrumente bei

6 Der teilweise mit harten Bandagen ausgetragene Schacher um Agrarsubventionen oder Strukturförderungsmittel in der Brüsseler Kommission verweist darauf, dass auch innerhalb der EU mehr auf die Durchsetzung sog. vitaler nationaler Interessen denn auf ein gemeinsames europäisches Ziel hingearbeitet wird.

der Schlichtung internationaler Konflikte und der generellen Einbindung in Systeme kollektiver Sicherheit (z.B. OSZE). Auch der Hinweis auf die ureigene europäische Entwicklung des sog. „Rheinischen Kapitalismus" als einer sozialstaatlich abgefederten Alternative zum ursprünglichen und heute in den USA beheimateten „Raubtierkapitalismus" (so der deutsche Altbundeskanzler Helmut Schmid) wird des öfteren bemüht.

Hierbei ist auffällig, dass solche Lobhudeleien nicht nur von eingefleischten Eurozentrikern stammen, sondern gern auch von aufgeklärten Atlantikern aus den USA gestreut werden. Jüngstes Beispiel ist der weithin bekannte Wissenschaftspublizist und Leiter der Foundation on Economic Trends in Washington, Jeremy Rifkin. In seinem jüngsten Buch[7] vergleicht er die US-amerikanische mit der (west-)europäischen Gesellschaft und stellt sein Resultat holzschnittartig dichotomisch dar: Hier (in den USA) der ökonomische Individualismus, dort (in Europa) die soziale Verantwortung, hier der Konsumismus, dort die kulturelle Orientierung, hier der unbedingte Glaube an den technischen Fortschritt (Technikwahn), dort eine weit verbreitete Fortschrittsskepsis, hier imperiales Gehabe und Unilateralismus, dort der Primat von Politik und Diplomatie und das Bestehen auf Multilateralismus. Der Direktor des Österreichischen Instituts für Internationale Politik, Otmar Höll, hat das auf der ÖSFK-Sommerakademie 2002 ähnlich gesehen. Während die USA „eher bereit" seien, auf der Suche nach Lösungen von Weltproblemen „militärische Mittel und ganz allgemein Gewalt einzusetzen", heißt es über die EU: Sie „setzt eher auf die Mittel der Verhandlung, verzichtet eher auf Mittel der Gewalt und versucht gerade in der Frage der neuen Konfliktformen, v.a. des Terrorismus, die Wurzeln des Übels bzw. den Nährboden für derartige (asymmetrische) Gewaltaktionen zu beseitigen."[8]

Auch andere Autoren aus der politikwissenschaftlichen Zunft neigen dazu, den europäischen Staaten in der Gestaltung ihrer internationalen Beziehungen ein insgesamt hohes Maß an Friedfertigkeit und militärischer Zurückhaltung zuzuschreiben. Selbst Entwicklungen hin zur Errichtung einer Europäischen Rüstungsagentur mit dem Ziel der Zusammenfassung und Steigerung der militärischen Schlagkraft der EU oder die gewisse „Eigendynamik", die der Diskussion um „humanitäre" Kriegseinsätze in aller Welt inhärent ist, kann das Idealbild von der „Friedensmacht Europa" nicht wirklich erschüttern.[9] Die gegenwärtigen Anstrengungen der EU, zu einer

---

7 Rifkin, Jeremy, Der Europäische Traum. Die Vision einer leisen Supermacht. Aus dem Englischen von Hartmut Schickert; Frankfurt/New York 2004.

8 Höll, Otmar, Die Gemeinsame Außen- und Sicherheitspolitik der EU: Bestandsaufnahme und Perspektiven. In: ÖSFK (Hrsg.), Europa Macht Frieden. Die Rolle Österreichs, Münster 2003, S. 70-84, hier S. 81.

9 Dies ist der Fall bei Jünemann, Annette / Schörnig, Niklas, Die Europäische Sicherheits- und Verteidigungspolitik: Potenzielle Gefahren einer sich abzeichnenden Eigendynamik.

verbindlicheren Außen- und Sicherheitspolitik im Sinne der Angleichung an die strategischen „Standards" der Vereinigten Staaten zu kommen, wie sie in der „Nationalen Sicherheitsstrategie" vom September 2002 formuliert sind, werden als Problem durchaus wahrgenommen, in ihrer Tragweite aber systematisch unterschätzt. „So schlimm, wie die Friedensbewegung in ihrem Alarmismus behauptet, wird es schon nicht werden", heißt ein beliebtes Argument der Europa-Gläubigen. Haupthindernis auf dem Weg zur europäischen Militärmacht sei dabei die fehlende Bereitschaft der meisten EU-Staaten zu einer kräftigen Erhöhung ihrer Rüstungsausgaben. Ohne das aber werde die EU auf Jahre hinaus den Anschluss an die übermächtigen Kapazitäten der USA nicht schaffen.[10] Die noch kritischeren Köpfe wollen indessen zur Vermeidung jeglicher denkbaren Fehlentwicklungen zusätzliche Sicherungen in das institutionelle Entscheidungssystem der EU einbauen, etwa die Installation einer Veto-Instanz durch das Europäische Parlament.[11]

EU: Von der zwangszivilisierten Wirtschaftsunion zur freiwilligen Militärmacht

Solche institutionellen Sicherungen sind nötig, sie werden aber nicht ausreichen. Sie müssen durch eine andere Politik der Mitgliedstaaten ergänzt werden, eine Politik, die an die guten Traditionen der Europäischen Gemeinschaft anknüpft. Dabei sollte man aber auch bedenken, dass die Zivilmachtkonzeption der EWG/EG nicht an der Wiege gesungen wurde. Vielmehr erscheint die Gründung der EWG als eine wirtschaftliche Zweckgemeinschaft von sechs westeuropäischen Staaten zur Bändigung und langfristigen Integration (West-)Deutschlands, nachdem die militärische Variante der westeuropäischen Integration (die EVG), die dasselbe Ziel verfolgt hatte, am Widerstand der USA gescheitert war. Die USA waren zwar auch an einer starken europäischen Verteidigungslinie gegenüber dem als Bedrohung empfundenen „Kommunismus" interessiert, wollten dieses Ziel aber lieber unter ihrer eigenen Regie realisieren, was denn auch im Rahmen der NATO geschah. Die wirtschaftliche Integration Westeuropas entsprach

---

In: Schlotter, Peter (Hrsg.), Europa – Macht – Frieden? Zur Politik der „Zivilmacht Europa", Baden-Baden 2003, S. 101-133.

10 Vgl. Mawdsley, Jocelyn, On the way to a European Armament Policy? In: Peter Schlotter (Hrsg.), Europa – Macht – Frieden, a.a.O., S. 134-158, hier S. 155. Ähnlich auch Otmar Höll, der die EU „auf Jahre hinaus" auf den Bereich der „soft security" verwiesen sieht (Holl, a.a.O., S. 73).

11 So argumentiert z.B. Hummel, Hartwig, Die Europäische Union und der „demokratische Frieden": Zur parlamentarischen Kontrolle der Europäischen Sicherheits- und Verteidigungspolitik. in: Schlotter, Peter (Hrsg.), a.a.O., S. 159-178.

dem US-amerikanischen Wunsch nach einem starken kapitalistischen Markt und Produktionsstandort, der sich gleichermaßen als Absatzmarkt für US-Waren wie als Anlagezone für US-Direktinvestitionen eignen sollte. Die insofern nicht ganz freiwillige Selbstbeschränkung der EWG/EG und später der EU auf wirtschaftliche, struktur- und regionalpolitische Aufgaben hatte jedenfalls zur Folge, dass sich Westeuropa in den 60er und 70er Jahren zu einem ernstzunehmenden Konkurrenten der USA mauserte. Solange die Frontstellung zur Sowjetunion und dem „Warschauer Pakt" bestand, funktionierte die zivil-militärische Arbeitsteilung zwischen EG und NATO sehr gut. Erst als mit dem Ende der Blockkonfrontation in Europa der militärische Schutz der USA, insbesondere deren nukleare Abschreckungskapazität, an Bedeutung und schließlich ganz an Sinn verlor, begannen die EG-Alteuropäer umzudenken. Die zunehmende Einbindung in weltwirtschaftliche Strukturen – nun auch in den Ländern der ehemaligen sozialistischen Staaten – machte vollends den Blick frei für die sich herausbildende wirtschaftliche Konkurrenz innerhalb der „Triade" USA-Ostasien-Europa.

Es war offenbar nur eine Frage der Zeit, bis der ökonomische Riese EU auch Gefallen an einer stärkeren (außen-)politischen Unabhängigkeit von den USA finden würde. Realpolitisch hat sich dieser Verselbständigungsprozess – der keineswegs einseitig von Europa ins Werk gesetzt wurde, sondern zu gleichen Teilen auch auf das Konto der USA selbst ging – im Verlauf einer Reihe außenpolitischer Krisen und Konflikte der 90er Jahre vollzogen. Äußere Anlässe/Daten dieses euro-atlantischen Entfremdungsprozesses waren die Kriege auf dem Balkan, militärische und rüstungskontrollpolitische Eskapaden der USA (z.B. Somalia, Kündigung des ABM-Vertrags) sowie der sichtbar gewordene Bruch im Völkerrechtsverständnis beider Seiten (z.B. in Bezug auf den Internationalen Strafgerichtshof). Insofern stellte der Irakkrieg nur das letzte Glied einer Reihe transatlantischer Irritationen dar. Er war aber der entscheidende Tropfen, der das Fass zum Überlaufen brachte: Am Irakkrieg schieden sich nicht nur die Geister, sie fanden auch ihren offenen Ausdruck auf dem Marktplatz der politischen Klassen jenseits und diesseits des Atlantiks. Die erklärte Absicht der 2001 an die Macht gekommenen neokonservativen Bush-Cheney-Rumsfeld-Clique war es, „die US-Macht unilateral und militärisch rücksichtslos durchzusetzen". Nach Immanuel Wallerstein, scharfsinniger philosophischer Beobachter des Weltgeschehens, bestand das Kalkül, womit der Irakkrieg geführt wurde, darin „die Westeuropäer (und daneben die Ostasiaten) ein(zu)schüchtern und all ihre Ambitionen zur politischen Selbstständigkeit (zu) beenden".[12] Nebenbei hätte eine Demonstration militärischer Stärke im Irak auch die Staaten mit Kernwaffenambitionen abschrecken und alle

12 Wallerstein, Immanuel, Die USA und Europa. 1945 bis heute. www.uni-kassel.de/fb10 /frieden/themen/Europa/wallerstein.html.

Nahost-Staaten veranlassen können, „sowohl ihre Bestrebungen nach geopolitischer Selbstbehauptung aufzugeben als auch im israelisch-palästinensischen Konflikt ein Abkommen zu Bedingungen zu akzeptieren, die für Israel und die Vereinigten Staaten akzeptabel sind".

Dieser amerikanische Traum des „Macho-Unilateralismus" (Wallerstein) wird sich nach dem bisherigen Fiasko des Irak-Abenteuers wohl nicht mehr erfüllen. Wahrscheinlicher ist ein Szenario, wonach die USA – gleichgültig ob weiter unter Bush oder unter einem neuen Präsidenten Kerry – im Irak ähnlich scheitern werden, wie sie in vielen anderen Interventionen der letzten 50 Jahre gescheitert sind.[13] Ob diese Niederlage mit zähneknirschender Contenance auf sich genommen (Kerry-Variante) oder erst nach heftiger blindwütiger Gegenwehr (Bush-Variante) akzeptiert wird: Das ist wahrscheinlich das einzige, worin sich die Politik der beiden Präsidentschaftskandidaten signifikant unterscheiden wird.

Die Aussichten für Europa dürften auch nicht sehr rosig sein. Das von US-Verteidigungsminister Donald Rumsfeld Anfang 2002 so genannte „neue Europa" wird im Fall der Bush-Variante auch den europäischen Integrationsprozess behindern. Schließlich sind die EU-Neumitglieder schon immer als Parteigänger der USA und als potenzielle europäische Spaltpilze aufgetreten, gar nicht einmal aus böser Absicht, sondern weil sie sich militärische „Sicherheit" vor der ehemaligen Hegemonialmacht Sowjetunion/Russland begreiflicherweise in erster Linie von den starken USA und nicht von der militärisch lahmen EU erhoffen.[14] Ihre weitere enge Anlehnung an die USA bedeutet nicht nur die Beteiligung an weiteren riskanten militärischen Einsätzen à la Irak mit möglicherweise unliebsamen innenpolitischen Folgen (Delegitimierung von Regierungen, politische Instabilitäten), sondern auch eine Verzögerung des ökonomischen, sozialen und kulturellen Integrationsprozesses. Das Schlimme an der Kerry-Variante ist nun, dass zumindest in nächster Zeit von den Europäern (Neu- und Altmitgliedern gleichermaßen) mehr militärische Anstrengungen erwartet werden. Kerry rühmt sich damit, zur übrigen Welt einen besseren Draht zu haben als sein Widersacher. Den Parteitagsdelegierten auf dem Konvent der Demokraten versprach er, „unsere Truppen nach Hause zu bringen". Das geht aber nur, wenn sich andere stärker engagieren. Kerry: „Wir brauchen einen Präsiden-

---

13 Vgl. Pfaff, William, History is not on your side, Mr Kerry. In: The Observer, 15.8.2004 (auch unter: www.uni-kassel.de/fb10/frieden/regionen/USA/pfaff.html).

14 Die Neumitglieder aus den ehemaligen Warschauer-Pakt-Staaten haben ihre neorealistische Lektion schnell gelernt: Anstatt der Paktbindung überdrüssig zu sein und auf eine Politik der Kooperation und des friedlichen Miteinanders zu setzen, haben sie sich mit fliegenden Fahnen dem anachronistischen NATO-Pakt in die Arme geworfen und sich damit einer konfrontativen Politik verschrieben. Die USA haben – übrigens schon unter Präsident Clinton – den Takt vorgegeben und vor jeder EU-Erweiterungsrunde dafür gesorgt, dass die Kandidaten bereits NATO-Mitglieder geworden waren. In der NATO wird bekanntlich seit jeher nach der Musik der USA getanzt.

ten, der die Glaubwürdigkeit besitzt, unsere Verbündeten an unsere Seite zu bringen und die Last zu teilen, die Kosten für den amerikanischen Steuerzahler zu senken und das Risiko für amerikanische Soldaten zu verringern."[15]

Ausblick: Können Volksabstimmungen den zivilen Charakter der Europäischen Union retten?

Ob und in welchem Ausmaß die Europäische Union ihre „globale Machtprojektion"[16] entwickeln kann, hängt in erster Linie von der politischen Verfasstheit der Mitgliedsstaaten und ihrer jeweiligen Regierungen ab. Der Verfassungsprozess nährt bisher all jene Befürchtungen, welche die EU auf dem Weg zur Militärmacht sehen.

Bleibt die Frage, ob die europäische Öffentlichkeit in den einzelnen Mitgliedsstaaten ein Wort mitreden darf und wie dieses Wort letztendlich ausfallen wird. Die EU-Verfassung ist ein völkerrechtlicher Vertrag und muss von den Parlamenten aller 25 EU-Staaten ratifiziert werden. Wie die einzelnen Staaten dabei verfahren, bleibt ihnen bzw. ihren verfassungsrechtlichen Vorschriften überlassen. Vorgesehen ist nach Art. IV-447 Abs. 2, dass der Verfassungsvertrag am 1. November 2006 in Kraft tritt, „sofern alle Ratifikationsurkunden hinterlegt worden sind, oder andernfalls am ersten Tag des zweiten auf die Hinterlegung der letzten Ratifikationsurkunde folgenden Monats."

Nach Lage der Dinge wird der Ratifizierungsprozess also länger als bis 2006 dauern. Denn in den Mitgliedsstaaten haben sich zuletzt doch zu viele Politiker unterschiedlicher Couleur dafür stark gemacht, dass die Ratifizierung durch Volksabstimmungen festgestellt werden sollte.[17] Ausgerechnet der britische Premierminister Tony Blair hatte eine regelrechte Lawine ausgelöst, als er im Frühjahr 2004 aus heiterem Himmel verkündete, er wolle in seinem Land die Bevölkerung über die EU-Verfassung abstimmen lassen. Da man um die Stärke der europa-skeptischen Kräfte in Großbritannien weiß (die Wahlergebnisse zum Europäischen Parlament im Juni bestätigten dies), erhob sich vielstimmiges Geraune in der politischen Klasse der EU-Hauptländer. Was wird sein, wenn die Verfassung bei einem Referendum von den britischen Wählern abgelehnt würde? Spekulationen

---

15 Rede des demokratischen Präsidentschaftskandidaten John Kerry am 29.7.2004 in Boston (www.uni-kassel.de/fb10/frieden/regionen/USA/kerry2.html).

16 Hauswedell, Corinna / Wulf, Herbert, Die EU als Friedensmacht? Neue Sicherheitsstrategie und Rüstungskontrolle. In: Weller / Ratsch / Mutz / Schoch / Hauswedell (Hrsg.): Friedensgutachten 2004, S. 122-130, hier S. 130.

17 Vgl. zum Folgenden Strutynski, Peter, Europäische Union, Volk und Verfassung. In: FriedensJournal, 5/2004 (im Erscheinen).

tauchten auf, ob der gewiefte Taktiker Tony Blair mit seiner Ankündigung die übrigen Regierungschefs vor dem Brüsseler Gipfel Ende Juni nur ein wenig in den Schwitzkasten nehmen wollte. Oder ob er – angeschlagen wegen seiner Irakpolitik – das Referendum seinem Wahlvolk nur zum Fraße vorwarf, um es für die EU-Wahlen gefügiger zu machen. Nun, genutzt hat es jedenfalls nichts.

Nachdem das britische Empire vorpreschte, wollte die zweite europäische Großmacht, Frankreich, nicht nachstehen. Also versprach auch Präsident Jacques Chirac seinen Wählern ein unverhofftes Referendum. Damit wuchs im Sommer 2004 die Zahl der EU-Staaten, die über die EU-Verfassung das Volk abstimmen lassen wollen, auf elf. Teilweise sind es Länder (wie z.B. Dänemark und Irland), in denen bei solchen wichtigen Fragen Referenden ohnehin vorgeschrieben sind; in Frankreich und Großbritannien sind sie lediglich politisch gewollt. Abgestimmt wird jedenfalls in Dänemark, Irland, Großbritannien, Frankreich, Luxemburg, Spanien, Portugal, Belgien, Niederlande, möglicherweise auch in Estland und Tschechien. In Österreich[18] und Deutschland gibt es Initiativen, die sich für ein Referendum einsetzen.

In Deutschland ist für die Ratifizierung völkerrechtlicher Verträge die Zustimmung von Bundestag und Bundesrat erforderlich. Referenden auf Bundesebene sind nicht vorgesehen und – vor allem – auch nicht gewünscht. Bundeskanzler Schröder hat ein deutsches Referendum über die EU-Verfassung am 15. Juli erneut ausgeschlossen. In der Bundesrepublik „verbietet es die Verfassung ausdrücklich, eine Volksabstimmung zu machen, und wir werden natürlich unsere Verfassung achten", sagte er während eines Treffens mit dem britischen Premier Blair in London. Wendiger zeigte sich der CSU-Vorsitzende und bayerische Ministerpräsident Edmund Stoiber. Sonst nicht eben plebiszitären Elementen zugeneigt, ging er nach einem Treffen mit der CDU-Vorsitzenden Angela Merkel mit dem Vorschlag in die Öffentlichkeit, Deutschland möge doch ein EU-weites Referendum anregen: „Könnten alle Völker Europas am selben Tag über die Verfassung abstimmen, wäre das eine große Chance, das Thema Europa viel näher an die Bürger heranzubringen." Wenn Großbritannien und Frankreich eine Volksabstimmung über die EU-Verfassung abhalten, könne Deutschland nicht länger abseits stehen, sagte Stoiber laut „Bild am

18 Die von der Friedens- und anderen sozialen Bewegungen initiierte Kampagne für ein Referendum bestimmt mittlerweile auch die Diskussion in der Fachwelt und politischen Klasse Österreichs. Beispielsweise hat der Wiener Verfassungsrechtler Theo Öhlinger eine Diskussion über die rechtlichen Folgen der EU-Verfassung ausgelöst, als er behauptete, der EU-Verfassungsvertrag bedeute eine Gesamtänderung der österreichischen Bundesverfassung. Dies könne nur durch eine Volksabstimmung festgestellt werden; vgl. Die Presse, 6.7.2004.

Sonntag" vom 18. Juli 2004. Weiter heißt es dort: „Die Bundesregierung sollte endlich ihr Misstrauen gegenüber dem eigenen Volk ablegen."

So haben wir die absurde Situation, dass die Parteien, die traditionell plebiszit-unwillig sind, weil sie sich vor direkt-demokratischen Einflüssen fürchten und in ihnen eine Gefährdung der repräsentativen Demokratie sehen, in Sachen EU das Mittel des Plebiszits zur Anwendung bringen möchten. Während diejenigen, die traditionell eher „mehr Demokratie wagen" wollten (Willy Brandt), das Ding am liebsten ganz ohne Beteiligung der Bevölkerung durchziehen würden. Wobei es im rot-grünen Regierungslager im Wesentlichen zwei Argumentationsmuster gibt: Die einen trauen der Bevölkerung nicht zu, bei einem Referendum „richtig" zu entscheiden. Außenminister Fischer hat dies in einem Interview mit der Berliner Zeitung so ausgedrückt: „Sie gehen auf die Straße und fragen jemanden: Was halten Sie von Europa? Der hat schlecht geschlafen oder ist schlecht gelaunt. Also sagt er: Alles Mist!" Nun könnte man mit diesem „Argument" durchaus auch auf Wahlen verzichten, denn die „schlechte Laune" macht angesichts unerfreulicher Zeitläufte auch vor einem Wahlsonntag nicht halt. Fischer spricht dem Normalbürger aber auch jede politische Kompetenz ab, wenn er sagt: „Dafür [für Volksabstimmungen, PSt] haben wir die Tradition nicht. Worüber wollen Sie die Leute überhaupt abstimmen lassen? Über die Europäische Verfassung, über den Nizza-Vertrag? Wer versteht denn das?" (Berliner Zeitung, 28.2.2004.) Ein anderer Teil des Regierungslagers argumentiert schlitzohriger: Wir (die Grünen und zahlreicher Sozialdemokraten) versuchen, plebiszitäre Elemente in das Regierungssystem der Bundesrepublik zu implantieren. Dazu bedarf es ihrer Meinung einer 2/3-Mehrheit im Bundestag, wozu logischerweise die Zustimmung auch der CDU/CSU notwendig sei. Entsprechende Initiativen sind bisher im Bundestag gescheitert, so z.B. entsprechende Anträge im November 2003. Da zur Zeit Plebiszite auf Bundesebene also generell nicht durchsetzbar sind, könne man nicht eine Lex Europa schaffen. Grünen-Chef Reinhard Bütikofer hat nach einer Bundesvorstandssitzung Mitte Juli 2004 deutlich gemacht, dass die Grünen weiterhin für Volksentscheide seien, dass dies aber nicht nur im Ausnahmefall geben dürfe. Eine solche „Rosinenpickerei werden wir nicht unterstützen", stellte Bütikofer klar (ddp, 19.7.2004). Im Ergebnis heißt das: Wenn ich den berühmten Spatz in der Hand nur nehme, sofern ich auch die Taube auf dem Dach erhalte, laufe ich Gefahr, am Ende gar nichts zu haben. Dem Parteitaktiker Bütikofer ist zuzutrauen, dass er genau das will, denn nur so kann er den schmerzhaften Spagat zwischen plebiszitärer Basis und elitärer politischer Klasse aushalten.

Der frühere Münchner Oberbürgermeister, Justizminister, SPD-Vorsitzender und derzeitiges Mitglied im Nationalen Ethikrat, Hans-Jochen Vogel macht in der verqueren Diskussion um das Referendum eine löbliche Ausnahme. In einem Beitrag für die Süddeutsche Zeitung Anfang August widerlegte er alle gängigen Einwände gegen ein Referendum.[19] Wer etwa behauptet, das Volk sei „zu wenig im Bilde" und lasse sich zu leicht in die Irre führen, verkenne, dass der Informationsstand der Bevölkerung wesentlich höher sei als angenommen und es nicht ausgemacht sei, ob nicht die Parlamente und deren Mehrheiten wirklich „weniger oft irren als das Volk". Außerdem sei einer Volksbefragung ein Informations- und Diskussionsprozess von mehreren Monaten vorgelagert, der sich produktiv nutzen lasse. Auch die angebliche hohe „Komplexität" der Materie, über die abgestimmt würde, lässt Vogel nicht gelten. In Referenden gehe es nicht um alle möglichen Spezialprobleme, sondern um zentrale Weichenstellungen in der Politik. In der Regel sind solche Fragen mit Ja oder Nein zu beantworten. Schließlich räumt Vogel auch mit der Legende auf, die Weimarer Republik sei an den damaligen Volksbegehren zugrunde gegangen. Kein einziges dieser Volksbegehren hätte eine Mehrheit gefunden; von einem wirklichen Missbrauch des Plebiszits könne erst in der Nazizeit die Rede sein – da war die Demokratie aber längst beseitigt.

Nur in einem Punkt irrt sich Vogel bei seinem leidenschaftlichen Plädoyer für ein EU-Referendum: Er appelliert an die Regierungs- und Oppositionsparteien, möglichst schnell eine Grundgesetz-Änderung zu betreiben, damit dann das Volk über die EU-Verfassung abstimmen könne. Der Jurist Vogel müsste das Grundgesetz der Bundesrepublik so weit kennen, dass er weiß, dass Volksbefragungen durchaus möglich sind. In Artikel 20 Abs. 2 heißt es: „Alle Staatsgewalt geht vom Volke aus. Sie wird vom Volke in Wahlen und Abstimmungen ... ausgeübt." In Artikel 29 wird sogar ein „Volksentscheid" zwingend vorgeschrieben, wenn „Maßnahmen zur Neugliederung des Bundesgebietes" ergriffen werden. Weder die Tatsache, dass der Bundesgesetzgeber nie ein Ausführungsgesetz zur Durchführung von Volksbegehren, Volksbefragung und Volksentscheiden verabschiedet hat, noch die 50-jährige Plebiszitlosigkeit können den demokratischen Kern des Artikels 20 („Wahlen und Abstimmungen") obsolet werden lassen. So könnte man sich ohne weiteres auf den Standpunkt stellen, dass zur Durchführung von Referenden auf Bundesebene die Verabschiedung eines Ausführungsgesetzes zu Artikel 20,2 ausreichend sei. Hierzu bedarf es keiner verfassungsändernden, sondern nur einer einfachen Mehrheit.

Mittlerweile ist auch Bewegung in die Bundesregierung gekommen. Am 29. August meldeten die Nachrichtenagenturen: „Nach dem Willen der SPD könnte in Deutschland bereits für die Entscheidung über die geplante EU-Verfassung die Möglichkeit eines Referendums geschaffen werden. Parteichef Franz Müntefering kündigte nach einer SPD-Vorstandsklausur am Sonntag in Berlin an, im Oktober oder November solle im Bundestag ein verfassungsänderndes Gesetz eingebracht werden, um sowohl von Bür-

---

19 Vogel, Hans-Jochen, Plädoyer für das Plebiszit. In Süddeutsche Zeitung, 4.8.2004.

gern initiierte Volksentscheide zu ermöglichen als auch Referenden auf Wunsch von Bundestag oder Bundesregierung."

Es wird sich zeigen, ob dies ein erster Etappensieg der Referendums-Befürworter ist oder ob die Parteitaktik im Parlament ein plebiszitfreundliches Votum verhindert. Immerhin gehört kein geringerer als Außenminister Fischer bis heute zu den hartnäckigsten Gegnern von Volksabstimmungen auf Bundesebene. Wenige Tage nach dem SPD-Beschluss äußerte er sich in einem Interview in der „Frankfurter Rundschau":

> „Ich gehöre hinsichtlich Volksabstimmungen zu den Skeptikern. Dort, wo es diese Tradition gibt: ja. Aber ich glaube zum Beispiel nicht, dass Volksabstimmungen automatisch die Akzeptanz für Europa vergrößern. So eine Abstimmung würde doch nur dann eine politische Alternative zum Thema haben, wenn es hieße: entweder diese Verfassung oder raus aus der EU. .."[20]

Diese Alternative ist indessen reine Demagogie. Die Nichtratifizierung der EU-Verfassung bedeutet weder den Austritt des ablehnenden Staates aus der EU noch deren Auflösung. Ein großer Teil des Verfassungstextes besteht ohnehin aus Verträgen, die längst von den Mitgliedsstaaten ratifiziert wurden und somit Gültigkeit besitzen. Die Ablehnung der EU-Verfassung durch einen oder mehrere Staaten würde aber bedeuten, dass über den Text neu verhandelt werden muss. Damit bekämen die militarisierungskritischen Kräfte in ihrem Kampf gegen die Umwandlung der EU in eine Militärmacht sozusagen eine zweite Chance. Sie gälte es zu nutzen zur Erweiterung der Demokratie in der EU, vielleicht auch zur Herstellung dessen, was man dereinst einmal „europäische Öffentlichkeit" nennen kann. Denn die Bevölkerung jedes EU-Staates hat ein Recht, über die faktische Neugründung der EU qua Verfassung mitbestimmen zu können. Demokratische Verfassungen wurden noch nie durch Oktroi erlassen (das Bonner Grundgesetz 1949 war die Ausnahme), sondern in der Regel vom Volk gegen die Machtansprüche der Obrigkeiten durchgesetzt. Die Weigerung von Regierungen in der EU, über die EU-Verfassung per Referendum abstimmen zu lassen, zeugt nicht nur von einem grundlegenden Misstrauen gegen die eigene Bevölkerung. Sie wird darüber hinaus zu einer viel größeren Europamüdigkeit führen, als sie heute zu konstatieren ist. Der Bevölkerung dagegen die Möglichkeit zu geben, „Nein" zur EU-Militärverfassung zu sagen, könnte sich langfristig auszahlen, indem daraus ein umso stärkeres „Ja" zu einem zivilen Europa erwächst.

---

20 Interview mit Bundesaußenminister Fischer zu Volksabstimmungen und dem Umgang mit dem russischen Präsidenten Putin. In: Frankfurter Rundschau, 3.9.2004.

Teil 3: Die Verfassung der EU und die europäische Friedenspolitik

Die Finalität Europas – Das Ende des Traums von der Zivilmacht?

Werner Ruf

1. Selbstverständnisse

Deren scheint es in EU-Europa viele zu geben. So gab die EU-Kommission am 15. Dezember 2001 anlässlich des Gipfels von Laeken, auf dem die Ausarbeitung einer Verfassung für die EU beschlossen wurde, eine Erklärung zum Selbstverständnis der Union ab:

> „Welche Rolle spielt Europa in dieser gewandelten Welt? Muss Europa nicht – nun, da es endlich geeint ist – eine führende Rolle in einer neuen Weltordnung übernehmen, die Rolle einer Macht, die in der Lage ist, sowohl eine stabilisierende Rolle weltweit zu spielen als auch ein Beispiel zu sein für zahlreiche Länder und Völker? Europa als Kontinent der humanitären Werte, der Magna Charta, der Bill of Rights, der Französischen Revolution, des Falls der Berliner Mauer. Kontinent der Freiheit, der Solidarität, vor allem der Vielfalt, was auch die Achtung der Sprachen, Kulturen und Traditionen anderer einschließt. Die einzige Grenze, die die Europäische Union zieht, ist die der Demokratie und der Menschenrechte. Die Union steht nur Ländern offen, die ihre Grundwerte, wie freie Wahlen, Achtung der Minderheiten und der Rechtsstaatlichkeit, teilen.
>
> Nun, da der Kalte Krieg vorbei ist und wir in einer globalisierten, aber zugleich auch stark zersplitterten Welt leben, muss sich Europa seiner Verantwortung hinsichtlich der Gestaltung der Globalisierung stellen. Die Rolle, die es spielen muss, ist die einer Macht, die jeder Form von Gewalt, Terror und Fanatismus entschlossen den Kampf ansagt, die aber auch ihre Augen nicht vor dem schrei-

> enden Unrecht in der Welt verschließt. Kurz gesagt, einer Macht, die die Verhältnisse in der Welt so ändern will, dass sie nicht nur für die reichen, sondern auch für die ärmsten Länder von Vorteil sind. Einer Macht, die der Globalisierung einen ethischen Rahmen geben, d.h. sie in Solidarität und in nachhaltige Entwicklung einbetten will."[1]

Diese Lyrik, die nicht nur die Friedenssehnsucht der überwältigenden Mehrheit der europäischen Bevölkerung artikuliert, sondern auch die Erkenntnisse friedenswissenschaftlicher Forschung zum politischen Programm zu erheben scheint, findet ihren Niederschlag auch in der Präambel des Entwurfs für eine Verfassung der EU:

> „In dem Bewusstsein, dass der Kontinent Europa ein Träger der Zivilisation ist und dass seine Bewohner, die ihn seit Urzeiten in immer neuen Schüben besiedelt haben, im Laufe der Jahrhunderte die Werte entwickelt haben, die den Humanismus begründen: Gleichheit der Menschen, Freiheit, Geltung der Vernunft,
>
> Schöpfend aus den kulturellen, religiösen und humanistischen Überlieferungen Europas, deren Werte in seinem Erbe weiter lebendig sind und die zentrale Stellung des Menschen und die Unverletzlichkeit und Unveräußerlichkeit seiner Rechte sowie den Vorrang des Rechts in der Gesellschaft verankert haben,
>
> In der Überzeugung, dass ein nunmehr geeintes Europa auf diesem Weg der Zivilisation, des Fortschritts und des Wohlstands zum Wohl all seiner Bewohner, auch der Schwächsten und der Ärmsten, weiter voranschreiten will, dass es ein Kontinent bleiben will, der offen ist für Kultur, Wissen und sozialen Fortschritt, dass es Demokratie und Transparenz als Wesenszüge seines öffentlichen Lebens stärken und auf Frieden, Gerechtigkeit und Solidarität in der Welt hinwirken will …"

Etwas nüchterner, aber durchaus im Sinne eines auf das Konzept Zivilmacht orientierten Selbstverständnisses von EU-Europa verwiesen Jacques Derrida und Jürgen Habermas in ihrem viel beachteten Appell vom Mai 2003[2] und unter dem Eindruck der großen Anti-Kriegs-Demonstrationen des 15. Februar 2003 auf die inneren Bedingungen für eine am Ziel des Friedens orientierte Außenpolitik: Weil sich die Staaten Europas auch durch ihre Wohlfahrtsregime vom Freibeuter-Kapitalismus der USA unterscheiden, dürften sie nicht „hinter die Maßstäbe sozialer Gerechtigkeit, die sie gesetzt haben" zurückfallen, und eine künftige „Politik der Zähmung des Kapitalismus in entgrenzten Räumen" sei daher vorrangige politische Aufgabe der EU. Hieraus resultiert die Vision der Autoren: „Die Erfolgsgeschichte der Europäischen Union hat die Europäer in der Überzeugung

1 The Laeken Declaration on the Future of the European Union. In: Institute of Security Studies: Chaillot Paper Nr. 51, From Nice to Laeken. European Defence: Core Documents. Paris 2002, S. 113 f. Aus dem Englischen W.R.

2 Derrida, Jacques / Habermas, Jürgen, Unsere Erneuerung. Nach dem Krieg: die Wiedergeburt Europas. In: Frankfurter Allgemeine Zeitung, 31.5.2003.

bestärkt, dass die Domestizierung staatlicher Gewaltausübung auch auf globaler Ebene eine gegenseitige Einschränkung souveräner Handlungsspielräume verlangt."

2. Militarisierung als Verfassungsziel

Da scheinen der Verfassungskonvent und die Regierungschefs[3] dann doch vom Wege des Auftrags von Laeken und von der selbst formulierten Präambel wie von den Mahnungen der zeitgenössischen Denker abgekommen zu sein, wenn er – einmalig in der Verfassungsgeschichte – die Mitglieder der EU zu permanenter Aufrüstung verpflichtet. Indem sie *„ihre militärischen Fähigkeiten schrittweise ... verbessern"* und zur Unterstützung der Forschung auf dem Gebiet der Verteidigung im Rahmen der einzurichtenden *„Agentur für Rüstung, Forschung und militärische Fähigkeiten."* (I-40). Der Anspruch auf weltweite militärische Interventionen wird formuliert, wenn „Drittstaaten bei der Bekämpfung des Terrorismus in ihrem Hoheitsgebiet" unterstützt werden sollen (III-210). Bei Militäraktionen wird das Prinzip der ungleichen Geschwindigkeiten festgeschrieben, da eine Beteiligung aller Mitglieder nicht gefordert wird, sondern ad hoc gebildete *coalitions of the willing,* die „untereinander festere Verpflichtungen eingegangen sind", Interventionen durchführen können (Artikel III-211):

> „... der Rat (kann) die Durchführung einer Mission einer Gruppe von Mitgliedstaaten übertragen, die dies wünschen und über die für eine derartige Mission erforderlichen Fähigkeiten verfügen. Die betreffenden Mitgliedstaaten vereinbaren im Benehmen mit dem Außenminister der Union untereinander die Ausführung der Mission."
>
> „Die an der Durchführung der Mission teilnehmenden Mitgliedstaaten unterrichten den Rat von sich aus oder auf Antrag eines Mitgliedstaats regelmäßig über den Stand der Mission.

Der Gipfel des Ganzen ist die prozedurale Festlegung, wonach der Ministerrat über militärische Einsätze entscheidet (III-198), das Europäische Parlament aber nur zu *„den wichtigsten Aspekten und den grundlegenden Weichenstellungen der Gemeinsamen Außen- und Sicherheitspolitik regelmäßig gehört" wird* (I-39, Ziff. 6 und I-40 Ziff. 8). Immerhin *„kann"* es *„Anfragen oder Empfehlungen an den Ministerrat und den Außenminister der Union richten."* (III-205).

Europa als Hort der Demokratie, in dem die Frage von Krieg und Frieden dem Parlament entzogen und allein der Exekutive überlassen wird?

3 Der hier verwendete Text ist die konsolidierte Fassung des Verfassungsentwurfs (CIG 50/03), der am 18. Juni 2004 von der Regierungskonferenz gebilligt wurde (CIG 86/04 vom 25.6.2004).

Wie lässt sich dies mit der vollmundigen Erklärung von Laeken oder den in der Präambel beschworenen Prinzipien vereinbaren? Diese hätten eine unmissverständliche Ächtung des Krieges als Mittel der Politik nahe gelegt, was unter explizitem Verweis auf Art. 2 der Charta der Vereinten Nationen durchaus möglich gewesen wäre. Statt dessen wurde – nach dem Scheitern der Annahme der Verfassungsentwurfs im Dezember 2003 – das so genannte Solana-Papier am 12. Dezember 2003 als „Europäische Sicherheitsstrategie (ESS)“ beschlossen.[4]

Geradezu erschreckend ist, wenn dort festgestellt wird: „Die Charta der Vereinten Nationen bildet den grundlegenden Rahmen für die internationalen Beziehungen.“ Den bildet sie gerade nicht, vielmehr ist sie die Grundlage der internationalen Beziehungen seit 1945, ein Vertragssystem, dessen Mitglieder sich mit ihrem Beitritt verpflichten, „auf Androhung oder Anwendung von Gewalt“ zu verzichten (Art. 2.4 der Charta). Und kühn kommt zwei Sätze später die Deutung des nebulösen Bezugs auf den „Rahmen“: „Wir wollen, dass die internationalen Organisationen, Regelungen und Verträge Gefahren für den Frieden und die Sicherheit in der Welt wirksam abwenden, und müssen daher bereit sein, bei Verstößen gegen ihre Regeln zu handeln.“ Hier wird die Charta auf den Kopf gestellt: Nicht „Wir“ müssen handeln – dies obliegt allein dem Sicherheitsrat, dessen Kompetenz sich die ESS hier anmaßt. Maßen sich die Staaten der EU hier etwa an, selbst zu entscheiden, ob und wann die Charta verletzt wird, um dann anstelle der UN zu handeln? Wollte die EU aber tatsächlich das UN-System und den Sicherheitsrat stärken, statt sich an seine Stelle zu setzen, dann müsste sie endlich auf die Umsetzung der Art. 45 und 47 der Charta dringen und dem Sicherheitsrat jene Kontingente zur Verfügung stellen, die in diesen Artikeln vorgesehen sind, ihre im Aufbau befindlichen Schnellen Eingreiftruppen dem System kollektiver Sicherheit, den UN, unterstellen. Dies wäre der Weg, das suprastaatliche Gewaltmonopol zu stärken und dazu beizutragen, dass Gewalt in den internationalen Beziehungen nicht eingesetzt wird, um nationale Interessen oder die kollektiver Einzelakteure wie der EU zu verfolgen. Genau wie die Nationale Sicherheitsstrategie (NSS) der USA trägt der Anspruch der ESS auf selbständige Gewaltanwendung eher zur Demontage des UN-Systems bei, statt dieses zu stärken. Den in der ESS formulierten Zielen entspricht das Fehlen einer eindeutigen Formulierung im Entwurf der EU-Verfassung, die den Gewaltverzicht als Prinzip des außenpolitischen Handelns festschreibt. Das Fehlen einer solchen Festlegung ist daher fast noch aufschlussreicher als der Umfang, der der Militarisierung der Union im Verfassungsentwurf gewidmet wird.

4 Siehe http://www.iss-eu.org.

3. Zivilisierung als Voraussetzung für eine Zivilmacht?

Derrida und Habermas haben darauf verwiesen, dass die Sozialstaatstradition Europas dieses grundsätzlich vom Freibeuterkapitalismus der USA unterscheide. Es darf bezweifelt werden, dass diese Behauptung einer empirischen Überprüfung standhält: Auch die USA kannten die Periode des New Deal, und die sozialen Errungenschaften in Europa sind jung und stammen größtenteils aus der Zeit nach dem Zweiten Weltkrieg. Sie dürften, zumindest zum Teil, auch der Systemkonkurrenz während der Zeit des Kalten Krieges zu verdanken gewesen sein. Dennoch wirft dies die Frage auf, ob es eine Relation zwischen geregelten, konfliktarmen Binnenverhältnissen und einem friedlichen oder wenig aggressiven Außenverhalten von Staaten gibt. Vieles spricht dafür, dass Dieter Senghaas sein *zivilisatorisches Hexagon* in diesem Sinne verstanden wissen will.[5] Er selbst hat in verschiedenen Studien vor der Wiederkehr der Dominanz der realistischen Schule gewarnt, die die Rückkehr des internationalen Systems zur Anarchie zur Folge haben würde.[6] Um das „Friedensprojekt Europa in die Praxis zu übersetzen", bedarf es nach seiner Diagnose der Rechtsstaatlichkeit, der institutionellen Vernetzungen, des ökonomischen Ausgleichs und der Einübung von Konfliktkultur, nicht aber des Militärs. Auch wenn sein Blick primär auf die Binnenstruktur Europas gerichtet ist, gelten diese Maßstäbe doch auch für das Agieren nach außen und für den internationalen Verkehr schlechthin.

Doch wie sehen diese Binnenverhältnisse mittlerweile aus? Globalisierung und der Siegeszug des Neoliberalismus werden dazu genutzt, in Jahrzehnten erkämpfte soziale Sicherungssysteme und damit den ökonomischen Ausgleich zu zerschlagen, die Anschläge des 11. September – selbst vielleicht Folge einer zunehmend Rechtsgrundsätze missachtenden und soziale Antagonismen verschärfenden Welt[7] – dienen dazu, die Rechtsstaat-

---

5 Senghaas, Dieter, Wohin driftet die Welt? Über die Zukunft friedlicher Koexistenz. Frankfurt 1994. Menzel, Ulrich (Hrsg.), Vom Ewigen Frieden und vom Wohlstand der Nationen. Dieter Senghaas zum 60. Geburtstag. Frankfurt/Main 2000.

6 So u.a. in: Senghaas, Dieter, Europa 2000. Ein Friedensplan. Frankfurt/Main 1991; ders. Friedensprojekt Europa. Frankfurt/Main 1992.

7 Ruf, Werner, Wir und die Anderen: Demokratischer Anspruch und hegemoniale Arroganz. In: Schweitzer / Aust / Schlotter (Hrsg.), Demokratien im Krieg. AFK-Friedensschriften Bd. 31, Baden-Baden 2004, S. 127-144. Aufschlussreich ist hierzu die lange Erklärung, die Ayman al-Zawahiri, allgemein als die Nr. 2 des Netzwerks Al Qaida bezeichnet, zum 2. Jahrestag des 11. September 2001 abgegeben hat. Umrahmt von religiösen Floskeln finden sich dort die alten anti-imperialistischen Forderungen nach politischer und ökonomischer Unabhängigkeit der muslimischen Welt und auf Verzicht der Einmischung in die inneren Angelegenheiten dieser Länder und die Ausbeutung ihrer Ressourcen durch den Westen, allen voran die USA. S. Al-Zawahiri, Ayman, Erklärung zum 2. Jahrestag des 11. September 2001: www.freace.de/artikel/sep2003/binladen140903.html,

lichkeit allenthalben abzubauen, die unter Generalverdacht gestellten Muslime werden zum Symbol einer neuen ethnisch-religiösen Bedrohung stilisiert, kurz: Die Ent-Zivilisierung schreitet auch innerhalb Europas voran, wenn zivilisatorische Errungenschaften und gesellschaftliche Sicherungssysteme verloren gehen, wenn der Staat – in unserem Falle die Union – zur Förderung und Verteidigung des Gemeinwohls nicht mehr in der Lage oder nicht mehr willens ist, wenn die Machthabenden „zwischen dem Vertrauen der Märkte und dem Vertrauen des Volkes“ gewählt haben.[8] Und in der Tat werden die Militarisierungsbestimmungen der Verfassung ergänzt durch eine Reihe von Bestimmungen, die Europa konsequent auf eine *„offene Marktwirtschaft mit freiem Wettbewerb“*, also eine neo-liberale Politik verpflichten (I-14, III-69, III-70) und den ‚Rückbau‘ des Sozialstaates zum Ziel haben.[9] Der Staat müsste aber nicht hilfloses Opfer der Marktkräfte sein, die er beschwört, sondern er kann durchaus handlungsfähiges Subjekt sein, wie Bourdieu dies beschreibt:

> „... Staat erringt im Laufe seiner Entwicklung eine gewisse Unabhängigkeit gegenüber den gesellschaftlichen und wirtschaftlichen Mächten. Er wird fähig, den Willen der Herrschenden umzudeuten, ihn auszulegen, und manchmal entsteht dabei Politik.“[10]

Nur: Staat – in unserem Falle die EU – will dies nicht, von einer Ausnahme abgesehen, auf die gleich einzugehen sein wird. Derzeit erscheint der Staat als Vollzugsorgan des Willens der Herrschenden. Der gezielte Abbau sozialstaatlicher Errungenschaften und Sicherheiten produziert nicht nur gigantische (und bisher unkalkulierte) Folgekosten im sozialen Bereich (Gesundheitswesen, Justiz, Strafvollzug, Psychologie und Psychiatrie), er bewirkt auch De-Solidarisierung, politische Apathie und die Diskreditierung der Demokratie mitsamt der Gefahr, dem Rechtsradikalismus den Weg zu bereiten, sprich: kollektive Aggressivität nach innen und außen zu fördern. Die hier vertretene These besagt, dass die Deregulierung der Binnenverhältnisse, ihre Unterwerfung unter die unmittelbaren Verwertungsinteressen des (globalisierten) Kapitals auch die Deregulierung der internationalen Rechtsverhältnisse zur Folge haben muss, die dann einer neuen imperialen Ordnung unterworfen werden.[11]

---

zuletzt abgerufen 19.7.2004.

8 Bourdieu, Pierre, Gegenfeuer. Wortmeldungen im Dienste des Widerstands gegen die neoliberale Invasion. Konstanz 1998, S. 58.

9 Wehr, Andreas, Europa ohne Demokratie? Die europäische Verfassungsdebatte – Bilanz, Kritik und Alternativen, Köln 2004, insbes. S. 116-131.

10 Bourdieu a.a. O., S. 42.

11 So die Argumentation von Rilling, Rainer, Breakout. Let's take over. American Empire als Wille und Vorstellung. In: Berndt, Michael / El Masry, Ingrid (Hrsg.), Konflikt, Entwicklung, Frieden. Emanzipatorische Perspektiven in einer zerrissenen Welt. Festschrift für Werner Ruf, Kassel 2003, S. 272-293. Zu durchaus ähnlichen Schlussfolgerungen

4. Felder staatlicher Handlungsfähigkeit: Die Organisation des militärisch-industriellen Komplexes.

Dass Staat aber handeln kann, wenn er nur will, stellt nicht zuletzt die Verfassung unter Beweis: zum einen auf den Gebieten, wo sie dem Neoliberalismus den Weg zu bereiten oder zumindest zu erleichtern sucht, zum anderen aber auch und gerade dort, wo das anvisierte europäische Großmachtstreben im Geiste der realistischen Schule dies geboten erscheinen lässt, nämlich bei der – gleichfalls in der Verfassung verankerten und inzwischen bereits umgesetzten – Schaffung eines „Amtes für Rüstung, Forschung und militärische Fähigkeiten."

Aufgabe dieses Amtes ist es, „bei der Ermittlung der Ziele im Bereich der militärischen Fähigkeiten der Mitgliedstaaten und der Bewertung der Erfüllung der von den Mitgliedstaaten in Bezug auf diese Fähigkeiten eingegangen Verpflichtungen mitzuwirken, ... die Forschung auf dem Gebiet der Verteidigungstechnologie zu unterstützen" und dazu beizutragen, dass „zweckdienliche Maßnahmen zur Stärkung der industriellen und technologischen Basis des Verteidigungssektors und für einen gezielteren Einsatz der Verteidigungsausgaben ermittelt werden, und diese Maßnahmen gegebenenfalls durchzuführen" (III-212). Dieses Amt hat zwei zentrale Aufgaben, wie eine pünktlich erstellte Studie des Instituts für Sicherheitsstudien der EU in Paris feststellte:[12] Erstens sicherzustellen, dass der Bedarf an Fähigkeiten der europäischen Streitkräfte gedeckt wird, zweitens die Effizienz der Rüstungskooperation zwischen den Partnern zu steigern, um so zu Kosteneinsparungen zu gelangen. Nicht zuletzt wird, wie der Untertitel der Studie programmatisch verheißt, als weiteres Resultat eine Stärkung des Euro erwartet („getting a bigger bang for the Euro"), und zwar wohl weniger im Bereich der Wechselkursparitäten als im Bereich der Anteile am weltweiten Rüstungsexport, die dann nicht mehr in Dollar sondern in Euro zu fakturieren wären. Der Schwerpunkt der Arbeit des Amtes liegt, so die derzeitige Planung, in den Bereichen Fähigkeiten, Beschaffung und Forschung.

Es ist mehr als verblüffend, dass Staats- und Regierungschefs wie gerade Chirac und Schröder nun plötzlich zu staatlichen Steuerungsinstrumenten greifen, wenn es um die Herstellung eines europäischen Rüstungskomplexes geht, vertreten doch beide nicht nur die Segnungen der neo-liberalen Globalisierung und befördern diese nach Kräften durch legislative Initia-

---

kommt Paech, wenn er aus völkerrechtlicher Perspektive die „Globalisierung" der Monroe-Doktrin durch die Bush-Administration beschreibt: Paech, Norman, Imperialismus und Völkerrecht. In: Albrecht / Goldschmidt / Stuby (Hrsg.), Die Welt zwischen Recht und Gewalt, Hamburg 2003, S. 126-138.

12 Schmitt, Burkhard, The European Union and armaments. Getting a bigger bang for the Euro. Chaillot-Paper Nr. 63, Paris, Aug. 2003, S. 40.

tiven zur Deregulierung. Demgegenüber soll die Schaffung des Amtes eine einzigartige Ausgangsbasis zur Reform (sprich: Stärkung) des europäischen Rüstungssektors schaffen, und seine Verankerung in der EU-Verfassung soll verhindern, dass diese Einrichtung torpediert werden könnte.[13] Um diesem Projekt Nachdruck zu verleihen, hat die Bundesrepublik Deutschland inzwischen ein Gesetz verabschiedet, das den Kauf von Anteilen an deutschen Schlüsselindustrien im Rüstungsbereich durch ausländische Firmen verhindern soll.

Dabei darf zu Recht gefragt werden, was denn da noch verhindert werden soll: Zum einen sind und bleiben die finanziellen Möglichkeiten und die technologischen Fähigkeiten der Europäer eingeschränkt. Zum anderen halten die USA diese Distanz aufrecht, indem sie sich weigern, den Europäern modernste Waffensysteme zu verkaufen. Entscheidend sind jedoch die bereits bestehenden Kapitalbeteiligungen US-amerikanischer Firmen an europäischen Schlüsselindustrien im Rüstungsbereich. Betrachtet man die bereits erfolgten Übernahmen oder Mehrheitsbeteiligungen von US-Konzernen,[14] so bleibt es mehr als fraglich, ob die geplanten staatlichen Maßnahmen zur Schaffung einer europäischen Entwicklungs- und Beschaf-

---

13 Schmitt a.a.O. S. 61.

14 So ist die österreichische Rüstungsfirma Steyr bereits in den Einflussbereich von General Dynamics geraten, der britische Ausrüster Lucas Varity gehört mehrheitlich dem US-Konzern TRW, der Schweizer Konzern Mowag ist seit 1999 unter der Kontrolle von General Motors. General Dynamics hat 2000 die spanische Rüstungsfirma Santa Barbara gekauft, die unter Lizenz den deutschen Leopard-Panzer baut. Saab hat seine Bofors Weapons Systems AB an die amerikanische Firma United Defense, eine Filiale von Carlyle verkauft. Im weltweiten Konkurrenzkampf der Waffenproduktion und des Exports hat die führende französische Rüstungsfirma GIAT Industries 14.000 Arbeitsplätze abbauen müssen. Krauss-Maffei-Wegmann (KMW) gehört zu 49 % Siemens, die sich gerade darum bemüht, ihren Anteil zu verkaufen – daher möglicherweise die Eile des bundesdeutschen Gesetzgebers, solchen Verkäufen ins transatlantische Ausland einen Riegel vorzuschieben. Die Übernahme des (Kriegs-)Schiffbauers Howald-Deutsche Werft (HDW) durch die US-Firma One Equity Partner konnte in letzter Minute verhindert werden. Die italienische Firma FiatAvio ist zu 70 % im Besitz der amerikanischen Finanzgruppe Carlyle und bemüht sich derzeit, die deutsche Rüstungsfirma MTU zu übernehmen, die Daimler Chrysler abzustoßen versucht. Wie unter diesen Bedingungen das „Amt" eine genuine europäische Rüstung schaffen soll, die außerdem der US-amerikanischen ebenbürtig sein soll, bleibt rätselhaft. Angaben entnommen aus: Hébert, Jean Paul, La stratégie américaine de contournement industriel. In: Le débat stratégique Nr. 70, Oct./Nov. 2003, S. 8. Eine zentrale Rolle spielt in dieser auf Konzentration in Händen von US-Konzernen angelegten Strategie die Carlyle Group, eine private Investment-Firma, deren Anteile (bisher) nicht an der Börse gehandelt werden. Wichtige Positionen in dieser Firma halten: der ehemalige US-Präsident George Bush, der ehemalige Verteidigungsminister Frank Carlucci, der frühere britische Premierminister John Major. Die Bin-Laden-Familie hat ihre Anteile an der Holding im Oktober 2001 liquidiert. Siehe hierzu ausführlicher: Ruf, Werner, Private Militärische Unternehmen. In: Ders. (Hrsg.), Politische Ökonomie der Gewalt. Staatszerfall und die Privatisierung von Gewalt und Krieg, Opladen 2003, S. 76-90, dort vor allem Teil V des Anhangs, S. 340-345.

fungsagentur und zur Verhinderung des Aufkaufs europäischer Rüstungsbetriebe nicht erheblich zu spät kommen.

Ungeachtet dieser Frage ist jedoch der politische Wille dieses EU-Europas unübersehbar, neben den USA eigene militärische Strukturen zu schaffen, die unabhängiges Handeln „auf gleicher Augenhöhe" ermöglichen. Deutlich wird dies auch, wenn der deutsche Außenminister Fischer von Multilateralismus spricht und im Klartext feststellt, dass das „transatlantische Bündnis neu evaluiert werden (muss)" und dass es zwischen NATO und EU „Komplementarität, keine Konkurrenz geben muss."[15] Nicht Multi-, sondern Bilateralismus ist hier gemeint. Die angestrebte Komplementarität setzt aber die Gleichberechtigung beider Partner und ihre wechselseitige prinzipielle Unabhängigkeit voraus. Anders ausgedrückt: Wenn die USA den Konsens mit ihren Alliierten verlassen oder ihn nicht mehr suchen, werden diese sich der Politik Washingtons nicht mehr unterwerfen – wie dies erstmals seitens Frankereichs und Deutschlands im Falle des geplanten Angriffskrieges der USA gegen den Irak demonstriert wurde.

5. Die europäisch-amerikanischen Rivalitäten

Trotz aller Beschwörungsversuche, trotz der Entwicklung neuer Doktrinen, trotz der Beanspruchung weltweiter Zuständigkeit (NATO-Gipfel 1999) scheint die NATO noch immer auf der Suche nach einer neuen, von allen Mitgliedern gemeinsam getragenen Aufgabe. Mit dem Ende des bipolaren Zeitalters hatte sie ihre zentrale Aufgabe verloren. Der nukleare Schild gegenüber der vermeintlichen oder realen Bedrohung durch die UdSSR verlor seine Funktion, Westeuropa war nicht weiterhin das strategische Glacis der westlichen Supermacht, die ohnehin vorhandenen politischen Emanzipationstendenzen der Wirtschaftsmacht Europa konnten sich freier entfalten, sei es in der Wiederbelebung der Westeuropäischen Union (WEU), die bereits 1983 einsetzte,[16] im Artikel J des Maastrichter Vertrages, in der Formulierung der Petersbergaufgaben,[17] in der Überführung der WEU in die EU fortgesetzt wurde und wirtschaftlich in die bisher größte Herausforderung an die USA, die Einführung des Euro mündete, der mit dem Anspruch einherkommt, eine zweite, neben dem US-Dollar gleichberechtigte Weltwährung zu werden. Die möglichen Folgen für Weltwirtschaft und Weltpolitik hat Elmar Altvater jüngst herausgearbeitet.[18] Bedenkt man, dass die

---

15 Fischer, Joschka, Rede an der Princeton University, Frankfurter Rundschau, 2.12.2003, Dokumentation, S. 8.

16 Ausführlicher hierzu: Ruf, Werner, Schluss mit der Zivilmacht, a.a.O.

17 Ebd.

18 Altvater, Elmar, Von der Währungskonkurrenz zum Währungskrieg: Was passiert, wenn

USA aus dem arabischen Raum knapp 15 %, Europa aber 40 % und Japan70 % ihrer Ölimporte beziehen,[19] dann lässt sich unschwer folgern, dass diese militärische Sicherung des vorderasiatischen Raumes den USA die Kontrolle über jene Energieressourcen sichert, die die beiden anderen Pole der Triade existenziell benötigen. Wer die Erdölpreise kontrolliert, bestimmt schließlich die Preise der Fertigwaren auf dem Weltmarkt. Die USA zielen mit ihrer Politik des „Greater Middle East" auf die Zerschlagung der OPEC und sichern so militärisch ihre ökonomische Vormachtstellung gegenüber seinen wichtigsten ökonomischen Konkurrenten. Vor diesem Hintergrund wird das Verhalten Frankreichs und Deutschlands im Sicherheitsrat als interessengeleitet, nicht aus der Sorge um das Völkerrecht verständlich, ebenso wie der Verweis auf die nötigenfalls auch militärische Sicherung von Rohstoffquellen in den Verteidigungspolitischen Richtlinien der Bundesrepublik Deutschland oder der in der europäischen Sicherheitsdoktrin formulierte Anspruch auf präventive Intervention.

Trotz eher bescheidener militärischer Fähigkeiten, die allerdings gerade durch die Schaffung des „Amts für Rüstung" und die einschlägigen Bestimmungen der Verfassung entscheidend verbessert werden sollen, haben die Staaten der EU und die EU selbst in den letzten Jahren greifbare Erfolge in der Ausweitung ihrer militärischen Kompetenzen und Auslandspräsenz erzielt. EU-Europa ist also schon längst nicht mehr jene soft power, für die sie allgemein gehalten wird.[20] Dies demonstrieren die „friedenserhaltenden Maßnahmen" der EU in Mazedonien und Bosnien, aber auch die Beteiligung von Staaten der EU am NATO-Krieg gegen Jugoslawien, im UN-Protektorat Kosovo und an der ISAF in Afghanistan. Ein entscheidender, wenn auch in der Form eher symbolischer Durchbruch war die Operation Artemis im Kongo (Ende 2003), wo die EU erstmals unter eigenem Oberkommando operierte. Die Präsenz europäischer Truppen im Ausland hat sich insgesamt während der letzten fünf Jahre verdoppelt.[21]

Die Reaktion der USA auf die Einrichtung eines gemeinsamen und von der NATO unabhängigen Oberkommandos war scharf, bereits vor der Schaffung dieses *fait accompli*: Der US-NATO-Botschafter Burns sprach von einer „ernsthaften Bedrohung" der Allianz,[22] und US-Außenminister

---

der Ölpreis nicht mehr in US-Dollar fakturiert wird? In: Österreichisches Studienzentrum für Frieden und Konfliktlösung (Hrsg.), Schurkenstaat und Staatsterrorismus. Die Konturen einer militärischen Globalisierung. Münster 2004, S. 178-194.

19 Vgl. Ruf, Werner, Pax Americana – eine neue Weltordnung? In: Sack, Detlef / Steffens, Gerd (Hrsg.), Gewalt statt Anerkennung? Aspekte des 11.9.2001 und seiner Folgen. Frankfurt/Main 2003, S. 97-112, hier S. 109f.

20 Giegerich, Bastian / Wallace, William, Not Such a Soft Power: The External Deployment of European Forces; in. Survival Bd. 46, Nr. 2/2004, S. 163-182.

21 Ebd.

22 Frankfurter Allgemeine Zeitung, 21.10.2003, S. 6.

Powell erklärte: „Wir benötigen keine weiteren Generalstäbe, wir brauchen mehr Fähigkeiten und die Stärkung der vorhandenen Strukturen und Kräfte ...“[23] Der Dissens könnte kaum größer sein: Setzen die Europäer – bzw. innerhalb Europas die treibende deutsch-französische Achse – ihr Konzept in politische und militärische Wirklichkeit um (einschließlich der Schaffung der hierfür notwendigen Kapazitäten), so zielt dies letztlich auf das Ende der militärischen Dominanz der USA und damit auf eine erhebliche Reduzierung ihres politischen Einflusses in Europa. Auf dem NATO-Gipfel in Istanbul am 28. und 29. Juni 2004 wurde zwar eine Reihe konkreter Beschlüsse gefasst, insbesondere bezüglich der wiederum unterstrichenen weltweiten Interventionskompetenz.[24] Aber erst die Umsetzung der Beschlüsse wird zeigen, wie tragfähig der Konsens ist oder ob die Interessengegensätze hinter Einvernehmensfloskeln versteckt wurden. Auf Letzteres lassen die verbalen Attacken des französischen Staatspräsidenten Chirac auf seinen amerikanischen Amtskollegen schließen.[25]

Die latenten Konflikte zwischen den USA und einem Teil „Kerneuropas“ zeigten sich während der US-amerikanischen Vorbereitungen zum Krieg gegen den Irak. Sichtbar werden sie in folgenden Bereichen:

- NATO-Osterweiterung/EU-Osterweiterung: Kaum eröffnete die NATO einer Reihe ehemaliger Mitgliedstaaten der Warschauer Vertragsorganisation die Möglichkeit des Beitritts, wurden sie auch in die EU aufgenommen. Außerhalb der EU stehen derzeit nur noch die alten NATO-Partner Norwegen und Türkei und das Neu-Mitglied Bulgarien. Dies heißt nichts Anderes, als dass die Mitgliedschaft in einer Organisation nahezu automatisch die Mitgliedschaft in der anderen nach sich zieht, da keiner der Protagonisten – USA und EU – einen Staat aus dem ehemaligen Machtbereich der Sowjetunion unter den ausschließlichen Einfluss des Anderen kommen lassen will.
- Nachdem die EU im November 1995 den so genannten Barcelona-Prozess gestartet hatte,[26] der das Ziel der Bildung einer an die EU ange-

---

23 Zitiert nach Brigot a.a.O.

24 Siehe http://usinfo.state.gov , zuletzt abgerufen 2.7.2004.

25 Der Standard 30.6.2004.

26 In einer gewissen Analogie zum Helsinki-Prozess umfasste die Deklaration von Barcelona (November 1995) drei Körbe: I. Politische und Sicherheitspartnerschaft, II. Wirtschafts- und Finanzpartnerschaft, III. Partnerschaft im kulturellen, sozialen und menschlichen Bereich. Ausführlicher und die Widersprüche benennend: Jünemann, Annette, Die Mittelmeerpolitik der Europäischen Union. In: Frankreich Jahrbuch 1977, Opladen 1977, S. 93-115. Zur Kritik der sicherheitspolitischen Dimension der Erklärung von Barcelona: Ruf, Werner, Möglichkeiten einer konstruktiven Sicherheitspolitik zwischen Europa und dem Maghreb. In: a.a.O., S. 117-134. Die Ziele der EU-Politik im Mittelmeerraum wurden aktualisiert zusammengefasst in: Common Strategy of the European Council of 19 June 2000 on the Mediterranean Region (2000/458/CSFP) Official Journal of the Euro-

gliederten Freihandelszone verfolgt, und sämtliche Mittelmeeranrainer einschließlich Israels und der Palästinensischen Autonomie-Behörde und dazu noch Mauretanien und Jordanien umfasst, begann die NATO den so genannten Mittelmeer-Dialog mit Israel, Jordanien, Ägypten, Algerien und Tunesien, der – im Gegensatz zu den primär wirtschaftlichen Zielsetzungen der EU – Sicherheitsaspekte in den Vordergrund stellt. Ebenfalls plant die NATO die Intensivierung ihrer Beziehungen zum Golf-Kooperationsrat, die umso wichtiger erscheinen, als Saudi-Arabien immer unsicherer und unzuverlässiger erscheint. Der Aufmarsch gegen den Irak musste daher vom Emirat Katar aus erfolgen.

Die Motivationen sowohl der Neumitglieder der EU wie der Mittelmeeranrainer sind gespalten: Die EU wird als wirtschaftliche (und soziale?) in einem politischen Einigungsprozess befindliche Organisation mit entsprechenden Anreizen verstanden, die NATO dagegen als das, was sie ist: ein Militärbündnis. Ihm gegenüber haben die Staaten der ehemaligen WVO aufgrund historisch bedingter Wahrnehmungen die Erwartung, vor möglichen russischen Dominanz-Ansprüchen geschützt zu werden. Dies erklärt die bereitwillige, wenn auch meist symbolische Gefolgschaft zur Beteiligung an der Koalition der Willigen im Irak-Krieg. „Sicherheitsgewährung“ im klassischen Sinne wird also nur von der NATO bzw. von deren Vormacht USA erwartet. Deren Kompetenz abzulösen, wird der EU nicht gelingen. Im Gegenteil: Durch Imitation der NATO und die militärische Integration der neuen Mitgliedstaaten im Osten entsteht für Russland ein neues Sicherheitsdilemma, das durch die Doppelmitgliedschaften in EU und NATO nur verschärft wird. Gerade im Verhältnis zu Russland hätte die EU konstruktive und stabilisierende Handlungsspielräume, wenn sie mit einer zivilen statt mit einer militarisierten Außen- und Sicherheitspolitik zur NATO auf Distanz ginge.

Durchaus ähnlich verhält es sich im Falle der Südanrainer des Mittelmeers: Sowohl Israel wie die arabischen Mitglieder des „Dialogs“ versprechen sich von privilegierten Beziehungen zur NATO politische Rückversicherungen in Form von Bestandsgarantien ihrer Territorialität, im Falle der arabischen Regime auch eine Stütze ihrer undemokratisch-autoritären Herrschaft. Gerade für diese Regime kam der 11. September 2001 wie ein Geschenk des Himmels: Der „Krieg gegen den Terrorismus“ eröffnete ihnen die Möglichkeit, noch brutaler gegen jede Art von Opposition im eigenen Lande vorzugehen und sich – so zumindest Marokko, Algerien, Ägypten und Jordanien – als Subunternehmer für die USA anzubieten, da sie über „effektivere Verhörmethoden“ verfügen als jene, die die USA in Guantánamo, Abu Ghraib, Bagram, auf Diego Garcia oder eigens hierzu eingerich-

pean Communities, 22.7.2000, L 183/5-10.

teten Kriegsschiffen verfügen.[27] Algerien scheint derzeit in engen Verhandlungen über eine Art Assoziierungsabkommen mit der NATO zu stehen.[28]

Statt den Barcelona-Prozess aus Rücksicht auf die USA und deren Unterstützung für Israel im Nahost-Konflikt stagnieren zu lassen, könnte die EU gerade das Projekt der mediterranen Freihandelszone in Richtung auf eine Friedenszone ausbauen: Der demonstrative Verzicht Libyens auf Massenvernichtungsmittel böte hierzu eine hervorragende Gelegenheit, zumal auch die Ökonomien der übrigen Länder sich immer weniger die Rüstungslasten leisten können. Eine solche Politik ist allerdings nur um den Preis einer konsequenten Umsetzung des verbal immer wieder proklamierten Menschenrechtsdiskurses möglich. Die Durchsetzung von Menschenrechten und Demokratie im Nahen Osten ist die erste und wichtigste Voraussetzung, um eine tatsächliche ökonomische und soziale Entwicklung in Gang zu setzen.[29] Beide zusammen sind die einzig mögliche und langfristig wirksame Politik gegen den immer wieder beschworenen Terrorismus. Auch hier geriete eine solche Politik in Konflikt mit den Interessen der USA, die ihren Einfluss auf die Region der – militärischen und polizeilichen – Stabilisierung der dortigen verkrusteten, korrupten und repressiven Regime verdanken.

Diese Situation stellt die EU vor ein Dilemma: Nicht nur ist fast die Gesamtheit der alten EU-Staaten in der NATO, auch die Neumitglieder traten dem Militärbündnis bei. Sie setzen aufgrund ihrer Sicherheitswahrnehmungen vor allem auf die US-geführte NATO, aus der sich zu befreien umso unmöglicher sein dürfte, als sie sich bei den USA hoch verschuldet haben, um ihre Armeen NATO-kompatibel zu machen. Die Förderung des Beitritts der osteuropäischen Staaten zur EU durch die USA ist keineswegs, wie es auf den ersten Blick scheinen mag, paradox: Nicht nur ist dieser Beitritt für die (bisherige) EU ökonomisch eine schwere Belastung, mittels dieser Staaten erhöhen die USA auch ihren Einfluss innerhalb der EU.[30] Genau diese Strategie erklärt das Drängen des George W. Bush auf die Aufnahme der Türkei in die EU auf dem NATO-Gipfel in Istanbul im Juni 2004.

---

27 Siehe dazu: Monitor Nr. 519, 3.6.2004: Kampf gegen den Terror: Wie die USA in Syrien foltern lassen. Bericht: Georg Restle und Petra Ensminger.

28 Ruf, Werner, Algier – Washington: Eine Beziehung der besonderen Art. In: INAMO Nr. 35, Jahrgang 9, 2003, S. 19-22.

29 United Nations Development Programme / Arab fund for Social and Economic Development, The Arab Human Development Report 2002. Creating opportunities for future generations; New York 2002 (www.undp.org/rbas/ahdr/), zuletzt abgerufen 2.7.2004.

30 Ähnlich argumentiert Wallerstein, Immanuel, The U.S. and Europe, 1945 to Today. In: Rivista del Manifesto, Juni 2004. dt. Übersetzung: http://www.uni-kassel.de/fb10/frieden/themen/Europa/wallerstein.html, zuletzt abgerufen 20.7.2004.

Die bestehenden Rivalitäten erscheinen so weniger als Konflikt zwischen den USA und der von ihnen geführten NATO einerseits und der EU andrerseits denn als die Rivalität zwischen den USA und der Achse Berlin-Paris: Paris glaubt, mit der Unterstützung Deutschlands seine alten gaullistischen Träume von der Rückkehr in eine Großmachtrolle verwirklichen zu können, Deutschland dagegen geht es primär darum, sich der militärischen Fesseln des Grundgesetzes und des 2+4-Vertrags zu entledigen: Wenn denn endlich die EU-Verfassung über den Verfassungen der Einzelstaaten steht, könnten diese restriktiven Bestimmungen obsolet werden. Und über die vorgesehenen Militärstrukturen könnte Deutschland schließlich eine Mitverfügung über die französischen Atomwaffen erlangen. Jedoch: Jenseits der Möglichkeiten der Einflussnahme der USA über die „neuen" Europäer des Donald Rumsfeld stellen das Prinzip der unterschiedlichen Geschwindigkeiten, vor allem aber die in der Verfassung vorgesehenen „Koalitionen der Willigen" für Militäreinsätze letztlich Sprengsätze dar, die nicht nur die Verwirklichung der Gemeinsamen Außen- und Sicherheitspolitik verhindern, sondern auch den Zusammenhalt der Union ernsthaft gefährden können.

6. Zivilmächtige Handlungsmöglichkeiten

Es ist auf den ersten Blick schwer verständlich, weshalb die EU sich auf eine militärische Rivalität mit den USA einzulassen scheint, in der sie ohnehin niemals die „gleiche Augenhöhe" erreichen wird. In der hier geführten Argumentation geht es nicht darum, die militärischen Defizite zu pazifistischen Tugenden zu erklären, etwa nach dem Motto: Da die gleiche Augenhöhe mit den USA nicht zu erreichen ist, verzichten wir (die EU) auf weitere Militarisierung.

Vielmehr geht es darum, das Zivilmachtkonzept zur Grundlage der Außen- und Sicherheitspolitik der EU zu machen und die Glaubwürdigkeit einer Politik zu erhalten, für die die Wahrnehmung der EU bisher weltweit steht und die ihrer eigenen Geschichte als wirtschaftliche und Verhandlungsmacht entspricht.[31] Die Notwendigkeit einer solchen Politik ergibt sich außerdem aus der Tatsache, dass militärische Gewalt bestenfalls offene Konflikte niederzuhalten vermag, keineswegs aber politische Lösungen bewirken kann, wie dies die Beispiele Bosnien, Kosovo und Mazedonien demonstrieren, Schlimmstenfalls bewirkt sie, wie in Afghanistan und Irak, die Eskalation von Gewalt, den Zerfall von Staatlichkeit und die Diskreditierung der humanitären Hilfe.

---

31 Vgl. auch Hauswedell, Corinna / Wulf, Herbert, Die EU als Friedensmacht? In: Friedensgutachten 2004, Münster 2004, S. 122-130.

Kernelemente einer auf Zivilmachtkompetenz setzenden Politik wären:

- Endlich in den Vereinten Nationen das politische (und moralische) Gewicht einzubringen und mit einer Stimme zu sprechen, was bisher noch nicht einmal ansatzweise zu erkennen ist. Immerhin verfügt die EU über zwei Ständige Sitze im UN-Sicherheitsrat. Mit 25 Mitgliedern stellt sie einen großen und potenten Block in der UN-Vollversammlung.
- Anstatt in der Europäischen Sicherheitsstrategie vage davon zu sprechen, dass *„die Charta der Vereinten Nationen den grundlegenden Rahmen für die internationalen Beziehungen bildet“,* könnte die EU einen entscheidenden Schritt zur Stärkung der Effizienz des UN-Systems vollziehen, indem sie auf die Bildung eines Generalstabs beim UN-Sicherheitsrat drängt und diesem (Teile ihrer) Truppen unterstellt, anstatt, wie in der ESS formuliert, autonomes, auch präventives Handeln für sich in Anspruch zu nehmen, das, sofern es sich um militärische Aktionen handelt, klar gegen den Kern der UN-Charta – das Verbot des Angriffskrieges – verstößt.
- Gemeinsam mit den anderen Mitgliedern des „Quartetts“, den UN und Russland, im Nahostkonflikt politisch jene Eigenständigkeit gegenüber den USA zu zeigen, die die EU mit der Militarisierung versucht, in ihrem politischen Agieren jedoch vermeidet. Solche Politik könnte tatsächlich den Fahrplan der „Roadmap“ und eine Lösung im Sinne der Schaffung eines palästinensischen Staates voranbringen und den immer wieder proklamierten Prinzipien der EU zu Glaubwürdigkeit verhelfen.
- Auf der Grundlage der von den Generalsekretären der UN entwickelten Agenden für Frieden und Entwicklung könnte gerade die EU andere – zivilmächtige – Strategien entwickeln, die eine friedensorientierte Außenpolitik Realität werden lassen könnten. Diese wäre zugleich eine nachhaltigere Sicherheitspolitik, als sie über das Militär als Bedrohungsinstrument erreichbar ist.
- Eine im Umfang zu steigernde, als Konfliktprävention im Sinne des Abbaus struktureller Gewaltverhältnisse verstandene Entwicklungspolitik müsste Grundlage einer solchen als Friedenspolitik gedachten Außenpolitik sein.
- Eine auf die Durchsetzung der (auch materiellen) Menschenrechte und der Demokratie orientierte Politik, wie sie bereits in der europäischen Initiative für Demokratie und Menschenrechte festgeschrieben ist,[32] wäre – ganz im Sinne der in der ESS beschworenen Probleme der

32 European Initiative for Democracy and Human Rights Programming Document 2002-2004, Commission staff working document.

Weltgesellschaft – ein effektiveres Mittel im Kampf gegen den immer wieder beschworenen Terrorismus und die Verbreitung von Massenvernichtungsmitteln als die willkürliche und völkerrechtswidrige Anwendung von Gewalt dort, wo kurzfristige Interessen dies zu gebieten scheinen.[33]

- Die Umsetzung einer solchen Strategie in konkrete Politik und ihre sichtbaren Erfolge könnten schließlich einen zivilisierenden Einfluss auch auf die US-Außenpolitik haben,[34] da die USA wahrscheinlich nach einem Machtverlust der Neo-Konservativen nicht für immer als der internationale Akteur erscheinen wollen, der nur mit brutaler Gewalt seine Politikziele verfolgt.

Dies würde voraussetzen, dass die in der Präambel der Verfassung beschworenen Ziele, die lyrischen Erklärungen der Kommission, der Menschenrechtsdiskurs der EU etc. ernst genommen und zu Axiomen der Politik gemacht werden. Es geht also keineswegs um die Realisierung weltfremder Utopien, sondern um die Glaubwürdigkeit des Selbstverständnisses der Union und der von ihr erklärten Politikziele. Eine an den von ihr proklamierten Werten orientierte Politik würde auch den Zusammenhalt der Union stärken und demonstrieren, dass eine auf dem Konzept der Zivilmacht fußende Politik erfolgreicher und nachhaltiger zur Lösung von Konflikten beiträgt als gewaltförmige Intervention. Die Glaubwürdigkeit solcher Politik setzt aber den Verzicht auf den militärischen big stick voraus.

Mittlerweile aber erscheint das Konzept von der Zivilmacht eher als Traum, die Weichen in Richtung der Rückkehr zur alten Schablone des Krieges als Mittel der Politik gestellt. Denn auch ohne gültige Verfassung sind die ESS und das Amt für Rüstung beschlossen, der Präzedenzfall Oberkommando erfolgreich geschaffen und dem Agieren des Ministerrats in Sachen GASP ohne parlamentarische Kontrolle per Beschluss der Regierungskonferenz vom 18. Juni 2004 Tür und Tor geöffnet.

Allerdings bleibt die Hoffnung, dass die Evidenz ins Bewusstsein rückt, dass mit militärischen Mitteln weder auf dem Balkan noch in Afghanistan, im Kongo oder anderswo eine funktionierende zivile Infrastruktur aufgebaut werden kann und dass die dringend fällige öffentliche Debatte über eine Europäische Verfassung das Zivilmacht-Konzept nochmals auf die Tagesordnung zu bringen vermag.

---

33 Ausführlich zu dieser Argumentation: Ruf, Werner, Amerikanischer Unilateralismus und europäische Unfähigkeit? Grenzen und Chancen einer zivilen europäischen Außen- und Sicherheitspolitik. In: Österreichisches Studienzentrum für Frieden und Konfliktlösung (Hrsg.), Europa Macht Frieden, Münster 2003, S. 130-143.

34 In diesem Sinne argumentiert Hoffmann, Stanley, Clash of Globalizations. In: Foreign Affairs, Nr. 4 (Juli-August) 2002, S. 104-115.

Zu solchen Einsichten mögen auch die schlimmen Erfahrungen aus dem Krieg gegen den Irak beitragen, die gleichfalls lehren, dass „militärische Gewalt und politische Gestaltungsfähigkeit zweierlei (sind).“[35]

---

35 Friedensgutachten 2004, S. 13.

Die neue europäische Sicherheitspolitik – eine verpasste Chance? Die Dilemmata des Solana-Papiers und die „Rekonstruktion des Westens“

Corinna Hauswedell

Die Zerrissenheit der EU-Staaten angesichts des Irakkrieges war ein Anlass, um aus dem Schatten der westlichen Vormacht herauszutreten und über europäische Strategien der Sicherheit nachzudenken. In Zeiten, in denen politische Symbolik große Geltung besitzt und die Gemeinsame Außen- und Sicherheitspolitik (GASP) eher ein Schattendasein führt, war dies ein bemerkenswerter Vorgang. Aber wurde die Chance auch genutzt, um etwas Neues auf den Weg zu bringen? Und war das gewollt?

Dokumente über den transatlantischen Graben

Im Dezember 2003 wurde der Strategieentwurf „Ein sicheres Europa in einer besseren Welt“ des Hohen Beauftragten Javier Solana in leicht modifizierter Form von Europäischen Rat angenommen. Es war ein Signal für eine neue Dynamik in Sachen europäischer Außen- und Sicherheitspolitik. Ein Jahr nach Vorlage des Solana-Papiers sind aber auch die Dilemmata und Widersprüche einer eigenständigen und kohärenten europäischen Sicherheitspolitik deutlicher geworden. Das gilt, auch wenn angesichts der Verabschiedung des Verfassungsentwurfes zunächst eine unübersehbare Euphorie in den meisten EU-Regierungsetagen herrschte, die Passagen zur Europäischen Sicherheits- und Verteidigungspolitik (ESVP) hatten bereits im Dezember die Zustimmung der Vereidigungsminister erhalten.

Unter der Überschrift „Die Rekonstruktion des Westens“ hatte der deutsche Außenminister Joschka Fischer im März in der Frankfurter Allgemeinen Zeitung (FAZ) den Versuch gemacht, nachzubessern und aus deutscher Perspektive die „strategische Dimension“ für die EU zu formulieren. Dabei wurden als „strategisch“ vor allem Aufgaben definiert, die sich aus den Terrorakten des 11. September ergeben, die in geographisch fernen Regionen liegen können und die vorrangig einer militärischen Komponente bedürfen. Hierin wird ein großer gemeinsamer Interessen-, Strategie- und Handlungsvorrat mit den USA konstatiert; die Rede von der „Rekonstruktion des Westens“ schien dazu angetan, die im Kontext des Irakkrieges entstandenen transatlantischen Risse wieder zu kitten.

Die Dokumente bzw. Texte erfüllen unterschiedliche Funktionen und sprechen eine unterschiedliche Sprache. Während das Solana-Papier – pragmatisch und in Teilen inkonsistent – die Kompromissfähigkeit der alten EU-Staaten zum Ausdruck brachte, sich neben, wenn auch nicht gegenüber den USA zu platzieren, fällt am Text des deutschen Außenministers die wortgewaltige Ambitioniertheit auf, mit der Begriffe wie „Strategie“ und „Westen“ besetzt werden, vor allem, um dem transatlantischen Gegenüber zu imponieren.

Das Solana-Papier[1]

Verschiedene Fragen und Dilemmata liegen auf dem Tisch, wenn es um die schwierige sicherheitspolitische Konsensfindung im Rahmen der EU geht: Wie soll sich die EU als global agierende (Friedens-)Macht gegenüber den belliziösen Ambitionen der amtierenden US-Administration positionieren? Wie kann eine für globale humanitäre Aufgaben adäquate Politik gefunden werden, die nicht bei jeder Krise mit militärischen Mitteln reagiert? Kann angesichts vielstimmiger nationaler Interessen überhaupt ein Primat (ziviler) europäischer Außenpolitik gegenüber den neuen sicherheitspolitischen Herausforderungen etabliert werden? Welche Form könnte eine angemessene militärpolitische Zielplanung annehmen, die nicht vor allem von einer um neue Identität bemühten europäischen Rüstungslobby definiert wird?

Das Solana-Papier war eine Art Befreiungsschlag. Gleich mehrere der angesprochenen Fragen sollten gelöst werden. Herausgekommen ist ein bemerkenswerter politischer Kompromiss, der jedoch zu vieles offen lässt. Der nach dem 11. September 2001 und dem Irakkrieg dringend notwendige Impuls zu einer Zivilisierung der Sicherheitsdebatte ist in den Doppeldeutigkeiten des EU-Dokuments hängen geblieben.

Bedrohungen dominieren Herausforderungen

Der Analyseteil des Dokuments[2] (Kapitel I.) signalisierte einerseits gegenüber den USA, dass die EU die so genannten neuen Bedrohungen wie

---

1 Die folgenden Passagen sind in Teilen einem Aufsatz entnommen, den ich zusammen mit Herbert Wulf für das Friedensgutachten 2004 geschrieben habe: Die EU als Friedensmacht? Neue Sicherheitsstrategie und Rüstungskontrolle. In: Weller / Ratsch / Mutz / Schoch / Hauswedell (Hrsg.), Friedensgutachten 2004, Münster 2004, S. 122-130.

2 Siehe http://ue.eu.int/solana/docs/031208ESSIIDE.pdf. Dort auch die im Text verwandten Zitate.

„Terrorismus“, „Verbreitung von Massenvernichtungswaffen“, „Scheitern von Staaten“ und „Organisierte Kriminalität“ ähnlich (gefährlich) einschätzt wie der transatlantische Partner und gewillt ist, sich aktiv und konkret für die Bekämpfung dieser Bedrohungen zu engagieren. Der europäischen Öffentlichkeit wollte man andererseits – im Einklang etwa mit dem UN-Millenniumsreport und in deutlicher Distanz zur Politik der USA – ein komplexes und differenziertes Bild der globalen Herausforderungen und Konfliktpotentiale wie Armut, Hunger, Krankheiten, Ressourcenknappheit, Migration etc. vermitteln. Dies hat jedoch, obwohl die Endfassung im Vergleich zum Solana-Entwurf um etwas mehr Klarheit bemüht war, zu einem unbalancierten Nebeneinander beider Analyseelemente in einem wenig trennscharfen „Sicherheitsumfeld“ geführt. In die Endfassung des Dokuments wurden „Regionale Konflikte“ zusätzlich als Bedrohungsfaktor aufgenommen, einerseits weil sie negative Synergieeffekte für Terrorismus, Staatszerfall und Kriminalität bereithalten können. Andererseits räumt das Dokument aber zu Recht ein: „Um den häufig schwer zu definierenden neuen Bedrohungen zu begegnen, ist es bisweilen das nahe Liegendste, den länger zurückliegenden regionalen Konflikten auf den Grund zu gehen.“ Eine entsprechende Handlungsanleitung im Umgang mit den konkret benannten Konflikten (Kaschmir, Große Seen in Afrika, Korea, Naher Osten) fehlt jedoch. Wesentliche kausale Zusammenhänge zwischen Konfliktgenese und Gewalteskalation werden nicht thematisiert. Die Risiken und Gefährdungen der Globalisierung werden weder analytisch noch operationell klar gegen politische feindliche Absichten (von z.B. Akteuren des transnationalen Terrorismus) abgegrenzt. Die Sicherheitserfordernisse werden demzufolge fast ausschließlich aus den Bedrohungen abgeleitet und nicht als umfassende Antwort auf die komplexen Prozesse der Globalisierung verstanden, wie dies beispielsweise in dem innerhalb der UN diskutierten Konzept von *Human Security* versucht wird.

Sicherheit vor Entwicklung?

Die EU-Strategie definiert Sicherheit als „die wichtigste Voraussetzung für Entwicklung“. Dies ist aber nur die eine, auf kurzfristige Abhilfe oder Krisenmanagement gerichtete Sicht der Dinge. Zwar wurde der Begriff „präemptives Engagement“, der zu sehr an die militanten Formulierungen der Nationalen Sicherheitsstrategie der USA erinnerte, in der Endfassung des Dokuments gestrichen. Wie zur Kompensation rückte man jedoch die „Abwehr von Bedrohungen“ an die erste Stelle des strategischen Zielkataloges (Kapitel II), bei dem es vor allem darum gehen soll, europäische Sicherheit zu verteidigen und ihre Werte weltweit zu Geltung zu bringen: „Bei den neuen Bedrohungen wird die erste Verteidigungslinie oftmals im Ausland liegen.“ Hier klingen Legitimationsmuster für militärisches Handeln an, die eher einer nationalen Interessensicherung aus der Epoche des klassischen Imperialismus entlehnt scheinen, als dass sie den modernen Interdependenzen des 21. Jahrhunderts Rechnung tragen.

Aus globaler und langfristiger Perspektive wäre es richtiger, die Erkenntnis in den Vordergrund zu stellen, dass Sicherheit nicht nur Voraussetzung, sondern vor allem das Ergebnis von Entwicklung sein muss. Als weltweit größte Handelsmacht und internationaler Hilfegeber kann die EU selbstbewusst mit den USA um die Konzepte einer „besseren Welt" konkurrieren und muss dies nicht auf dem Gebiet der Streitkräfte tun. Konsequenterweise wären dann die Prioritäten bei der Formulierung der strategischen Ziele umzukehren. An erster Stelle stünde dann „Eine Weltordnung auf der Grundlage eines wirksamen Multilateralismus" einschließlich des erklärten strategischen Ziels der internationalen Abrüstung. Doch Abrüstungskonzepte sucht man im Dokument – ebenso wie im Verfassungsentwurf – vergeblich.[3]

Abrüstung nur für andere?

Für die Befürworter einer eigenständigen ESVP scheint es kein Dilemma zwischen den verstärkten Bemühungen um den Aufbau europäischer Streitkräfte für Krisenfälle und dem Erfordernis der Rüstungskontrolle zu geben. Rüstungskontroll- und Abrüstungspolitik ist derzeit kein Thema in der EU, es sei denn, man diskutiert, verhandelt oder forciert im Rahmen der Nonproliferationsproblematik die Abrüstung der anderen, insbesondere der Nuklear-„Möchtegerne" wie Nordkorea, Iran und Libyen oder der Terrorgruppen. Der Begriff „Abrüstung" wird an keiner Stelle im Verfassungsentwurf für die EU erwähnt, während Details über die künftige Rüstung in Europa, wie beispielsweise die Aufgaben einer Rüstungsagentur, explizit aufgenommen wurden – ein einmaliger Vorgang für eine Verfassung.

Während die Notwendigkeit europäischer Streitkräfte nicht mehr grundsätzlich in Frage gestellt wird und es lediglich um den institutionellen Rahmen geht, ist Abrüstungspolitik auf Eis gelegt. Es scheint, dass sowohl in der Politik wie auch im akademischen Diskurs kein Zusammenhang zwischen diesen beiden sicherheitspolitischen Feldern gesehen wird. Wenn von Rüstungskontrolle der EU selbst überhaupt die Rede ist, verweisen die Sicherheitspolitiker bestenfalls auf die multilateralen Rüstungskontrollforen, die aber aufgrund der amerikanischen Politik weitgehend blockiert seien. Beispielsweise sind die britischen und französischen Nuklearwaffen ein Tabuthema, obwohl sie für eine gemeinsame europäische Außen-, Sicherheits- und Friedenspolitik ein Hindernis sind. Denn weder ist die von den

3 Siehe http://european-convention.eu.int/docs/Treaty/cv00850.de03.pdf.

meisten europäischen Ländern seit Langem geforderte Reform des UN-Sicherheitsrates ohne die Aufgabe der britisch-französischen Privilegien möglich, noch ist auch nur in Ansätzen diskutiert, ob und wenn ja, welche Rolle diese Atomwaffen in einer Gemeinsamen Außen- und Sicherheitspolitik der EU spielen könnten. Dieses Thema wird auch in dem Aktionsplan zur Implementierung einer EU-Strategie gegen die Proliferation von Massenvernichtungsmitteln völlig ausgeklammert.[4] Eine seriöse europäische Rüstungskontroll- und Abrüstungspolitik, welche die Konsequenzen der derzeitigen Bemühungen um eigenständigere EU-Streitkräfte und Rüstungskapazitäten ins Kalkül einbezieht, existiert nicht.

Unscharf: Zivile und militärische Handlungsoptionen

Das neue strategische Dokument der EU formuliert ein Sicherheitsverständnis, das in der Analyse des internationalen Systems absichtsvoll vage zwischen globalen Herausforderungen und Bedrohungen oszilliert und im Strategieteil die Interessen der EU an Stabilität in ihrem engeren und weiteren Umfeld ins Visier nimmt. Im operativen Teil des Dokuments (Kapitel III.), der sich mit den Instrumenten der EU für eine kohärentere Außenpolitik befasst, verengt sich die Perspektive noch einmal deutlich auf eine vor allem militärisch verbesserte Handlungsfähigkeit. Auf externe und interne Sicherheitsbedrohungen soll mit allen zur Verfügung stehenden Instrumenten der Krisenbewältigung und Konfliktverhütung reagiert werden, möglichst auch durch frühzeitiges, „rasches und wenn nötig robustes Eingreifen“. Das Dokument liefert keine Kriterien, anhand derer entschieden werden kann, ob zivile oder militärische Instrumente zum Einsatz kommen sollen. Stattdessen werden solche Operationen als besonders wertvoll angesehen, bei denen sowohl militärische als auch zivile Fähigkeiten zum Einsatz kommen, wiederum ohne dass dies aus der jeweiligen Konfliktkonstellation oder -phase, in der das Eingreifen stattfindet, zu begründen wäre. Die Erfahrungen in Afghanistan und im Irak halten indes inzwischen hinreichenden Stoff für eine Analyse der Kompliziertheit militärisch-ziviler Kooperationen bereit.

Man vermisst klare Aussagen, die die Erfahrungen vermitteln, dass fortgesetzte militärische Operationen den zivilen Wiederaufbau in Krisenregionen behindern oder konterkarieren und den Erfolg globaler Problembearbeitung gefährden, dass Rüstung und militärisch dominierte Interventionspolitik für die meisten Bedrohungen und Konflikte nicht nur keine Lösung darstellten, sondern im Gegenteil häufig kontraproduktiv waren.

4 Action Plan for the Implementation of the Basic Principles for an EU Strategy against Proliferation of Weapons of Mass Destruction, EU Kommission, DG E VIII, Dokument 10354/1/03 REV 1 (en).

Wenn es richtig ist, dass „keine der neuen Bedrohungen rein militärischer Natur (ist) und auch nicht mit rein militärischen Mitteln bewältigt werden (kann)“, lässt sich die Prioritätensetzung, die an die erste Stelle einer verbesserten Handlungsfähigkeit der EU die Aufstockung der Mittel für Verteidigung setzt, schlechterdings nicht nachvollziehen. Man würde erwarten, dass der Frage, mit welchen Mitteln einer militärischen Eskalation von Konflikten vorgebeugt werden kann bzw. wie in Gewaltkonflikten eine deeskalatorische Perspektive eingeleitet werden kann, mit deutlich mehr Tiefenschärfe nachgegangen wird. Es wird zwar beschworen, dass Krisenprävention nicht früh genug beginnen kann, der Ausbau der dafür notwendigen zivilen Mittel steht jedoch deutlich an zweiter Stelle nach den militärischen und bezieht sich vor allem auf die Konfliktnachsorge.

Militärische Intervention nicht *ultima ratio*

Obwohl sich die neue EU-Strategie deutlicher als ihr Konkurrenzprodukt aus den USA dem Völkerrecht verpflichtet sieht, ihre Fähigkeiten in den Dienst der Vereinten Nationen stellen will und der Einsatz ziviler Mittel konzeptionell hoch gehalten wird, sucht man vergebens eine Formulierung, dass der Einsatz militärischer Mittel nur der *ultima ratio* unlösbarer Gewaltkonflikte entspringen kann. Ein absichtsvoll vager Sicherheitsbegriff, unzureichende Konfliktursachenanalysen und Kontextabgrenzungen führen konsequenterweise im operativen Bereich zu widersprüchlichen Handlungsoptionen, zu einer Unschärfe bei der Wahl ziviler bzw. militärischer Instrumente. Man mag hierin einen zeitgemäßen Reflex auf die jüngeren Entwicklungen und Verwerfungen in den internationalen Beziehungen sehen, zu denen die Enttabuierung des militärischen Faktors und die Verwischung der Grenzen von Krieg und Frieden gehören. Diese Prozesse sind aber ganz wesentlich ein Produkt machtpolitischer Konstellationen und bewusst handelnder staatlicher und nichtstaatlicher Akteure. Die EU, deren außenpolitische Kohärenz und Handlungsfähigkeit bisher vor allem durch virulente nationale Eigeninteressen der Mitgliedsstaaten begrenzt wurde, muss sich überlegen, ob sie diese Grenzen ausgerechnet durch die traditionellen Insignien wachsender militärischer Macht überwinden will und kann. Die Trennschärfe zwischen zivilen und militärischen Zielen und Instrumenten ist so vage, dass mit der neuen EU-Strategie und der Beschleunigung der ESVP-Instrumente eine de-facto-Militarisierung im internationalen Konflikthandeln die Folge sein könnte. Die bisherigen Schwächen der GASP waren eben nicht nur, und nicht einmal vor allem, eine Funktion mangelnder Militärpotentiale und -strategien, sondern institutionelle bzw. konstitutionelle Schwächen des sich integrierenden und erweiternden politischen Wirtschaftsraumes EU. Eine in zentralen politischen Fragen unvollendete Verfassungsdebatte scheint gegenwärtig Raum für eine pragmatische Einigung in verteidigungspolitischen Streitfragen zu bieten und damit dem Militär eine Steigbügelfunktion für die Außenpolitik zu eröffnen.

„Rekonstruktion des Westens“?[5]

Wo das EU-Strategie-Dokument absichtsvoll vage blieb, war der deutsche Außenminister im Frühjahr 2004 mit Präzisierungen zur Hand. Von der Chance einer Neubestimmung europäischer Außen- und Sicherheitsstrategie blieb danach jedoch noch weniger übrig. Allzu oft wird das Wort „neu“ bemüht, wo es doch eigentlich um „Rekonstruktion“ gehen soll.

Die Aufnahme des Bedrohungsszenarios des Terrorismus wurde nolens volens zum Ausgangspunkt für die strategischen Überlegungen Joschka Fischers. Im Rahmen des programmatischen Interviews in der Frankfurter Allgemeinen Zeitung vom 6.3.2004 erläuterte er:

> „Die Rekonstruktion des Westens ist für eine positive Gestaltung der Globalisierung und die Überwindung der Gefahr des Terrorismus von entscheidender Bedeutung ... Es geht um einen neuen Transatlantismus, der den Veränderungen in Europa wie der neuen strategischen Bedrohungslage gerecht wird ... Die Spaltung im Irak-Konflikt hat bei den Europäern eher die Erkenntnis gefördert, die strategische Dimension auszufüllen. Mit der neuen Strategie, dem ‚Solana-Papier‘, haben wir jetzt erstmals die Voraussetzung dafür geschaffen. Die Entwicklung der europäischen Sicherheitspolitik, besonders auch der militärischen Fähigkeiten, ist dabei ein ganz wichtiger Faktor.“

Während der ebenfalls im Kontext dieser Rede unterstellte Abschied Fischers von der Idee eines „Kerneuropa“ relativ viel öffentliche Resonanz erhielt, haben andere, u.U. zentralere Aspekte der Rede, wie die Verwendung der Begriffe „Strategie“ und „Westen“, vergleichsweise wenig Aufsehen bzw. Kritik provoziert. Als strategisch wurde hier definiert, was – obwohl in geografisch fernen Regionen liegend – die Interessen der EU-Staaten tangiere und im Konfliktfalle vorrangig militärisch zu behandeln sei. Damit folgt Fischer dem klassischen Referenzrahmen der anglo-amerikanischen *strategic studies*, deren Strategieauffassung Interessen vorwiegend an Staaten und deren Regierungen und Machtausübung eng an das Militär bindet. Dies mag eine gangbare Taktik für die angeschlagene transatlantische Brücke darstellen, für eine auf *soft power* gebaute EU-Außenpolitik könnte dies perspektivisch hingegen einen allzu großen Spagat bedeuten. Denn zu den Erfahrungen, die alte und neue EU-Staaten und -Bürger aus der Zeit des Ost-West-Konfliktes mitgenommen haben, gehörte u.a. ein positives Verhältnis zu den Ideen Gemeinsamer Sicherheit, die eher auf

5 Die Rekonstruktion des Westens, Außenminister Fischer über Europa, Amerika und die gemeinsamen strategischen Aufgaben, Frankfurter Allgemeine Zeitung, 6.3.2004, S. 9.

Abrüstung, Entspannung und Interessenausgleich denn auf Konfrontation beruhten. Der in UN-Gremien und Nord-Süd-Zusammenhängen in jüngerer Zeit vieldiskutierte Begriff der *Human Security* – in Kanada ist er Bestandteil des außenpolitischen Leitbildes – dürfte ebenfalls nicht kompatibel sein mit den militärisch eng geführten Strategiekonzepten, die bei Fischer anklingen.

Um das Dilemma, dass die meisten der heutigen globalen Gefährdungen menschlicher Sicherheit (inklusive des transnationalen Terrorismus) weder militärischer Natur noch mit militärischen Mitteln lösbar sind, drücken sich die gegenwärtigen Sicherheitskonzepte der *global players*, der USA, der EU ebenso wie auch das Papier des deutschen Außenministeriums, herum. Die Rede vom „erweiterten Sicherheitsbegriff", der sich u.a. auch durch die Verteidigungspolitischen Richtlinien der Bundesrepublik zieht, reflektiert gerade nicht die globalen Interdependenzen, sondern dient vorrangig der Legitimierung eines erweiterten militärischen Handlungsspielraumes.

Bedenklich stimmen muss auch der ehrgeizige Umgang mit dem Begriff des „Westens", den Fischer als ideologischen Begründungsrahmen für die neue Europa-Strategie gezimmert hat. Es ist in anderen Kontexten und in kritischer Absicht darauf hingewiesen worden, dass der „Westen" als politischer Begriff eine Konstruktion darstellte, die während des Kalten Krieges zwar helfen sollte, die Ideen der Aufklärung zu verbreiten. Doch damals wie heute ist der „Westen" für diejenigen, die nicht dazu gehören, ein problematischer Begriff geblieben.[6] In der Tat ist besondere Vorsicht mit Konnotationen geboten in einer Zeit, in der sich globale Konfliktinhalte in neuer Weise auch aus den politischen und kulturellen Differenzen der „östlichen" bzw. muslimischen und der „westlichen" bzw. kapitalistischen Welt zu speisen scheinen. Und die Europäer haben über die Jahrhunderte ihrer Kolonisationsgeschichte nicht gerade die besten Voraussetzungen geschaffen, um mit einer „Rekonstruktion des Westens" positive Assoziationen in Gang zu setzen.

Es mag in der Logik des Elitenprojektes der EU und ihrer Strategiedebatte liegen, dass der deutsche Außenminister meinte, sich über solche Bedenken hinwegsetzen und sich mit der „Rekonstruktion des Westens" direkt an den transatlantischen Partner wenden zu können. Mit solcher Art eitler Machtprojektion wird höchst stümperhaft und mit falschen Signalen kaschiert, dass eine Gemeinsame Außen- und Sicherheitspolitik derzeit zwischen den EU-Staaten nicht existiert, geschweige denn von ihren Bürgerinnen und Bürgern getragen wird.

Jürgen Habermas hat, wie immer verdienstvoll, auch in diesem Kontext die demokratische Öffentlichkeit angemahnt:

---

6 Vgl. die Aussagen von Christoph Zöpel in: Rekonstruktion des Westens, SEF News Nr. 20, August 2004, S. 13.

„Bevor man sich, wie der deutsche Außenminister, in Schwärmereien über die weit ausgreifenden strategischen Aufgaben der erweiterten Europäischen Union in der Welt verliert, sollten die politischen Eliten über die Grenzen eines bürokratischen Steuerungsmodus nachdenken. ... Eine politische Identität der Bürger, ohne die Europa keine Handlungsfähigkeit gewinnen kann, bildet sich nur in einem transnationalen öffentlichen Raum. Diese Bewusstseinsbildung entzieht sich dem elitären Zugriff von oben und lässt sich nicht wie der Verkehr von Waren und Kapital im gemeinsamen Wirtschafts- und Währungsraum durch administrative Entscheidungen ‚herstellen'.“[7]

Für einen zivilen Primat der EU-Außenpolitik

Bevor also eine EU-Sicherheitsstrategie mit den Strukturen einer europäischen Militärstreitmacht durch *Ad-hoc*-Entscheidungen Gestalt annimmt, ist eine in der Realität existierende Gemeinsame Außen- und Sicherheitspolitik erforderlich, damit die ESVP einem politischen Primat folgen kann. Zurzeit ist dies nicht der Fall; die jetzt durchgeführten Initiativen schaffen jedoch Fakten. Wenn das neue strategische Denken zunehmend mit militärischen Kategorien und Kapazitäten gefüllt wird, wird die Zivilmachtidee auf der Strecke bleiben. Die beschworenen Bedrohungen werden durch die globale Machtprojektion der EU nur schwerlich abgewehrt. Diese Machtprojektion wird in Ländern außerhalb der OECD eher eine negativ verstärkende Wirkung entfalten. Die EU darf nicht „Weltpolizist Nummer zwei“ werden.

Die neue EU-Strategie reagiert zu kurzatmig mit primär militärisch orientierten Konzepten auf die Bedrohungen, während die Herausforderung, bessere Zukunftschancen als Grundlage für Sicherheit und Entwicklung zu schaffen, nur allgemein benannt, nicht aber mit operativen, zivilen Handlungsmaximen verbunden wird. Hier ist eine Umkehrung der Prioritäten erforderlich, damit europäische Außen-, Sicherheits- und Verteidigungspolitik glaubwürdig zur Lösung der globalen Probleme beitragen kann.

Die EU sollte sich auf das konzentrieren, was sie am besten kann: Entwicklungspolitik, wirtschaftliche Integration und Handelspolitik, Diplomatie, Krisenprävention und Konfliktnachsorge. Die Mitgliedsländer der EU geben zweieinhalbmal mehr für Entwicklungshilfe aus als die USA. Hier liegen die komparativen Vorteile der EU. Das schließt den Einsatz von Streitkräften in Krisensituation nicht aus. Wenn sich die EU aufgrund humanitärer Erfordernisse zu militärischen Interventionen entschließt, muss dies auf der Grundlage eines UN-Mandats und überzeugender Kriterien erfolgen. Für derartige Kriterien ist es nicht einfach Übereinstimmung zu erzielen. Der Bericht der *International Commission on Intervention and State*

7 Habermas, Jürgen, Der gespaltene Westen, Frankfurt/M. 2004, S. 82.

Sovereignty der Vereinten Nationen von Ende 2001 über Intervention und staatliche Souveränität kann hierfür als Orientierung dienen.[8] Die öffentliche Debatte hierüber ist unerlässlich.

Eine Politik der Nichtproliferation, Rüstungskontrolle und Abrüstung ist um so glaubwürdiger, je mehr sie in der EU selbst praktiziert wird. Die Doppelmoral, Abrüstung und Rüstungskontrolle vorrangig vor andern zu fordern, wird zu unerwünschten Gegenreaktion führen und damit die Bedrohung der Sicherheit in Europa erhöhen. Es gibt viel Spielraum für europäische Rüstungskontroll- und Abrüstungsinitiativen, sowohl für die EU als auch für ihre Mitgliedsländer. Dies reicht von den Nuklearwaffen bis zu den Kleinwaffen. Der Stillstand in der Rüstungskontrolle ist kein Grund für europäische Inaktivität. Der Landminenvertrag von Ottawa zeigt, dass auch selektive Initiativen ohne die großen Akteure (USA, Russland, China, Indien) Erfolge zeitigen können. Die EU und ihre Mitglieder sollten sich in den Vereinten Nationen für eine Initiative zur Umkehr des Trends steigender Militärausgaben einsetzen, um Mittel für langfristig orientierte Krisenprävention und Konfliktnachsorge verfügbar zu machen.

---

8 International Commission on Intervention and State Sovereignty, 2001, The Responsibility to Protect, (www.iciss-ciise.gc.ca). Die Anwendung der dort formulierten Prinzipien „just cause, right intentions, last resort, proportional means, reasonable prospects and right authorisation“ – obwohl nicht unumstritten – macht deutlich, dass europäische Streitkräfte nicht in jedem Falle eingreifen können und dürfen.

Die Reform des Österreichischen Bundesheers im Trend europäischer Entwicklungen: Aufgaben, Zielsetzungen und Alternativen

Thomas Roithner

„Feindbilder sind sicher nicht
die Ursache für einen Krieg –
sie erleichtern aber das Marschieren.“

Max Frisch

1. Vorbemerkungen

Die politischen und militärischen Eliten Österreichs sehen im Zuge der außen-, sicherheits- und militärpolitischen Entwicklungen in der EU einen Reformbedarf für das Österreichische Bundesheer (ÖBH) und setzten zu diesem Zwecke die Bundesheerreformkommission unter der Leitung des sozialdemokratischen Wiener Alt-Bürgermeisters Helmut Zilk ein. Die Zusammensetzung dieser Kommission widerspiegelt die Erfahrungen der ÖVP-FPÖ-Bundesregierung anlässlich der nur mit Regierungsstimmen erfolgten Beschlussfassung der Österreichischen Sicherheits- und Verteidigungsdoktrin und des eigentlich in diesen Fragen anzustrebenden „nationalen Konsenses“. Der Diskussionsprozess in der Kommission umfasste einen Zeitraum von mehr als einem Jahr und bezog VertreterInnen der Parlamentsparteien, der Ministerien, die SozialpartnerInnen, Jugendorganisationen, die HochschülerInnenschaft, zivile Persönlichkeiten und Militärs ein (BHRK: 141). Zustimmung zum Endergebnis kam von allen Parteien. Das „Ja“ zum nunmehr vorliegenden Bericht verweigerten die vertretene Zivildienstplattform, die Sozialistische Jugend, ein FPÖ-Abgeordneter und der ÖGB (vgl. ÖGB 2003: 5-7), der sich der Stimme enthielt.

Die parteipolitische Auseinandersetzung um die Zukunft der österreichischen Sicherheitspolitik weist für Außenstehende zum Teil kafkaeske Züge auf. Nach offiziellen Erklärungen der Parteien ging Österreich 1994 – seinerzeit unter einer SPÖ-ÖVP-Regierung – als neutraler Staat in die EU. Die Entwicklung um die Militarisierung der EU sorgte zwischen den Regierungsparteien zwar für Diskussion, diese wurde jedoch in der breiten Öffentlichkeit nicht wahrgenommen. Offener Dissens herrschte allerdings in Fragen eines möglichen Beitritts Österreich zum Militärpakt NATO vor. Der Optionenbericht der SPÖ-ÖVP-Bundesregierung aus dem Jahre 1998 scheiterte an dieser Frage. Die ÖVP hatte sich auf einen NATO-Beitritt durch einen Parteitagsbeschluss vom 14.7.1997 als eine der Optionen Österreichs festgelegt. Durch den von den beiden Regierungsparteien aus unterschiedlichen Gründen geführten „NATO-Streit in Österreich" (Heidegger/Steyrer) wurden die Fragen der Militarisierung der EU aus der (ver-)öffentlich(t)en österreichischen Debatte weitgehend herausgehalten. Das Informationsdefizit betreffend der militärischen Aspekte der EU besteht bis dato. Die Neutralität Österreichs genießt in der Bevölkerung heute eine beinahe konstante Zustimmung zwischen 60 % und 85 %. Eine offene und ehrliche öffentliche Auseinandersetzung mit der EU-Militärpolitik und der Rolle Österreichs würde heute unverzüglich die Debatte nach der möglichen Unvereinbarkeit von Neutralität und EU-Mitgliedschaft auf die Tagesordnung rücken. Der in den Beratungen befindliche „Österreich-Konvent" wird auch sicherheitspolitische Veränderungen bringen.

2. Die Militarisierung im Kontext der Bundesheerreform

Im größeren Kontext sicherheitspolitischer Entwicklungen in der EU und in Österreich erschließen sich manche Positionen, Analysen und Empfehlungen der Bundesheerreformkommission deutlicher. Zu diesem Zweck wird in diesem Abschnitt ein Abriss über die Militarisierung der EU, die EU-Sicherheitsstrategie, die EU-Verfassung und die österreichische Sicherheits- und Verteidigungsstrategie gegeben.

2.1 Die Militarisierung der EU

Die Bedeutung der EU-Militärpolitik für die politischen Eliten charakterisiert zutreffend die französische Verteidigungsministerin Michèle Alliot-Marie im Februar 2004: „Die Irak-Krise hat die Verteidigungszusammenarbeit in der EU nicht zurückgeworfen, das Gegenteil ist der Fall. Die Verteidigung ist ein Schüsselelement des europäischen Einigungsprozesses geworden. Sie kommt schneller voran als die Währungsunion" (FAZ 2004). Der Integrationsprozess der EU definiert sich von nun an offenbar militärisch.

Die Union verfügt heute über eine einsatzbereit erklärte militärische *Interventionstruppe* von 60.000 SoldatInnen, die 4.000 Kilometer rund um die EU (wobei dies nur als planerische Größe angenommen wird, Der

Standard 2000) im gesamten „Petersberger Spektrum" (von humanitären Einsätzen bis zu Kampfeinsätzen) autonom innerhalb von 60 Tagen eingesetzt werden kann. Die Interventionstruppe ist nicht als stehendes Heer konzipiert, sondern setzt sich multinational zusammen. Das größte Kontingent mit 18.000 SoldatInnen stellt Deutschland. Am Balkan („Concordia") und im Kongo („Artemis") war diese Truppe – teilweise bereits autonom – im Einsatz. Ständige Fortschritte erzielt die EU in der rüstungspolitischen Zusammenarbeit sowie in der Entwicklung militärischer Strukturen (EU-Militärausschuss, EU-Militärstab). Angesichts der geplanten – und aufgrund der sozialen Verwerfungen öffentlich wenig auf Akzeptanz stoßenden – Rüstungsprogramme verlangt die EU von ihren Mitgliedsstaaten „kreative Lösungen" (EU-Rat in Laeken 2001) zur Finanzierung dieser Vorhaben. Seit den Terroranschlägen in den USA am 11.9.2001 gehört die Terrorbekämpfung für die EU zum „Kernstück der Außenpolitik". Eine nicht zuletzt militärisch gemeinte Solidaritätsklausel zu einem allfälligen Terroranschlag in der EU (Beistand im Terrorfall) wurde nach den Anschlägen von Madrid im März 2004 aus der Verfassungsberatung vorgezogen. Die Bestrebungen der Mehrheit der EP-Abgeordneten, aus der EU einen klassischen militärischen Beistandspakt zu machen (EP 2000: Pkt. 67 sowie auch EP 2002: Pkt. 28), werden vorerst nicht in dieser Form realisiert. Ab dem Jahr 2000 wurde auch von der Mehrheit der EP-Abgeordneten[1] die „verstärkte Zusammenarbeit" in Fragen der Rüstungs-, Sicherheits- und Verteidigungspolitik angestrebt (EP 2000: Pkt. 65). Im Prozess der GASP werden die UNO und die OSZE zu Gunsten eigener Interventionskapazitäten in kleinen Schritten marginalisiert. Ernst gemeintes ziviles Krisenmanagement – welches tatsächlich ziviler Ausprägung ist – bleibt budgetär und von der politischen Prioritätensetzung weit im Schatten der EU-Militärpolitik, auch wenn in diesem Bereich große Fortschritte erzielt wurden. Die EU-Sicherheitspolitik ist nach wie vor in wichtigen Punkten noch von nationalen Interessen geleitet.

2.2 Die EU-Sicherheitsstrategie

Am 12.12.2003 wird die von Javier Solana erarbeitete *EU-Sicherheitsstrategie* „Ein sicheres Europa in einer besseren Welt" (Solana 2003) beschlossen. Armut, Hunger, Unterernährung, Flüchtlinge, globale Erwärmung u.v.a. werden unter den „Globalen Herausforderungen und Hauptbedrohungen" genannt. Solana skizziert als Hauptbedrohungen den Terrorismus, Verbreitung von Massenvernichtungswaffen, regionale Konflikte, Scheitern von Staaten („failed states") und organisierte Kriminalität. Die Sicher-

1 Die einzige österreichische Gegenstimme kam von der SPÖ-Abgeordneten Karin Scheele.

heitsstrategie betont durchaus, dass größere Angriffe gegen Mitgliedstaaten nunmehr unwahrscheinlich geworden sind. Die Parallelen zu den US-Bedrohungsszenarien sind jedoch angesichts der Zerwürfnisse nach dem Irak-Krieg nicht zufällig gewählt. Die „failed states", die nicht bereit sind, in die Gemeinschaft zurückzukehren, „sollten sich im Klaren sein, dass sie dafür einen Preis bezahlen müssen". „Wir müssen fähig sein zu handeln, bevor sich die Lage in Nachbarländern verschlechtert, wenn es Anzeichen für Proliferation gibt und bevor es zu humanitären Krisen kommt. Durch präventives Engagement können schwierigere Probleme in der Zukunft vermieden werden." In welcher Form erfolgt präventives Handeln bei Proliferationsanzeichen? „Bei den neuen Bedrohungen", so das EU-Papier, „wird die erste Verteidigungslinie oftmals im Ausland liegen. Die neuen Bedrohungen sind dynamischer Art. Die Proliferation nimmt immer mehr zu." Proliferation wird damit zum Argument und zur Begründung für präventive EU-Militärinterventionen im Ausland. KritikerInnen der EU-Sicherheitsdoktrin führen an, dass sich die EU-Doktrin in dieser Hinsicht nicht von der US-Präventivkriegsdoktrin nach dem Irakkriegs-Muster unterscheidet.

Gescheiterte Staaten sind nicht selten ein Produkt von Armut und einer Weltordnung, die diesen Akteuren in den internationalen Beziehungen keine angemessenen Chancen zur Entwicklung lässt. Statt vorbeugendem militärischen Engagement oder statt diesen Staaten irgendwelche „Preise" abzupressen, sollte meines Erachtens die EU im Sinne einer zivilen Krisenprävention die gemeinsame Außenpolitik dazu nutzen, selbst die versprochenen 0,7 % des BSP für Entwicklungszusammenarbeit zur Verfügung zu stellen, dies auch von anderen Staaten einfordern und vor allem die Armut durch ihre gewichtige Stimme in der WTO und Weltbank (z.B. Abschaffung armutsfördernder Agrarsubventionen) zu beseitigen versuchen. Nicht zufällig betont die EU in der Sicherheitsstrategie mehrfach, dass Sicherheit eine Vorbedingung für Entwicklung ist. Auf einen auch umgekehrten Zusammenhang wird nicht eingegangen. Die Energieabhängigkeit der EU ist für Solana „Anlass zur Besorgnis". Im Gegensatz zur Bush-Regierung macht die EU aber offiziell ihren Wohlstand von einer funktionierenden multilateralen Weltordnung abhängig und betont die zivilen Aspekte der Sicherheitspolitik. Die Auswirkungen der globalen Lage auf die europäische Politik sieht Solana wie folgt: Sie müsse aktiver sein. Ausgeführt wird dabei, dass die EU in der Lage sein sollte, „mehrere Operationen gleichzeitig durchführen" zu können. Die „Einrichtung einer Rüstungsagentur (...) führen uns in die richtige Richtung." Es sei eine „Strategie-Kultur" (*sic!*) zu entwickeln, die ein „nötig robustes Eingreifen" begünstige. Neben der Kohärenz ist noch die Handlungsfähigkeit gefragt. Es „müssen die Mittel für die Verteidigung aufgestockt und effektiver genutzt werden". Das ist eine der wichtigsten Botschaften, die auch in der EU-Verfassung Niederschlag fand. Betont wird die besondere Bedeutung der NATO und der transatlantischen Beziehungen: „Im gemeinsamen Handeln können die Europäische Union und die Vereinigten Staaten eine mächtige Kraft zum Wohl der Welt sein."

2.3 Die EU-Verfassung

Am 6.8.2004 wurde die vorläufig letzte Version des *Vertrages für eine Verfassung für Europa* der Öffentlichkeit zugänglich gemacht. Dem einleitenden Bekenntnis zu Pluralismus, Toleranz, Gerechtigkeit, Solidarität, Frieden, globaler nachhaltiger Entwicklung und gerechtem Handel stehen die konkreten Vereinbarungen der Außen-, Sicherheits- und Militärpolitik gegenüber. Die für die Bundesheerreformkommission relevanten Aspekte des vorliegenden Verfassungsentwurfes legen als zentralen Punkt Militärinterventionen außerhalb der Union fest und setzen dabei auf die „Übereinstimmung mit den Grundsätzen der Charta der Vereinten Nationen" (I-41.1). Diese Interventionspolitik „berührt nicht", so der Entwurf, „den besonderen Charakter der Sicherheits- und Verteidigungspolitik bestimmter Mitgliedstaaten", wobei dezidiert jene Staaten angesprochen sind, „die ihre gemeinsame Verteidigung in der Nordatlantikvertrags-Organisation verwirklicht sehen". Die Interpretation dieses Artikels I-41-2 lässt damit auch den besonderen Charakter der Neutralität Österreichs, Irlands, Finnlands, Schwedens und Maltas zu. Der Artikel I-41.3 schreibt gemäß den von der österreichischen Reformkommission, dem EP und der EU-Sicherheitsstrategie ebenso geäußerten Wunsch nach Erhöhung der Rüstungsbudgets als Verpflichtung vor. „Die Mitgliedstaaten verpflichten sich, ihre militärischen Fähigkeiten schrittweise zu verbessern. Es wird eine Agentur für die Bereiche Entwicklung der Verteidigungsfähigkeiten, Forschung, Beschaffung und Rüstung (Europäische Verteidigungsagentur) eingerichtet." Im Thessaloniki-Entwurf der Verfassung von Juli 2003 wurde die „Verteidigungsagentur" noch als „Amt für Rüstung" bezeichnet. Innerhalb der Agentur können nach dem Kerneuropaprinzip noch „spezielle Gruppen" gebildet werden, „die gemeinsame Projekte durchführen" (III-311.2). Militärinterventionen nach dem Artikel I-41 werden vom Rat einstimmig erlassen. Nach Artikel I-41.5 kann der Rat eine Gruppe von Staaten zur Durchführung einer Militärintervention nach den Regeln der Artikel III-309 und III-310 beauftragen.

„Im Hinblick auf Missionen mit höchsten Anforderungen" konnten die EU-Mitgliedstaaten „untereinander festere Verpflichtungen" eingehen und eine „ständige Strukturierte Zusammenarbeit" (SSZ) begründen (I-41.6). Damit schafft die EU in ihrer Verfassung ein Kerneuropa (Karl Lamers, Wolfgang Schäuble) oder ein „Gravitationszentrum" bzw. ein „Avantgarde"-Europa (Joseph Fischer), welches militärisch nicht potente oder unwillige Staaten von einer Militärinterventionspolitik abkoppelt und sie auch aus dem diesbezüglichen Entscheidungsprozess ausschließt (III-312.3), der aber dennoch unter dem Banner der zwölf gelben Sterne steht. Die Mitglieder der SSZ werden vom Rat aufgelistet (III-312.2). Die Teilnahme ist nach dem Protokoll 23 über die SSZ an den Ausbau der multinationalen Streitkräfte, die Beteiligung an den wichtigsten EU-Rüstungsprogrammen und an die intensivere Mitwirkung in der Verteidigungsagentur gebunden. Die Fähigkeiten – bewaffnete Einheiten, die taktisch als Gefechtsverband konzipiert sind – für die SSZ sollen spätestens bis 2007 zur Verfügung stehen. Diese sollen innerhalb von fünf bis 30 Tagen im Gefechtsfeld verfügbar sein und für 30 Tage – eine Ausdehnung ist bis auf 120 Tage (durch Rotation) möglich – die Mission aufrechterhalten. Auch mit dem bereits seit Beginn des neuen Millenniums intensiver diskutierten Kerneuropaprinzip haben die politischen Eliten der EU aus dem irischen Nein zu Nizza (das einzige Referendum in der EU) und ihrem allzu engagierten Pochen auf die irische Neutralität ihre praktischen Lehren gezogen: Der EU-Prozess darf nicht ins Stottern geraten. Unwillige Staaten innerhalb der EU sind abzukoppeln und aus den konkreten Projekten auszuschließen. Gerade die neutralen Staaten sind 1995 nach den Regierungserklärungen der EU beigetreten, um das „Friedensprojekt Europa" zu fördern und um nach 1989 eine neue Ära der Außenpolitik einzuschlagen. Die Bevölkerungen haben diese Erklärungen als Beitrag zu einer aktiven zivilen Außenpolitik für die gesamte EU verstanden. Im Zentrum der friedenspolitischen Debatten vor den EU-Beitritten der neutralen Staaten stand ein Paradigmenwechsel hin zu einer zivilen Außenpolitik und nicht zu einem Nicht-Behindern militärischer Interventionen von EU-Staaten im Namen der gesamten EU.

Im Verfassungsentwurf vom Juli 2003 wurde hinsichtlich der Beistandsverpflichtung (als Wesensmerkmal eines Militärpaktes) noch ein Kerneuropakonzept („engere Zusammenarbeit im Bereich der gegenseitigen Verteidigung") vorgeschlagen, welches in der Fassung vom August 2004 (I-41.7) auch in seiner Aussage verändert wurde: „Im Falle eines bewaffneten Angriffs auf das Hoheitsgebiet eines Mitgliedstaates müssen die anderen Mitgliedstaaten nach Artikel 51 der Charta der Vereinten Nationen alle in ihrer Macht stehende Hilfe und Unterstützung leisten. Dies lässt den besonderen Charakter der Sicherheits- und Verteidigungspolitik bestimmter Mitgliedstaaten unberührt." Die Regierung Österreichs äußerte sich bereits im Regierungsübereinkommen, und die Spitzen der österreichischen Regierung – allen voran Schüssel, Gorbach, Platter und Molterer – in der Diskussionsphase des EU-Beistandspaktes positiv zum EU-Militärbeistand (Die Presse 2003).

Das EU-Parlament als einzige vom Volk gewählte Institution wird dabei „regelmäßig gehört" (I-41.8). Die nach den Terroranschlägen vom März 2004 in Madrid vorgezogene „Solidaritätsklausel" (I-43) sieht vor, dass die EU „alle ihr zur Verfügung stehenden Mittel, einschließlich der ihr von den Mitgliedstaaten bereitgestellten militärischen Mittel" mobilisiert, um „terroristische Bedrohungen im Hoheitsgebiet von Mitgliedstaaten abzuwenden" (also auch präventiv). Aus der Erklärung der Artikel I-43 und III-329 geht hervor, dass keine der erwähnten Bestimmungen darauf abzielt, „das Recht eines anderen Mitgliedstaats zu beeinträchtigen, die geeignetesten Mittel zur Erfüllung seiner Verpflichtungen zur Solidarität gegenüber dem betreffenden Mitgliedstaat zu wählen." Der Artikel I-44 regelt gemäß dem Kerneuropaprinzip die „verstärkte Zusammenarbeit", um „die Verwirklichung der Ziele der Union zu fördern, ihre Interessen zu schützen und ihren Integrationsprozess zu stärken." An der Zusammenarbeit muss mindestens ein Drittel der Mitgliedstaaten beteiligt sein. Sie wird vom Rat als „letztes Mittel" zur Verwirklichung der EU-Ziele erlassen (I-44.2). Die Tragweite der Verfassung und nicht zuletzt die öffentliche Debatte in allen Mitgliedstaaten der EU machen Volksentscheide zu einer politischen Notwendigkeit, wenn sich die EU nicht noch weiter von den BürgerInnen entfernen will und ihre Tagungsorte zum Schutz vor Protesten nicht weiter zu Festungen verwandeln will.

In der Verfassung sucht man vergeblich nach einem Verbot von Massenvernichtungswaffen. Die von Großbritannien und Frankreich eingegangene Verpflichtung zur atomaren Abrüstung (Nonproliferation Treaty) wird in der Verfassung nicht festgeschrieben. Wenn sich die EU sehr allgemein für „Frieden" ausspricht, wären auch ein Verfassungsartikel zur Ächtung des Krieges und alternative präzise Artikel für Maßnahmen zur zivilen Lösung von Konflikten nötig.

2.4 Die österreichische Sicherheits- und Verteidigungsdoktrin

Parallel zu den EU-Entwicklungen wurde in Österreich die *Sicherheits- und Verteidigungsdoktrin* mit der knappen Stimmenmehrheit von ÖVP und FPÖ neu konzipiert. Der Grundsatz von der Option auf militärische „Zwangsmaßnahmen" nimmt eine zentrale Stellung im „Analyseteil" ein (Expertenentwurf vom 23.1.2001). Friedenspolitisch „gute Dienste" sind in einer „Solidargemeinschaft" – damit ist die militarisierte EU gemeint – nicht mehr gefragt, so die von der ÖVP-FPÖ-Regierung eingesetzte ExpertInnengruppe. Ablehnende Stellungnahmen gibt es gegen die Neutralitätspolitik: Sie widerspreche dem „Gerechtigkeitsgebot". Die UNO und vor allem die OSZE werden teils vollkommen marginalisiert, an den sicherheitspolitischen Rand gedrängt oder überhaupt nicht mehr erwähnt. Gespielt wird mit diffusen Angst- und Bedrohungsbildern (totalitäre Ideologien und fundamentalistische Religionen, organisierte Kriminalität, Umweltgefahren, Bevölkerungs- und Migrationsdruck, Energie- und Ressourcenprobleme und Ernährungsprobleme), und es wird versucht, durch diese gänzlich nichtmilitärischen Bedrohungen eine Legitimation für militärische

„Konfliktlösung“ und Interventionismus zu suggerieren. Neben anderen Gefahren- und Risikopotenzialen sieht die ExpertInnengruppe der Bundesregierung die Verfügbarkeit von ballistischen Raketen und Marschflugkörpern, subkonventionelle Gefahren und subversive terroristische Angriffe für Österreich (*sic!*) als Problem. Insgesamt habe sich das Bundesheer in den 90er Jahren von einer „Friedensarmee“ zu einer „Einsatzarmee“ gewandelt, so die Doktrin. Die Qualität der Einsätze wandelte sich „vom traditionellen Einsatz leichtbewaffneter Blauhelme unter UN-Flagge vor allem in Nahen Osten (Golan, Zypern) zu robusteren, schwerer bewaffneten und umfassender mandatierten NATO-geführten Peace-Enforcement-Einsätzen (...), die eine Friedensdurchsetzung notfalls mit militärischen Gewaltmitteln einschließen.“ Im zweiten Teil der Sicherheitsdoktrin – den „Empfehlungen“ – wurden der nationale Sicherheitsrat, europäischer nachrichtendienstlicher Austausch, sicherheitspolitische Forschung oder die Sicherstellung lebensnotwendiger Ressourcen wie Energie und Rohstoffe festgeschrieben. Betont wird auch die Mitwirkung Österreichs an Kampfeinsätzen, die „aufgrund eines Beschlusses der EU möglich ist“. Die Option zum NATO-Beitritt wird im Auge behalten (Entschließungsantrag 7.12.2001). Anders als beim Optionenbericht 1998 – der an der NATO-Beitrittsoption scheiterte – hatte die ÖVP zur Sicherstellung für die Beschlussfassung ihren Koalitionspartner FPÖ für die NATO-Option in der österreichischen Doktrin gewonnen, wenngleich beide Parteien den Beitritt zur NATO aufgrund der Ablehnung der Bevölkerung kaum öffentlich thematisieren. Beim Studium der österreichischen Sicherheitsstrategie ist vor allem die Frage nach dem Sicherheitsverständnis zu stellen. Ist Sicherheit *gegen*über bestimmten Akteuren oder *mit* anderen Akteuren zu erreichen?

3. Orientierungen der Bundesheerreformkommission 2004

Die Vorgaben der durch die Bundesregierung auf EU-Ebene eingegangenen militärischen Verpflichtungen sind eine umfassende Aufgabe für das österreichische Heer: Vorbereitung auf Kerneuropa, Bereitstellung von „battle groups“ für die EU, mitunter militärische Solidarität für jene EU-Mitglieder, die durch ihre Außenpolitik ins Visier von TerroristInnen geraten, robustes Eingreifen in Kampfeinsätzen, Beitrag zur Rüstungsagentur, verfassungsmäßige Aufrüstungsverpflichtung etc.

Der 190 Seiten starke Bericht der Kommission umfasst Positionspapiere, Empfehlungen sowie Analysen und Erkenntnisse zu den Bereichen Verteidigungspolitik, Streitkräfteentwicklung, zu Bundesheer und Gesellschaft sowie zu CIMIC (zivil-militärische Zusammenarbeit) und zum Alltag im Bundesheer.

3.1 Bedrohungsbild für Österreich

Die Reformkommission geht in ihren Positionspapieren davon aus, dass Österreich auf voraussehbare Zukunft von keinen konventionellen militärischen Bedrohungen ausgehen kann (Punkt 2.1.2. im Bericht der Kommission) und die neuen Gefahren im Rahmen der internationalen Staatengemeinschaft und der EU bewältigt werden (2.1.3.). Daraus wird abgeleitet: „seine internationalen Aufgaben (...) mit den Streitkräften der EU und den Partnerländern (PfF) unter Zugrundelegung der Zielvorstellungen der EU, zum wesentlichen Faktor der Entwicklung seiner Kapazitäten zu machen" (2.2.1.).

Der Terrorismus nimmt als Bedrohung im Papier der Reformkommission einen zentralen Stellenwert ein. Damit folgt die Kommission einem Trend, der verstärkt seit dem 11.9.2001 in der EU und der Sicherheitsdoktrin Österreichs als Bedrohungsgrundlage und Legitimation für militärisches Vorgehen bzw. das Militär im Allgemeinen gebraucht wird. Polizeilichen und politischen Maßnahmen gegen den Terrorismus wird angesichts der stark betonten militärischen Seite an Bedeutung genommen.

Als Faktor für die Bedrohungs- und Risikoanalyse der Streitkräfte wird als erster Punkt ein völlig variabler und frei – je nach politischen Gegebenheiten – interpretierbarer Bedrohungsbegriff als Grundlage herangezogen: Es sind „(...) jene Gefährdungen als Maßstab heranzuziehen, denen Kontingente, die an friedensunterstützenden Einsätzen im Ausland teilnehmen, auf Grund ihrer Aufgaben ausgesetzt sind." (Kapitel 3.1.3.). Für militärische Einsätze muss es – was in dem von den USA erklärten „permanenten Krieg gegen den Terror" in Afghanistan und Irak nicht der Fall war – ein ganz klar definiertes Mandat geben, eine klare Ausstiegsvariante, klare demokratische Regeln und ehrliche Öffentlichkeitsarbeit.

Das Papier der Reformkommission sieht – wie bereits die Österreichische Sicherheitsdoktrin – vor, einen verbesserten nachrichtendienstlichen Austausch zu forcieren. Statt demokratiepolitisch höchst umstrittene Maßnahmen (z.B. Militärbefugnisgesetz, Informationssicherungsgesetz) zu setzen, wären vorhandene Möglichkeiten gemeinsam innerhalb der EU zu nützen. Dazu zählen der EU-Haftbefehl oder das Vorgehen gegen Geldwäsche. In diesen Bereichen gibt es auch von der Seite Österreichs großen Nachholbedarf.

3.2 Militärinterventionismus

Für Auslandsaufgaben hält die Reformkommission den Einsatz von bis zu zwei Bataillonen auch in getrennten Einsatzräumen – wie auch die EU-Sicherheitsstrategie vorsieht – für erforderlich. Für klassische Peacekeeping-Einsätze sollten überdies zusätzliche Kapazitäten zur Verfügung gehalten werden (2.2.2.). Kaderpersonal soll für derartige Einsätze künftig verpflichtet werden (2.2.3.) – ein Vorstoß, der noch 1999 für heftige Reaktionen sorgte (Salzburger Nachrichten 1999b: 1). Für die Erbringung der neuen Aufgaben des Heeres wird ein Streitkräfteumfang von 50.000 Personen – statt bisher 110.000 Personen – für erforderlich erachtet (3.2.), und der Grundwehrdienst soll frühestens 2007 auf sechs Monate angepasst werden (3.2.4.). Eine quantitative Verschlankung des Heeres ist in Zeiten nicht vorhandener militärischer Bedrohungen für Österreich erforderlich und wünschenswert. Allerdings muss in der Streitkräfteentwicklung mitbedacht werden, dass es neben der quantitativen Abrüstung der europäischen Heere zu einer qualitativen Aufrüstung für militärischen Interventionismus kommt. Für diesen Zweck brauchbare Berufsheerkomponenten werden selbstverständlich nicht verkleinert, sondern weiter professionalisiert. Für künftige EU-Einsätze werden hochmobile und gut ausbildete SoldatInnen gebraucht. GrundwehrdienerInnen haben in Auslandsinterventionen keine Funktion. Innerhalb der EU verfügen Belgien, Frankreich, Großbritannien, Irland, Luxemburg, Niederlande und Spanien über ein Berufsheer (Wiener Zeitung 2003: 6). Italien, Tschechien, Ungarn und Slowenien rüsten in den nächsten Jahren auf ein Berufsheer um. Bereits 1997 hat der Salzburger Völkerrechtler Michael Geistlinger in einem Gutachten den „Dienst im österreichischen Bundesheer nicht als neutralitätskonform“ und als Widerspruch zu geltenden Verfassungsgesetzen bezeichnet (Geistlinger 1997).

Die Reformkommission empfiehlt, dass Österreich die Voraussetzungen für die militärische Beteiligung am Krisenmanagement im Ausland schaffen soll. Es wird die „angemessene Mitwirkung Österreichs an allen durch die EU eingerichteten oder genutzten permanenten oder anlassbezogen gebildeten militärischen Führungsstrukturen“ (3.1.2.1.) empfohlen. Nach den politischen Willensbekundungen der Bundesregierung stellt sich auch das Bundesheer u.a. auf Kampfeinsätze im Rahmen der Kerneuropastrategie einschließlich der EU-„battle groups“ ein. Die enge Zusammenarbeit mit der NATO im Rahmen der PfP hat für die Reformkommission eine besondere Bedeutung. Unbestritten ist für die Reformkommission die Teilnahme am gesamten Spektrum der Petersberger Aufgaben. „Während geplant ist, den umfassenden Streitkräfteansatz des Helsinki Force Catalogue weiterzuführen, wird zusätzlich die Bildung rasch verfügbarer, professioneller und hoch effizienter Einheiten (battle groups) für Aufgaben des oberen Einsatzspektrums der Petersberg-Aufgaben forciert“ (4.1.1.). Im oberen Einsatzspektrum von Petersberg finden sich auch Kampfeinsätze, die auf Basis einer EU-Selbstmandatierung ohne UNO-Mandat juristisch nur durch den Verfassungsartikel 23f keine Unvereinbarkeit mit der immerwährenden Neutralität aufwerfen.

Die Beurteilungskriterien für die EU-„battle groups“ orientieren sich stark an den Anforderungen der NATO Response Force (NRF) und der

Prague Capabilities Commitment (PCC) und sind höher als die Kriterien für die bisherigen Beiträge zur 60.000-Mann-Interventionstruppe der EU. Die Entscheidung, ob ein Staat an den EU-„battle groups“ teilnimmt, wird sein künftiges Gewicht in der ESVP bestimmen (4.1.1.). Die Reformkommission konstatiert, dass das sicherheitspolitische Umfeld Österreichs durch ein enges Zusammenwirken von EU und NATO geprägt sein wird. Regionale Bindungen von europäischen Streitkräften sollen zur Verbesserung der militärischen Fähigkeiten genützt werden (vgl. dazu Hauser 2003).

Ein weiteres Ziel der Reformkommission ist die Schaffung von Interventionskräften in unterschiedlichen Bereitschaftskategorien. Für Kapazitäten, die innerhalb von 30 Tagen einsatzbereit sein müssen, ist eine Verweildauer im Einsatzraum von zumindest einem Jahr vorgesehen, wobei der Einsatz alle drei bis vier Jahre wiederholbar sein muss. Bis zu zwei Bataillone sollen zeitlich unbegrenzt sowie auch in getrennten Einsätzräumen (parallel zwei oder mehr Militärinterventionen) tätig sein (3.2.1). Die EU unterscheidet Readyness-Kategorien von A bis D. Kategorie A (Spezialkräfte) sind in weniger als fünf Tagen im Einsatzraum verfügbar, während Kategorie D-SoldatInnen (Kampf- und Kampfunterstützung) in weniger als 30 Tagen im Kampfgebiet bereitstehen müssen (4.2.1.).

In ihren Analysen und Erkenntnissen stellt die Reformkommission im harmonischen Gleichklang mit EU-Dokumenten fest: „In der Entwicklung der Fähigkeiten ist eine Verschiebung von der bloßen Koordination nationaler Beiträge zu einer stärkeren Anbindung der nationalen Anstrengungen an die Analyseergebnisse von EU-Einrichtungen zur Kapazitätsplanung und Kapazitätenentwicklung festzustellen“ (4.1.1.). Präzisierend führt die Reformkommission aus: „Einsätze im internationalen Krisenmanagement können die Szenarien Conflict Prevention (CP), Seperation of Parties by Force (SOPF) und Steady State (SS) umfassen (...) Österreich bildet derzeit die Fähigkeit für ein SS-Szenario ab. Die Fähigkeit, einen CP- oder SOPF-Einsatz mit entsprechenden homogenen, robust und aneinander eingespielten Truppen zu bewältigen, ist erst zu schaffen“ (4.2.1.). Für diese Aufgaben sind die Streitkräfteentwicklungsvorgaben zwischen EU und NATO „mehr oder weniger korrespondierend“.

EU-weit werden oder wurden die Streitkräfte umstrukturiert: weniger SoldatInnen und weniger Verteidigungswaffen, stattdessen mehr hochmobile Interventionstruppen und mehr Offensivkapazitäten. Ein gegenwärtig visionär anmutendes Ziel ist eine EU, von der keine militärische Bedrohung oder Militärintervention ausgehen kann. Es stellt sich in Bezug auf die EU nicht die Frage der Sicherheit für Europa, sondern der Sicherheit vor Europa (Michael Berndt). Der deutsche Friedensforscher und nunmehrige EU-Abgeordnete Tobias Pflüger zeigt am deutschen Beispiel stellvertretend auf: „Dieser Aufbau einer EU-Truppe passt zur Entwicklung der Bundeswehr mit einer quantitativen Abrüstung auf höchstens 280.000 Mann und Frau und einer qualitativen Aufrüstung mit der Verdreifachung der Einsatzkräfte (früher Krisenreaktionskräfte) von 53.600 auf 150.000. Die Kriegsführungsfähigkeit der Bundeswehr wird damit enorm gesteigert“ (Haydt/Pflüger/Wagner 2003: 71).

Hinsichtlich des Mandates von Auslandseinsätzen bleibt auch der Bericht der Reformkommission – wie seit dem EU-Gipfel von Köln 1999 – bedenklich unpräzise. Maßnahmen im Rahmen der ESVP erfolgen „im Einklang mit der Satzung der Vereinten Nationen“, sprechen aber ein erforderliches Mandat des UNO-Sicherheitsrates nicht an (3.1.1). Diesbezüglich auffällig ist in 3.1.2.1. die politisch scheinbar gleichwertige Erwähnung der militärischen Beteiligung an „UN- und OSZE-mandatierten Einsätzen und an den zunehmend anspruchsvoller werdenden Einsätzen des EU-Krisenmanagements“. Hinsichtlich des UN-Mandats für Militärinterventionen außerhalb des Bündnisgebietes ist anzumerken, dass Österreich im Rahmen der EU den völkerrechtswidrigen Angriffskrieg gegen Jugoslawien 1999 als „notwendig und gerechtfertigt“ erklärt hat (Salzburger Nachrichten 1999a: 2).

Ein großer Sprung in Richtung ursachenorientierten Handelns ist ein Teil der Analyse der Reformkommission über die Ursachen von Terrorismus. Die Konsequenz aus der Erkenntnis bleibt jedoch leider im Militärischen verhaftet: Die Reformkommission konstatiert korrekt einen Paradigmenwechsel von der Gebietsverteidigung zum internationalen Krisenmanagement und ortet dadurch subkonventionelle Gefährdungen für die Krisenreaktionskräfte. „Mit der Übernahme von Führungsverantwortung in internationalen Krisenreaktionseinsätzen durch die EU und der möglichen Erweiterung des bisherigen Petersberg-Spektrums könnte sich für Europa überdies ein höherer Grad an subkonventioneller Gefährdung ergeben (...) Zudem könnte sich die Motivlage für terroristische Anschläge im Falle einer Beteiligung Österreichs an Krisenreaktionsoperationen der EU verändern“ (4.1.2). Im Gegensatz zu der anfänglich propagandistisch in manchen Medien festgestellten Irrationalität des Terrorismus nach dem 11.9.2001 bietet die Reformkommission hier eine in den Ansätzen taugliche Analyse an. Dass eine Befriedung wider Willen, interessengeleiteter Militärinterventionismus oder die Unterstützung von völkerrechtswidrigen Aggressionskriegen zu Terror führt, gehört spätestens seit den zu verurteilenden Terroranschlägen am 11. März 2004 in Madrid zum sicherheitspolitischen Alphabet. Die Konsequenz für die Reformkommission ist jedoch leider nicht das Überdenken eines fragwürdigen Militärinterventionismus, sondern es wird daraus noch dazu eine Legitimität des Heeres nach innen konstruiert: „Österreich wird im eigenen Interesse, aber auch zur Erfüllung der internationalen Solidaritätspflicht einen militärischen Beitrag bei EU-Operationen einzubringen haben (...) Zur Abwehr subkonventioneller Gefährdungen auf dem eigenen Territorium hat das Bundesheer aufgrund seiner Befähigung zur gesamtheitlichen Erfassung und Beurteilung von Bedrohung, aber auch seiner personellen und materiellen Fähigkeiten einen wesentlichen Beitrag zur Aufrechterhaltung der staatlichen Souveränität zu leisten" (4.1.2.).

Als Einsatzräume für EU-Militärinterventionen schält die Reformkommission „neben dem Balkan vor allem die afrikanische Gegenküste und mittelfristig auch Westafrika bzw. das nordöstliche Zentral- und Ostafrika (‚erweiterte Peripherie')" heraus (4.1.2.). Hinsichtlich der Einsatzbereiche präzisierte die Österreichische Militärische Zeitschrift im Jahre 2001: „Als denkbare Einsatzbereiche wurden Nordafrika, Zentralafrika, Osteuropa, der Kaukasus und der Mittlere Osten angesprochen" (Korkisch 2001: 364). Der deutsche Wehrtechnische Report gibt in Bezug auf Deutschland folgende Krisenräume an: der Balkan, Randzonen und Nachbarn Russlands, der Kaukasus, die NATO-Grenze Osttürkei, asiatische Nachfolgerepubliken („Durch die Interessenlage beim Öl könnte auch China tangiert sein") und weitere Krisenzonen wie der Nahe Osten, die Golf-Region und der nordafrikanische Gürtel (Neuber 2000: 5). Der Genfer Journalist Andreas Zumach stellt angesichts der Einsatzszenarien der EU-Interventionstruppe zentrale Fragen: „Gegen welche Bedrohungen und Gefahren will sich die EU mit ihren neuzuschaffenden militärischen Kapazitäten und Fähigkeiten wappnen? Geht es um ähnliche Konfliktszenarien, wie sie in den letzten neun Jahren im ehemaligen Jugoslawien stattgefunden haben? Wird ein militärisches Wiedererstarken Russlands befürchtet? Oder geht es darum, in 20, 30 Jahren mittels einer EU-Eingreiftruppe die europäischen Interessen an den Öl- und Gasvorräten im Kaukasus und am Kaspischen Meer zu sichern?" (Zumach 2001: 35). Zu möglichen künftigen sicherheitspolitischen Instabilitäten bemerkt Zumach: „Die Militarisierung der EU wird in einigen Jahren zu neuen Bedrohungswahrnehmungen zumindest in Moskau führen, möglicherweise auch anderswo" (Zumach 2001: 36). Neben den Einsatzräumen bemerkt das Verteidigungsministerium zu den Einsatzmotiven im Jahre 2001 auf seiner Homepage: „Für Österreich ist die Teilnahme an EU-Einsätzen mit großem Nutzen verbunden (...) Als wesentliche Zielsetzung der europäischen Sicherheitspolitik nennt Prof. DDr. Erich Reiter, Beauftragter für Strategische Studien des BMLV: (...) Kooperation mit den USA und mit Japan zum globalen Management von Konflikten und zwecks Zugangs zu strategischen Rohstoffen, der Aufrechterhaltung freien Handels und der Schifffahrt" (Bundesministerium für Landesverteidigung 2001).

Die in der ersten Jahreshälfte 2004 in die öffentliche ExpertInnendiskussion geratenen EU-„battle groups" sind Kampfeinheiten, die innerhalb von 15 Tagen im Kampffeld stationierbar sein sollen und global einsetzbar sind. Sie sollen die 60.000 SoldatInnen starke EU-Interventionstruppe nicht ersetzen, sondern für spezielle Operationen ergänzen. Das Österreichische Bundesheer strebt eine Teilnahme an diesen multinationalen Verbänden an, wenngleich nicht alle EU-Mitgliedstaaten Kontingente stellen werden. Die Einsatzdauer beträgt 30 Tage und kann mit Rotation auf 120 Tage erweitert werden. Einsatzgebiete der EU-„battle groups“ sind u.a. Wüsten, Hochgebirge, Dschungel, Städte und andere Umgebungen. Informell haben die EU-„Verteidigungs“minister den Plan zur Schaffung von sechs oder sieben dieser Gruppen bis im Jahr 2007 unterstützt (Beatty 2004). Andere Erwartungen gehen von bis zu zehn dieser „battle groups“ aus (ISIS 2003). Die Initiative für diese battle groups kam von Deutschland, Frankreich und Großbritannien. Neben einem finanziellen Beitrag bedeutet der mögliche Einsatz dieser Kampftruppe ohne UN-Mandat (der nicht als zwingend gilt; battle groups sollen „unter anderem für Einsätze der Vereinten Nationen zur Verfügung stehen“, BMVG 2004 a) politische Probleme bezüglich der Vereinbarkeit aktiver Neutralitäts- und Friedenspolitik. Die EU-„battle groups“ sind mitunter als ein Übergang einer Phase quantitativer militärischer Anstrengungen (60.000 Mann Interventionstruppe, verfassungsgemäße Aufrüstungsverpflichtung) zur Phase qualitativer Aufrüstung im Sinne der Headline Goals 2010. Interoperabilität, Verlegefähigkeit und Durchhaltefähigkeit werden in der EU als „Dreh- und Angelpunkt des Streitkräfte-Planziels 2010“ angesehen (EU 2004: 14). Das EU-Planziel 2010 sieht auch einen Zeitplan vor, der folgende Etappen enthält: Im Laufe des Jahres 2004 soll die „Verteidigungs“agentur errichtet werden, bis zum Jahre 2005 soll „die Umsetzung einer gemeinsamen Koordination des strategischen Transports der EU“ geleistet sein, die im Jahre 2010 in ein voll leistungsfähiges EU-Luftraumkommando münden soll. Bis 2007 sollen die hochmobilen Gefechtsverbände finalisiert sein, 2008 soll ein EU-Flugzeugträger mit den dazu gehörigen trägergestützten Flugzeugen und Begleitschiffen verfügbar sein und im Jahr 2010 die weltraumgestützten Kommandoausrüstungen (EU 2004: 15). Die Bezeichnungen „Verteidigung“ oder defensive Ausrichtung der Truppen kann hier nur noch als rhetorisch betrachtet werden. „Verteidigt“ werden hier politische und ökonomische EU-Interessen. Bis 2010 sollen nicht nur die „battle groups“ interventionsfähig sein, sondern die EU wird über Flugzeugträger und Weltraumkapazitäten (u.a. Galileo) für Militärinterventionen in aller Welt verfügen.

Der ehemalige deutsche Verteidigungsminister Rudolf Scharping hat erklärt, dass der Verteidigungsfall der Einsatzgrund mit geringer Eintrittswahrscheinlichkeit ist („Viel wahrscheinlicher ist, dass auf dem Territorium anderer Länder deutsche Sicherheit verteidigt werden muss.“). Sein Nachfolger Peter Struck erklärte anlässlich einer Pressekonferenz: „Die Sicherheit der Bundesrepublik wird auch am Hindukusch verteidigt“ (Struck, 5.12.2002). Statt auf klassische Gebietsverteidigung bereiten sich die Armeen der EU-Staaten Schritt für Schritt auf künftige Militärinterventionen außerhalb des EU-Territoriums vor. „Die EU muss endlich begreifen, dass sie eine globale Macht ist und nicht nur im Hinterhof agieren kann“ (Europäische Sicherheit 11/1999), führte General Klaus Naumann – Chef des NATO-Militärausschusses während des NATO-Angriffs auf Jugoslawien – bereits Ende 1999 aus.

Zur Frage der Entwicklung des Charakters der Außenpolitik der EU hat der Vorsitzende des EU-Militärausschusses, General Gustav Hägglund, treffend ausgeführt: „Man hat gesagt, die USA werden den Krieg führen und die EU wird für den Frieden zuständig sein. (...) Das war so und bezieht sich auf die Vergangenheit, aber das stimmt für die Zukunft nicht" (Spinant 2002). Robert Cooper, führend im MitarbeiterInnenstab von Javier Solana, meint: „Illusionen geben sich jene hin, die von Deutschland oder Europa als einer ‚zivilen Macht' sprechen" (Cooper 2003: 35).

3.3 Rüstung

Die Budgetstruktur des Bundesheers soll nach Vorstellungen der Kommission künftig so gestaltet werden, dass die Anteile für Investitionen mindestens ein Drittel der Gesamtausgaben erreichen (2.2.11.). Damit das Bundesheer entsprechend planen kann, wird in den Empfehlungen der Reformkommission die Bundesregierung angehalten, im Verfassungskonvent für eine entsprechende Grundlage zu sorgen. In der Transformationsphase sind ebenfalls Überschreitungen des Jahresbudgets vorzusehen (3.2.6). Beschaffungsvorhaben, die nicht den künftigen Einsatzaufgaben (Auslandsinterventionen) entsprechen, sind „unverzüglich zu stoppen" (3.2.5). Im Abschnitt der Analysen und Erkenntnisse der Reformkommission wird von einem laufenden jährlichen Verteidigungsetat zwischen 1,11 % und 1,18 % des BIP ausgegangen (derzeit rund 0,8 %) (4.2.4.4). Die Anstoßreform verlange ebenfalls Finanzmittel, und die Erlöse aus dem Verkauf von Liegenschaften und Vermögenswerten sollen zur Finanzierung von Anschaffungen zur Verfügung stehen. Bereits heute werden einige Aufwendungen nicht aus dem Budget des „Verteidigungs"ressorts bestritten (z.B. Kosovo-Einsatz des Bundesheeres oder der ab 2007 zu bezahlende Eurofighter).

Sucht man in der EU-Verfassung und Sicherheitsstrategie vergebens kritische Worte über die EU-Atomwaffenmächte, so findet die Reformkommission gegenüber den EU-Staaten Großbritannien und Frankreich äußerst begrüßenswerte und deutliche Worte. Die Kommission ist der Auffassung, dass die ESVP „jeden Einsatz und das Vorhandensein von Massenvernichtungswaffen ausschließt" (3.1.2.1.).

Die Empfehlungen des Präsidiums der Reformkommission sehen auch die „permanente Luftraumüberwachung" vor. Der größte Rüstungskauf der Geschichte der 2. Republik – die Anschaffung des Kampfflugzeuges Eurofighter Typhoon – wird weiter die politische Debatte prägen. Der Eurofighter ist weniger Instrument einer defensiven Luftraumüberwachung, sondern passt in das Konzept eines offensiven und globalen militärischen Interventionismus. Der ehemalige Verteidigungsminister Scheibner hat bereits im Jahr 2001 der EU-Interventionstruppe sechs österreichische Draken-Nachfolger angeboten (Mayer 2001: 5). Dieser rüstungspolitische Beitrag ist durchaus als willkommener Einstieg in die EU-Interventionstruppe oder im sicherheitspolitischen Kerneuropa zu werten, zumal der Presse- und Informationsdienst des österreichischen Verteidigungsministeriums 2002 festgestellt hat: „Der Eurofighter ist mit voller Interoperabilität (...) am besten für internationale Einsätze im europäischen Verbund geeignet."

Für den Verkauf von Rüstungsgütern bzw. deren Transport durch österreichisches Hoheitsgebiet wurden in den letzten Jahren das Kriegsmaterialiengesetz, das Truppenaufenthaltsgesetz und der § 320 des Strafgesetzbuches (Neutralitätsgefährdung) bereits im Sinne von EU-Einsätzen verändert. Neutralitätsvorbehalte wurden aus dem Gesetz gestrichen, und die UNO wurde zugunsten der EU abgewertet. Weitere „rechtliche Anpassungen" (3.4.) werden von der Reformkommission angestrebt, die der europäischen gemeinsamen Rüstungsindustrie zum Durchbruch verhelfen sollen. Gemeinsam mit der Bundeswirtschaftskammer hat man das Kriegsmaterialiengesetz und die Dual-use-Verordnung ins Visier genommen: „Denn sonst würde Österreich als unsicherer Partner gar nicht ernst genommen, und der Zugang zu technologischen Entwicklungen bliebe uns verschlossen", so Rudolf Lohberger von der BWK (Dengg 2004: 40). Wie bereits in der Bundesheerreformkommission beschlossen, äußert sich auch Verteidigungsminister Platter (ÖVP) zur größeren Rolle des ÖBH bei der Auftragsvergabe: „Wir streben die verstärkte Einbindung in die Forschungsinstitutionen und das Forschungsmanagement Österreichs an" (Dengg 2004: 40). Die neue österreichische Forschungsförderungsgesellschaft (FFG) „trägt den neuen Gegebenheiten (...) bereits Rechnung" und widmet sich dort u.a. dem EU-Satellitenprojekt Galileo. Auch auf EU-Ebene ist die Weltraumforschung mit Unionsgeldern auf der Prioritätenliste weit oben zu finden (Dengg 2004: 44). Industriellenvereinigung und Wirtschaftskammer gründen zur Liberalisierung der Kriegsmaterialiengesetze eine eigene Plattform, „denn", so ein aktiver Tiroler Unternehmer, „wir wollen uns nicht auf die Politik verlassen, sondern dieses Thema von Anfang an selbst in die Hand nehmen" (Dengg 2004: 44). Die Bundesregierung hat prompt positiv reagiert (Nowak 2004). Schon 1993 wusste der Chef von Daimler-Benz, Edzard Reuter, (heute ist Daimler-Chrysler Miteigentümer der EADS, die den Eurofighter produziert): „Die Weltmärkte werden neu aufgeteilt, und wir wollen dabei sein" (ISW 1993).

Die von Österreich angekauften „Black Hawk"-Hubschrauber entsprechen den Aufgaben von künftigen EU-Militärinterventionen und sollen die Teilnahme von Österreich garantieren. „Die Grundlage der Rüstungspolitik ist der militärische Bedarf. Wir rüsten ja nicht für den Katastrophenfall", so der Leiter der Luftabteilung des Bundesheers Erich Wolf schon 1999 (Truppendienst 1999: 250). Bereits 1995 – im Jahr des EU-Beitritts – veröffentlichte die Wirtschaftszeitschrift „Trend" einen Aufrüstungsplan für das Bundesheer mit Anschaffungen in der Größenordnung von 100 Milliarden Schilling (Fahmy 1995: 45). Im Jahre 2001 hat das Bundesheer einen Investitionsrückstand von rund 10,9 Mrd. Euro (150 Mrd. öS) festgestellt (Die Presse 2001), was der Vizepräsident der Offiziersgesellschaft kurz zuvor ebenfalls kolportieren ließ (Theuretsbacher 2000: 13). Das Militärbudget müsse mindestens verdoppelt (auf rund 1,5 %), aber besser auf 2 % des BIP erhöht werden, ließ man die Bevölkerung über die Presse wissen (Die Presse 2001). In Deutschland wird über Aufrüstungskosten für die nächsten 20 Jahre in der Größenordnung von rund 150 Mrd. Euro (2.100 Milliarden Schilling) spekuliert (Henken 2003: 9, 16; Unterseher 2001: 1468). Die Friedenswerkstatt Linz hat für ausgewählte EU-Rüstungsprojekte recherchiert und ein Gesamtvolumen von 600 Milliarden Euro errechnet (Friedenswerkstatt Linz 2003: 21-32). Im Geschäftsbericht 2001 der EADS wird mit Unterstützung einer NATO-Grafik bis zum Jahr 2010 prognostiziert, dass die Rüstungsausgaben von Europa und den USA um rund 50 % über jenen der Hochzeit des Kalten Krieges liegen werden (EADS 2001: 15). Die Aufrüstungswünsche sind gemessen an den tatsächlichen Bedrohungen völlig unverhältnismäßig.

Die im gegenwärtigen Verfassungsentwurf vorgesehene „Verteidigungsagentur“ soll die Rüstungspläne der EU-Mitgliedstaaten harmonisieren. Diese European Defence Agency (EDA) soll helfen, Duplizierungen zu vermeiden, Forschungsaktivitäten zu bündeln und dafür sorgen, dass Kriegsmaterialien nationaler Armeen vernetzt operationsfähig sind. Die EDA wird vorerst als Netzwerk bestehender Einrichtungen wie der Organisation Conjointe de Coopération en Matière d’Armement (OCCAR), der Western European Armaments Organisation (WEAO) sowie der Western European Armaments Group (WEAG) realisiert (BMVG 2004b).

Die Schaffung einer EU-Rüstungsindustrie und einer EU-Rüstungsagentur wird von der Mehrheit der EU-Abgeordneten bereits seit mehreren Jahren betrieben. Bis auf die Stimmenthaltung der SP-Abgeordneten Karin Scheele stimmten alle anwesenden österreichischen ParlamentarierInnen im April 2002 für die Schaffung einer Rüstungsagentur und die Zusammenlegung des militärischen Beschaffungswesens. In diesem Zusammenhang äußerte sich das EP „besorgt darüber, dass einige Mitgliedstaaten erhebliche Investitionen in Forschung und Entwicklung amerikanischer Rüstungsfirmen tätigen wollten“, wodurch sich das rücksichtslose Durchpeitschen des Ankaufs von Kampfflugzeugen des EU-Vorzeigerüstungskonzerns EADS von Seiten der Regierung Schüssel erklären lässt.

4. Bundesheer und öffentliche Meinung

In einer im zeitlichen Umfeld des Irak-Krieges 2003 erarbeiteten Studie des Instituts für Grundlagenforschung meinten 9 % der befragten Menschen in Österreich, das Bundesheer müsse besser ausgestattet werden. Das Meinungsforschungsinstitut OGM erhob Mitte Februar 2003, dass 70 % der Befragten gegen den Kauf von Abfangjägern sind und drei von fünf Befragten keinen US-Jets Überflugsgenehmigungen erteilen würden. Rund zehn Jahre früher – vor dem Irak-Krieg 1991 – sprach sich ein ähnlich hoher Prozentsatz für eine Erhöhung des Heeresbudgets aus: 14 %. Dreimal so viele sprachen sich für eine Kürzung des Militärbudgets aus. Die Profil-Autoren Barth und Lackner fassen die Studien über die Einstellung der ÖsterreicherInnen zum Heer wie folgt zusammen: „Das Bundesheer für einen überflüssigen Haufen zu halten, es an kurzer Budgetleine zu führen, sein Gerät zu verspotten, dem Wehrdienst durch eine Hintertür namens Zivildienst oder durch ‚Untauglichkeit' zu entschlüpfen – all dem geben sich pazifistisch gesinnte Jungintellektuelle ebenso hin wie Hausmeister aus Ottakring" (Barth, Lackner 2003: 17).

In den späten 80er und frühen 90er Jahren konnte die Bewegung „Österreich ohne Heer" zahlreiche breite und öffentlichkeitswirksame Aktivitäten setzen und sammelte Unterschriften für eine Volksabstimmung zur Abschaffung des Bundesheeres und für eine aktive, gewaltfreie Friedens- und Neutralitätspolitik (Appell siehe z.B. Arbeiterzeitung 1.9.1990). Auch der Anfang der 90er Jahre platzierte Appell zur „Nichtbefolgung von Militärgesetzen" (Der Standard 1994: 10) wurde öffentlich wahrgenommen.

In einer von der Gesellschaft für Europapolitik (ÖGfE) 2003 in Auftrag gegebenen Studie sprachen sich 63 % der Befragten für die Teilnahme Österreichs an einer möglichen gemeinsamen Europäischen Armee aus, wobei die Bereitstellung von Sanitätseinheiten (96 %) und Zivilschutzeinheiten (90 %) als zentrale Aufgaben genannt wurden. Nur 46 % wünschen in diesem Zusammenhang, dass Österreich Bodentruppen stellt. Allgemeiner möchten 77 % friedensbewahrende Einsätze (UNO in Zypern und Golan) und nur 17 % friedenserzwingende Aktionen (Kosovo, Afghanistan). Trotz dem hohen Wunsch nach einer gemeinsamen Armee verlangen 69 % die Beibehaltung der Neutralität (ÖGfE 2003). Im Jänner 2004 befragte die ÖGfE erneut zur EU-Militärpolitik. 87 % der Befragten sehen sich hiernach gegenüber dem Terrorismus durch ausreichend heeresnachrichtendienstliche Aktivitäten, Polizei und Grenzschutz gewappnet. Nur 13 % würden ausreichend schwere Waffen anschaffen. Während 71 % dem Bundesheer im Ausland nur Mandate zur Sicherung eines Waffenstillstandes geben würden, sind nur 18 % für die Erzwingung eines Waffenstillstandes und 30 % grundsätzlich gegen eine Teilnahme des Bundesheeres an Auslandseinsätzen. 71 % der Befragten glauben nicht, dass sich Österreich von Auslandseinsätzen fernhalten kann, wenn die EU diese beschließt. Die Anwendung von Waffengewalt im Rahmen der EU halten 60 % bei einem Angriff auf ein EU-Mitglied für legitim, 50 % bei der Absicherung von Rohstoffquellen und Transportwegen, 36 % wenn ein Staat Massenvernichtungswaffen produziert und 10 %, wenn es in anderen Erdteilen zu Kriegshandlungen kommt. 20 % der Befragten würde in der EU eine „immerwährende Beistandsverpflichtung" bevorzugen, wären 75 % von Fall zu Fall darüber entscheiden würden (ÖGfE 2004).

5. Aufgaben des Österreichischen Bundesheers am Beginn des 21. Jahrhunderts aus friedenspolitischer Sicht

Aus obigen Umfragen ist zu ersehen, dass der Einsatz des Österreichischen Bundesheers im Rahmen eines UNO- oder OSZE-mandatierten Einsatzes für Sanitäts- und Zivilschutzaufgaben als friedensbewahrender Einsatz fast als „nationaler Konsens" zu betrachten ist. Selbst Teile friedenspolitisch tätiger zivilgesellschaftlicher Organisationen können dies als wichtigen Beitrag Österreichs zur Sicherung des Weltfriedens, zur Stärkung der UNO und als neutralitätskonform betrachten und unterstützen. Die Übernahme derartiger Peacekeeping-Aufgaben ist für Österreich auch neutralitätskonform und richtig, wenn die Vereinten Nationen eine Mission mandatieren und die Missionserfüllung der EU übertragen. Ein Ausbau dieser Aufgaben wäre aus friedenspolitischer Sicht sinnvoll. Für jeden Staat ist selbstverständlich auch gemäß der Charta der Vereinten Nationen die bewaffnete Landes*verteidigung* (Verteidigung nicht im Sinne der EU als Interventionismus verstanden) legitim. Sowohl die EU-Sicherheitsstrategie als auch das österreichische Heer gehen davon aus, dass diese Aufgabe auf absehbare Zukunft mangels militärischer Bedrohung nicht erfüllt werden muss. Im Sinne einer aktiven Friedenspolitik sind auch auf nachhaltige Friedensstrukturen bauende zivile Einsätze im Rahmen der EU, der UNO oder im nationalen Kontext. Ingesamt bedeutet dies, einer Armee eine strikt defensive Ausrichtung zu geben. Die Mittel für Offensiv- und Interventionsstrukturen sind in supranationale, staatliche und nichtstaatliche zivile Initiativen zur Konfliktbearbeitung umzuleiten. Die gegenwärtigen Prioritäten zwischen Militärischem und Zivilem wären danach umzukehren. Entsprechend der neuen Rolle der Zivilgesellschaft in den internationalen Beziehungen sind deren Konzepte für Friedens-, Gedenk-, Entwicklungs-, Sozial- und traditionellen Zivil-Dienst zu fördern.

Eine derartige Bestandsaufnahme scheint in Zeiten des Engagements gegen den Terror nötiger als je zuvor. Auch die Reformkommission hat erkannt, dass stationierte SoldatInnen im Ausland Ziele von Anschlägen werden. Die terroristischen Anschläge der letzten Jahre sind illegitim und zu verurteilen. Die in der Öffentlichkeit breiter diskutierten Anschläge sind jedoch nicht irrational. Genährt werden diese Anschläge mitunter durch die Folgen einer imperialen Außen-, Wirtschafts- und Militärpolitik. Dazu gehören nicht nur die Unterstützung von US-Kriegen gegen arabische Länder oder „Schurkenstaaten", sondern auch die G7-dominierte und vielfach armutsfördernde Politik des IWF, humanitäre Interventionen bzw. Befriedungen anderer Staaten wider Willen oder ökonomisch geleiteter Militärinterventionismus. Der Kampf gegen Terrorismus ist eine Aufgabe von Polizei und Justiz. Die bestehenden zivilen Regelungen der EU sind effizienter zu nützen, als das Engagement gegen den Terror zu militarisieren. Armeen sind nicht für Aufgaben zu legitimieren, die sie primär nicht erfüllen können und sollen. In einer Studie über die Streitkräfte Österreichs im Jahr 2005 stellt ein Forscherteam mit dem Militärsoziologen Lutz Unterseher fest: „Generell ist davon abzuraten, die Streitkräfte verstärkt auf die Wahrnehmung von Sekundäraufgaben hin zu orientieren. Und zwar nicht nur wegen der sich damit verschärft stellenden Effizienzproblematik (Streitkräfte, die alles können wollen, sind eine Absage an kostensparende Arbeitsteilung), sondern auch weil sich damit diffuse Strukturgebilde ergeben würden, deren wirksame demokratische Kontrolle von der Sache her erschwert wäre“ (Bebermeyer u.a. 1997: 16).

Diesen groben Linien zu folgen, würde die Änderung zahlreicher Dokumente und rechtlicher Rahmenbedingungen erfordern. Dazu gehören beispielsweise die Änderung des Artikels 23 f der österreichischen Verfassung, die Abbestellung des Kampfflugzeuges Eurofighter oder die Demokratisierung der Sicherheitspolitik (z.B. Militärbefugnisgesetz). Wenn Krieg kein Mittel in den internationalen Beziehungen sein soll, so ist die gesamte Gesellschaft an der Mitarbeit für die Stärkung der zivilen Mittel und einer wachsamen Demokratie gefordert.

Literatur

Barth, Josef / Lackner, Herbert (2003), Die ungeliebte Armee. In: Profil. Das unabhängige Nachrichtenmagazin Österreichs, Nr. 12/2003, S. 14-19, Wien.

Beatty, Andrew (2004), EU to have ‚battle groups‘ by 2007. In: EU-Observer 5.4.2004.

Bebermeyer, Hartmut / Knight, Charles / Unterseher, Lutz (1997), Die Streitkräfte Österreichs im Jahre 2005, Schlaining Working Papers 5/1997, Schlaining.

Bundesheerreformkommission (BHRK) (2004), Bericht der Bundesheerreformkommission, Bundesheer 2010, Wien.

Bundesministerium für Landesverteidigung (2001), „Sicherheit mit moderner Technik“: http://www.bmlv.gv.at/archiv/a2001/akt_20010112_sicherheit.shtml.

Bundesministerium für Landesverteidigung, eingesetzte ExpertInnengruppe (2001), Sicherheits- und Verteidigungsdoktrin, Analyse-Teil, Stand 23.1.2001, Wien.

Bundesministerium für Landesverteidigung (2004), Auslandsmissionen, http://www.bmlv.gv.at/ausle/missionen/mission.shmtl.

Bundesministerium für Verteidigung (2004a), Mobile Einsatzgruppen für Europa, Autor: Markus Bach, http://www.bmvg.de/sicherheit/europa /040406_battle_groups.php.

Bundesministerium für Verteidigung (Rodenbücher, Christiane) (2004b), Die Europäische Verteidigungsagentur definiert Fähigkeiten im Rüstungsbereich neu, www.bmvg.de/sicherheit/europa/040406_eda.php.

Cooper, Robert (2003), Macht und Ohnmacht aus europäischer Sicht. In: Internationale Politik, 5/2003, S. 31-38.

Dengg, Ingrid (2004), Förderung im Fadenkreuz. In: Trend. Das österreichische Wirtschaftsmagazin, 7-8/2004, S. 38-44, Wien.

EADS Geschäftsbericht (2001), Die Märkte der EADS, Graphik: Gesamtvolumina der Wehrbeschaffungsetats in Europa und den USA, Quelle: NATO, JPMorgan u.a., www.finance.eads.net/rep01de.pdf.

Europäische Gemeinschaften (Hrsg.) (2003), Entwurf. Vertrag über eine Verfassung für Europa. Vom Europäischen Konvent im Konsensverfahren angenommen, 18.7.2003.

Europäische Union, Rat (2004), Bericht des Vorsitzes zur ESVP vom 9.6.2004, Anlage I.

Europäisches Parlament (2000), Gemeinsame europäische Sicherheits- und Verteidigungspolitik, Vom Parlament angenommene Texte, vorläufige Ausgabe: 30/11/2000, A5-0339/2000.

Europäisches Parlament (2002), Gemeinsame Außen- und Sicherheitspolitik. Entschließung des EP zu den bei der Durchführung der gemeinsamen Außen- und Sicherheitspolitik erzielten Fortschritte (2002/2010 (INI)) vom 26.9.2002.

Fahmy, Sandra (1995), Geheime Verschlußsache. Das österreichische Bundesheer plant die Aufrüstung. In: Trend. Das österreichische Wirtschaftsmagazin, 2/1995, S. 42-48, Wien.

Friedenswerkstatt Linz (2003), Die Spitze des Waffenbergs. 50 ausgewählte EU-Rüstungsprojekte am Beginn des 21. Jahrhunderts. In: Friedenswerkstatt Linz (Hrsg.), Keine Fighter für die Euro-Armee! Die Kriegsfähigmachung Österreichs im Rahmen der EU. Perspektiven des Widerstands, Linz.

Geistlinger, Michael (1997), Ableistung des ordentlichen Präsenzdienstes im österreichischen Bundesheer und die immerwährende Neutralität Österreichs. Gutachterliche Stellungnahme. In: ARGE für Wehrdienstverweigerung, Gewaltfreiheit und Flüchtlingsbetreuung: Zoom Nr. 1+2 /1997, S. 34-58, Wien.

Gose, Stefan (2001), Material- und Ausrüstungskonzept. Die unauffällige Vorbereitung eines Angriffskrieges. In: Verein für friedenspolitische Publizistik e.V. (Hrsg.), ami – antimilitarismus informationen, 31. Jg., 5/2001, S. 14-22, Berlin.

Haydt, Claudia / Pflüger Tobias / Wagner Jürgen (2003), Globalisierung und Krieg, VSA Verlag, Hamburg.

Henken, Lühr (2003), Zur künftigen Entwicklung der deutschen Militärausgaben, IMI Studie 1/2003, Tübingen/Hamburg.

Hauser, Gunther (2003), Sicherheit in Mitteleuropa. Politik. Kooperation. Ethnizität. Schriftenreihe der Landesverteidigungsakademie, Wien.

Heidegger, Klaus / Steyrer, Peter (1997), NATO-Streit in Österreich. Handbuch zur Neutralität und Sicherheitspolitik, Thaur/Wien/München.

Institut für sozial-ökologische Wirtschaftsforschung e.V., isw-Report 17/ 1993, München 1993.

Konferenz der Vertreter der Regierungen der Mitgliedstaaten (2004), Vertrag über eine Verfassung für Europa, CIG 87/04, Fassung vom 6.8. 2004, Brüssel.

Korkisch, Friedrich (2001), Europäische Union, Kapitel: Die Europa-Armee. In: Österreichische Militärische Zeitschrift, 3/2001, S. 362-368, Wien.

Mayer, Thomas (2001), Wien bietet sechs Abfangjäger für die neue EU-Truppe. Pünktlicher Start fraglich. In: Der Standard, 13./14.10.2001.

Neuber, Arno (2000), Armee für alle Fälle. Der Umbau der Bundeswehr zur Interventionsarmee, Institut für sozial-ökologische Wirtschaftsforschung, ISW-Report 44, München.

Neuber, Arno (2003), Militärmacht EUropa. Die EU auf dem Weg zur globalen Interventionsmacht, Institut für sozial-ökologische Wirtschafsforschung, ISW-Report 56, München.

Nowak, Rainer (2004), Kriegsmaterialiengesetz. Plan für Lockerung von Militär-Exporten. In: Die Presse, 12.8.2004.

Oberansmayr, Gerald (2004), Auf dem Weg zur Supermacht. Die Militarisierung der Europäischen Union, Wien.

Optionenbericht (1998), Bericht über alle weiterführenden Optionen Österreich im Bereich der Sicherheitspolitik, 2.4.1998 (gezeichnet von Wolfgang Schüssel), Wien.

Österreichische Gesellschaft für Europapolitik (ÖGfE) (2003), 25 Armeen oder eine? Die Einstellung der Österreicher zu einer gemeinsamen Europäischen Armee, Wien.

Österreichische Gesellschaft für Europapolitik (ÖGfE) (2004), Bundesheer – Auslandseinsätze – internationaler Terrorismus. Wie sehen die Österreicher die neuen Aufgaben des Bundesheeres? Wien.

Österreichischer Gewerkschaftsbund (Hrsg.) (2003), Globale Vernetzung – globale Aktion, Materialien zum 15. ÖGB-Bundeskongress vom 14.–17. Oktober 2003, Wien.

Presse, Die Presse Online (2001), Heeres-Budget soll verdoppelt werden, 22.1.2001.

Presse, Die Presse Online (2003), Beistand: Schüssel lobt Italiens Vorschlag, 11.12.2003.

Roithner, Thomas (2002), Die Militarisierung der EU und die Antworten der österreichischen Friedensbewegung. In: Pecha Andreas / Roithner Thomas / Walter Thomas (Hrsg.), Friede braucht Bewegung. Analysen und Perspektiven der österreichischen Friedensbewegung, 2. Auflage, S. 68-82, Wien.

Roithner, Thomas (2004), Global Cop – Der transatlantische Streit um die Militärhegemonie. In: Österreichisches Studienzentrum für Frieden und Konfliktlösung (Hrsg.), Schurkenstaat und Staatsterrorismus. Die Konturen einer militärischen Globalisierung, S. 68-93, Münster.

Scharping, Rudolf (2000), Rede vor StudentInnen der Ruprecht-Karls-Universität, Die sicherheitspolitischen Ziele Deutschlands, Heidelberg, 27.11.2000.

Salzburger Nachrichten (1999a), Österreich deckt NATO-Aktion, 16.4.1999.

Salzburger Nachrichten (1999b), Auslandseinsatz für Berufssoldaten Pflicht? 13.9.1999.

Solana, Javier (2003), Ein sicheres Europa in einer besseren Welt. Europäische Sicherheitsstrategie, beschlossene Fassung vom 12.12.2003, Brüssel.

Spinant, Daniela (2002), Top EU military: EU force fully ready in 10 years. In: www.euobserver.com, 22.1.2002.

Standard, Der (1994), Elf Freisprüche in nur 90 Minuten. 126 Verfahren nach Aufruf zur Nichtbefolgung von Militärgesetzen, 18.10.1994, Wien.

Standard, Der Online (2000), Die EU-Kriseninterventions-Truppe, 17.11. 2000.

Theuretsbacher, Wilhelm (2000), „150 Milliarden Schilling müssten investiert werden“. In: Kurier, 31.12.2000.

Truppendienst (1999), Rundschau – Allgemeine Berichte „Draken“-Nachfolge, Nr. 3/1999.

Unterseher, Lutz (2001), Die Mär von der unterfinanzierten Bundeswehr. In: Blätter für deutsche und internationale Politik, 12/2001.

Wiener Zeitung (2003), Wehrpflicht im Europavergleich, 6.3.2003.

Zumach, Andreas (2003), EUropa auf dem Weg zur Militärmacht. Alter Wein in neuen Schläuchen. In: Österreichisches Studienzentrum für Frieden und Konfliktlösung (Hrsg.), Europa Macht Frieden. Die Rolle Österreichs, Münster, S. 123-129.

Teil 4: Der transatlantische Streit um die globale Vormachtstellung

VERTEIDIGUNGSUNION UND FRIEDENSMACHT – ANMERKUNGEN ZU EINER SICHERHEITSPOLITISCHEN STRATEGIE FÜR EUROPA

JÜRGEN ROSE[1]

„Ich weiß, daß die Vereinigten Staaten jeden Krieg gewinnen, den sie führen, gegen jedes Land. Wenn der Kolonialismus nicht aus der Mode gekommen wäre, würden wir bestimmt den ganzen Nahen Osten übernehmen, die Ölreserven nicht nur schützen, sondern sie uns nehmen: Wir sind hier, um Ihnen mitzuteilen, daß dies nicht mehr Ihr Land ist, vielen Dank für Ihre Mitarbeit, Einzelheiten erfahren Sie später."

Anthony Swofford, Ex-U.S. Marine und freier Autor. In: Jarhead 2003

„Wer kämpft, kann verlieren. Wer nicht kämpft, hat schon verloren."

Bertolt Brecht

I. Die imperiale Zumutung

Als sicherheitspolitische Antwort auf den Unilateralismus der USA, die Arroganz ihrer militärischen Machtentfaltung, die völkerrechtverachtende Präventivkriegsideologie und den globalen Hegemonieanspruch der augenblicklich dort herrschenden neokonservativen „Crazies" entwickelt das alte

1 Der Autor vertritt in diesem Beitrag seine persönlichen Auffassungen.

Europa seit einiger Zeit mit Nachdruck seine „Gemeinsame Außen- und Sicherheitspolitik". Im Anschluss an das Völkerrechtsverbrechen des Irak-Krieges wurden gar Forderungen laut nach der Schaffung einer autonom handlungsfähigen „Europäischen Verteidigungsunion", die letztlich auf eine Emanzipation Europas von der qua NATO perpetuierten Präponderanz der USA hinausliefe.

Solch Ansinnen indes ruft heftige Reaktionen unter Zeitgenossen aus höchst disparaten Fraktionen des politischen Spektrums der Bundesrepublik hervor. Zum einen wittern in der Wolle gefärbte Atlantiker und NATO-Maniacs prompt Anti-Amerikanismus und malen die Schrecken „schlechtester gaullistischer Tradition" an die Wand. Zum anderen scheint die Vision einer gaullistisch inspirierten Europäischen (Verteidigungs-) Union den fundamentalpazifistischen Nerv zu treffen. Reflexartig werden als vermeintliche Alternativen gegen solch eine, als „spinnert" apostrophierte Idee Forderungen nach der „Wiedererweckung des Völkerrechts", der „weltweiten Stärkung der UNO-Rechtsstrukturen" oder gar der „Wiedererzwingung (sic!) einer internationalen Politik, die auf der Geltung der UN-Charta und auf friedlichem Interessenausgleich beruht", ins Feld geführt. Hinter einer derartigen Reaktion steckt gemeinhin die Vorstellung, eine internationale Rechtsordnung und der Frieden schlechthin ließen sich schaffen und bewahren, ohne notfalls auf das Mittel der Gewalt zurückgreifen zu können – gewaltfrei also.

II. Prinzip Gewaltfreiheit?

Doch handelt es sich bei dieser Vorstellung lediglich um einen schönen Traum, wie schon im Jahre 1795 der Königsberger Philosoph Immanuel Kant in seiner nach wie vor epochalen Schrift „Zum ewigen Frieden" dargelegt hat. Denn: „Der Friedenszustand unter Menschen, die nebeneinander leben, ist kein Naturzustand ... Er muß also gestiftet werden; ...". Kant verweist hier auf zweierlei: Erstens darauf, dass dort, wo mehrere Akteure in einer endlichen Raum-Zeit-Sphäre mit begrenzten Ressourcen leben und handeln, unvermeidlich die Möglichkeit von Konflikten existiert. Und zweitens auf die unabdingbare Notwendigkeit, den barbarischen, weil rechtlosen Naturzustand zwischen den Menschen, in dem Konflikte durch die Macht des Stärkeren – qua Faustrecht – entschieden werden, dadurch zu überwinden, dass alle sich gemeinschaftlich der Herrschaft des Rechts unterwerfen. Einzig eine Rechtsordnung ermöglicht die Regulierung von Konflikten auf zivilisierte Weise, nämlich mittels der Anwendung und Durchsetzung allgemeinverbindlicher Rechtsregeln. Das Recht sichert demnach den Frieden, indem es den Naturzustand des *bellum omnium in omnes* zwischen den Menschen, wie ihn der englische Philosoph Thomas Hobbes analysiert hat, überwindet. Frieden ist daher ohne Rechtsordnung schlechterdings nicht denkbar.

Zur Stiftung des Friedens und zur Durchsetzung der Rechtsordnung gegenüber demjenigen, der sich ihr widersetzt – dem Regelbrecher also –, bedarf es indessen durchaus der Möglichkeit zur Anwendung von Zwang und Gewalt. Die entscheidende, ja zwingende Konklusion lautet daher, dass Frieden nicht identisch ist mit einem Zustand der Gewaltfreiheit oder Gewaltlosigkeit. Nicht durch das Maß, sondern durch die Rechtmäßigkeit, resp. Unrechtlichkeit von Zwang und Gewaltanwendung unterscheiden sich Krieg und Frieden. „Fiat iustitia, pereat mundus“, postulierte Kant in seinem Traktat und paraphrasierte dieses Diktum im Deutschen mit dem Satz: „Es herrsche Gerechtigkeit, die Schelme der Welt mögen auch insgesamt darüber zugrundegehen.“ Frieden ist demnach der Zustand, in welchem Zwang und Gewalt ausschließlich zur Sicherung des Rechts angedroht und notfalls angewendet werden. Anders ausgedrückt: Die Möglichkeit von Frieden überhaupt basiert auf der Wirkungsmächtigkeit einer Rechtsordnung, die von der Fähigkeit abhängt, sie notfalls mit staatlichen Macht- und Gewaltmitteln – frei nach dem Soziologen Max Weber – auch gegen Widerstreben durchzusetzen.

III. Staatsgewalt

Diese eher abstrakten rechtsphilosophischen Überlegungen besitzen durchaus praktische Relevanz, wie ein Blick auf den Artikel 1 des deutschen Grundgesetzes (GG) offenbart. Dort heißt es: „Die Würde des Menschen ist unantastbar. Sie zu achten und zu schützen ist Verpflichtung aller staatlichen Gewalt.“ Auch die Bundesrepublik Deutschland konstituiert sich entsprechend der Definition Kants als „Versammlung von Menschen unter Rechtsgesetzen“. Um diesen die Menschenwürde garantierenden Rechtsnormen Geltung zu verschaffen, bedient sich der demokratische und soziale Rechtsstaat zwar nicht ausschließlich und nicht einmal in erster Linie, aber eben auch Instrumentarien institutionalisierter Gewaltanwendung in Gestalt von Polizei und Justiz oder sogar, im Falle des inneren Notstandes (Art. 91 i.V.m. Art 87, 4 GG), des Militärs. In ihrem Handeln sind diese Institutionen an Recht und Gesetz gebunden. Zudem kommt der Einhaltung des Prinzips der Verhältnismäßigkeit von intendiertem Zweck und selektierten Mitteln überragende Bedeutung zu. Nichtsdestoweniger ist die Polizei befugt, in Extremsituationen von Notwehr und Nothilfe als ultima ratio auch tödliche Gewalt anzuwenden, z.B. in Gestalt des sogenannten „finalen Rettungsschusses“. Kurzum: Bei Erfüllung ihrer vornehmsten Aufgabe – nämlich Frieden unter den StaatsbürgerInnen zu stiften – ist die Staatsgewalt zwar stets an das Verhältnismäßigkeitsgebot, mitnichten aber an das Prinzip der Gewaltlosigkeit gebunden.

IV. UN-Gewalt

Was in Bezug für die innerstaatliche Friedensstiftung unter StaatsbürgerInnen als individuellen Rechtssubjekten gilt, ist analog auch durch eine internationale Friedensordnung zwischen den Staaten als kollektiv konstituierten Völkerrechtssubjekten zu gewährleisten. Den Kristallisationskern des gegenwärtigen Völkerrechts bildet die Charta der Vereinten Nationen. Unbestreitbar stellen friedliche Beilegung von Konflikten zwischen den Staaten und Gewaltverbot in den internationalen Beziehungen die *raison d'être* der UNO dar. Dennoch geht eine Idealisierung der Vereinten Nationen als einer Institution der organisierten Gewaltlosigkeit meilenweit an der Realität vorbei. Ebenso wie die innerstaatliche Rechtsordnung birgt nämlich auch die völkerrechtliche Ordnung in Form der UN-Charta ein ausgefeiltes Instrumentarium von Sanktionsmitteln, um ihr gegenüber den Schurken auf der Weltbühne Geltung zu verschaffen – immer vorausgesetzt, der Sicherheitsrat der Vereinten Nationen bringt den Willen, den Mut und die Einigkeit hierfür auf.

Die einschlägigen Kautelen finden sich im Kapitel VII der Satzung der Vereinten Nationen (SVN). In dreizehn Artikeln wird dort detailliert und akribisch geregelt, welche „Maßnahmen bei Bedrohung oder Bruch des Friedens und bei Angriffshandlungen" der Sicherheitsrat zur „Wahrung oder Wiederherstellung des Weltfriedens und der internationalen Sicherheit" ergreifen darf. Diese reichen von der „Feststellung der Friedensgefährdung" (Art. 39 SVN) über „friedliche Sanktionsmaßnahmen" (Art. 41 SVN) bis hin zu „militärischen Sanktionsmaßnahmen" (Art. 42 SVN). Des weiteren ist dort festgelegt, dass alle UNO-Mitgliedstaaten verpflichtet sind, „... dem Sicherheitsrat auf sein Ersuchen Streitkräfte zur Verfügung [zu] stellen, Beistand [zu] leisten und Erleichterungen einschließlich des Durchmarschrechts [zu] gewähren" (Art. 43 SVN). Darüber hinaus sind die UN-Mitglieder verpflichtet, „Kontingente ihrer Luftstreitkräfte zum sofortigen Einsatz bei gemeinsamen internationalen Zwangsmaßnahmen bereitzuhalten, um die Vereinten Nationen zur Durchführung dringender militärischer Maßnahmen zu befähigen" (Art. 45 SVN). Auch ein ständiger Generalstabsausschuss ist vorgesehen, „um den Sicherheitsrat in allen Fragen zu beraten und zu unterstützen, die dessen militärische Bedürfnisse zur Wahrung des Weltfriedens und der internationalen Sicherheit, den Einsatz und die Führung der dem Sicherheitsrat zur Verfügung gestellten Streitkräfte, die Rüstungsregelung und eine etwaige Abrüstung betreffen" (Art. 47 SVN). Die Aufgabe des ständigen Generalstabsausschusses besteht darin, den Sicherheitsrat bei der Aufstellung von Plänen für die Anwendung von Waffengewalt zu unterstützen (Art. 46 SVN). Fürwahr ein umfangreiches und ausgeklügeltes Arsenal an militärischen Gewaltmitteln, das die Satzung der Vereinten Nationen für den Sicherheitsrat der Vereinten Nationen, der völkerrechtlich als einzige Instanz legitimiert ist, militärische Gewaltmaßnahmen zum Zwecke der Durchsetzung des Völkerrechts anzuwenden, bereit hält. Hieraus wird evident, dass die UNO eine Organisation darstellt, die mitunter in sehr martialischem Gewande aufzutreten vermag. Im Vergleich dazu besitzt der im aktuellen Entwurf des Verfassungsvertrages der Europäischen Union vorgesehene, zuweilen heftig kritisierte Grad an „Militarisierung" ein weit geringeres Ausmaß.

Wer nun die Geltung der UN-Charta in der internationalen Politik wieder erzwingen will – und dieser Forderung ist vorbehaltlos zuzustimmen –, muss sich ergo im Klaren sein, dass er damit zugleich und unvermeidlich auch für die Anwendung militärischer Gewalt gemäß den in der Satzung der Vereinten Nationen fixierten Regularien plädiert – aber eben auch ausschließlich im Rahmen und gemäß den Regeln dieser Charta!

V. Die transatlantische Allianz – ein Auslaufmodell

Diese letzte Überlegung weist die Richtung hin zur Konzeption einer zukünftigen „Europäischen Sicherheits- und Verteidigungsunion". Wenn die Diagnose zutrifft, dass es sich bei den USA um eine immer unverhohlener imperialistisch agierende Weltmacht handelt, die

- *erstens* unter dem Tarnbegriff des Krieges gegen den globalen Terrorismus nichts weiter als die ökonomische Kolonialisierung des Planeten mit militärischen Mitteln betreibt,
- *zweitens* den Völkerrechtsbruch in Serie nach dem Motto *„Quod licet Iovi non licet bovi"* zum Prinzip erhebt und sich
- *drittens* mit der von George W. Bush verkündeten nationalen Präventivkriegsdoktrin zur mittlerweile dramatischsten Bedrohung für den Weltfrieden und die internationale Sicherheit entpuppt,

dann liegt es im existenziellen Interesse Europas, eine tragfähige sicherheitspolitische Alternative gegen diese Form von Amok-Politik zu entwickeln. Im Kern geht es dabei um nichts Geringeres als die Frage, ob das „Alte Europa", wie US-Kriegsminister Donald Rumsfeld vor dem Irak-Desaster selbstgerecht höhnte, angesichts der hegemonialen Attitüden der militärischen „Hypermacht" USA unter einer globalen „Pax Americana" zu leben gewillt ist – so wie es die Griechen einstmals im Imperium Romanum ertragen mussten. Daraus folgt nachgerade zwingend, eine zukünftige „Europäische Verteidigungsunion" eben nicht als Abziehbild US-amerikanischer Militärmacht zu entwerfen – auch nicht im Miniaturformat, wie es so manchem bellizistisch tönenden Wilhelm Zwo im Westentaschenformat aus dem politischen Establishment der Bundesrepublik vorschweben mag.

Aller soeben in Istanbul verlautbarten Harmonierhetorik zum Trotz stellt die NATO für Europa keine ernsthafte Alternative zur Bewältigung ihrer zukünftigen Sicherheitsprobleme mehr dar. Zum einen, weil sich die Verteidigungsallianz aufgrund Wegfalls der Geschäftsgrundlage überlebt hat – eine ernst zu nehmende militärische Bedrohung für das Bündnis existiert nämlich gegenwärtig nicht und zeichnet sich auch für die Zukunft nicht ab. Zum anderen war schon im Verlaufe des Krieges gegen Afghanistan 2002 offenbar geworden, dass die NATO aus amerikanischer Sicht ihre Schuldigkeit während des Kalten Krieges und der anschließenden turbulenten Post Cold War Period getan hatte. Denn die USA stehen im Begriff, ihre globale Dominanz auf Dauer festzuschreiben. Hierzu gehört die Option, überall und jederzeit intervenieren zu können und dies allein, unbehindert von kleinmütigen Alliierten, langatmigen Konsultationen und komplizierten Konsensprozeduren. Aus Sicht der USA schwächt das Atlantische Bündnis somit eher die eigene Handlungsfreiheit – A und O der geostrategischen Konzeption des gegenwärtigen außenpolitischen Establishments der Vereinigten Staaten. Präferabel erscheint danach allenfalls eine NATO, die sich auf eine strategische Arbeitsteilung verpflichten ließe, gemäß der die USA die Kriege führen und die Europäer die Trümmerbeseitigungstruppe stellen, die man zum Aufräumen auf die Schlachtfelder schickt, nachdem die „tough guys" ihren blutigen Job erledigt haben. Wobei Europa beides auch noch finanzieren soll – ganz getreu dem Motto: „The US fights, the EU feeds, the UN funds."

Die militärische Effektivität der Allianz wird seitens der gegenwärtigen amerikanischen Administration in Anbetracht der neuartigen Risikoszenarien als eher nachrangig erachtet, da sie ohnehin von der Vorstellung ausgeht, künftig in jeweils aktuell zu formierenden Ad-hoc-Koalitionen unter amerikanischer Führung zu agieren. Viel interessanter ist aus dieser Sicht die Nutzung der NATO als eines politischen Gremiums zur Legitimationsbeschaffung für die von der Vormacht angezettelten globalen Kriege. Zugleich sollen möglichst viele potentielle Koalitionäre im „Krieg gegen den Terror" oder gegen die jeweils aktuellen „Schurkenstaaten" eingebunden werden. Darüber hinaus bietet eine derartige Organisation vielfältige, flexibel gestaltbare Kooperationsmöglichkeiten, die vom geheimdienstlichen Informationsaustausch über die Unterbindung illegaler Finanztransaktionen bis hin zur logistischen Unterstützung, rüstungstechnologischem Transfer und ähnlichem mehr reichen. Von nicht zu unterschätzender Attraktivität ist für die atlantische Führungsmacht zudem die Option, die von Fall zu Fall recht disparaten Interessenlagen der europäischen Verbündeten nach dem Motto *„divide et impera"* rücksichtslos zur Durchsetzung eigener Interessen gegeneinander auszuspielen. Aus europäischer Sicht verändert das transatlantische Bündnis angesichts des autistisch agierenden Militärgiganten USA seinen Charakter dergestalt, dass sein Charme immer begrenzter erscheint.

Überlagert wird der im engeren Sinne bündnispolitische Aspekt durch eine weitere Dimension, nämlich die geoökonomische Konkurrenzsituation zwischen den Weltwirtschaftsgiganten USA und EU. Geprägt wird diese Konstellation durch die seitens der USA mit unlauteren militärischen Mitteln betriebene ökonomische Kolonialisierung des Planeten, der entgegenzuwirken die bedeutendste Wirtschaftsmacht der Welt, repräsentiert durch die Europäische Union, ein existenzielles Interesse haben muss.

Gerade deshalb tangiert die Entwicklung im Irak massiv die Interessen der Europäischen Union: Mit dem Eroberungskrieg im Zweistromland nämlich versuchten sich die USA eine unschätzbare geoökonomische und geostrategische Schlüsselposition in einer der ölreichsten Regionen der Erde zu sichern. Zukünftig wollen sie entscheidend auf die Preis- und Lieferpolitik der OPEC Einfluss nehmen können und nicht zuletzt im Weißen Haus bestimmen, wer zukünftig auf dem Weltmarkt wie viel Öl zu welchem Preis in welcher Währung bekommen wird – im Hinblick auf die Sicherung der Wettbewerbsfähigkeit der eigenen Wirtschaft gegenüber den europäischen und asiatischen Hauptkonkurrenten auf dem Weltmarkt eine höchst komfortable Position. Mittlerweile wird irakisches Öl, das Saddam Hussein seit Jahren nur noch gegen Euro verkauft hatte, wieder ausschließlich in US-Dollar fakturiert – ganz so wie in dem 1974 zwischen den USA und der OPEC geschlossenen Geheimabkommen festgelegt. Und diese Dollars müssen in den Konkurrenzökonomien Europas und Asiens erst mal qua Export primär nach USA verdient werden. Dazu kommt, dass eine erfolgreiche Absicherung der irakischen Eroberung den US-Energiekonzernen die ungestörte Ausbeutung der Öl-Bonanza für die kommenden Jahrzehnte garantieren würde, wie überhaupt die US-Wirtschaft sich am Wiederaufbau des darnieder liegenden Landes eine goldene Nase verdienen darf.

Gelänge es dagegen der Europäischen Union, mittels adäquater Wirtschafts- und Handelsstrategien das nach dem Nahostkrieg von 1973 etablierte Petrodollar-Kartell der USA aufzusprengen, wäre der Anfang vom Ende des *Imperium Americanum* eingeläutet. Die Konsequenz bestünde in einem rapiden Abschwellen des Kapitalstroms in Richtung USA – derzeit liegt er bei mehr als anderthalb Milliarden Dollar pro Tag (!) – aufgrund der verringerten Attraktivität des US-Dollars. Damit wiederum gerieten die USA als weltgrößter Schuldner in eine äußerst prekäre ökonomische Abhängigkeit von ihren Gläubigern in Europa und Asien. Nach über einem halben Jahrhundert globaler ökonomischer Dominanz der USA seit dem Ende des Zweiten Weltkrieges böte sich der Europäischen Union erstmals die reale Aussicht, den Spieß umzudrehen und nunmehr ihrerseits maßgeblich die Außen- und Wirtschaftspolitik der USA zu beeinflussen. Nicht mehr die Federal Reserve mit Alan Greenspan, sondern die EZB mit Jean-Claude Trichet fungierte als Taktgeber der internationalen Finanz- und Währungspolitik.

Der überragende Effekt einer solchen Entwicklung indessen resultiert aus dem Umstand, dass der Status der USA als unangefochtener militärischer Supermacht unmittelbar von der Aufrechterhaltung der gegenwärtigen Weltwirtschaftsordnung abhängt – sie allein generiert die unverzichtbaren ökonomischen Ressourcen für den gigantischen US-Militärapparat. Aktuell beläuft sich das jährliche Leistungsbilanzdefizit, das die USA im weltweiten Austausch von Waren, Dienstleistungen und Kapital aufweisen, auf über 500 Milliarden US-Dollar, während zugleich das amerikanische Rüstungsbudget circa 400 Milliarden US-Dollar verschlingt. Etwas simplifiziert ausgedrückt finanziert demnach der Rest der Welt die Militärmaschinerie, welche die USA für ihre imperiale Machtentfaltung benötigen, und legt sogar noch ungefähr weitere 100 Milliarden US-Dollar oben drauf, um die Kosten der Kolonialkriege zu berappen, die von den USA zur Perpetuierung eben dieser, für sie höchst präferablen Weltwirtschaftsordnung geführt werden. In dem Maße, wie es gelingt, die ausbeuterischen und parasitären Strukturen einer gemäß US-Muster globalisierten Weltwirtschaft, die einseitig zum Vorteil der USA funktioniert, zu verändern, wird die Fähigkeit der USA zur globalen militärischen Machtentfaltung dahinschwinden wie Schnee in der Sonne.

Für eine Europäische Union, die sich vom Vasallenstatus gegenüber der atlantischen Hegemonialmacht befreien will, folgt daraus, dass der Königsweg zur Unabhängigkeit mitnichten darin bestehen kann, nun ihrerseits Status und Potenz einer globalen Militärmacht anzustreben, sondern vielmehr im klugen Gebrauch von Diplomatie und wirtschaftlicher Stärke im Rahmen einer eigenen geoökonomisch fundierten Globalstrategie. Darüber hinaus erscheint speziell aus deutscher Sicht nach Jahrzehnten der uneingeschränkten „Luftherrschaft“ der „Atlantiker“ über den Domänen der strategischen Debatte die Zeit reif für eine „gaullistische“ Wende.

VI. Europäische Sicherheits- und Verteidigungsunion – ein Alternativmodell

Welchem Maßstab aber müsste eine zukünftige „Europäische Verteidigungsunion“ genügen und nach welchen Kriterien wäre sie zu konstruieren? Die conditio sine qua non stellt fraglos die strikte Verpflichtung auf und die Bindung an das Völkerrecht dar – und zwar des in der Charta der Vereinten Nationen definierten, nicht des von juristischen Zuhältern nach der jeweiligen Interessenlage des US-Hegemonen zurechtgebogenen. Im Klartext: Im Rahmen einer zukünftigen „Europäischen Verteidigungsunion“ dürfte militärische Gewaltanwendung ausschließlich entweder auf der Grundlage eines eindeutigen, gemäß Kap. VII SVN erteilten Mandates des UN-Sicherheitsrates resp. alternativ der OSZE als regionaler Abmachung der Vereinten Nationen (Kap. VIII SVN) erfolgen oder aber im Rahmen individueller bzw. kollektiver Selbstverteidigung gemäß Art. 51 SVN. Unzweifelhaft ausgeschlossen bleiben müsste jegliche Form der Selbstermächtigung, wie sie in der Vergangenheit bereits mehrfach durch die US-dominierte NATO praktiziert wurde.

Darüber hinaus wären die Mitgliedstaaten der Europäischen Union gefordert, ihre gemeinsamen außen- und sicherheitspolitischen Interessen, also Gegenstand und Geltungsbereich einer zukünftigen „Europäischen Verteidigungsunion", zu definieren. Mindestens zwei Faktoren wären diesbezüglich zu beachten: Erstens, nicht einer verengten militärischen Sichtweise anheim zu fallen und in der Folge dann nach dem Muster USA jedes politische Problem als Nagel zu definieren, bloß weil man über einen schlagkräftigen militärischen Hammer verfügt. Und zweitens wäre zu berücksichtigen, dass der militärische Interessenhorizont der Europäischen Union keinesfalls globale Dimension besitzt, sondern regional begrenzt bleibt. Die für Europa sicherheitspolitisch relevanten Problemlagen existieren nämlich ohnehin an seiner Peripherie.

Während sich im Osten mittlerweile auf der Grundlage einer komplementären Interessenkonstellation mit der Russischen Föderation der Beginn einer langwährenden strategischen Partnerschaft abzeichnet, bedarf die Situation auf dem Balkan und in Südosteuropa sicherlich bis auf weiteres eines stabilisierenden Engagements. Darüber hinaus hat die Europäische Union mit der Eingliederung der osteuropäischen Beitrittsländer eine Herkulesaufgabe vor sich, der sich absehbar als nächstes die nicht minder gewaltige Herausforderung einer unbedingt notwendigen Integration des übrigen Südosteuropas sowie der Türkei anschließen wird.

Des Weiteren bestimmen die teils hochbrisanten Problem- und Konfliktlagen der nahöstlichen und nordafrikanischen Mittelmeeranrainerstaaten die Interessenlage der Europäischen Union und betreffen sie unmittelbar.

All diese politischen, ökonomischen, demographischen und ökologischen Probleme und Konflikte entziehen sich a priori einer Lösung mit militärischen Mitteln. Deshalb gilt es, besonderes Augenmerk auf die traditionellen Stärken der Europäischen Union zu richten, nämlich geduldige Diplomatie, multilaterale Konfliktlösung, Stärkung der Vereinten Nationen, kurz: mühsame Friedensarbeit. Die unabdingbare materielle Unterfütterung derartiger Friedenspolitik vermag das erhebliche ökonomische Potential zu leisten, das die Europäische Union hierzu in die Waagschale werfen kann und das den Vergleich mit demjenigen der USA mitnichten zu scheuen braucht. Nicht die „Enttabuisierung des Militärischen" ist in diesem Kontext demnach gefragt, sondern die Rückbesinnung auf eine der Vernunft und der Humanität verpflichtete „Kultur der Zurückhaltung", gerade was die Anwendung militärischer Macht angeht.

Nichtsdestoweniger kann es Situationen geben, in denen der Rückgriff auf das militärische Potential einer zukünftigen „Europäischen Verteidigungsunion“ die letzte Option darstellt, um einen Konflikt, der bereits eskaliert ist oder unmittelbar zu eskalieren droht, soweit zu sedieren, dass Diplomatie überhaupt wieder eine Chance hat, sich im Sinne einer politischen Konfliktlösung mit friedlichen Mitteln auszuwirken – die unter der Ägide der Europäischen Union unlängst in Mazedonien stattgefundene „Mission Concordia“ mag vielleicht einen Eindruck hiervon vermitteln.

Der konzeptionelle Schlüsselbegriff hinsichtlich einer zukünftigen „Europäischen Verteidigungsunion“ lautet demnach: Begrenzung – und zwar in mehrfacher Hinsicht:

- *Erstens* geht es nicht um Hegemonie oder gar Imperialismus qua militärischer Machtentfaltung nach dem abschreckenden Beispiel der USA, sondern im Gegenteil um die friedenssichernde und friedensverträgliche Beschränkung der militärstrategischen Ambitionen der Europäischen Union. Nicht „Frieden schaffen mit aller Gewalt“, sondern: „Der Frieden ist der Ernstfall“, muss die Devise lauten.
- *Zweitens* wird die Sicherheit der Europäischen Union eben gerade nicht durch sicherheitspolitische Ersatzhandlungen „am Hindukusch“ verteidigt, wie ein bundesdeutscher Verteidigungsminister mit seinem wahrhaft genialen Geistesblitz dem staunenden Publikum weiszumachen versucht, sondern allenfalls im Mittelmeer und an dessen Küsten. Der Aktionsradius der zukünftigen „Europäischen Verteidigungsunion“ muss also auch geographisch vernünftig limitiert bleiben.
- Und *schließlich* gilt, dass militärisches Dominanzstreben oder gar militaristischer Größenwahn à la USA der raison d'être einer zukünftigen „Europäischen Verteidigungsunion“ völlig zuwiderlaufen würde, offenbart sich doch mittlerweile immer deutlicher, dass die Absurdität einer derartigen Politik zu allererst diejenigen Probleme generiert, die zu bewältigen sie vorgibt. Das koloniale Abenteuer der USA im Irak, dessen vorbehaltlose Unterstützung hohen Blutzoll unter den Vasallenstreitkräften forderte, illustriert, wo die Gefahren liegen. Und auch in Afghanistan könnten die Hilfstruppen der NATO demnächst schneller und massiver als erwartet unter Feuer geraten. Generell gilt für die Europäer, dass für sie das Risiko, ins Fadenkreuz des islamistischen Terrors zu geraten, umso höher wird, je mehr sie sich an der Seite der Imperialmacht exponieren. Großbritannien, Spanien, Italien und auch die Türkei haben diese bittere Lektion erfahren müssen. Für die Europäische Union ergibt sich daraus die Konsequenz, Abstand zu den USA zu halten, sich gegenüber der islamischen Welt als eigenständiger Akteur zu präsentieren sowie glaubwürdige politische und ökonomische Alternativen anzubieten.

Im Hinblick auf die angestrebte „Europäische Verteidigungsunion“ kann daher lediglich ein militärisches Residualpotential als legitim erscheinen, das gleichwohl einer strategisch begrenzten Zielsetzung operativ genügen muss. Aus bitterer historischer Erfahrung klug geworden, hat das alte Europa vor allem der Maxime zu folgen: „Frieden schaffen mit möglichst wenigen Waffen“. Wenn der deutschen und der europäischen Öffentlichkeit an einem solchermaßen konzipierten Projekt einer Friedensmacht Europa gelegen ist, die sich auf den langen Marsch zu einem demokratischen, sozialen und ökologischen Universalismus begibt, so scheint sie zweifelsohne gut beraten, die Vision einer „Europäischen Sicherheits- und Verteidigungsunion“ ständig kritisch, fast möchte man sagen: misstrauisch zu begleiten.

KOOPERATIVE SICHERHEIT ODER/UND GLOBALE HEGEMONIE? FORMATIONEN UND AMBITIONEN DER EUROPÄISCHEN AUßEN- UND SICHERHEITSPOLITIK

CLAUDIA HAYDT

Bereits im 19. Jahrhundert kamen die britischen Premierminister Benjamin Disraeli und Viscount Palmerston zur gleichen Einsicht wie später Général de Gaulle: „Staaten haben keine Freunde, Staaten haben nur Interessen." Und auch der deutsche Bundeskanzler Gerhard Schröder scheint sich diesem Credo der so genannten realistischen Schule angeschlossen zu haben: „Jede Außenpolitik ist zunächst einmal Interessenspolitik."[1] Folglich ist Außenpolitik für ihn auch keine Frage der Parteipolitik: „Für die modernen Industrienationen gibt es keine rechte oder linke Außenpolitik."[2] Außenpolitische Handlungsfähigkeit, da sind sich die meisten westlichen Regierungen einig, ist angeblich nur über militärische Stärke zu erreichen. Am Ausbau dieser militärischen Stärke arbeiten die meisten Staaten der Europäischen Union zur Zeit mit Hochdruck, das gilt sowohl auf der konzeptionellen strategischen Ebene wie auch auf der Ebene der Ausrüstung der Armeen als auch bei der Ausbildung von Soldaten für offensive militärische Einsätze.

Paradoxerweise wird genau die proklamierte Antikriegshaltung des „Alten Europa" herangezogen, um die offensive Ausrichtung der Politik zu begründen, so erklärte Gerhard Schröder: „Wer für sich in Anspruch nehme, (...) im Ernstfall auch zu differenzieren oder Nein zu sagen wie im Falle Irak, der müsse sich in die Lage versetzen, ‚auch etwas aus eigener Kraft zu leisten'".[3] In anderen Worten, es kann nur der glaubwürdig nein zu einem Krieg sagen, der auch in der Lage wäre, selbst die gleichen Kriege zu führen. Die mangelnde Logik dieser Argumentation verhindert nicht ihren Erfolg: Nur militärische Handlungsfähigkeit gilt als Voraussetzung für „glaubwürdige Politik", eine Argumentation, die sich unter anderem durch

---

1 Schröder, Gerhard, Eine Außenpolitik des ‚Dritten Weges'? In: Gewerkschaftliche Monatshefte, Nr. 7-8/1999.

2 Schröder, ebd.

3 Nach: Schröder, Gerhard, Europas Stimme in der Welt stärken, 27.3.2003; www.bundes regierung.de.

die 2003 veröffentlichten Verteidigungspolitischen Richtlinien (VPR) für die deutsche Bundeswehr zieht. Im Rahmen der VPR finden sich aber auch Hinweise auf die Zielrichtung dieser militärischen Außenpolitik: „Um seine Interessen und seinen internationalen Einfluss zu wahren, … stellt Deutschland im angemessenen Umfang Streitkräfte bereit." Sicherung von Interessen und Einfluss auf globale politische Entwicklungen, das sind Ziele, deren Verfolgung mit militärischen Mitteln auch in der „Europäischen Verfassung" festgeschrieben wird. „Der Rat kann zur Wahrung der Werte der Union und im Dienste ihrer Interessen eine Gruppe von Mitgliedsstaaten mit der Durchführung einer Mission beauftragen …"

Was Werte, Ziel und Interessen der „Weltordnungspolitik" der Europäischen Union sind, das lässt sich in der Verfassung ebenfalls finden. Die möglichst globale Umsetzung des neoliberalen Modells: „Integration aller Länder in die Weltwirtschaft" und „Abbau von Beschränkungen des internationalen Handels." Dies sind nur zwei Beispiele aus dem umfangreichen Zielkatalog für EU-Außenpolitik.

Zwei zentrale Motoren für diese militärische Interessenspolitik im Rahmen der Europäischen Union sind die deutsche und die französische Regierung. Besonders für die deutsche Regierung ist der „Umweg" über die europäische Außenpolitik notwendig, um militärische Handlungsfähigkeit zu erlangen. Die Illusion eines friedlichen Europas ermöglicht es, sowohl die Militär- und Kriegsskepsis in der eigenen Bevölkerung als auch die Einschränkungen durch das Grundgesetz und den Zwei-plus-Vier-Vertrag zu umgehen. Folglich ist die Europäische Union die zentrale Aktionsebene „Deutschland macht heute Außenpolitik in Europa, für Europa und von Europa aus."[4]

Die Fiktion einer Zivilmacht Europa

Die von Jürgen Habermas, Jacques Derrida und anderen europäischen Intellektuellen angestoßene Initiative zur „Wiedergeburt Europas" ist in gewisser Weise typisch für das neue Europäische Selbstbewusstsein. Sie erkennen korrekt das Entstehen eines neuen Phänomens hinter den Protesten des 15. Februar 2003. Hier zeigte sich eine zweite Weltmacht (New York Times), die aber nicht nur in Rom, London, Berlin und Paris auf den Straßen war, sondern auch in den USA, in Australien, in Indien, in Südafrika und Lateinamerika. Wer diese globale Gegenöffentlichkeit reduziert auf ein territorial begrenztes EU-Legitimationsmuster, der handelt entweder kurzsichtig oder arrogant.

---

4 Schröder, Gerhard, Eine Außenpolitik des ‚Dritten Weges'? a.a.O.

Zu solchen Fehleinschätzungen gehört auch die Annahme, die USA sei eine Hegemonialmacht, die ihre Dominanz ausdehnen will, und die EU sei allein an friedlicher Stabilität interessiert. „Treffender wäre wohl eine Einteilung in die USA als den am Erhalt des Status quo interessierten Hegemon und die EU als den revisionistischen, auf die Veränderung der Machtverhältnisse drängenden Block.“[5]

Der deutsche Außenminister Joschka Fischer bestätigte diese Einschätzung, indem er während des NATO-Gipfels in Prag betonte, dass die EU keineswegs „ein Friedenskorps aufstellt, sondern eine wirksame Eingreiftruppe.“

Kriegsminister Struck erklärte ebenfalls, dass die NATO nicht der einzige zentrale Bezugspunkt europäischer Politik sei: „Wir werden kein Konkurrenzverhältnis zulassen, das daraus erwächst, dass man dem Motto folgt. ‚es gibt nur noch die NATO-response-force, die europäische Sicherheits- und Verteidigungspolitik vergessen wir.‘“

Selbst wenn die konkreten militärischen Fähigkeiten der Europäischen Union (noch) weit hinter denen der USA liegen, wäre es dennoch ein großer Fehler, die militärischen Ambitionen der EU zu unterschätzen. Auch Javier Solanas Büroleiter Robert Cooper widerlegt diejenigen, die in der EU eine Friedensmacht sehen: „Illusionen geben sich jene hin, die von Deutschland oder Europa als einer ‚zivilen Macht‘ sprechen.“[6]

Geschichte der EU-Militarisierung

Bereits im Maastrichter Vertrag von 1992 wurde die Möglichkeit geschaffen, die inzwischen in die EU überführte Westeuropäische Union (WEU) mit Kriseneinsätzen zu beauftragen. Im Vertrag von Amsterdam 1997 wurde die Gemeinsame Außen- und Sicherheitspolitik dann durch die so genannten Petersberg-Aufgaben konkretisiert.

Europäische Militärpolitik solle künftig „humanitäre Aufgaben und Rettungseinsätze, friedenserhaltende Aufgaben sowie Kampfeinsätze bei der Krisenbewältigung einschließlich friedensschaffender Maßnahmen“,[7] also auch robuste Kampfeinsätze umfassen, hieß es damals. Die GASP stellt hierbei das Rahmenwerk der EU dar, während die konkrete Ausgestaltung zunächst als Eigene Sicherheits- und Verteidigungsidentität (ESVI) bezeichnet wurde. „Schnell wurde aber nicht mehr von ESVI, sondern von

---

5 Wagner, Jürgen, Partner oder Gegner? Die Militarisierung der Europäischen Union und die Auswirkungen auf die transatlantischen Beziehungen, IMI-Studie 2004-01.

6 Cooper, Robert, Macht und Ohnmacht aus europäischer Sicht. In: Internationale Politik, 5/2003, S. 35.

7 Vgl hierzu: Deighton (Hrsg.), Western European Union 1954–1997: Defence, Security, Integration, Oxford 1997.

einer Europäischen Sicherheits- und Verteidigungspolitik (ESVP) gesprochen, was der Ausrichtung europäischer Außenpolitik eine deutlich andere Richtung gab.“[8]

Die ESVI darf nicht mit der ESVP verwechselt oder gleichgesetzt werden. „Im Gegensatz zur ESVP ist die ESVI aber der Versuch der europäischen Mitgliedstaaten der NATO, *innerhalb* der Allianz den europäischen Pfeiler dadurch zu stärken, dass zunächst eine eigene europäische sicherheitspolitische Identitätsfindung betrieben wird.“[9]

Mit der Herausbildung der ESVP findet so eine bewusste Wendung hin zu einer europäischen Außen- und Sicherheitspolitik statt, die von der NATO und damit von den USA unabhängig ist. Ein bemerkenswerter Schritt war dabei der französisch-britische Vertrag von Saint-Malo.

Die dortigen Beschlüsse haben es ermöglicht, künftig im europäischen Rahmen autonome Militärschläge durchzuführen und EU-Kapazitäten für strategische Planungen bereitzustellen.

Während also auf der Ebene der Beschlüsse die Abnabelung Europas von den USA, verbunden mit einem sich herausbildenden Willen zur Militarisierung, schon länger zu beobachten war, mangelte es anfangs an konkreten Schritten für die Umsetzung dieses Vorhabens.

„Es ist bezeichnend, dass die entscheidenden Impulse hierzu von zwei US-geführten Angriffskriegen, 1999 gegen Jugoslawien und 2003 gegen den Irak, ausgingen. Die aus europäischer Sicht mangelnde amerikanische Bereitschaft, europäische Vorstellungen und Interessen zu berücksichtigen, führte zu dem verstärkten Interesse an autonomen Kapazitäten.“[10] Die problematische Kooperation zwischen EU-Staaten und USA beim NATO-Angriffskrieg gegen Jugoslawien – dem so genannten Kosovo-Krieg – führte bereits 1999 zur Entscheidung, schnellstmöglich eine EU-Eingreiftruppe aufzubauen. Sie soll aus insgesamt 60.000 Soldaten bestehen und innerhalb von 60 Tagen zu Militäreinsätzen herangezogen werden können. Der Aktionsradius der EU-Truppe sollte bereits in der ersten Planungsphase schon 4.000 Kilometer rund um Brüssel betragen. Schon hier fiel auf, dass dieser Radius weit über das vorgebliche Ziel, Sicherheitsbedrohungen in der unmittelbaren Nachbarschaft bekämpfen zu wollen, hinaus ging. Bereits in ihrem ersten eigenständigen Einsatz, bei der Mission Artemis in Sommer 2003 im Kongo, wurden diese 4.000 km sogar noch deutlich überschritten. Es geht also offensichtlich um die Etablierung einer global einsatzfähigen Interventionstruppe zur Führung von weltweiten Kriegseinsätzen. „Diese Kräfte in Form einer europäischen Eingreiftruppe sollen

8 Wagner, Jürgen, a.a.O., S. 8.

9 ESVP – die Europäische Sicherheits- und Verteidigungspolitik, Politik und Zeitgeschichte (Stand 6.2.2004), URL: www.crp-infotec.de/03ep/esvp.html.

10 Wagner, Jürgen: a.a.O., S. 9.

für gemeinsame Einsätze der EU unabhängig von der NATO zur Verfügung stehen.“[11]

Insgesamt steht die militärische Aktionsfähigkeit der EU auf drei Säulen.[12] Dazu gehören neben der EU-Interventionstruppe die verschiedenen schon länger existierenden multinationalen Korps. Dazu gehören das Eurokorps (mit Truppenteilen aus Deutschland., Belgien, Spanien, Frankreich und Luxemburg), das Eurofor und das Euromarfor (Spanien, Frankreich, Italien und Portugal), die europäische Luftfahrtgruppe (Deutschland, Belgien, Spanien, Frankreich, Italien und Großbritannien) sowie das Deutsch-Niederländische Korps mit 40.000 Mann, das durch die ISAF-Führung in Kabul bekannt wurde. Dazu werden als dritte Säule die EU bis 2007, die so genannten Battle Groups kommen. 7-8 Gefechtsgruppen zu je 1.500 Mann (und wenige Frauen). Mobilisierbar innerhalb von zehn Tagen und für Einsätze hoher Intensität.

Die Initiative ging hier von Frankreich und Großbritannien aus, Deutschland hat sich ihr innerhalb weniger Tage angeschlossen. Auch das Österreichische Bundesheer plant nach Aussagen von Verteidigungsminister Platter eine Teilnahme. „Der Reformprozeß des Österreichischen Bundesheeres wird dazu beitragen, dass wir uns den geforderten Fähigkeiten maßgeblich nähern (...) Der Verteidigungsminister strebt eine Kooperation im Rahmen einer Europäischen Battle-Group an.“[13]

Das Wissen und das Problembewusstsein der deutschen Bevölkerung in Bezug auf die dramatische Militarisierung der EU ist äußerst gering. Und auch viele („Links“-)Intellektuelle haben wenig Probleme mit dieser EU. Das liegt möglicherweise an der bestenfalls naiven Vorstellung, der Irak-Krieg habe erneut gezeigt, dass Europäer die „Guten“, Amerikaner die „Bösen“ seien: „Worauf soll sich der Glaube gründen, dass Europa – diesmal moralisch eben noch einmal fein heraus – nicht bei anderer Gelegenheit, geht es um einen Krieg in seinen Interessensphären, vergleichbar handelt?“[14]

Dass der ebenfalls völkerrechtswidrige Angriffskrieg gegen Jugoslawien mit tatkräftiger europäischer Mithilfe geführt wurde, das wird gerne ausgeblendet. In einer Form dreister Geschichtsklitterung heißt dies bei Schröder folgendermaßen: „Die Verantwortung, die Europa zur Eindämmung des Mordens im Kosovo übernommen hat, ist tatsächlich ein Gründungsakt für ein Europa der Menschen.“

---

11 Bundesregierung-Online; Aufbau einer schnellen Eingreiftruppe der Europäischen Union, 21.11.2002; www.bundesregierung.de:

12 Vgl. hierzu die ausführliche Analyse von Pflüger, Tobias, Durch (Kern-)Europa zum weltweiten Militäreinsatz. In: Friedrich, Rudi / Pflüger, Tobias (Hrsg.), In welcher Verfassung ist Europa? Grafenau 2004, S. 21-36.

13 Pressemitteilung des Verteidigungsministeriums, 17.5.2004.

14 Elfferding, Wieland, Euronationalismus statt Pax Americana? In: Freitag, 23/2003.

Europas Militärverfassung

Die europäische Außen- und Sicherheitspolitik nimmt einen großen und zentralen Raum im Vertrag für eine EU-Verfassung ein. Dort werden zahlreiche grundlegende Neuerungen im friedens- bzw. militärpolitischen Bereich realisiert.

- EU-Kampfeinsätze,
- eine explizite Aufrüstungsverpflichtung
- Aushebelung des Parlamentsvorbehalts hinsichtlich einer Entscheidung über künftige EU-Interventionen.

Die EU-Streitkräfte sollen künftig zu „Kampfeinsätzen im Rahmen der Krisenbewältigung einschließlich Frieden schaffender Maßnahmen, [zur] Bekämpfung des Terrorismus [und zur] Unterstützung für Drittstaaten bei der Bekämpfung des Terrorismus in ihrem Hoheitsgebiet" (Artikel III-210) eingesetzt werden können. „Hierbei handelt es sich um ein extrem weit gefasstes Mandat für etwaige EU-Kampfeinsätze. Es würde der EU sogar erlauben, sich in Bürgerkriegen auf die Seite der einen oder anderen Fraktion zu schlagen und militärisch mit der Begründung des ‚Kampfes gegen den Terrorismus' den Kriegsausgang zu beeinflussen. Wo die Grenze solcher exterritorialer EU-Militäreinsätze gezogen wird, bleibt offen."[15]

Die Verfassung legt eine verpflichtende Anforderung an die Mitgliedstaaten zur Aufrüstung fest: „Die Mitgliedstaaten verpflichten sich, ihre militärischen Fähigkeiten schrittweise zu verbessern" (Artikel I-40, Absatz 3).

Verfassungstexte sind häufig abhängig von ihrer Interpretation, das gilt sicher auch für diese Aufrüstungsverpflichtung. Allerdings sollte man sich keine Illusionen darüber machen, wer die Interpretationshoheit haben wird. Schon allein die theoretische Möglichkeit, dass die Forderung nach signifikanten Abrüstungsschritten zur verfassungsfeindlichen Handlung erklärt werden könnte, sollte zu denken geben.

Doch um erst gar nicht allzu viele Diskussionen aufkommen zu lassen, hat sich die europäische Rüstungslobby maßgeblich für die Einführung eines „Europäischen Amtes für Rüstung, Forschung und militärische Fähigkeiten" stark gemacht. Auch an der Beschreibung des Aufgabenspektrums des Amtes, das zur Zeit als Rüstungsagentur aufgebaut wird, waren die Lobbyisten beteiligt: Die Aufgabe der Agentur wird es sein, „den operativen Bedarf zu ermitteln und Maßnahmen zur Bedarfsdeckung zu fördern, zur Ermittlung von Maßnahmen zur Stärkung der industriellen und technologischen Grundlage des Verteidigungssektors beizutragen und diese Maßnahmen gegebenenfalls durchzuführen, sich an der Festlegung einer euro-

15 Pflüger, Tobias, Eine Militärverfassung für die Europäische Union – Oder auch die EU ist auf Kriegskurs, IMI-Analyse, 2003/036, S. 2.

päischen Politik im Bereich Fähigkeiten und Rüstung zu beteiligen, sowie den Ministerrat bei der Beurteilung der Verbesserung der militärischen Fähigkeiten zu unterstützen." (Artikel I-40, Absatz 3).

Die Europäische Sicherheitsstrategie – Zivile und militärische Handlungsfähigkeit

Fraser Cameron, Studiendirektor des European Policy Center in Brüssel, ist die neue Europäische Sicherheitsstrategie[16] (ESS) ein „wichtiger Meilenstein", weil sie mit europäischer Militärpolitik ernst macht, denn sie „liefert endlich *die Peitsche zum Zuckerbrot*, mit dem Europa bisher weltweit Diplomatie betrieben hat."

Der *Anspruch auf globale Machtausübung* ist in dem Dokument allgegenwärtig: „Als Zusammenschluss von 25 Staaten mit über 450 Millionen Einwohnern, die ein Viertel des Bruttosozialprodukts (BSP) weltweit erwirtschaften, ist die Europäische Union [...] zwangsläufig ein globaler Akteur. [...] Europa muss daher bereit sein, Verantwortung für die globale Sicherheit und für eine bessere Welt mit zu tragen."(ESS: S. 1) Neben Energiesicherung und Peripheriestabilisierung bedeutet anscheinend „globale Sicherheit", analog zur amerikanischen Doktrin, der neuen „Bedrohungstriade", bestehend aus der Zunahme des Terrorismus, der wachsenden Verbreitung von Massenvernichtungsmitteln sowie dem Scheitern staatlicher Systeme, militärisch zu begegnen.

Ob diese Aufgaben überhaupt mit militärischen Mitteln sonnvoll bekämpft werden können, und ob nicht Militär stattdessen geradezu kontraproduktiv für eine glaubwürdige Außenpolitik sein kann, diese Fragen werden nicht gestellt.

Die Vokabel „zivil" taucht zwar erfreulich oft auch, doch bei näherer Betrachtung legt sich diese Freude wieder:

Die in der Europäischen Sicherheitsstrategie skizzierte Bedrohungstriade (Terrorismus, Massenvernichtungswaffen, zerfallende Staaten) Gefahren können, so analysieren die Autoren des Papiers, „nicht mit *rein militärischen Mitteln* bewältigt werden" (ESS: 7; Hervorhebung C.H.), aber eben auch nicht mit rein zivilen Mitteln und primär wohl doch mit Militär.

Um der Bedrohungstriade gewachsen zu sein, werden natürlich mehr Ausgaben für die Verteidigung gefordert: „Damit wir unsere Streitkräfte zu flexibleren, mobilen Einsatzkräften umgestalten und sie in die Lage versetzen können, sich den neuen Bedrohungen zu stellen, müssen die Mittel für die Verteidigung aufgestockt und effektiver genutzt werden." (ESS: S. 12).

---

16 Europäischer Rat: Ein sicheres Europa in einer besseren Welt, Brüssel, 12.12.2003.

Die zivilen Komponenten sollen zwar kohärenter verwendet werden – von Aufstockung der Mittel hierfür findet sich allerdings nichts.

Mit deutlichem Seitenhieb in Richtung USA formuliert die ESS, dass auf militärische Effizienz häufig ziviles Chaos folge. Die eigene Stärke sieht man aber explizit nicht in einem Zivilmachtsentwurf, sondern in der effektiven Verknüpfung von ziviler und militärischer Interessenspolitik, indem die EU zusätzliche Vorteile daraus zieht, dass sie auch über zivile Expertise verfügt. „Die Union könnte einen besonderen Mehrwert erzielen, indem sie Operation durchführt, die sowohl militärische als auch zivile Fähigkeiten zum Einsatz gelangen“ lassen. Im Rahmen einer „kohärenten“ Politik sollen neben militärischen auch „alle notwendigen zivilen Mittel *in* und *nach* Krisen zum Einsatz kommen“.

Auch die Verfassung geht von dieser Verknüpfung aus, indem sie als Instrument der Außenpolitik Missionen beschreibt, bei deren Durchführung die Union auf zivile und militärische Mittel zurückgreift. Die Gefahr dabei ist, dass zivile Konfliktbearbeitung in militärische Logik eingebunden wird und zu bloßen Begleitmaßnahmen und zu Nachsorge degradiert wird.

Damit wird die Glaubwürdigkeit sowohl von ziviler Krisenintervention als auch der EU als ehrlicher Makler aufs Spiel gesetzt. Bereits die zivil-militärische Zusammenarbeit in Afghanistan und im Irak haben sich als gefährliche (für die Helfer und ihre Arbeit) Präzedenzfälle erwiesen. Nun wird diese Vermischung von Zivil und Militär offensichtlich Element der außenpolitischen Strategie.

Damit werden nachhaltig die Rahmenbedingungen für unabhängige und zivile Ansätze von Entwicklungskooperation verschlechtert. Die meisten Projekte leben davon, dass sie das Vertrauen der jeweiligen Partner genießen, dass sie unabhängig und neutral sind und auch so wahrgenommen werden. Viele internationale Verbände haben davor gewarnt, dass die Instrumentalisierung ziviler Hilfe sowohl die Grundlage der Kooperation zerstört als auch die Helfer gefährdet.

Neuer Interventionismus und die „doppelten Standards“

Zentrale Säule der neuen Doktrin des Interventionismus sind die doppelten Standards – u.a. beim Thema Abrüstung.[17] Gefährlich sind immer nur die Waffenprogramme der anderen.

Der offensivste Vertreter solcher doppelter Standards ist Robert Cooper. Der frühere außenpolitische Berater Tony Blairs ist heute Büroleiter Solanas und hat die ESS wesentlich mitverfasst.

17 Vgl. hierzu den Beitrag von Corinna Hauswedell in diesem Band.

Cooper fordert schon lange einen „liberalen Imperialismus“ dessen beide Komponenten von ihm als Grundlage der künftigen europäischen Außenpolitik betrachtet werden:

Erstens sei dies *„der freiwillige Imperialismus der globalen Ökonomie. Er wird normalerweise von einem internationalen Konsortium durch internationale Finanzinstitutionen wie IWF und Weltbank ausgeübt.“* Dieses kaltschnäuzige Bekenntnis zur neoliberalen Globalisierung mitsamt ihren katastrophalen Konsequenzen wird vom zweiten Bestandteil des liberalen Imperialismus ergänzt. Er befasst sich mit deren militärischer Absicherung und erinnert verdächtig an die US-amerikanische Sichtweise der internationalen Beziehungen:

> „Die Herausforderung der postmodernen Welt ist es, mit der Idee doppelter Standards klarzukommen. Unter uns gehen wir auf der Basis von Gesetzen und offener kooperativer Sicherheit um. Aber wenn es um traditionellere Staaten außerhalb des postmodernen Kontinents Europa geht, müssen wir auf die raueren Methoden einer vergangenen Ära zurückgreifen – Gewalt, präventive Angriffe, Irreführung, was auch immer nötig ist, um mit denen klarzukommen, die immer noch im 19. Jahrhundert leben, in dem jeder Staat für sich selber stand. Unter uns halten wir uns an das Gesetz, aber wenn wir im Dschungel operieren, müssen wir ebenfalls das Gesetz des Dschungels anwenden.“[18]

Kein Wunder, dass Coopers Konzept von amerikanischer Seite her explizit begrüßt wird: Der Beifall für den neuen realistischen Kurs der „politischen Klassen Europas“ war deutlich hörbar. „Endlich habe auch Europa verstanden, dass es Probleme und Regionen auf der Welt gibt, die sich nicht mit Geld, Geduld und runden Tischen befrieden lassen.“[19]

Eine solche offensive strategische Ausrichtung enthält eine explizite Drohung an nicht kooperationswillige Staaten:

> „Eine Reihe von Staaten hat sich von der internationalen Staatengemeinschaft abgekehrt. Einige haben sich isoliert, andere verstoßen beharrlich gegen die internationalen Normen. Es ist zu wünschen, dass diese Staaten zur internationalen Gemeinschaft zurückfinden, und die EU sollte bereit sein, sie dabei zu unterstützen. Denen, die zu dieser Umkehr nicht bereit sind, sollte klar sein, dass sie dafür einen Preis bezahlen müssen, auch was ihre Beziehungen zur Europäischen Union anbelangt.“ (ESS, S. 10).

Solche Drohungen gegen Länder, die Coopers Begeisterung für den „freiwilligen Imperialismus der globalen Ökonomie“ aus verständlichen Gründen nicht teilen, werden auch Thomas P. Barnett, seit September 2001 Berater von US-Verteidigungsminister Donald Rumsfeld und Professor am

---

18 Cooper, R., The new liberal imperialism. In: The Observer, 7.4.2002, zitiert nach J. Wagner, „Amerikas Mission“ – Liberaler Imperialismus und US-Außenpolitik. In: Wissenschaft und Frieden, 3/2003, S. 48 ff., hier S. 50.

19 Schuster, Jacques, Sicherheit schaffen auch mit Waffen. In: Die Welt, 21.6.2003.

U.S. Naval War College, geteilt. Er ist einer der offensten Vertreter jener Sicherheitspolitiker, die neoliberale Globalisierung und die Notwendigkeit von deren militärischer Absicherung in einem Atemzug nennen

> „Wo soll also die nächste Runde von Auswärtsspielen (!) des US-Militärs stattfinden? Das Muster, das sich nach dem Ende des Kalten Krieges herausgeschält hat legt eine einfache Antwort nahe: in der Lücke. (...) Verliert ein Land gegen die Globalisierung oder weist es viele Globalisierungsfortschritte zurück, besteht eine ungleich höhere Chance, dass die Vereinigten Staaten irgendwann Truppen entsenden werden. *Umgekehrt gilt: Funktioniert ein Land halbwegs im Rahmen der Globalisierung, dann sehen wir in der Regel keine Veranlassung, unsere Truppen zu schicken, um für Ordnung zu sorgen, oder eine Bedrohung zu beseitigen.*“[20]

Gemeinsame Interessen – konkurrierende Interessen

Das Ziel von Cooper und anderen aus diesem Lager ist nicht die Zivilisierung der USA. Vielmehr geht es ihnen darum, den „freiwilligen Imperialismus der globalen Ökonomie“, sprich die westlich-kapitalistische Interessensgemeinschaft, gegen Bedrohungen abzusichern. Dieses beiderseitige Interesse soll die Grundlage für eine Erneuerung der transatlantischen Partnerschaft und die künftige Klammer für das westliche Bündnis darstellen: „Die Mächte der kapitalistischen Ordnung versuchen die Unordnung, die in der Reproduktionsstruktur des globalen Systems vor allem durch die Ökonomie erzeugt und durch den Markt externalisiert wird, unter Einsatz politischer und militärischer Macht zu beseitigen.“ Das Problem für die europäischen Staaten ist dabei offensichtlich nicht die imperiale Politik der USA, sondern, dass sie künftig angemessen an deren Vorteilen beteiligt werden.

Doch selbst Cooper wähnt, es gebe „keine Garantie dafür, dass die amerikanischen und europäischen Interessen immer übereinstimmen werden.“[21] Neben den grundsätzlichen Divergenzen bezüglich einer unilateralen bzw. einer multilateralen Ausrichtung der US-amerikanischen und der EU-Politik gibt es vor allem drei konkrete Bereiche, in denen eine Konkurrenz der Interessen festzustellen ist.[22]

Erstens kämpfen die Vereinigten Staaten und die EU im Bereich der Handelspolitik verbissen um Absatzmärkte. Ein Beispiel hierfür ist die zwischen der EU, Lateinamerika und der Karibikregion beschlossene, in-

---

20 Mertes, Michael, Transatlantische Anti-Terror-Politik. In:Die politische Meinung, 2/2003, S. 5-9, S. 6.

21 Cooper, Robert, Macht und Ohnmacht aus europäischer Sicht. In: Internationale Politik, 5/2003, S. 31-38, S. 36.

22 Vgl. hierzu: Wagner, Jürgen, Partner oder Gegner? Die Militarisierung der Europäischen Union und die Auswirkungen auf die transatlantischen Beziehungen, IMI-Studie 2004/1.

tensivierte wirtschaftliche Zusammenarbeit. Lothar Mark, der Lateinamerika-Beauftragter der SPD, erklärte auf die Frage, ob er nicht glaube, dass die USA auf diese Verletzung der Monroe-Doktrin äußerst scharf reagieren würden: „Das müssen wir dann durchstehen, denn Lateinamerika ist ein potenzieller Markt und ein Partner für Europa." Es käme nicht in Frage, „sich US-amerikanischen Wirtschaftsinteressen unterzuordnen."[23] Europa wird eine immer ernster zu nehmende Konkurrenz im amerikanischen Hinterhof und hat Washington inzwischen als wichtigsten Wirtschaftspartner dort abgelöst.

Rüstungspolitik spielt hier eine zentrale Rolle im Wettstreit. Erst jüngst hat die EU sich weltweit an die Spitze der Rüstungsexporteure gesetzt, und den US-Firmen wurde mit der Gründung des deutsch-französischen Rüstungsgiganten EADS ein mächtiger Rivale vor die Nase gesetzt, der zunehmend an Boden gewinnt und eine Kampfansage für die Rüstungslobby in den USA darstellt. In diesem Bereich geht es nicht nur um enorme Profite, sondern auch um die Schaffung strategischer Abhängigkeiten, die beispielsweise neue Absatzmärkte bei der Ausrüstung der osteuropäischen Länder erschließen.

Zweitens zeichnen sich grundlegende Differenzen hinsichtlich Ausbeutung und Kontrolle der verbliebenen Weltölreserven ab. Vor bei den Vorstellungen zur Politik im Nahen- und Mittleren Osten, besonders bei der Herangehensweise an den Konflikt zwischen Israel und Palästina und im Irak, sind deutliche Unterschiede erkennbar. „Auch in der kaspischen Region weichen amerikanische und europäische Vorstellungen, insbesondere in der Frage der Verlegung strategisch wichtiger Pipelinerouten, erheblich voneinander ab."[24]

Und schließlich ist *drittens* die Konkurrenz zwischen Dollar und Euro um die Rolle als Weltleitwährung für beide Seiten von enormer Bedeutung. Der ehemalige französische Premierminister Lionel Jospin betonte offen den Zweck der neuen Währung darin, dass sie es Europa erlaube, „der Dominanz des Dollars zu entkommen."[25] Eine Beendigung der Dollarhegemonie hätte für Washington, angesichts eines Handelsbilanzdefizits von 550 Mrd. Dollar und eines enormen Schuldenberges, katastrophale Folgen. Selten wurde der diesbezügliche Zusammenhang von ökonomischen Interessen und militärischer Stärke so deutlich formuliert wie vom Ex-Verteidigungsstaatssekretär Walter Stützle: „Die Sache ist einfach: Eine Union, die sich nicht verteidigen kann, ist keine Union. Eine harte Währung, die eine

23 Guha, Anton-Andreas, EU soll sich gegen USA behaupten. In: Frankfurter Rundschau, 16.5.2002.

24 Wagner, a.a.O., S. 22.

25 Elliot, Michael, The Euro: No Worries in Washington. In: Newsweek, 11.1.1999.

schwache Verteidigung hat, ist auf lange Frist keine harte Währung."[26]

Dennoch gilt es, die große gegenseitige Abhängigkeit zwischen US-amerikanischer und EUropäischer Wirtschaft zu bedenken: Die Europäische Wirtschaft kann gar kein Interesse daran haben, dass der Dollar von heute auf morgen zusammenbricht, und ein allzu starker Euro ist für Exporte nicht unbedingt förderlich. Deswegen geht es hier bestenfalls um eine mittel- oder längerfristige Ablösung von Machtpositionen, wobei die Konkurrenz im Verhältnis zu den gemeinsamen Interessen eine (noch) deutlich untergeordnete Rolle.

Die wesentlichen Auseinandersetzungen verlaufen wohl nach wie vor zwischen den an Rohstoffen reichen, aber armen Staaten des Südens und dem reichen Norden. Folglich ist es auch nur konsequent, wenn die ESS feststellt: „Gemeinsam handelnd können die EU und die USA eine eindrucksvolle Kraft sein, die sich für das Gute in der Welt einsetzt." Für wen dieses Gute gut sein soll, ist wohl klar.

Alternativen zur Militarisierung der EU?

Wer ein EU-Gegengewicht gegen die rücksichtslose US-Außenpolitik will, der sollte nicht versuchen, die US-Politik zu kopieren. Dass es auch Optionen für nicht-militärischen Widerstand gegen Washingtons imperiale Politik gibt, macht UNO-Botschafter Hans Arnold deutlich: „(Die EU) sollte sich immer und vor allem in allen Krisensituationen als Vorreiterin verstehen für die Vermeidung, aber auch Lösung von internationalen Problemen. (...) Dies wäre ein der EU nach ihren Ursprüngen, ihrer Geschichte und ihrer Politik angemessener kooperationspolitischer Gegenentwurf zur amerikanischen Interventionspolitik. Er wäre für die USA sicher gelegentlich unbequem, aber er wäre vernünftig und für die USA letztlich tolerierbar, und er wäre von der EU besser durchzuhalten als der Versuch, den USA eine ihrer Politik ähnelnde und ihnen gegenüber konkurrenzielle interventionistische ESVP-Weltmacht-Politik entgegenzusetzen."

Weder ein militarisierter europäischer Gegenblock noch ein westlicher „ideeller Gesamtimperialismus" werden Konflikte und Kriege verhindern können. Im Gegenteil – das ist weder Sinn noch Zweck beider Konzepte, sie folgen lediglich der Logik militärischer Interessenswahrung.

Es ist an der Zeit, dieser Entwicklung eine starke anti-militaristische Bewegung entgegenzusetzen, die diese Logik – ob mit oder gegen die USA – angreift.

---

26 Zitiert nach Pflüger, Tobias, Militarismus als Verfassungsprinzip. In: Sand im Getriebe Nr. 29, 2003.

So kann festgehalten werden, dass ohne eine Rücknahme der begonnenen Schritte zur Militarisierung der europäischen Außenpolitik ernste Konflikte kaum zu verhindern sein werden.

Deshalb sollte über eine verstärkte militärische Integration der Europäischen Union lediglich in einem eng gesteckten Rahmen nachgedacht werden. Dieser sähe allenfalls die Bildung einer gemeinsamen *Verteidigungs*armee vor, die *strukturell für Angriffsoperationen unfähig* wäre. Dies sollte als Zwischenschritt in Richtung einer weiteren Abrüstung verstanden werden, erfordert aber gleichzeitig zwingend, dass die europäischen Staaten ebenso schrittweise und *parallel hierzu* zur Aufgabe ihrer nationalen Armeen bereit wären. Dies ist ein zwar unwahrscheinliches, aber einzig vernünftiges Szenario, würde es doch zusätzlich die Gefahr wieder aufkeimender nationaler Rivalitäten innerhalb Europas beträchtlich vermindern.

Die hiermit gesparten Ressourcen sollten direkt in die nationale und internationale Bekämpfung von Armut fließen. Angesichts des dramatischen Sozialabbaus stellt sich die Frage, ob bei ausreichender Thematisierung die Bevölkerung weiter zur Finanzierung dieser Militarisierung bereit sein wird.

Genau hier sind die Ansätze für Widerstand zu suchen, um den begonnenen Militarisierungsprozess aufzuhalten, wenn möglich sogar rückgängig zu machen. Denn die Bevölkerung teilt keineswegs die Sichtweise, dass der so genannten Bedrohungstriade mit militärischen Mitteln begegnet werden sollte. Nur 80 % der deutschen Bevölkerung unterstützen übrigens militärische Drohpolitik.[27]

Wenn zudem Bundeskanzler Schröder eine explizite Verbindung zwischen Agenda 2010, Lissabonstrategie und dem damit einhergehenden Sozialabbau einerseits und anderseits einer „Emanzipation Europas in der internationalen Politik" herstellt, sollte genau diese Kausalität aufgedeckt und ihre Notwendigkeit in Frage gestellt werden.

Unbedingt sollte man sich einer zentralen Erkenntnis der Europäischen Sicherheitsstrategie stellen: „Jedes Jahr sterben 45 Millionen Menschen an Hunger und Unterernährung. [...] Sicherheit ist eine Vorbedingung für Entwicklung." Gleichzeitig ist Entwicklung jedoch die Vorbedingung für Sicherheit. Genau diese Feststellung offenbart die analytischen Defizite der europäischen (Un)Sicherheitsstrategie.

---

27 Auf die Frage: „Die EU will künftig Staaten, die sich an der Verbreitung von Massenvernichtungswaffen beteiligen, als letztes Mittel mit militärischer Gewalt drohen. Was halten sie von dieser Strategie?" antworteten 80 % mit „lehne ich ab", nach: Der Spiegel, 23.6. 2004.

Wie eine neue Studie der Weltbank[28] feststellt, ist Armut für nahezu sämtliche derzeitigen Konflikte der entscheidende Auslöser. Statt den wohl recht aussichtslosen Versuch zu unternehmen, die durch die neoliberale Globalisierung verursachten Spannungen militärisch unter Kontrolle zu bringen und damit dieses System der Ausbeutung aufrecht zu erhalten, ist ein radikaler Kurswechsel vonnöten. Militärisch lassen sich bestenfalls die Symptome, nicht aber die Ursachen der gegenwärtigen Probleme angehen. Friedenspolitik ist Entwicklungs- und nicht Militärpolitik.

Der ernsthafte Kampf gegen die Armut in der Dritten Welt (und nicht gegen die Armen) würde einen weit größeren Beitrag zur Lösung von Konflikten leisten als jegliche Militarisierung, die aller Wahrscheinlichkeit nach eher das Gegenteil bewirken wird.

Erste wichtige Schritte wären die Veränderung der Spielregeln von Handelspolitik für Produkte aus der Dritten Welt und eine massive Erhöhung der Entwicklungshilfe. Auch im Verhältnis zu den USA gibt es nichtmilitärische Optionen, wie sich Europa für eine friedvollere Welt einsetzen könnte. So hat sich gezeigt, dass ein Ausbau rechtlicher Verpflichtungen wie z.B. bei der Ottawa-Landminen-Konvention auch ohne oder sogar gegen die USA erreicht werden kann, wie Jessica Mathews vom Carnegie Endowment for International Peace feststellt: „Die Vereinigten Staaten haben die Bereitwilligkeit der Welt, internationale Vereinbarungen – trotz amerikanischem Widerstand – zu akzeptieren, hochgradig unterschätzt, wenn diese Vereinbarungen die Unterstützung der EU genießen.“ Auf dieser Erkenntnis sollte aufgebaut werden.

Natürlich sollten die Vereinigten Staaten jederzeit eingeladen werden, sich an der weiteren Verrechtlichung der internationalen Beziehungen zu beteiligen, ihre Weigerung darf aber nicht die Beerdigung jedweder Initiativen nach sich ziehen. So ließe sich auch der Druck auf die USA verstärken. Ein wesentlicher Motor für Veränderung könnte hier der moralische Druck der oben bereits erwähnten „Zeiten Weltmacht“, der global vernetzten kritischen Öffentlichkeit, sein.

Wenn diese in weiten Teilen der Welt aktiv Wirkung zeigt, können sich auch die USA nicht ewig dem Ausbau rechtlicher Strukturen verweigern. Hierfür, und insbesondere für eine Stärkung des Völkerrechts, könnte auch die EU einen entscheidenden Beitrag leisten. „Dies erfordert aber eine klare Absage an die Idee ‚doppelter Standards‘ und ein konsequentes Bekenntnis zur Einhaltung völkerrechtlicher Prinzipien. Auch sollte die OSZE mit ihren Komponenten friedlicher Konfliktlösung und ihrer breiten Mitgliedschaft wieder gestärkt werden.“[29]

---

28 Vgl.: World Bank, Breaking the Conflict Trap: Civil War and Development Policy, Oxford 2003. Und: Haydt, Claudia / Pflüger, Tobias / Wagner, Jürgen, Globalisierung und Krieg, Hamburg 2003, S. 7-25.

29 Wagner, Jürgen, a.a.O., S. 36.

Die anstehende Aufgabe ist es, sich für den Aufbau eines wirklichen multipolaren Systems einzusetzen, in dem die Bedürfnisse und Interessen aller Menschen – insbesondere die der dritten Welt – Berücksichtigung finden. Dass eine solche Welt von den meisten europäischen Politikern ebenso wenig angestrebt wird wie von ihren amerikanischen Kollegen, spricht Bände über die Intentionen europäischer Aufrüstung und macht Widerstand dagegen zu einer vordringlichen Aufgabe.

Teil 5: Die Zukunft des Multilateralismus in Zeiten des „permanenten Krieges"

Unilateralismus der USA als Herausforderung für die Vereinten Nationen

Hans-Joachim Heintze

Die UNO wurde 1945 durch 50 Staaten der Anti-Hitler-Koalition gegründet, deren Vision es war, die Menschheit von der Geißel des Krieges zu befreien. Diesem Ziel fühlten sich die 50 Staaten deshalb verpflichtet, weil die Zerstörungen ideeller und materieller Art, die Faschismus und Krieg angerichtet hatten, das menschliche Vorstellungsvermögen überstiegen. Man wusste, die Wiederholung eines solchen Krieges mit weiter „verbesserten" Waffen würde die Menschheit nicht überstehen. Die Reaktion war vernünftig: die Errichtung eines Systems kollektiver Sicherheit, das von seinen Mitgliedern untereinander die Respektierung der im Gründungsvertrag niedergelegten völkerrechtlichen Normen verlangt. Im Zentrum des UN-Sicherheitssystems steht das zwingende Verbot der Anwendung militärischer Gewalt in den internationalen Beziehungen. Welche Bedeutung dem Gewaltverbot in dem UN-Sicherheitssystem beigemessen wird, zeigt sich daran, dass zur Durchsetzung dieser Verpflichtung ein eigenes Organ geschaffen wurde, der UN-Sicherheitsrat. Ihm obliegt die Hauptverantwortung für die Aufrechterhaltung des Weltfriedens. Dazu ist der Rat auch mit weitreichenden Kompetenzen ausgestattet, denn er kann sogar Sanktionen beschließen und die Anwendung militärischer Gewalt anordnen, um jedes friedensgefährdende oder -brechende Verhalten sofort zu beenden.[1]

---

1 Frowein, Jochen A., Art. 39. In: Simma, Bruno (Hrsg.), Charta der Vereinten Nationen,

Freilich geschieht dies nur in Ausnahmefällen, denn Sanktionen und Gewaltanwendungen setzten nicht nur einen Konsens unter den ständigen Mitgliedern des UN-Sicherheitsrates voraus, sondern kosten Menschenleben ebenso wie viel Geld. Das Beispiel des Kosovo zeigt, wie aufwendig die Intervention und anschließende Verwaltung selbst eines solchen relativ kleinen Gebietes ist. Es ist daher nicht verwunderlich, dass das UN-System der kollektiven Sicherheit darauf angelegt ist, militärische Konflikte durch eine intensive Zusammenarbeit der Staaten zum gegenseitigen Vorteil zu vermeiden. Durch gegenseitige Abhängigkeiten sollen Staaten davon abgehalten werden, sich Schaden zuzufügen. Dies bezieht sich auf alle Bereiche der internationalen Beziehungen – von der Wirtschaft über die Kultur und Gesundheit bis zur Forschung. Diese Kooperation soll es ermöglichen, von den besten Beispielen zu lernen und Fehler zu vermeiden. Zugleich soll sie den Wohlstand der gering entwickelten Staaten der „Dritten" Welt heben und Toleranz ermöglichen. Auch bei den Menschenrechten wird angestrebt, durch internationale Zusammenarbeit einen gemeinsamen Standard zu erzielen und schwere großflächige Menschenrechtsverletzungen unmöglich zu machen.

Das gesamte UN-System basiert auf seiner doppelten Universalität: Die Organisation soll alle Staaten umfassen *und* sich mit allen Feldern internationaler Beziehungen beschäftigen. Beide Ziele wurden erreicht, denn alle anerkannten Staaten der Erde gehören heute der Weltorganisation an, und alle internationalen Fragen können auf die Tagesordnung der verschiedenen Organe der Weltorganisation gesetzt werden, wenn ein UN-Mitgliedsstaat oder der UN-Generalsekretär dies anregen.

Die Praxis zeigt die Schwierigkeiten der Weltorganisation, ihren hohen Zielen gerecht zu werden. Die unterschiedliche Verteilung des Reichtums auf der Welt, nationale Egoismen und diktatorische Regime erschweren die Konsensfindung, die Voraussetzung für das kollektive Vorgehen gegen Friedensbedrohungen ist. Zweifelsohne ist die UNO verbesserungsbedürftig.

USA – Gründungsmitglied der UNO

Die USA ist Gründungsmitglied der UNO. Es besteht kein Zweifel daran, dass sich die USA 1945 dem UN-Ziel verpflichtet fühlten, die Menschheit vor der Geißel des Krieges zu bewahren. Allerdings sollte dies nur unter Wahrung eigener Interessen erfolgen, womit sich die Vorgehensweise der USA nicht von der anderer Großmächte unterschied. Deshalb konstruierten die Großmächte den UN-Sicherheitsrat und das dort verankerte Vetorecht. Viele Autoren halten diese Konstruktion für undemokratisch, eine Kritik,

---

Kommentar, München 1991, S. 559 ff.

die einer ernsthaften Prüfung jedoch nicht standhält. Die hinter dem Einstimmigkeitsprinzip stehende Idee resultiert aus den Erfahrungen des Völkerbundes. Diese Organisation war zu keiner Zeit auf der Höhe ihrer Aufgaben, weil sie niemals alle seinerzeitigen Großmächte an einen Tisch vereint hatte. Die USA traten gar nicht bei und Deutschland verließ den Völkerbund, als Sowjetrussland Mitglied wurde. Eine Voraussetzung für die internationale Friedenssicherung ist aber, dass sich die Großmächte an einen Tisch setzen, Vorschläge unterbreiten und sich rechtfertigen müssen.

Im Lichte des Scheiterns des Völkerbundes wollten die Gründungsväter der UNO sicherstellen, dass alle Großmächte Mitglied der Organisation werden und ihre legitimen Interessen durch Veto schützen können. Dabei nahm man in Kauf, dass ein solcher Mechanismus auch zur Durchsetzung nationaler Interessen missbraucht werden kann.[2] Allerdings herrschte die Auffassung vor, dass der Druck der öffentlichen Meinung die Großmächte von einem solchen Missbrauch abhalten würde. Freilich machte der Kalte Krieg dieser Erwartung einen Strich durch die Rechnung.

Zugleich zeigte die Ausarbeitung der UN-Charta, dass insbesondere die USA und die UdSSR von eignen Machtinteressen ausgingen und sich nicht weiter um das Völkerrecht scherten. Nur so lässt sich erklären, dass man schließlich übereinkam, Stalin nicht nur eine Stimme in der Generalversammlung zuzubilligen, sondern drei. Hier handelte es sich um einen Kompromiss, denn Stalin wollte ursprünglich alle Unionsrepubliken zu UN-Mitgliedsstaaten machen, um in der Weltorganisation mit 14 Stimmen votieren zu können. Das war selbst dem damaligen Anti-Hitler-Bündnispartner USA zu viel, so dass schließlich lediglich die Ukraine und Belorussland mit der Begründung aufgenommen wurden, dass sie im Zweiten Weltkrieg besonders unter dem Vernichtungsfeldzug der Nazis zu leiden hatten. An diesem „Deal" stört nicht so sehr die Tatsache der Aufnahme der Unionsrepubliken, die juristisch möglich war, weil es sich nach der sowjetischen Verfassung um selbstständige Staaten handelte, als vielmehr der Zynismus der beiden Großmächte, der in den Verhandlungen zum Ausdruck kam.[3] Dieses Schlaglicht auf die Geschichte der UNO zeigt, dass es sich bei der Organisation nicht um eine „Weltregierung" handelt, sondern um eine Gemeinschaft souveräner Staaten handelt, die dort ihre nationalen Interessen unter Beachtung der Grundsätze der UN-Charta vertreten. Spannung zwi-

---

2 So hat China 1999 die Verlängerung der Stationierung der friedenserhaltenden Streitkräfte in Mazedonien durch ein Veto verhindert, weil es über die Anerkennung Taiwans durch Mazedonien verärgert war. Daraufhin schwappte der Kosovokonflikt auf den Nachbarstaat über, und ein Bürgerkrieg begann. Vgl. Eisele, Manfred, Die Vereinten Nationen und das internationale Krisenmanagement, Frankfurt/M. 2000, S. 137.

3 Ministerium für Auswärtige Angelegenheiten der UdSSR (Hrsg.), Die Teheraner Konferenz der höchsten Repräsentanten der drei alliierten Mächte – UdSSR, USA und Großbritannien, Dokumentensammlung, Moskau/Berlin 1986, S. 95 ff.

schen den Gemeinschaftsinteressen und nationalen Egoismen sind daher nicht nur bei Großmächten wie den USA vorprogrammiert.

Isolationismus und Unilateralismus als Komponente der US-Politik

Mit der Mitgliedschaft in dem Sicherheitssystem UNO dürfte es – formaljuristisch – an sich keine unilaterale Politik der USA bei Fragen der internationalen Friedenssicherung mehr geben. Insofern ist „Multilateralismus" gut und „Unilateralismus" schlecht. Die praktische Politik zeigt aber, dass alle Staaten zum unilateralen Vorgehen neigen, wenn es ihren nationalen Interessen entspricht. Sicher ist, dass kleinere Staaten und insbesondere die EU-Mitglieder an multilaterale Entscheidungsprozesse gewöhnt sind.

Demgegenüber wird die diesbezüglich jüngere Geschichte von der Spannung zwischen der Idee der kollektiven Sicherheit und den hegemonialen Ansprüchen der USA dominiert. Dies kann freilich nicht überraschen, denn seit jeher haben die USA aufgrund ihrer Geschichte und territorialen Ausdehnung mit dem Isolationismus und Unilateralismus zu kämpfen.[4] Allerdings sind die Konsequenzen aufgrund der Machtfülle und ökonomischen Potenz der USA heute ungleich größer. Aber ein Blick in die internationalen Beziehungen zeigt die US-Hinwendung zum Unilateralismus deutlich. Dies kommt beispielhaft im Protokoll der Teheraner Konferenz der Alliierten von 1943 zum Ausdruck: „Wenn Japan 1941 nicht die USA angegriffen hätte, so hätte er, Roosevelt, niemals den Kongress zwingen können, amerikanische Truppen nach Europa zu entsenden."[5] Auch nach der Gründung internationaler Organisationen verweigerte der US-Senat die Ratifikation, es gab Austritte (wie bei der UNESCO) oder zumindest Forderungen danach. Verschiedentlich überraschte die Nichtteilnahme der USA, so beim Völkerbund, der auf eine Initiative des US-Präsidenten Wilson zurückging.

Isolationismus und Unilateralismus der USA sind keine neue Erfindung der Bush-Administration. Allerdings verschärfte sich die Hinwendung zu dieser Politik nach dem 11. September 2001 in einer Weise, die am besten im Slogan des Präsidentschaftskandidaten der Republikanischen Partei Pat Buchanan zum Ausdruck kommt: „America First". Buchanan hoffte auf Wählerstimmen, indem er aus seiner Verachtung für internationale Organisationen, voran der UNO, keinen Hehl machte.[6] Damit lag er auf einer

---

4 Grewe, Wilhelm G., Epochen der Völkerrechtsgeschichte, Baden-Baden 1984, S. 703.

5 A.a.O., S. 96.

6 Frankfurter Allgemeine Zeitung, 19.7.2004, S. 36.

Linie mit Präsident Bush, der die traditionelle Abstinenz der USA perfektionierte: „Während Clinton multilateral handeln wollte, wenn möglich, und unilateral nur, wenn nötig, will Bush unilateral handeln, wenn möglich, und multilateral nur, wenn nötig."[7] Beispiele aus der Praxis machen deutlich, dass der Unilateralismus der USA zugenommen hat, und zwar mit bedenklichen Konsequenzen für die internationale Kooperation und Sicherheit. Alleingänge der USA finden sich auf den verschiedensten Feldern, auch auf solchen, wo man sie gar nicht erwarten sollte. Es ist der Globalangriff auf den Multilateralismus, der in dieser Form neu ist, beängstigt und zugleich aber nicht erfolgreich sein kann.

Menschenrechte

Die USA entschlossen sich erst spät, Mitglied des universellen Menschenrechtsschutzsystems der UNO zu werden. Sie unterschrieben den dahingehenden Vertrag, den Internationalen Pakt über bürgerliche und politische Rechte vom 16. Dezember 1966, erst am 5. Oktober 1977; für die Ratifikation benötigten sie noch einmal fünfzehn Jahre. Daher trat der Vertrag erst am 8. September 1992 für die USA in Kraft, d.h. 16 Jahre nachdem dies beispielsweise für Deutschland der Fall war (23. März 1976). Dies ist schon erstaunlich für ein Land, das sich geradezu als Eigentümer der Menschenrechtsidee betrachtet und alljährliche Berichte über die Lage der Menschenrechte in allen Staaten (mit Ausnahme der USA) anfertigt. Gleichwohl könnte man den Beitritt der USA zu diesem grundlegenden menschenrechtlichen Vertrag der UNO als Sieg des Multilateralismus und der Universalität der Menschenrechte betrachten, wären da nicht eine ganze Reihe von Vorbehalten, die die USA während der Ratifikation einlegten. Nun ist die Abgabe von Vorbehalten, d.h. einseitigen Erklärungen zu multilateralen Verträgen durch das völkerrechtliche Vertragsrecht nicht untersagt, sondern geradezu erwünscht, um einer möglichst großen Zahl von Staaten den Beitritt zu universellen Verträgen zu ermöglichen. Zu beachten ist dabei jedoch, dass die Vorbehalte nicht dem Ziel und Zweck eines Vertrages widersprechen dürfen. Und diesbezüglich darf man bei einem Vorbehalt der USA durchaus Zweifel haben. Die USA erklärten nämlich, dass für sie Art. 6 Abs. 5 des UN-Menschenrechtspaktes nicht gelte. Dieser Absatz beschränkt die Verhängung der Todesstrafe und besagt, dass Personen unter 18 Jahren nicht hingerichtet werden dürfen. Damit behalten sich die USA unilateral das Recht vor, auch Kinder zu exekutieren. Ein weiterer Vorbehalt bezieht sich auf Artikel 7, das absolute Verbot der Folter. Auch

---

7 Gärtner, Heinz, Die unverstandene oder unverständliche Supermacht? Die USA nach den Anschlägen des 11. September 2001 und vor einem Krieg gegen den Irak. In: ÖSFK (Hrsg.), Friedensbericht 2003, S. 33.

hier erklärten die USA, sie betrachteten sich an das Folterverbot nur in dem Rahmen gebunden, wie dies die USA-Verfassung vorgibt. Die Frage ist nun, ob solche Vorbehalte zulässig sind. Der für die Überwachung der Durchführung des Paktes geschaffene Menschenrechtsausschuss verneinte dies und hat die USA wiederholt aufgefordert, die Vorbehalte zurückzuziehen,[8] bislang allerdings ohne Erfolg. Auch die Umsetzung des UN-Übereinkommens gegen Folter und andere grausame, unmenschliche oder erniedrigende Behandlung oder Strafe vom 10. Dezember 1984, das für die USA seit dem 20. November 1994 in Kraft ist, bereitet Probleme. Der Antifolterausschuss kritisierte hier insbesondere den Vorbehalt der USA zu Art. 16. Dieser Artikel beinhaltet die Verpflichtungen, den Vertrag in allen der Hoheitsgewalt des Mitgliedsstaates unterstehenden Gebieten anzuwenden, also auch außerhalb des eigentlichen Staatsgebietes. Der Ausschuss bezeichnete den US-Vorbehalt gegen diese Verpflichtung als rechtswidrig.[9] Im Lichte der in einem rechtlosen Zustand unter mysteriösen Bedingungen festgehaltenen Häftlinge in Guantánamo erscheint es besonders dringend, dass die USA die Antifolterkonvention auch auf diesen Militärstützpunkt ausdehnen.[10] Bezeichnend und wenig ermutigend ist allerdings, dass die USA immer noch nicht den am 19. November 2001 fälligen zweiten Staatenbericht an den Ausschuss eingereicht haben. Auch diese Terminverzögerung zeigt die amerikanische Geringschätzung internationaler Durchsetzungsverfahren im Menschenrechtsbereich, die auf reger internationaler Zusammenarbeit und Gleichheit der Vertragsparteien basieren.[11]

---

8 Concluding Observations of the Human Rights Committee: United States of America. 03/10/95. In: UN-Doc. A/50/40, para. 279: „The Committee is also particularly concerned at reservations to article 6, paragraph 5, and article 7 of the Covenant, which it believes to be incompatible with the object and purpose of the Covenant."

9 Conclusions and Recommendations of the Committee against Torture : United States of America. 15/05/2000. In. UN-Doc. A/55/44, para. 179.

10 Ende Juni hatte der Oberste US-Gerichtshof die Regierung wegen der Behandlung der Gefangenen im Stützpunkt Guantánamo, die die USA als Terroristen verdächtigen, Ende Juni gerügt. Die Richter sprachen den Gefangenen das Recht auf einen Anwalt und eine gerichtliche Anhörung zu. Dieses Urteil zeigt, dass das Gericht eine Hoheitsgewalt der USA auf dem Stützpunkt annimmt. Vgl. Die Welt vom 19.7.2004.

11 Sie befinden sich damit in der Gesellschaft Kubas (15.6.2000), Libyens (14.6.2002), Somalias (22. 2.1991) und Jemens (4.12.1996). Es passt in dieses Bild des amerikanischen Unilateralismus, dass die USA die Ablösung der damaligen Hochkommissarin für Menschenrechte, Mary Robertson, durchgesetzt haben. Sie hatte zu sehr auf die Gleichbehandlung der Staaten in Sachen Menschenrechte gepocht und beispielsweise die Achtung grundlegender Menschenrechte für Terroristen eingefordert. Vgl. taz, 9.12.2003, S. 10.

Internationale Strafgerichtsbarkeit

Die Schaffung eines internationalen Strafgerichts stand seit 1948 auf der Agenda der UNO. In diesem Jahr wurde die Völkermord-Konvention durch die Generalversammlung angenommen. Deren Artikel 6 sieht vor, dass die Abstrafung dieses Verbrechens durch ein nationales Gericht am Begehungsort oder durch ein internationales Strafgericht (international Criminal Court-ICC) erfolgen soll. Seither bemühte sich die UNO um die Schaffung eines solchen ICC. Durch den Ost-West-Gegensatz verzögerten sich die Arbeiten, so dass das ICC-Statut erst 1999 verabschiedet werden konnte. Nach der Hinterlegung der 60. Ratifikationsurkunde wurde das Gericht 2002 schneller als erwartet gebildet. Dieses Ereignis wurde weithin als Meilenstein der Völkerrechtsentwicklung gefeiert, da es nun möglich ist, Personen, die völkerrechtliche Verbrechen (Kriegsverbrechen, Verbrechen gegen die Menschlichkeit und Völkermord) begangen haben und die ansonsten straffrei ausgehen würden, durch den ICC abzustrafen. Diese Strafandrohung wirkt vor allem generalpräventiv, d.h. sie soll potentielle Täter abschrecken.[12]

Man möchte meinen, dass sich jede Demokratie hinter ein solches Projekt stellen kann. Doch weit gefehlt, die USA legten dem Vorhaben alle nur erdenklichen Hindernisse in den Weg. Obwohl Präsident Clinton das ICC Statut am 31. Dezember 2000 und damit zum letztmöglichen Zeitpunkt unterzeichnet hatte, sandte er den Vertrag nie zur Ratifizierung an den Senat weiter. Der Grund war offenkundig: Da nur Unterzeichnerstaaten an den Vorarbeiten für die Schaffung des ICC teilnehmen durften, nutzten die USA ihre Mitarbeit, um zu beobachten und zu stören. Nachdem dies getan war, zog Präsident Bush dann im Frühjahr 2002 die Unterschrift zurück[13] – ein einzigartiges Vorgehen in der Völkerrechtsgeschichte. Washington begründete all dies mit der Befürchtung einer willkürlichen und politisch bedingten Verfolgung von US-Staatsbürgern.

Diese Furcht ist jedoch unbegründet, denn der ICC ist lediglich bei planvollen und großflächigen völkerrechtlichen Verbrechen zuständig. Außerdem wird das Komplementaritätsprinzip zugrundegelegt, so dass der ICC nur dann tätig wird, wenn ein betroffener Staat nicht willens oder fähig ist, die Straftat zu verfolgen.[14] Das heißt ganz konkret, dass US-

---

12 Ferenz, Benjamin B., Von Nürnberg nach Rom. In: Stiftung Entwicklung und Frieden, Policy Paper 8, Bonn 1998.

13 Focus 28/2002, S. 189.

14 Vgl. Fitzmahan, Maureen B., America, Human Rights and the International Criminal Court. In: European Journal of Law Reform 4/2002, S. 504: „There are no serious legal or moral arguments to give the United States reason to refuse to participate in the International Criminal Court.“

Staatsangehörige nur dann vor den ICC geladen würden, wenn die US-Justiz bezüglich eines völkerrechtlichen Verbrechens untätig bleibt. Dies kann aber von der Justiz eines demokratischen Staates nicht angenommen werden. Der von den USA weiterhin ins Feld geführte Vorwurf, der ICC könne sich aufgrund von Vorwürfen aus nichtdemokratischen Staaten politisch missbrauchen lassen, ist ebenfalls unhaltbar, denn die Straftatbestände des Status sind höchst exakt formuliert. Auch eine willkürliche Anwendung des Staatenbeschwerderechts nach Artikel 14 scheidet aus, weil die erforderliche Zustimmung einer aus Richtern gebildeten Vorverfahrenskammer ein solches Vorgehen des Anklägers verhindert. Hinzu kommt, dass der Ankläger den primär für die Jurisdiktion zuständigen Staat informieren muss, so dass dieser innerhalb eines Monats der Anklagebehörde mitteilen kann, welche Ermittlungen er vorgenommen hat. Wenn der betroffene Staat die eigene Strafverfolgung aufnimmt, dann ruhen die Ermittlungen des ICC nochmals sechs Monate. Nur wenn dann der ICC-Ankläger meint, der Staat sei nicht fähig oder willens zur Strafverfolgung, führt der ICC den Fall fort. Dem Staat bleibt aber die Möglichkeit, sich gegen diese Entscheidung mit Rechtsmitteln zu wehren.

In das Verfahren sind somit derart viele Hürden zum Schutz des staatlichen Strafanspruchs eingebaut, dass ein Rechtsstaat keine internationale Einmischung in sein Justizwesen befürchten muss. Um so unverständlicher ist deshalb die Reaktion der USA, denn sie untersagte den US-Behörden nicht nur per Gesetz jede Zusammenarbeit mit dem ICC, sondern forderte sie auf, US-Staatsangehörige notfalls mit militärischer Gewalt aus den Händen des ICC in Den Haag zu befreien. Mehr noch, unter Verletzung des Nichteinmischungsgebots des Völkerrechts wurden amerikanische Diplomaten aktiv, um andere Staaten vom Beitritt zum ICC-Statut abzuhalten.[15] Mit mehr als 30 Staaten wurden unter Druck zustande gekommene Abkommen geschlossen, die eine Überstellung von US-Bürgern an den ICC ausschließen sollen. Höhepunkt dieser Kampagne war die Sicherheitsratsresolution 1422 (2002), die es dem ICC für ein Jahr untersagte, Ermittlungen gegen Angehörige von Nichtvertragsstaaten wegen solcher Handlungen aufzunehmen, die mit einer von der UNO autorisierten friedenserhaltenden oder friedensdurchsetzenden Maßnahme im Zusammenhang stehen. Bei dieser Resolution handelt es sich letztlich um das Ergebnis einer Erpressung, denn die USA hatten gedroht, bei einer Ablehnung des Dokuments den weiteren Verbleib von UN-Truppen in Krisenregionen, z.B. in Bosnien-Herzegowina, mit einem Veto zu verhindern. Unter diesen Umständen stimmte der Rat zähneknirschend zu. Selbst der UN-Generalsekretär hatte sich zuvor dem ersten US-Entwurf des Resolutionstexts, der ein zeitlich unbegrenztes Verbot der Strafverfolgung von US-Staatsangehörigen

---

15 Gareis, Sven B., Die Supermacht und das Gericht. In: Europäische Sicherheit 9/2002, S. 11.

vorsah, in völlig untypischer Weise und diplomatisch unverblümt mit den Worten entgegengestellt, das das von den USA vorgesehene Verfahren „eklatant dem Vertragsrecht“ widerspreche.[16]

Letztlich ist zwei US-Autoren Recht zu geben, die zum Schluss kommen: „the U.S. position is based on a belief that U.S. hegemony over international relations is both benign and unchallenged. This point of view has blinded the United States.“[17] Eine wahrlich gute Erklärung für des unilaterale Handeln der Supermacht! Freilich schwindet die diesbezügliche Macht der USA: Hatte sie 2003 noch eine Verlängerung des vom Sicherheitsrat verordneten Verfolgungsverbots für US-Staatsangehörige durchsetzen können,[18] so gelang dies im Juni 2004 nicht mehr. Daraufhin zogen die USA ihre Soldaten aus Eritrea und Äthiopien ab.[19]

Umweltschutz

Der Umweltschutz gehört zweifellos zu den größten Herausforderungen der nächsten Jahrzehnte, und es liegt im wohlverstandenen Interesse der Industriestaaten, zu Beschränkungen beim Ausstoß von klimaschädlichen Treibhausgasen wie Kohlendioxid zu kommen. In einer vom Pentagon in Auftrag gegebenen Studie war ein abrupter Klimawandel sogar als „plausibel“ und als direkte Bedrohung für die nationale Sicherheit der USA bezeichnet worden.[20] Unter Präsident Clinton hatten sich die USA deshalb entschlossen, das Kyoto-Protokoll zumindest zu unterzeichnen. Bisher bietet das Kyoto-Protokoll, ein 1997 vereinbarter Zusatzvertrag zur Klimarahmenkonvention von Rio de Janeiro, die einzige globale Lösung für das Problem der Erderwärmung. Es sieht bis 2012 eine Reduzierung der Emission von Treibhausgasen unter das Niveau von 1990 vor. Von der EU wird das Protokoll ausdrücklich begrüßt, wenngleich sich deren Mitgliedsstaaten mit der Umsetzung schwer tun.

Seit dem 11. September 2001 spielt Umweltpolitik in den USA kaum noch eine Rolle. Präsident Bush lehnt das Kyoto-Protokoll zum Klimaschutz ab. Bereits kurz nach seinem Amtsantritt rückte Bush von seinem Wahlkampfversprechen ab, den CO^2-Ausstoß bei der Verbrennung fossiler

---

16 Kreß, Claus, Der Internationale Strafgerichtshof und die USA – Hintergründe der Sicherheitsratsresolution 1422. In: Blätter für deutsche und internationale Politik 9/2002, S. 1093.

17 Sadat, Leila N. / Carden, S. Richard, The New International Criminal Court: An Uneasy Revolution. In: Georgetown Law Journal 88/2000, S. 456.

18 Res. 1487 (2003).

19 taz vom 3.7.2004.

20 Frankfurter Rundschau vom 29.5.2004.

Brennstoffe zu regeln. Stattdessen machte er der Kohleindustrie weitreichende Zusagen.

Auch hier zeigt sich eindeutig ein auf nationalen Egoismen basierender Sonderweg der USA, die für ein Viertel der globalen Treibhausgas-Emissionen verantwortlich sind.[21] Allerdings ist das Abkommen nicht nur wegen der US-Weigerung nicht in Kraft getreten. Auch Russland hat sich bislang ähnlich wie die USA verhalten und nationale Interessen in den Vordergrund gestellt. Hier scheint sich jedoch, anders als bei den USA, eine Lösung abzuzeichnen: Da Russland der WTO beitreten will, scheint es bereit, die Verpflichtungen aus dem Kyoto-Abkommen zu akzeptieren.[22] Sollte es dazu kommen, könnte das Protokoll in Kraft treten, was letztlich zu einer weiteren Isolierung der USA auf dem Umweltgebiet führen würde.

Rüstungskontrolle und Abrüstung

Bushs neue Rüstungsprogramme haben die USA viel internationales Vertrauen gekostet. Unilateral und unter Berufung auf nationale Sicherheitsinteressen hat Bush unmittelbar nach seinem Amtsantritt am 13. Dezember 2001 den bewährten ABM-Vertrag mit der Sowjetunion/Russland von 1972 gekündigt. Der Schritt kam nicht überraschend und folgte längeren Verhandlungen mit Moskau. Die Kündigung war zudem nach dem Wortlaut des ABM-Vertrages rechtlich möglich; ob es sinnvoll war, steht auf einem anderen Blatt. Der ABM-Vertrag beschränkte die Zahl der Abwehrsysteme der Russen und der USA und sollte somit einen Gegenschlag bei einem Angriff auf einen der beiden Staaten garantieren. Das Ziel war also nicht die Verunmöglichung eines Angriffs, sondern die gegenseitige Vernichtung. Dadurch sollte jede Seite aus Vernunftgründen von einem Angriff abgehalten werden. Nach dem Ende des Ost-West-Gegensatzes wollen die USA nun einen Angriff auf die USA und ihre Alliierten durch ein robustes Raketenverteidigungssystem (Missile Defense) verhindern, und dabei war die durch den ABM-Vertrag vorgegebene Beschränkung im Wege.[23] Von 2004 bis 2009 betragen die Entwicklungskosten des Missile Defense 53 Milliarden Dollar, wodurch es sich zum teuersten Waffensystem aller Zeiten mausert. Es ist fraglich, ob man eine solche Hochrüstung noch als eine innere Angelegenheit eines Staates ansehen kann. Völlig außer Frage steht jedoch, dass die nächste Stufe des Projekts mit dem existierenden Weltraumrecht nicht in Einklang zu bringen ist. Ab 2010 will das Pen-

---

21 Frankfurter Rundschau, 1.6.2004.

22 Frankfurter Rundschau, 24.5.2004.

23 Kile, Shannon N., Ballistic missile defence and nuclear arms control. In: Sipri Yearbook 2002, Oxford 2002, S. 491.

tagon Kampfsatelliten im All testen, die Raketen, aber auch feindliche Satelliten ausschalten könnten. Der Weltraumrecht gestattet nämlich nur die gleichberechtigte Nutzung des Weltraums für friedliche Zwecke. Nun weiß jedermann, dass es im Weltraum heute schon von militärischen Satelliten wimmelt, die vor allem der Aufklärung und Informationsübertragung dienen. Diesbezüglich wurde aber argumentiert, dass solche Satelliten der Verteidigung dienten, und diese sei ein friedlicher Zweck.[24] Die USA wollen in Zukunft aber Waffensysteme mit offensiver Funktion im All stationieren, und dies kann selbst bei weitester Auslegung nicht mehr als friedliche Nutzung angesehen werden. Mit dem Missile Defense Program streben die USA mehr Sicherheit für sich an und stellen damit einen mühsam erreichten Konsens der Staatengemeinschaft bezüglich eines hoheitsfreien Raumes in Frage. Die Konsequenz wird sein, dass auch andere Staaten den Weltraum militärisch nutzen werden. Es ist offensichtlich, dass damit weltweit nicht mehr Sicherheit geschaffen wird, im Gegenteil, wachsende Instabilität wird die Folge sein, und das wird erneut Sicherheitsinteressen der USA berühren.

Die Einschränkung der Verbreitung und die Vernichtung der Massenvernichtungswaffen ist seit langem ein Ziel der Staatengemeinschaft. Angesichts der vom internationalen Terrorismus ausgehenden Gefahren hat es nunmehr hohe Priorität. Deshalb verdienen die diesbezüglichen völkerrechtlichen Verträge Beachtung. Der Atomwaffen-Nichtverbreitungsvertrag vom 1. Juli 1968 (NPT) ist der älteste Rüstungskontrollvertrag. Mit Ausnahme der fünf Großmächte sind alle Parteien, das sind gegenwärtig immerhin 189 Staaten,[25] zu seiner Einhaltung verpflichtet. Um dies überprüfen zu können, enthält der Vertrag einen Kontrollmechanismus, der in den Händen der Internationalen Atomenergie-Organisation (IAEO) liegt. Er ist grundsätzlich auf eine Kontrolle der von den Mitgliedsstaaten angemeldeten Spaltstoffffluss-Teile beschränkt. Damit kann lediglich festgestellt werden, wenn signifikante Mengen an Kernbrennstoff abgezweigt wurden. Nach diesem Verfahren ist es nicht möglich, dass die Inspekteure nicht gemeldete Anlagen, Spaltstoffmengen oder geheime Programme aufspüren. Damit ist die Kontrolle nicht sehr durchgreifend. Deshalb wurde 1997 ergänzend zum Nichtweitergabevertrag ein Zusatzprotokoll vereinbart, das Sonderinspektionen nach einem Safeguard-System gestattet. Diesem System haben sich 23 Staaten angeschlossen.[26] Große Aufmerksamkeit erregten jüngst zwei Entwicklungen. Zum einen akzeptierte Iran unter amerikanischem Druck dieses Kontrollverfahren, während zum anderen Nordkorea

24 Heintze, Hans-Joachim, Peaceful Uses of Outer Space and International Law. In: Bender, Wolfgang, et al. (Hrsg.), Space Use and Ethics, Münster 2001, S. 243 ff.

25 Allerdings fehlen Indien, Pakistan und Israel in der Liste der Mitgliedsstaaten.

26 Vgl. Sipri Yearbook 2003, Oxford 2003, S. 772 f.

aus dem NPT ausschied, um damit die USA zu direkten Verhandlungen mit sich zu veranlassen.[27]

Unabhängig von diesen Entwicklungen bezüglich einzelner Staaten setzen der NPT und das Safeguard-System voraus, dass die Existenz nicht gemeldeter Anlagen bekannt ist. Daher kommt Geheimdienstinformationen, die vor allem durch Aufklärungssatelliten im Weltall gewonnen werden, große Bedeutung zu. Nicht zuletzt deshalb ist durch das Safeguard-System eine Verbesserung des Nichtweitergaberegimes erreicht worden.[28] Gleichwohl setzt das Nichtweitergaberegime die Kooperationsbereitschaft aller Staaten voraus. Das zeigte sich in Krisensituationen. So kündigte der Iran im Juni 2004 an, die Herstellung von Teilen für Gaszentrifugen zur Anreicherung von Uran wieder aufnehmen zu wollen. Damit rückt Teheran von einer Zusage vom Oktober 2003 an Deutschland, Großbritannien und Frankreich ab, nach der die Anreicherung von Uran gestoppt werde. Diese widersprüchliche Politik des Iran dürfte zu einem wesentlichen Teil auf unilaterale Drohungen der USA an den Iran zurückzuführen sein. Die Auseinandersetzung zeigt, dass multilaterale Kontrollen, die IAEA-Generaldirektor Baradei immer wieder fordert, die beste Lösung wären.[29] Zuzugestehen ist allerdings, dass sich das Verfahren über ein Jahrzehnt hinstreckte, politisch störanfällig war und enorme Kosten verursachte. Gleichwohl sind der Aufwand und der Preis im Vergleich zu einem Krieg äußerst gering.

Das Chemiewaffenabkommen (CWC) verbietet die Entwicklung, Herstellung, Lagerung, Besitz, Weitergabe und den Einsatz dieser Waffen und trat 1997 in Kraft. Ihm gehören 153 Staaten an. Der Vertrag schreibt vor, dass bis 2012 alle Chemiewaffen vernichtet werden. Bislang geht man von einer zehnprozentigen Abrüstung in diesem Bereich aus. Zur Verifikation wurde eine spezielle Organisation (OPCW) geschaffen, womit die CWC der bislang umfassendste Abrüstungsvertrag ist. Die CWC und der Verification Annex sehen

- die Sammlung der von den Staaten zu meldenden Angaben vor (Erstmeldung und Jahresberichte).
- Diese Angaben werden durch Inspektionen überprüft.
- Schließlich werden die Erkenntnisse bewertet, indem durch die OPCW eingeschätzt wird, ob sich der überprüfte Staat vertragskonform verhält.

---

27 Kile, Shannon N., Nuclear arms control, non-proliferation and ballistic missile defence. In: Sipri Yearbook 2003, Oxford 2003, S. 587 ff.

28 Zarimpas, Nicholas, Nuclear verification: the IAEA strengthened safeguard systems. In: SIPRI Yearbook 2000, Oxford 2000, S. 496 ff.

29 taz vom 9.7.2004.

Bei Zweifeln ist ein mehrstufiges Streitschlichtungsverfahren vorgesehen. Wenn das Technical Secretariat mit seiner Streitschlichtung scheitert, bei Verdachtskontrollen oder bei Nichteinhaltung des CWC, wird das Executive Council eingeschaltet und kann dem betroffenen Staat Auflagen machen. Oft blieben allerdings zu erwartende Reaktionen aus, besonders wenn Staaten betroffen waren, die selbst diesem Gremium angehörten. Dies wiederum wurde vom Generalsekretär verschiedentlich kritisiert. Allerdings blieben Berichte über Rechtsverletzungen in solchen Fällen oft vertraulich, so dass die Öffentlichkeit nichts erfuhr. Insgesamt ist der Kontrollaufwand gewaltig. Allein 1998 führten 200 Inspektoren 261 Inspektionen an 198 Orten in 26 Staaten durch, was sich zu einer Summe von 16.927 Inspektionstagen summiert. Wenn man dies auf eine universelle Mitgliedschaft hochrechnet, so zeigt das die inhärente Schwäche des Systems.[30]

Das OPCW-Verfahren ist politischer und nicht rechtlicher Natur und hängt in einem wesentlichen Maße vom Kooperationswillen der Staaten ab. So kritisierte die OPCW immerhin jeden dritten Staat wegen unvollständiger Berichte. Im Prinzip könnten einem rechtsverletzenden Staat Mitgliedsrechte entzogen werden, was einen Reputationsverlust bedeuten würde. Ist die Vertragsverletzung schwer, können der UN-Sicherheitsrat oder die Generalversammlung angerufen werden. Zwangsweise Sanktionen können nur durch den UN-Sicherheitsrat verhängt werden.

Die OPCW ist eine politische Organisation sehr unterschiedlicher, aber juristisch gleicher Staaten, was in allerlei Konflikten deutlich wurde. Neben militärischen spielen auch wirtschaftliche Interessen eine Rolle, zwei Aspekte, die in einem Spannungsverhältnis zu der erforderlichen Unabhängigkeit der Inspektoren von Weisungen aus Mitgliedsstaaten stehen. So sind einerseits die Rechte und Immunität der Inspektoren zu respektieren und anderseits der Geheimnisschutz hinsichtlich der untersuchten Industrieanlagen. Es kam zur Konfrontation: 2002 erreichten die USA die vorfristige Ablösung des Generaldirektors Bustani, der in Industriestaaten besonders sorgfältig kontrollieren ließ und die Nutzung chemischer Technologien in Entwicklungsländern fördern wollte. Zudem hatte er versucht, den Irak zu bewegen, OPCW-Inspekteure ins Land zu lassen.[31]

Das Übereinkommen über das Verbot der Entwicklung, Herstellung und Lagerung bakteriologischer (biologischer) und Toxin-Waffen sowie über ihre Vernichtung wurde bereits 1972 abgeschlossen und trat 1975 in Kraft. Ihm gehören heute 144 Staaten an, darunter der Irak und die seinerzeitige Sowjetunion. Die Verbotsbestimmungen sind umfassend und lassen keinerlei Ausnahmen für bestimmte Anwendungsszenarien zu. Al-

---

30 Myjer, Erik A., Reporting System on International Humanitarian Law: An Arms Control Law Experience. In: Bothe Michael. (Hrsg.), Towards a Better Implementation of International Humanitarian Law, Berlin 2001, S. 52.

31 Vgl. Süddeutsche Zeitung, 24.4.2002.

lerdings enthält der Vertrag keinen Durchsetzungsmechanismus. Nachdem Anfang der 90er Jahre Verletzungen des Vertrages durch die Sowjetunion und den Irak bekannt wurden, wurden Forderungen nach einem Durchsetzungsmechanismus lauter, und Verhandlungen darüber begannen. Doch das Vorhaben wurde 2001 durch die USA abgelehnt. Die fünfte Überprüfungskonferenz scheiterte daraufhin. Im November 2002 wurde ein Fahrplan bis 2006 vereinbart, der jedoch die Implementierungsfrage umgeht. Dies ist angesichts der Revolution in der Biotechnologie besorgniserregend.[32]

Die erfolglose Suche im Jahre 2003 nach Massenvernichtungswaffen im vorher hoch gerüsteten Irak belegt, dass Inspektionen durchaus wirksam sein können. Offensichtlich scheinen sich auch die USA dieser Einschätzung anzunähern, denn in jüngsten Verlautbarungen spricht sich auch Präsident Bush dafür aus, das Verfahren der IAEO schlagkräftiger zu machen.[33] Die Kontrollverfahren müssen zudem durch wirksame Maßnahmen der Abrüstung, diplomatische Kontakte und nationale Exportkontrollen ergänzt werden.[34] Diese Forderungen zielen auf die Verbesserung etablierter Mechanismen hin. Offen bleibt allerdings die Frage, inwieweit die USA kooperieren wollen. Kooperation auf der Basis des Völkerrechts ist freilich die Voraussetzung für eine erfolgreiche Rüstungsbeschränkung und Abrüstung.

„Recht", zum Krieg zu schreiten

Im klassischen Völkerrecht war es Ausdruck der absoluten staatlichen Souveränität, zur Durchsetzung nationaler Interessen militärische Mittel anzuwenden. Heute ist dem nicht mehr so. Bereits der Briand-Kellogg-Pakt von 1928 verbot die Gewaltanwendung in den internationalen Beziehungen, die UN-Charta bekräftigte und untermauerte dies 1945. Es gibt nur zwei Ausnahmen, in denen Staaten rechtmäßiger Weise militärische Gewalt anwenden dürfen: zum einem im Falle der Selbstverteidigung nach einem bewaffneten Angriff auf ihr Territorium und zum anderen bei einer Ermächtigung durch den Sicherheitsrat. Dennoch haben die USA auch nach 1945 mehrfach unilateral und rechtswidrig Militär zur Durchsetzung amerikanischer Interessen eingesetzt. Das jüngste und tragischste Beispiel ist der Irak. Am 20. März 2003 rechtfertigten die USA ebenso wie Großbritannien

---

32 taz vom 26.5.2003.

33 Die Welt, 12.2.2004.

34 Neuneck, Götz., Terrorismus und Massenvernichtungswaffen: Eine neue Symbiose. In: Frank, Hans / Hirschmann, Kai (Hrsg.), Die weltweite Gefahr: Terrorismus als weltweite Herausforderung, Berlin 2002, S. 211 ff.

ihren Angriff mit der Verletzung der vielen Sicherheitsratsresolutionen durch den Irak. Damit wurde durch die USA zumindest in der UNO die Nichtbefolgung der irakischen Abrüstungsverpflichtungen als Begründung für den Krieg angeführt. Den deutlichsten Ausdruck fand diese amerikanisch-britisch-spanische Argumentationslinie in dem Resolutionsentwurf S/2003/215 vom 7. März 2003, der eine Nichterfüllung der Res. 1441 – der letzten Chance für den Irak, seinen Abrüstungsverpflichtungen nachzukommen – feststellte und zur Gewaltanwendung ermächtigen sollte. Der Resolutionsentwurf wurde wegen des angedrohten französisch-russischen Vetos dann allerdings nicht zur Abstimmung gebracht.

In der Tat war der Irak aufgrund der rechtsverbindlichen und zudem von ihm akzeptierten Resolution 687 (1991) verpflichtet, alle seine Massenvernichtungswaffen unter internationaler Kontrolle abzurüsten. Damit unterscheidet sich die Rechtsposition des Irak von der aller anderen Staaten der Welt (auch von der Nordkoreas), für die eine solch weitgehende Verpflichtung nicht besteht. Das Abrüstungsgebot ist eine Maßnahme der völkerrechtlichen Verantwortlichkeit und resultiert daraus, dass der Irak 1991 einen Angriffskrieg gegen Kuwait geführt und Israel mit Raketen attackiert hat. Mit der Abrüstung dieser Waffensysteme sollte dem Irak die Möglichkeit genommen werden, erneut Nachbarstaaten anzugreifen.

Die Abrüstungsverpflichtung des Irak bestand freilich gegenüber dem UN-Sicherheitsrat, der die Res. 687 angenommen hat und damit für ihre Durchsetzung verantwortlich ist. Einzelne Staaten sind nicht berechtigt, unilateral die Befolgung solcher Resolutionen zu erzwingen. Vielmehr bedürfen sie der Ermächtigung durch den Rat.

In der Literatur wird zutreffend „Bush's grobe Überschätzung der Autonomie, die militärische Macht tatsächlich mit sich bringt",[35] kritisiert. Der Irak-Krieg ist ein bezeichnendes Beispiel für diese Herangehensweise. Die geistige Grundlage für den Krieg haben Leute wie Michael Glennon gelegt. Dieser Völkerrechtsprofessor der Tufts-University hält die UN-Charta für bedeutungsloses Papier und meint statt dessen: „In dieser Phase des Übergangs zu einer neuen Weltordnung gehören die Werkzeuge – wie Napoleon einmal sagte – dem Mann, der sie auch benutzen kann. Gewalt ist ein Mittel, um die nationalen Interessen durchzusetzen."[36] Es stimmt, dass die UNO den Ausbruch und Verlauf des Krieges nicht beeinflussen konnte. Daraus die Bedeutungslosigkeit der Weltorganisation abzuleiten wäre jedoch falsch. Nach der heißen Phase des Krieges zeigt sich, dass die Nachkriegsprobleme des Iraks nur durch die UNO angegangen werden können, weil diese nicht unilateral durch einen Staat – und sei er auch noch so

---

35 Kupchan, Charles, Die Europäische Herausforderung – Vom Ende der Vorherrschaft Amerikas, Berlin 2003, S. 8.

36 Glennon, Michael J., Pro & Contra – Bricht Amerika das Völkerrecht? Nein. In: Ambros, Kai / Arnold, Jörg, Der Irak-Krieg und das Völkerrecht, Berlin 2004, S. 259.

mächtig – gelöst werden können. Hinzu kommt, dass der Sieg der USA und ihrer Alliierten die Verpflichtung zur Nachsorge im besetzten Land mit sich gebracht hat.[37] Der Wiederaufbau kann nicht von einem Staat allein und daher nur im Rahmen der Rechtsordnung des Völkerrechts erfolgen, was letztlich eine Stärkung des UN-Systems mit sich bringen muss, denn dieses verfügt über unverzichtbare Erfahrung im Umgang mit Nach-Konflikt-Situationen.

Es überrascht daher nicht, dass Präsident Bush mit seiner ursprünglichen Auffassung, die UNO müsse sich auf die humanitäre Hilfe beschränken und könne nicht an den politischen Entscheidungen teilhaben, Schiffbruch erlitt. In der Res. 1483 (2003) ist von der Marginalisierung der UNO keine Rede mehr, statt dessen wird ihr eine „maßgebliche" Rolle zubilligt. Seither drängte der UN-Generalsekretär darauf, dass die Beendigung der Besatzungsherrschaft vorrangiges Ziel der UNO sein müsse.[38] Diesem Ziel kam der UN-Sicherheitsrat mit der Res. 1511 (2003) näher, denn hierin wird die schnellstmögliche Übergabe der Macht an die Iraker gefordert. In § 8 wird die maßgebliche Rolle der UNO in diesem Prozess wiederum unterstrichen. Der Wortlaut der Resolutionen lässt nicht die Deutung zu, hier handle es sich nachträglich um eine Legitimierung des rechtswidrigen Verhaltens der US-Regierung. Allerdings werden die im Irak stationierten Besatzungstruppen zu Truppen, die durch die UNO ermächtigt wurden. Diese Konstruktion ist als unglücklich anzusehen, da die Truppen weiterhin unter der Führung der USA verblieben. Die bislang letzte Resolution bezüglich dieses Gegenstandes, die Resolution 1546 (2004), sieht eine Sicherheitspartnerschaft der US-geführten „Multinationalen Truppe" mit den irakischen Streitkräften vor. Um der Truppe einen rechtlichen Status zu geben, erließ die Provisorische Koalitionsbehörde der Besatzungsmächte am letzten Tag vor ihrer Auflösung eine diesbezügliche Verfügung, deren Bestand jedoch fraglich ist.[39] Das gesamte Vorgehen der USA bezüglich des Irak war anfänglich unilateral. Auch auf die Alliierten wurde praktisch keine Rücksicht genommen. Nachdem sich dann aber herausstellte, dass der Krieg gegen den Irak trotz der gewaltigen US-Kriegsmaschinerie nicht mit einem schnellen Erfolg beendet werden konnte, gingen die USA immer mehr vom Unilateralismus ab. Geradezu verzweifelt haben sie um die Internationalisierung gerungen. Das Bestreben, der „Multinationalen Truppe" einen völkerrechtlichen Status sui generis zu geben, ist Ausdruck dessen.

---

37 Vgl. Zygojannis, Philipp, Die Staatengemeinschaft und das Kosovo: Humanitäre Intervention und internationale Übergangsverwaltung unter Berücksichtigung einer Verpflichtung des Intervenienten zur Nachsorge, Berlin 2003, S. 125.

38 So gegenüber dem UN-Sicherheitsrat am 22. 07. 03. In: UN Press Release SC/7821.

39 Schaller, Christian, Die Multinationale Truppe im Irak. In: SWP-Aktuell 30, Berlin 2004, S. 1.

Bei aller Tragik des Irak-Krieges so ist doch ein positiver Aspekt nicht zu übersehen: Die größte Militärmacht der Welt ist nicht in der Lage, einen regionalen Konflikt militärisch beizulegen. Kagans Weltbild trifft eben nicht zu.[40] Das von dem Autor für die USA entwickelte Weltbild, wonach sie im Gegensatz zu den Europäern eben nicht an die Macht völkerrechtlicher Verträge glauben, sondern an militärische Macht, geht nicht auf. Mit militärischer Stärke allein ist keine Nachkriegsordnung im Irak aufzubauen oder der Terrorismus zu überwinden. Es bedarf der internationalen Zusammenarbeit auf der Basis des Völkerrechts. Man kann nur hoffen, dass diese Botschaft in Washington ankommt. Schon sind amerikanische Politiker zu vernehmen, die den Irak-Krieg für einen Fehler hielten. Eine Hinwendung zum Multilateralismus ist dies aber freilich noch nicht.[41]

---

40 Robert Kagan, Of Paradise and Power. America and Europe in the New World Order, New York 2003.

41 Süddeutsche Zeitung, 29.7.2004.

DIE NEUGEBURT DER NATO – VON DER VERTEIDIGUNG ZUR WELTORDNUNG[1]

NORMAN PAECH

I.

Betrachten wir die gegenwärtige Zeit durch die Brille eines englischen Historikers, Eric Hobsbawm, so haben wir mit dem Jahre 1990 nicht nur den Untergang der sozialistischen Welt erlebt, auch nicht nur das Ende des Kalten Krieges, sondern das Ende eines ganzen Jahrhunderts: einen Epochenwechsel, den Wechsel in eine neue Weltordnung. Die Frage ist: Was war die alte, was ist die neue Weltordnung?

Zur alten Weltordnung nur einige kurze Bemerkungen.[2] Die wesentlichen Ereignisse waren der Sieg über den Faschismus und der Versuch, eine neue, dauerhafte Friedensordnung im Rahmen der UNO aufzubauen. Roosevelt verfolgte damals die Vorstellung, sie in einer Militärkoalition zwischen den USA und Großbritannien zu sichern. Churchill hingegen wandte sich gegen die militärische Begründung einer Friedensordnung und schlug vor, das letztlich misslungene und schon 1934 zerfallene Modell des Völkerbundes neu zu beleben. Er wollte ein System kollektiver Sicherheit wieder beleben, das auf den Vorschlägen von Wilson, dem einstigen amerikanischen Präsidenten, basierte. Allen Handlungsweisen des vergangenen Jahrhunderts entgegen, verfolgte dieses Modell kein militärisches Gleichgewicht der Kräfte. Das System kollektiver Sicherheit sollte auf der juristischen Gleichheit aller Staaten aufbauen, der großen und der kleinen, der schwachen wie aber auch der starken Staaten. Und es sollte auf einem allgemeinen Gewaltverbot basieren.

Auch wenn diese völlig neue Vorstellung, die im Gefolge des Ersten Weltkrieges 1919 erstmalig institutionalisiert wurde, letztlich scheiterte,

---

1 Transkript Ralph Luger; Anm. des Herausgebers: Der Beitrag beruht auf freier Rede, das hiervon gefertigte Transkript wurde in enger Abstimmung mit dem Autoren in weitgehendem Verzicht auf die persönliche mündliche Vortragsweise überarbeitet. Vgl. auch Paech, N., Neue NATO-Strategie – Neues Völkerrecht? In: Hösler, Joachim / Paech, Norman / Stuby, Gerhard, Der gerechte Krieg? Neue NATO-Strategie, Völkerrecht und Westeuropäisierung des Balkans, Bremen 2002, S. 48-107.

2 Eingehend hierzu siehe die Ausführungen von Hans-Joachim Heintze in diesem Band.

fasste man nach dem Zweiten Weltkrieg 1945 erneut den Mut, dieses Ziel mit den Vereinten Nationen ein weiteres Mal zu wagen.

Allerdings lebte schon 1949, im Grunde schon mit dem Tode Roosevelts 1945 und mit der Präsidentschaft Truman's, der Kalte Krieg auf. Die Auseinandersetzungen zwischen dem West- und Ostblock verseuchten fortan alle internationalen Friedensbemühungen und -konstruktionen. Man konnte sich nicht mehr damit begnügen, lediglich auf das Prinzip der kollektiven Sicherheit zu vertrauen. Vielmehr musste man den offensichtlichen Widerspruch zwischen Ost und West, zwischen einer faktischen kapitalistischen und einer erhofften sozialistischen Ordnung in Rechnung stellen und organisieren – das war die Geburtsstunde der beiden Militärpakte NATO und Warschauer Pakt. Sie führten nicht nur in das Wettrüsten und in die atomare Abschreckung, in der viele Historiker den maßgeblichen Grund für 60 Jahre Frieden in Europa sahen. Sie führten die beteiligten Mächte auch dazu, sich doch wieder nach dem alten Modell des 19. Jahrhunderts zu organisieren, nämlich wiederum in einem Gleichgewicht der Kräfte. Art. 1 des NATO-Vertrages lautete damals noch verheißungsvoll und heißt es noch heute: „Die Parteien verpflichten sich, in Übereinstimmung mit der Satzung der Vereinten Nationen, jeden internationalen Streitfall, an dem sie beteiligt sind, auf friedlichem Wege so zu regeln, dass der internationale Friede, die Sicherheit und die Gerechtigkeit nicht gefährdet werden, und sich in ihren internationalen Beziehungen jeder Gewaltandrohung oder Gewaltanwendung zu enthalten, die mit den Zielen der Vereinten Nationen nicht vereinbar sind." In enger Verklammerung mit den Zielen und Grundlagen der Vereinten Nationen begrenzte der NATO-Vertrag in Artikel 5[3] die Aufgaben der Organisation ausschließlich auf Verteidigung.

Die politischen Ziele der NATO gingen allerdings über ein reines Verteidigungsbündnis hinaus. Mit ihrer Errichtung ging es im Grunde auch um die Integration und die Organisation des westlichen Lagers gegenüber dem Osten. Die NATO sollte mit der Verteidigung des Westens zugleich die Sicherung der Vorherrschaft der USA bewirken. Allerdings diente sie nicht nur den USA als Instrument zur Dominierung und zur Stärkung ihrer Hegemonie im westlichen Lager. Auch Großbritannien und Frankreich hatten ihre eigenen Ziele. Sie fügten sich in diese Vorherrschaft, weil sie darin die

---

3 Art. 5 Abs. 1 Nordatlantikvertrag v. 4. April 1949: „Die Parteien vereinbaren, dass ein bewaffneter Angriff gegen eine oder mehrere von ihnen in Europa oder Nordamerika als ein Angriff gegen sie alle angesehen werden wird; sie vereinbaren daher, dass im Falle eines solchen bewaffneten Angriffs jede von ihnen in Ausübung des in Art. 51 der Satzung der Vereinten Nationen anerkannten Rechts der individuellen oder kollektiven Selbstverteidigung der Partei oder den Parteien, die unverzüglich für sich und im Zusammenwirken mit den anderen Parteien die Maßnahmen, einschließlich der Anwendung von Waffengewalt, trifft, die sie für erforderlich erachtet, um die Sicherheit des nordatlantischen Gebiets wiederherzustellen und zu erhalten."

große Möglichkeit sahen, die Macht, die ökonomisch, wie politisch und militärisch als einzige ungeschoren aus dem Zweiten Weltkrieg herausgekommen war, an sich zu binden und auf den Dialog mit ihnen zu verpflichten. Hier herrschte ein wechselseitiges Bindungsbedürfnis – seitens der USA zur Gewährleistung ihrer Vorherrschaft unter gleichzeitiger Einbindung des westlichen Lagers, damit es nicht dem vermeintlichen Sirenengesang des sozialistischen Lagers erliegen würde, was Ende der 40er und 50er Jahre durchaus noch denkbar schien; und seitens Großbritanniens und Frankreichs, nach all den Einbußen aus dem Zweiten Weltkrieg und der nun beginnenden Systemauseinandersetzung, das Bedürfnis nach einem starken Partner in den überlegenen USA.

Auch mit der Einbeziehung der Bundesrepublik Deutschland 1956 in die NATO wurde das Ziel verfolgt, das westliche Lager gegenüber dem Osten zu stärken, zumal der einstige Feind, in zwei Teile gespalten, immer wieder mit dem Gedanken der Neutralität spielte und eine andere Lösung des Ost-West-Konfliktes einforderte, als es die Amerikaner und Engländer sich vorstellten. Es ging den westlichen Siegermächten um die Unterbindung jedes Sonderweges und um den Ausschluss von Neutralität und Wiedervereinigung. Zudem war es – was unsere österreichischen Nachbarn noch heute interessieren sollte – der Weg zur Remilitarisierung. Die NATO bedeutete Militarisierung einer Gesellschaft von Anfang an. Hierin deckte sie sich mit den Zielen jener, die schon in der frühen Ära Adenauer – gegen viele Warnungen und Widerstand – eine Remilitarisierung der Bundesrepublik Deutschland geplant hatten. Nach ihrer Meinung war ein eigenes Militär die Voraussetzung von Souveränität und notwendig, um vom „Katzentisch" der Mächte an den großen Tisch zu kommen und zur Elite der Mächte hinzuzustoßen. Kurz gefasst: Diese Epoche der Nachkriegswelt war bestimmt durch eine Art Doppelherrschaft von UNO und NATO. Einerseits sollte mittels der UNO ein kollektives Sicherheitssystem, die Idee des 20. Jahrhunderts, durchgesetzt werden. Dabei hatte man aus dem Scheitern des Völkerbundes und der Realität des Kalten Krieges durchaus gelernt, dass das nicht ohne weitere Sicherungen zu schaffen war. Insofern musste die UNO mit einem weiteren System, nämlich dem NATO-Warschauer Pakt-System unterfüttert werden, mit einem System des 19. Jahrhunderts, dem System des Gleichgewichts der Kräfte. Man war also noch nicht in der Lage, den Epochenwechsel in eine neue Weltordnung eigenständig und vollständig neu zu bestimmen und sich zugleich aus dem Sumpf des alten Jahrhunderts herauszuziehen.

II.

1990, mit dem Untergang dieses Gleichgewichtssystems durch das Verschwinden von Sowjetunion und Warschauer Pakt, d.h. des sozialistischen Systems, und in dessen Folge auch mit dem Untergang des Antagonismus der Ost-West-Spaltung, wäre es nur konsequent gewesen, wenn das System kollektiver Sicherheit nun ohne Gleichgewicht der Kräfte zu neuer Blüte gekommen wäre. Das war auch noch die Botschaft, die Präsident George Bush am 11. September 1990, am Vorabend des Ersten Irakkrieges, der Welt als „neue Weltordnung" verheißen hatte: „In dieser schwierigen Zeit kann unser fünftes Ziel (eine neue Weltordnung) hervorgehen. Eine neue Ära, freier von Bedrohung durch Terror, stärker in der Durchsetzung von Gerechtigkeit und sicherer in der Suche nach Frieden. Eine Ära, in der die Nationen der Welt im Osten und im Westen, Norden und Süden prosperieren und in Harmonie leben können. 100 Generationen haben nach diesem kaum auffindbaren Weg zum Frieden gesucht. Heute kämpft diese neue Welt, um geboren zu werden, eine Welt, die völlig verschieden ist von der, die wir kannten, eine Welt, in der die Herrschaft des Gesetzes das Faustrecht ersetzt, eine Welt, in der der Starke die Rechte der Schwachen respektiert." – ein schönes Stück politischer Lyrik, eines US-Präsidenten in der Nachfolge Wilsons würdig.

Die Realität sah anders aus, denn es war keineswegs so, dass nun die Ära der UNO, des kollektiven Sicherheitssystems, anbrach, sondern wieder ging es um das Fortleben der Ära des alten, überwunden geglaubten Systems des Gleichgewichts der Kräfte. Denn die NATO, von der man eigentlich erwartete – insbesondere wir in Deutschland hofften –, dass sie als Friedensdividende nun beseitigt und die Rüstung drastisch heruntergefahren würde, suchte sofort nach einer neuen Begründung. Ihre *raison d'être*, ihr Existenzgrund war verloren gegangen. Ihr Gegner, der Feind war nicht mehr da, Deutschland war, wie man so schön sagte, umzingelt von Freunden – wozu brauchte man da noch ein solches System? Aber schon in den jährlichen NATO-Tagungen in Rom 1991, Oslo 1992, Athen 1993 und Brüssel 1994 verständigte man sich überaus zügig auf das Folgende: Der alte Verteidigungsauftrag reiche nicht mehr, um die NATO weiterhin zu begründen; neue Ziele wurden gebraucht und gefunden, sie lauteten Konfliktverhütung und Krisenbewältigung. Hierauf wiesen alsbald die Perspektivenerweiterungen der NATO. Eines der stärksten NATO-Mitglieder, Deutschland, fasste sie schon frühzeitig konkret und deutlich: In den Verteidigungspolitischen Richtlinien von 1992 hieß es zur Zielsetzung der zukünftigen Entwicklung der Bundeswehr: „Aufrechterhaltung des freien Welthandels und des ungehinderten Zugangs zu Märkten und Rohstoffen in aller Welt im Rahmen einer gerechten Weltwirtschaftsordnung."[4] Man muss man sich den Paradigmenwechsel einer Armee der Verteidigung klar machen: die Bundeswehr von nun an als Instrument zur Herstellung einer gerechten Weltwirtschaftsordnung, zur Öffnung und Sicherung von Märkten. Dies blieb der Mehrheit der deutschen Bevölkerung vollkommen verborgen. Der damalige Staatssekretär Rühl im Bundesverteidigungsministerium meinte in unverstellter Offenheit zur Landesverteidigung als der nach Artikel 87a Grundgesetz bislang einzigen Aufgabe der Bundeswehr: „Landesverteidigung kann nicht länger das Kriterium der Streitkräfte sein, gleichgültig ob Wehrpflicht besteht oder nicht, kollektive Verteidigung kann nicht länger die Kernfunktion der NATO bleiben, Landstreitkräfte können nicht mehr den Schwerpunkt bilden. Die Hauptaufgabe der Alliierten ist die militärische Unterstützung der Krisenbeherrschung und Konfliktverhütung geworden."[5] Und der zuständige Verteidigungsminister Volker Rühe betonte: „Zentrale Bedingung für den Einsatz der Streitkräfte ist seine völkerrechtliche Legitimität, ein Mandat der Vereinten Nationen ist Voraussetzung."[6] Damals handelte es sich um eine CDU-Regierung, die den Auftrag zur Landesverteidigung erweiterte und in eine präventive Konfliktsicherung und Konfliktbeherrschung umzuwandeln beabsichtigte. Voraussetzung sollte allerdings ein Mandat der UNO sein, die Bindung der NATO wie auch der Bundeswehr an die UNO wurde nicht angetastet. Diese Bedingung sollte erst im Jahre 1999 die rot-grüne Koalition unter Bundeskanzler Schröder und Außenminister Fischer beseitigen. Allen Vorurteilen zum Trotz: Hier handelt es sich nicht um das Projekt einer konservativen, sondern einer sozialdemokratisch-grünen Regierung.

III.

1994 begann man sodann, das Bündnisterritorium zu erweitern, das heißt, die NATO nach Osten hin ausgreifen zu lassen – ein Projekt, dem die USA zu Anfang außerordentlich skeptisch und ablehnend gegenüber standen. Anders die Bundesregierung Deutschlands, sie sah hierin die logische Folge der Erweiterung des ökonomischen Einflusses der EU. D.h., man plante diesen Doppelschritt der Integration der östlichen Staaten – allerdings unter Ausschluss Russlands – sehr bewusst auf ökonomischer Ebene durch die

---

4 Bundesminister der Verteidigung, Verteidigungspolitische Richtlinien für den Geschäftsbereich des Bundesministers der Verteidigung, Bonn 26.11.1992.

5 Rühl, Lothar, Noch fehlen Europa die Armeen des 21. Jahrhunderts, Die Welt, 4.6.1996.

6 Rühe, Volker, Europa und Amerika – neue Partnerschaft für die Zukunft. Rede anlässlich der 32. Konferenz für Sicherheitspolitik am 4. Februar 1995 in München. In: Bulletin des Presse- und Informationsamtes der Bundesregierung, 9/1995, S. 73 ff.

EU, auf militärischem Gebiet durch die NATO. Man verfolgte eine hegemoniale Ausweitung, die nicht allein ökonomisch möglich schien, sondern auch militärisch abgesichert werden musste. Die Entwicklungen Ende der 90er Jahre bis in den Anfang des neuen Jahrtausends haben dies letztlich bestätigt. 1994 – zur Erinnerung –, hatte es noch in Bosnien-Herzegowina ein gemeinsames Eingreifen von USA, NATO und UNO gegeben. Das alles bündelte sich später, 1999, realitätsnäher und konkreter in der Frage: Soll man in Jugoslawien einmarschieren auch ohne Votum der UNO? Die Krise auf dem Balkan wurde schließlich zum Knotenpunkt, in dem alle zum Teil noch unsicheren Perspektiven zusammengebunden wurden. Heute lässt sich sagen: Der Jugoslawien-Krieg ist das Modell der neuen Weltordnung. Und zwar ohne UNO, mit USA und NATO.

Noam Chomsky hat treffend auf den Punkt gebracht, was ich meine. In einem Interview anlässlich der Verleihung des Ossietzky-Preises in Oldenburg im Mai dieses Jahres bestätigte er die Annahme des Interviewers Klaus Theweleit, „vielleicht gibt es auch zwischen den beiden Polen USA und Europa einen zentralen Konflikt darüber, wer die Ölreserven in Zentralasien kontrolliert." „Genau" – antwortete Chomsky und führte weiter aus: „Darum geht es. Das ist der Hintergrund für die Kontrolle des Mittleren Osteuropas. Lassen Sie mich das kurz ausführen. 1970, also etwa zur Zeit von Kissingers Rede, war es offensichtlich, dass die Welt ‚tripolar' war. Es gab im Wesentlichen drei Machtzentren, die ökonomisch in etwa miteinander vergleichbar waren: Nordamerika, Europa und die sich schnell entwickelnden asiatischen Länder – damals mit dem Zentrum Japan. Heute verfügt Nordostasien global gesehen über zwei der wichtigsten industriellen Volkswirtschaften: Südkorea und China, das gerade zu einer gigantischen Industrienation wird. Sibirien verfügt über ausgedehnte Ressourcen, auch Öl, und in Nordostasien ist das Bruttosozialprodukt viel größer als in Europa oder in den Vereinigten Staaten. Nordostasien spielt eine zunehmend wichtige Rolle im Handel und hat Aussichten, sich in eine selbständige Richtung zu entwickeln. Daher ist einer der Gründe, weshalb die USA so stark daran interessiert sind, die Ölreserven im Nahen Osten – vor allen im Persischen Golf aber auch in Zentralasien (also Kasachstan, Aserbeidschan u.s.w.) zu kontrollieren, die Rolle als Führer der Weltherrschaft zu behalten. Wen man über die Energiereserven der Welt herrscht, verfügt man über ein mächtiges Mittel, um die Bildung und eigenständige Entwicklung anderer Machtblöcke zu verhindern. Das ist einer der wichtigsten Gründe für die Intervention im Irak – und übrigens in Afghanistan ebenfalls. Es ist interessant, dass sie sagten – und das zu Recht –, die Europäer hätten die Invasion Afghanistans unterstützt. Warum? Welches Motiv hatten sie für eine Invasion in Afghanistan? Womit wurde das gerechtfertigt?" Der Interviewer Theweleit: „In Afghanistan hießen die Argumente: Taliban und die Rache für den 11. September 2001." Chomsky: „Wenn die europäischen Intellektuellen das geglaubt haben, dann nur deshalb, weil sie es ablehnen, sich mit Fakten zu befassen. Die Fakten sprechen eine deutliche Sprache. Als die Bombardierung am 7. Oktober angekündigt wurde, sagte Präsident Bush ausdrücklich: Wenn sie uns nicht Osama Bin Laden und seine Verbündeten ausliefern, werden wir sie bombardieren. Das hat mit der Absetzung der Taliban nichts zu tun. Das war ein Gedanke, der erst später hinzukam. Die Bombardierung fand mit dem Ziel statt, die Taliban dazu zu zwingen, den Vereinigten Staaten Menschen auszuliefern, die die USA verdächtigte, die Terroranschläge verübt zu haben. Das war das Ziel. Acht Monate danach sagte der Chef des FBI im Kongress aus, dass sie noch immer nichts anderes als nur Vermutungen hätten. Wie können europäische Intellektuelle so etwas unterstützen? Es liegt daran, dass sie sich nicht die Mühe machen, nachzufragen." Theweleit: „Sie – die Intellektuellen – verhielten sich widersprüchlich, sie unterstützten die Bombardierung Serbiens. Sie unterstützten die Bombardierung Afghanistans, und sie lehnten es ab, die Bombardierung von Irak zu unterstützen. Ohne irgendwelche Argumente und zwar in keinem der Fälle." „Gut" – so Chomsky – „reden wir über Serbien. Das ist nämlich ein interessanter Fall, weil wir sehr umfangreich dokumentieren können, was im Kosovo vor der Bombardierung ablief. Es gibt zwei riesige Sammlungen von Dokumenten des Außenministeriums, NATO-Quellen, detaillierte OSZE-Untersuchungen, außerdem eine ausführliche parlamentarische Untersuchung Großbritanniens. Und was zeigen uns diese Unmengen von Indizien? Sie zeigen uns, dass sich weder der Journalismus noch die Wissenschaft dafür interessieren. Die Indizien beweisen, dass Kosovo bis zur Bombardierung ein sehr unangenehmer Flecken Erde war und dass dort ungefähr 2.000 Menschen ermordet wurden – der britischen Regierung zufolge das entscheidende Argument der Allianz –, von denen die meisten allerdings von Guerillas umgebracht wurden. Das NATO-Kommando ging ausdrücklich davon aus – und informierte Washington darüber –, dass im Falle einer Bombardierung die Serben am Boden reagieren würden und dass es zu Gräueltaten und Vertreibungen kommen würde. Zur Zeit der Bombardierung lagen zwei Verhandlungspositionen auf dem Tisch, eine serbische und eine der NATO. Nach 78 Tagen Bombardement wurde ein Vertrag geschlossen, der einen Kompromiss aus beiden Positionen beinhaltete. Was war geschehen? In einer Phase, als es sich in Kosovo um einen schrecklichen Ort handelte, mit einem gewissen Maß an Gräueltaten – gering im Vergleich mit internationalen Standards –, begann die NATO ihre Bombardierung und das in der Erwartung, dass sie zu Vertreibungen und Gräueltaten führen würde. Einen möglichen diplomatischen Weg lehnten sie ab. Und nach der Bombardierung einigten sie sich auf halbem Weg. Wie verhielten sich die europäischen Intellektuellen dazu? Zum Beispiel Vaclav Havel? Absolut empörend. Und Vaclav Havel sagt auch noch, das sei der erste Krieg in der Geschichte (und das ist eine Argumentation, die auch in Deutschland vorherrscht, N.P.), der für Prinzipien und Werte geführt wurde, ein zutiefst altruistischer Krieg. Da haben wir ein weitreichendes Zeichen für die Korruption des europäischen Geisteslebens und natürlich auch des amerikanischen und britischen. ... Es ist die normale Korruption der Intellektuellen."[7]

Halten wir zumindest zwei Dinge daraus fest. Zunächst ist unverkennbar, dass die Kriege gegen Jugoslawien, Afghanistan und Irak für die USA und die NATO ein ganzes strategisches Paket bilden. Sie sind nur zusammen zu sehen und sie sind nur zusammen zu analysieren. Sodann geht es bei allen drei Kriegen, auch wenn man es immer wieder auszublenden versucht, primär nicht etwa um die Sicherung der Menschenrechte, sondern um Ressourcensicherung, um imperialen Ordnungsanspruch. Wer daran immer noch zweifelt, der sollte sich die NATO-Strategie ansehen, die die Alliierten in Washington im April 1999, noch während der Bombardierung Jugoslawiens, verabschiedet haben. Auch diesen Fakten gegenüber haben die Intellektuellen und die Journalisten sich immer geweigert, sie wirklich zu lesen und zur Kenntnis zu nehmen. Darin werden die Neuartigkeit der sicherheitspolitischen Voraussetzungen und zunehmenden Risiken beschworen, die für „europäischen Frieden und Stabilität" bestehen, einschließlich der Unterdrückung, ethnischer Konflikte, wirtschaftlicher Not, des Zusammenbruchs politischer Ordnungen sowie der Weiterverbreitung von Massenvernichtungsmitteln." (Ziffer 3).[8] Die Menschenrechte spielen nur dann eine Rolle, wenn ihre Verletzung die europäische Stabilität gefährdet. Selbst „unzureichende oder fehlgeschlagene Reformbemühungen (was auch immer das ist, N. P.), die Verletzung von Menschenrechten und die Auflösung von Staaten ... können zu Krisen führen, die die euroatlantische Stabilität berühren." (Z. 20) Vier Ziffern weiter heißt es dann, „Akte des Terrorismus, der Sabotage und des organisierten Verbrechens sowie der Unterbrechung der Zufuhr lebenswichtiger Ressourcen, aber auch die unkontrollierte Bewegung einer großen Zahl von Menschen." (Z. 24) Alles Szenarien des Weltelends, welche eine Intervention der NATO-Staaten rechtfertigen sollen. Eine Selbstermächtigung zu militärischen Eingriffen rund um die Welt, die mit dem ursprünglichen Artikel 5 NATO-Vertrag, der Bündnisverteidigung überhaupt nichts mehr zu tun hat. Das ist eine vollkommen neue NATO.

Hier stellte sich die Frage: War eigentlich damit die Bindung der NATO an die UNO unterbrochen oder war es nach wie vor so, dass der Verteidigungsauftrag des Art. 5 NATO-Vertrag an die Feststellung einer Verteidigungssituation nach Art. 51 der UNO-Charta gebunden blieb? Dass also nur im Fall der Verteidigung oder auf Grund eines Mandats der UNO nach Art. 42 UNO-Charta die neuen Kriseninterventionsmaßnahmen an-

---

7 Frankfurter Rundschau, 27.5.2004, S. 28 f.

8 Presse und Informationsamt der Bundesregierung, Bulletin Nr. 24/S221, Bonn 3.5.1999: 50 Jahre NATO, Gipfelkonferenz in Washington, Gipfelkonferenz der Staats- und Regierungschefs in Washington. Das strategische Konzept des Bündnisses.

wendbar und ein Eingreifen der NATO erlauben würden? Bewusst wurde dies im Unklaren gelassen, aber Bundeskanzler Schröder sagte damals in einer wenig beachteten Rede in Washington durchaus deutlich: „Wir waren uns einig, dass es auch in Zukunft nur dann Interventionen geben kann, wenn im Prinzip ein Sicherheitsratsbeschluss vorliegt – eng begrenzte Ausnahmen können zugelassen werden, dürfen aber nicht die Regel werden und können überhaupt nur in Frage kommen, wenn sich zeigt, dass der Sicherheitsrat nicht handlungsfähig ist.“[9] Das ist die Legitimierung des Angriffs auf Jugoslawien ohne jegliches Mandat und ohne Verteidigungsauftrag. D.h. spätestens 1999 wurden die UNO und die UNO-Charta als Voraussetzung für Gewaltanwendung ad acta gelegt, und die NATO hatte sich aus den alten Fesseln der Verteidigung befreit und sich zu einem weltweit operierenden Kriseninterventions- und Ressourcensicherungsinstrumentarium emanzipiert.

IV.

Der Interviewer fragte Chomsky schließlich: „Ist das nicht alles irgendwie auch ein Zeichen, dass hier die NATO gespalten wird? Ist nicht eventuell, in Afghanistan z.B. und auch im Irak die NATO bedeutungslos?“ Chomsky verneinte diese Frage nachdrücklich, ohne allerdings genauer auf die Organisation einzugehen, der wir uns noch kurz widmen müssen, die Europäische Union.[10] Wie agiert sie in diesem Feld, bringt nicht eventuell sie die Spaltung der NATO?

Es gibt eine gemeinsame Erklärung von 2003 über europäische Sicherheits- und Verteidigungspolitik, die nicht von allen Staaten der EU, sondern nur von Deutschland, Frankreich, Luxemburg und Belgien verfasst wurde. Dort wird ein paralleles Kriseninterventionsszenario für die ganze Welt aufgebaut, für das eine europäische schnelle Reaktionstruppe gefordert wird. 2002, auf dem Praggipfel der NATO, hatte man bereits eine sog. NATO-Response-Force mit 21.000 Soldaten gebildet, die 2006 einsatzfähig sein soll, und zwar binnen 5 Tagen in allen Krisengebiete der ganzen Welt einsetzbar. Die schnelle Reaktionstruppe der EU soll insgesamt 60.000 Soldaten umfassen, die innerhalb von 60 Tagen für ein Jahr selbständig einsetzbar sein sollen. Sie wird um eine zivile Komponente ergänzt. Um die Krisenregulierung nicht zu vernachlässigen, die im europäischen

---

9 Schröder, Gerhard, Pressekonferenz am 25.4.1999. In: Presse- und Informationsamt der Bundesregierung, Informationen zur Sicherheitspolitik, April 1999.

10 Eingehend hierzu die Beiträge von Werner Ruf und Corinna Hauswedell in diesem Band. Vgl. auch Paech, N. Eine europäische Verfassung – für wen? In: Paech, N. / Rinken, A. / Schefold, D. / Wesslau, E. (Hrsg.), Völkerrecht statt Machtpolitik, Hamburg 2004.

Verfassungsentwurf konzipiert ist, hat man 5.000 Polizisten bewilligt, 2.000 Personen für den Zivilschutz und 200 Experten für Rechtsstaatlichkeit – das sind diejenigen, die als letzte Truppe einrücken, um „Demokratie“ im Protektorat einzurichten und durchzusetzen.

In wenigen Worten zusammengefasst: NATO und Europäische Union stechen sich nicht gegenseitig aus, sondern sie sind komplementär.[11] Sie sollen sich ergänzen. In den Vorstellungen der Führungsstäbe soll die EU dann, wenn die NATO, so wie in Bosnien oder Mazedonien, ihren militärischen Part abgeben will, einrücken, und zwar nicht nur zivil – was kann man mit 5.000 Polizisten und 200 Rechtsberatern in dieser Welt schon machen – sondern selbstverständlich auch mit ihren 60.000 Soldaten. D.h. es wird nicht etwa eine Konkurrenz aufgebaut, vielmehr geht es um wechselseitige Ergänzung, worauf die USA gedrungen haben. Denn auf die EU-Krisenreaktionskräfte haben sie faktisch keinen Einfluss, was wiederum einer der ersten Ansatzpunkte für die Franzosen, aber auch die Deutschen war, um dieses Projekt schon seit Mitte der 90er Jahre voranzutreiben. Man wünschte sich eine militärische Organisation unabhängig von den USA, in die sie nicht hineinreden können, eine Organisation, die vollkommen eigenständig ist, in der die eigene Souveränität ein eigenes militärisches Potential auffahren kann – und zwar weltweit. Wer die 350 Artikel des europäischen Verfassungsentwurfes sorgfältig gelesen hat, weiß, dass der weltweite Einsatz dieser Kräfte verfassungsrechtlich abgesichert werden soll.

V.

Schließlich ein letzter Aspekt. Er betrifft nicht nur eine regionale oder bundesrepublikanische Besonderheit, sondern kann auch für Österreich Bedeutung erlangen. Denn es stellt sich die Frage, wie man im Rahmen dieser Entwicklung mit der eigenen Gesetzlichkeit umgeht, nicht nur mit der UNO-Charta, dem NATO-Vertrag, den es nun so gar nicht mehr gibt, sondern auch mit der eigenen Verfassung. Da sind jene Beispiele besonders lehrreich, die zeigen, wie das in Deutschland gehalten wird.

Um das Ergebnis vorwegzunehmen: Alles, was gegenwärtig geplant ist, um deutsche Truppen weltweit einzusetzen, ist mit der deutschen Verfassung völlig unvereinbar. Wie oben erinnert, erhielt Deutschland erst 1956 eine Armee, damals weil Deutschland in die NATO integriert werden sollte. Zu diesem Zwecke wurden im Grundgesetz einige Artikel nachgetragen, die alle an einem kleinen, nachgesetzten Buchstaben „a“ kenntlich sind:

---

11 Siehe im Einzelnen die Ausarbeitung der Wissenschaftlichen Dienste des Deutschen Bundestages von Oberstleutnant Burmeister, Das Verhältnis zwischen NATO und EU, Reg. Nr. WF II – 047/04.

Art. 87 a, 115 a Grundgesetz. Sie machten unzweideutig klar, dass ein Einsatz der Bundeswehr nur im Rahmen der Landesverteidigung zulässig sein kann. Die späteren Notstandsgesetzte erweiterten ihr Einsatzfeld auf Konflikte im Inneren und auf Notwendigkeiten bei Naturkatastrophen usw. – nach außen aber blieb es bei der Landesverteidigung. Die herrschende Interpretation gestand allerdings zu, dass die Bundeswehr im Rahmen der NATO auch die NATO-Partner an ihren Grenzen verteidigen müssten. Dabei stützte sich die Argumentation auf jenen Art. 24, der es erlaubte, sich in ein System gegenseitiger Sicherheit zu integrieren und hierbei auf eigene Souveränitätsrechte zu verzichten.

Brisanz gewann die Frage erst, als die Bundeswehr über die Grenzen hinausgeschickt werden sollte. Jugoslawien gehörte nicht zur NATO, Bosnien-Herzegowina und Somalia schon gar nicht. Was haben die Schiffe, die vor der Küste Somalias auch heute noch dümpeln, für eine Funktion? Wie sind diese Bundeswehreinsätze mit der Landes- oder der NATO-Verteidigung zu vereinen? Dieses war ein verfassungsrechtlich „wunder" Punkt, den die SPD seinerzeit politisch nicht ungenutzt lassen wollte. Sie rief das Bundesverfassungsgericht an und begründete ihre Klage damit, dass außerhalb des NATO-Einsatzraumes keineswegs erlaubt sein dürfe – sog. Out-of-Area-Einsätze –, was innerhalb des NATO-Bündnisses als akzeptiert gelte. Die Konsequenzen wurden schon damals deutlich formuliert. Wer jetzt Somalia sagt, kann später auch die Straße von Taiwan oder Mindanao meinen, was ist der Unterschied? Oder kann die Bundeswehr auch ohne Einwilligung des Parlaments am Kap der Guten Hoffnung eingesetzt werden? Was geschieht dann mit der Verfassung, was mit dem NATO-Vertrag?

Das Bundesverfassungsgericht hat eine ebenso berühmte wie bedenkliche Entscheidung getroffen, mit einem 4:4-Stimmenverhältnis:[12] Vier der acht Richter vertraten die Auffassung, die auswärtige Einsatzverwendung liege in der dynamischen Erweiterung des NATO-Vertrages, die ohne wietere parlamentarische Beteiligung zulässig sei. Die anderen vier Richter hingegen erkannten auf eine Veränderung des NATO-Vertrages, die allerdings, da der NATO-Vertrag nur mit der Ratifizierung durch das Parlament in Kraft getreten sei, einer weiteren Ratifizierung durch die Parlamente bedürfe. Man könne einen Vertrag nicht schleichend in etwas ganz anderes umwandeln. Diese Patt-Entscheidung entpuppte sich nach dem Verfassungsgerichts-Gesetz als Sieg derjenigen, die den Out-of-Area-Einsatz ohne Parlamentsbeteiligung legitimierten. Allerdings hatten diese vier siegreichen Richter doch ein schlechtes Verfassungsgewissen. So erzielten sie mit den übrigen vier Einstimmigkeit darüber, dass jeder konkrete Einsatz in einem Gebiet Out-of-Area durch einen Bundestagsbeschluss gebilligt sein

---

12 Vgl. BverfGE 90, 286 ff.

muss. Wer so unsicher judiziert, der kann sicher sein, dass er den nächsten schwierigen Rechtsstreit selbst zeugt.

Er kam mit dem Beschluss der NATO-Strategie im April 1999. Denn die NATO-Strategie hatte bereits mit dem Krieg gegen Jugoslawien ihren ersten Anwendungsfall. Zwar verzichteten die Staats- und Regierungschefs nicht auf die Verteidigung (die man faktisch nicht mehr brauchte), aber jetzt rückten Rohstoffsicherung, ethnische und religiöse Rivalitäten, das Chaos so genannte *Failed States*, Somalia usw. in den Vordergrund militärischer Interventionen – und das war wirklich eine Änderung des NATO-Vertrages.

Das sah das Parlament, das damit gar nicht befasst war, kaum anders. Aber zu 95 % schien es keine verfassungsrechtlichen Bedenken zu haben. Nur eine Fraktion blieb noch, die sich hieran stieß, die Fraktion der PDS. Die SPD, die noch 1994 die Ausweitung verfassungsrechtlich gerügt hatte, war nunmehr ex officio einverstanden, weil sie jetzt die Regierung stellte. Auch die mitregierenden Bündnis 90/Die Grünen waren auf ihrer Seite, die CDU/CSU war seit jeher dieser Ansicht, und auch die FDP fügte sich, obwohl sie 1994 noch gegen den Out-of-area-Einsatz mit geklagt hatte. Nun stand nur die PDS dagegen und rief ihrerseits das Bundesverfassungsgericht an. Sie begründete ihre Klage mit der faktischen Veränderung des NATO-Vertrages und mit dem Erfordernis eines Parlamentsbeschlusses gem. Art. 59 Abs. 2 GG.

Interessant war der Auftritt des Sprechers des Bundestages, der vor das Bundesverfassungsgericht geladen worden war, um eine Stellungnahme des Präsidiums abzugeben. Niemand hatte sich hierzu bereit gefunden, weder Präsident Thierse (SPD) noch seine Vertreterin Vollmer (Bündnis 90/Die Grünen), niemand aus dem Präsidium des Bundestages wollte begründen, weswegen der Bundestag gar nicht an einer solchen Entscheidung beteiligt werden will. Schließlich wurde der Vorsitzende des Verteidigungsausschusses gebeten, Rupert Scholz, Mitglied der CDU. Er bestritt die Kompetenz der Abgeordneten, eine solche Frage der Außenpolitik entscheiden zu können. Dieses müsse der Regierung vorbehalten bleiben, die Abgeordneten seien gar nicht in der Lage, darüber zu entscheiden. Damit hatte sich das Parlament in dieser Frage selbst aufgegeben. Hiernach hatte das Bundesverfassungsgericht politisch leichtes Spiel und entschied: Eine Veränderung des NATO-Vertrages muss in der Tat durch das Parlament beschlossen werden, aber nicht seine Erweiterung. Da es sich bei der neuen NATO-Strategie allerdings lediglich um eine Erweiterung handele – denn die Verteidigungskompetenz der NATO solle unangetastet bestehen bleiben –, sei eine weitere Beteiligung des Parlaments nicht nötig.[13]

---

13 Vgl. Paech, N., Die neue NATO-Strategie vor dem Bundesverfassungsgericht. In: Blätter für deutsche und internationale Politik, 1/2002, S. 34 ff.

Vor dem Hintergrund der beiden Entscheidungen des Bundesverfassungsgerichts von 1994 und 2001 zeigt die Entwicklung in der Bundesrepublik, dass sich in einem schleichenden Prozess die Dynamik der NATO-Entwicklung, die Dynamik der Militarisierung der EU, ja die Dynamik der Militarisierung der Verhältnisse selbst gegen fest gefügte verfassungsrechtliche Schranken durchzusetzen vermag.

VI.

Das lässt nichts Gutes für die Zukunft ahnen. Daher richtet sich meine Schlussfrage an die Friedensbewegung und ihr Verhältnis zur NATO. Gibt es noch einen optimistischen Ausblick?

Die zentrale Forderung der Friedensbewegung war immer: Weg mit der NATO, wir brauchen sie nicht. Spätestens mit dem Jahre 1999 hatten sich die Voraussetzungen für eine solche Forderung definitiv und realistisch ergeben, denn da gab es keine Feinde mehr. Der Missbrauch des Völkerrechts durch die USA und die NATO zeigt allerdings, dass die Normen der UNO, eines kollektiven Sicherheitssystems, offensichtlich nicht für sich alleine funktionieren, sondern dass der Rückgriff auf ein Prinzip des 19. Jahrhunderts, das Gleichgewicht der Kräfte, immer noch erforderlich ist. Es genügt leider nicht, die Welt einer Hegemonialmacht zu überlassen, einer dominanten Macht, wie es zahlreiche europäische und US-amerikanische Intellektuelle bevorzugen. Das ist bei weitem die schlechtere Alternative zu dem, was im Augenblick vielleicht die NATO an Einbindung der USA noch bewirken kann.

Schauen wir auf die Realitäten, so müssen wir erkennen, dass die NATO nicht beseitigt werden wird, sie findet immer neue Legitimationen, sie findet immer neue Ziele und immer neue Perspektiven. Sie wird nicht nur bestehen bleiben, sie wird ergänzt werden durch eine militarisierte EU. Unser Problem mündet daher in den an uns selbst gerichteten Aufruf zur Zivilisierung dieser Instrumente, selbst wenn wir das Ziel ihrer Beseitigung nicht aufgeben. Das ist unsere Aufgabe.

Um dennoch einen optimistischen Schlusspunkt in einer aktuellen Beobachtung zu finden, sei daran erinnert, dass ohne die Friedensbewegung der deutsche Bundeskanzler Schröder zweifelsohne nicht den Weg gegen den Irakkrieg gefunden hätte. Was damals als lediglich wahltaktisches Manöver eines in die Enge getriebenen Politikers abgetan wurde, war die realistische Erkenntnis, dass diese Wahl eben nur gewonnen werden konnte, wenn er auf das Volk hörte, welches keinen Krieg wollte. Das mag einerseits mit unserer Weltkriegs-Vergangenheit zusammenhängen, nach der sich der Pazifismus vielleicht doch etwas stärker durchgesetzt hat, als wir gerne beklagen. Zum anderen hängt es mit der Entschiedenheit zusammen, mit der die Friedensbewegung immer wieder versucht hat, klar zu machen, dass es ein System von juristischen Regeln des Friedens gibt, das eingehalten werden muss. Schröder hat das erkannt, aus eigenem Antrieb, oder ob er zu dieser Erkenntnis gedrängt wurde, ist gleichgültig. Er hat damals die richtige Entscheidung getroffen. Hieraus beziehe ich meinen eigenen Optimismus, zu sagen: Selbst wenn wir in die NATO nicht hineinregieren, sie nicht zwingen können, so können wir doch viel bewirken – über das gesprochene und geschriebene Wort, durch Demonstrationen und Protest, durch Warnung und Vorschläge.

Teil 6: Engagement und Strukturen gegen die militärische Globalisierung

Die globalisierungskritische Bewegung und die Gewerkschaften in Europa: Engagement gegen Sozialabbau und Militarisierung

Josef Wall-Strasser

Vorbemerkung

Es geht mir in diesem Beitrag nicht um ein Skizzieren der Etappen der neuen Friedens- und Antimilitarismus-Bewegung in Europa. Diese kann man in diversen Medien und Archiven nachlesen. Ich versuche, kurz zu umreißen, – und dies mit zunehmend größerer innerer Spannung und Sorge, wie die hintergründigen ideologischen Leitlinien unserer Zeit die wirtschaftlichen und politischen Strukturen prägen, welche ihrerseits wiederum immer mehr zu Friedensgefährdung auf allen Ebenen führen. Vieles wird dabei dem lesenden Publikum bekannt sein. Vielleicht heißt es sogar, die berühmten Eulen nach Athen zu tragen. Dennoch wage ich es, einige grundlegende Wahrheiten und Zusammenhänge, welche zu Unfrieden und Krieg führen, in diesem Zusammenhang wieder einmal aufzuzeigen. Denn neu und unerhört ist die Dramatik, mit der sich die angesagten Probleme plötzlich gegenseitig zu verstärken und zu verschärfen beginnen. Ich denke, dass auch viele Menschen, die sehr wohl die gleichen Analysen im Kopf haben , sich in unseren Breiten noch immer zu sehr in Sicherheit wiegen. Zu weit weg sind von uns echte Kriegsszenarien, Massenarbeitslosigkeit, soziale Unruhen. Irgendwie leben wie im reichen Norden immer noch so, als ob dies alles letztlich Berichte aus dem vergangenen Jahrhundert,

Erzählungen von unseren Eltern und Großeltern wären und blieben. Ob Krieg bei uns in Europa je wieder möglich sein wird, kann ich nicht beurteilen. Ich hoffe es nicht. Ein Teil der offiziellen Politik macht jedoch alles, damit dieser wieder nicht nur möglich, sondern auch sehr wahrscheinlich wird.

Dieser Beitrag ist daher nicht nur eine Bestandsaufnahme dessen, was man beobachten kann, sondern auch eine sehr subjektive Anzeige dessen, was ich befürchte. Deshalb halte ich diesen Beitrag auch sehr persönlich. Als Leiter des Bereichs Bildung und Zukunftsfragen im ÖGB Oberösterreich und als Mitglied des Vorstandes von ATTAC Österreich ist meine Themenstellung für mich ohnehin keine journalistisch-akademische, sondern eine sehr existenzielle.

Noch ein kleiner formaler Hinweis. Zur leichteren Orientierung stelle ich an den Beginn jedes Unterabschnittes jeweils thesenhaft die wichtigsten Aussagen.

Krieg – ein neues Thema in Europa

> Die neue Interventionspolitik auf dem Gebiet des ehemaligen Jugoslawien und in Albanien und der Krieg der USA gegen den Irak machen es notwendig, sich erneut und verstärkt mit den Fragen des Militarismus in Europa auseinanderzusetzen. – Die radikale Marktwirtschaft als Katalysator eines gemeinsamen Engagements von Gewerkschaften und sozialen Bewegungen.

Krieg und Militarismus stehen neu auf der Tagesordnung von Gewerkschaften und BürgerInnenbewegungen. Schon die letzten Jahre des ausgehenden 20. Jahrhunderts machten es durch die neue Interventionspolitik auf dem Gebiet des ehemaligen Jugoslawien und in Albanien notwendig, sich erneut und verstärkt mit den Fragen des Militarismus in Europa zu beschäftigen. Das dritte Jahrtausend begann mit einer neu aufkommenden Friedensbewegung. Die radikale Politik der Vereinigten Staaten und einiger wichtiger anderer Staaten – allen voran Großbritannien – beschleunigte die Auseinandersetzung innerhalb der Gewerkschaften in Europa bezüglich ihres Verhältnisses zur neuen Aggressivität in der Weltpolitik. Das Jahr 2003 sah in allen Staaten – mit mehr oder weniger großer Intensität – GewerkschafterInnen gemeinsam mit Menschen aus den verschiedensten NGOs und der so genannten globalisierungskritischen Bewegung auf der Straße gegen die Nahost-Politik im Allgemeinen und gegen den an sich schon beschlossenen Angriff auf den Irak durch die von den USA geführte Allianz im Besonderen.

Ich denke, dies haben wir alle erlebt, viele von uns sind ein Teil dieser Bewegung, waren an den verschiedenen Orten der Demonstrationen und Kundgebungen, von Porto Alegre über Florenz nach Mumbay in Indien.

Was liegt all dem zugrunde?

Die derzeitige Politik des Sozialabbaus und des weltweiten Sozialdumpings als die größte Gefahr für den Weltfrieden und Hauptgrund für Militarisierung.

Die „alte" Friedensbewegung der zweiten Hälfte des 20. Jahrhunderts war geprägt vom so genannten „Friede-durch-Angst-Szenario", vom „Gleichgewicht des Schreckens", von der expliziten atomaren Bedrohung, vom Systemkampf und Systemwettbewerb Ost gegen West. Diese Situation, an sich ein Schreckensgespenst, verlor im Nachhinein für viele an Schrecken. Aus der derzeitigen Situation des real existierenden Kapitalismus erscheint die damalige Situation als eine relativ klare und rational kalkulierbare Bedrohung gewesen zu sein. Die Friedensbewegung der 80er-Jahre des vorigen Jahrhunderts wehrte sich gegen eine neue Generation an atomaren Waffen und forderte beide Verhandlungspartner zu bilateralen Abrüstungsverhandlungen auf. Und diese Kontrahenten standen auch immer wieder bei verschiedensten Abrüstungskonferenzen in Kontakt und verhandelten miteinander.

Dieser Zustand stellt sich angesichts der Erfahrungen nach 1989 als das vielleicht sogar stabilere Friedenskonzept heraus. Heute beispielsweise steht die atomare Bedrohung genauso im Raum, sie wird aber nicht mehr thematisiert, und kein Mensch kann sagen, wer sich nicht schon alles an atomare Waffen oder zumindest an atomverseuchtes Material herangemacht hat, um damit die Menschheit zu bedrohen.

Dazu ist die neue Situation von einer noch viel größeren sozialen Instabilität beherrscht. Die Ideologie des freien Marktes zieht ihren Siegeszug durch die gesamte Gesellschaft in Nord und Süd, Ost und West. Ein Systemwettbewerb findet nicht mehr statt. Die Gefährdung des sozialen Friedens und des Weltfriedens durch die radikale Marktwirtschaft werden wir in Europa, so befürchte ich, in all ihren Konsequenzen erst in den kommenden Jahren zu spüren bekommen. Wir müssen uns sogar der Frage stellen, ob der Krieg am Balkan nicht erst der Anfang von kommenden neuen militärischen Auseinandersetzungen auch in Europa war. Der deutsche Ex-CDU-Minister Heiner Geißler formulierte dies in seiner ihm eigenen Sprache so:

> „Eine Vorraussetzung in der Politik, die für das friedliche Zusammenleben der Menschen grundlegend ist, besteht in der globalisierten Ökonomie nicht: es herrscht keine Ordnung ... Dadurch kommt es zu Verwerfungen und auch zu

> Exzessen ... 225 Menschen verfügen über ein Vermögen von einer Billion Dollar, das ist genauso viel wie die Hälfte der Menschheit. Eine solche Ordnung kann man nicht mehr als Ordnung bezeichnen, das ist Anarchie. Nur Phantasten und Lügner glauben, man könne auf Dauer Hunderte von Millionen Menschen sozial ausgrenzen. Es gibt in der Politik keine überflüssigen Menschen. Wenn sie keine Stimme haben, weil sie in keiner Demokratie leben, dann werden sie sich Waffen besorgen. Die Anschläge auf das World Trade Center haben auch erhebliche soziale und gesellschaftspolitische Hintergründe."[1]

Es ist also ein Totalitarismus der anderen Art, der uns derzeit bedroht. Sprechen wir mit ÖkonomInnen, die diesen Namen zu Recht tragen, dann werden uns alle das Gleiche bestätigen: Es ist zum Haare ausraufen, mit welcher Ignoranz und mit welchen wissenschaftlich nicht untermauerbaren Argumenten Kritik an der derzeitigen Entwicklung von Ökonomie abgeschmettert wird. Der deutsche Wirtschaftswissenschafter Heiner Flassbeck drückte dies in einem zynischen Pamphlet auf das Reformenpaket 2010 der rot-grünen deutschen Bundesregierung wie folgt aus:

> „In der Rückschau auf 2003/2004 wirkt manches absurd, weil man sich die Verhältnisse und die geistige Disposition der meisten Akteure zu Beginn des dritten Jahrtausends heute nicht mehr vorstellen kann. Wie konnte es zu solch ‚kollektivem Wahn' (so Albrecht Müller schon 2003) einer ganzen Gesellschaft kommen? Wie konnte man in den Jahren 2003/2004 mit großer Leichtfertigkeit die verhängnisvollen Fehler von 1929/30 wiederholen, obwohl gleichzeitig jeder, den man gefragt hätte, fest davon überzeugt gewesen wäre, die Lektion der ersten großen Krise gelernt zu haben? ... Das wäre nicht weiter schlimm gewesen, wenn sich die Volkswirte in Deutschland nicht zu einer Gemeinde zusammengeschlossen hätten, die dieses laienhafte, betriebswirtschaftlich verkürzte Verständnis von Wirtschaft jeden Tag bestätigte. Anfang der 80er Jahre des vorigen Jahrhunderts hatten sich die deutschen Ökonomen, ohne jeden äußeren Zwang, dazu entschlossen, das gesamtwirtschaftliche Denken über Bord zu werfen. Nach 40 Jahren Makroökonomie war Mikroökonomie angesagt und wurde, gründlich wie man in Deutschland ist, nicht als Ergänzung, sondern gleich als Ersatz für die ungeliebte Makroökonomie betrachtet"[2].

Der österreichische Wirtschaftsforscher Stephan Schulmeister titelte daher schon vor Jahren programmatisch „Vorwärts in die 30er-Jahre!"[3]

---

1 Geißler, Heiner, Diese Ordnung ist eine Anarchie. In: Die Presse, 11.2.2002.

2 Flassbeck, Heiner, Wie Deutschland wirtschaftlich ruiniert wurde. Ein Bericht aus dem Jahre 2010. Blätter für deutsche und internationale Politik 8/2003.

3 Schulmeister, Stephan, Vorwärts in die dreißiger Jahre. In: Autengruber, Berndt / Wall-Strasser, Josef, Märkte brauchen Regeln, ÖGB-Verlag, Wien 1999.

Was erleben wir?

> Militarisierung und vor allem der immer nahtlosere Übergang zu militärischer Konfliktlösung als logisches Element der derzeitigen Form der Globalisierung. – Die neue Primitivpolitik gefährdet die einmal in Ansätzen gewonnene Politikentscheidung für dialogische Konfliktaustragung. – Soziale Gerechtigkeit als Vorraussetzung für funktionierende Friedenspolitik kommt in der politischen Rhetorik und Realpolitik nicht mehr vor.

Es ist hier müßig, auf die Folgen von 25 Jahren fortschreitenden Neoliberalismus' im einzelnen hinzuweisen. Die gesamte Weltwirtschaft leidet unter den Folgen der Abkehr von der Politik der Nachkriegsjahre, welche unter dem Stichwort „Bretton Woods" eine Zusammenfassung finden. Dabei geht es gar nicht darum, das alte System als das beste der möglichen zu verteidigen. Weit gefehlt! Das Problem ist nur: Das neue ist angetreten mit der Behauptung – und die Propaganda hören wir jeden Tag –, dass dieses System heute das viel effektivere und bessere sei.

Obwohl alle Fakten genau das Gegenteil beweisen, wird in der herrschenden Meinung noch immer stur das behauptet: dass die Liberalisierung der Weltwirtschaft erhöhten Wohlstand für alle brächte, dass der Sozialstaat die Ursache der Krisen sei, dass die Befreiung vom Staat der Garant für die Freiheit aller sei. Ein befreundeter Priester aus der Arbeiterpastoral sprach diese Wahrheit auf einem Podium einem Wirtschaftsprofessor gegenüber einmal so an: Im Vergleich zu den Dogmen des Neoliberalismus sei es ihm eine Kleinigkeit, an das Dogma der unbefleckten Empfängnis Mariens zu glauben.

Tatsächlich führt nämlich genau diese Politik immer mehr in die Sackgasse. Die neue Militarisierung und vor allem der immer nahtlosere Übergang zu militärischer Konfliktlösung ist ein logisches Element der derzeitigen Form der Globalisierung.

Aus heutiger Sicht erscheinen Situationen, wie sie die Zeit des Kalten Krieges schufen, fast schon als Romantik. Zumindest in Ansätzen wurde der heute fast schon kitschig anmutende Slogan „Gerechtigkeit ist ein anderes Wort für Friede" von vielen PolitikerInnen als Leitsatz von Politik akzeptiert und als Zielbestimmung in die Realpolitik integriert. Soziale Gerechtigkeit als Vorraussetzung für funktionierende Friedenspolitik kommt heute nicht einmal mehr in der politischen Rhetorik vor, geschweige denn als Faktor heutiger Realpolitik.

Weder auf nationaler Ebene, noch auf EU- oder internationaler Ebene denkt man auch nur im Traum daran, die Frage nach sozialer und ökonomischer Ungerechtigkeit als Ursache für Konfliktfelder mit einzubeziehen. Bomben fallen anscheinend wie durch Zufall vom Himmel, weil irgendwo irgendwelche Bösewichte lauern, die einem das Leben nicht gönnen. Sowohl im internationalen wie im nationalen Zusammenleben hat die Ursachenfrage keine Konjunktur mehr. Dieses Phänomen konnten wir nicht nur im Falle des 9. Septembers beobachten, es umgibt uns tagtäglich. Drogenkonsum? Einsperren! Diebstahl? Strafen verschärfen! Illegale Einwanderer? Verstärkter Grenzschutz und verstärkte Grenzkontrollen! AsylantInnen und Flüchtlinge? – Auffanglager in Krisengebieten bauen! Es gibt keine Anstrengungen, den Übeln die Ursachen zu entziehen, man macht Symptombekämpfung, und dies in der schlechtesten aller denkbaren Formen: im Bekämpfen der Betroffenen, der Opfer. Ob im Irak oder bei achtzehnjährigen drogensüchtigen Jugendlichen.

Selbst viele EuropäerInnen, die die Politik der derzeitigen US-Administration gegenüber den PalästinenserInnen und dem Irak als kurzsichtig kritisieren, erkennen kaum, dass die innereuropäische Politik in Ansätzen jener gleicht, die sie in der Ausformung der US-Amerikaner kritisieren. Die derzeitigen ökonomischen Spielregeln führen zu einer immer stärkeren Konzentration des Wohlstandes auf immer weniger Staaten und auf immer weniger Menschen in diesen Staaten, in Österreich genau so wie in den EU-Staaten wie im übrigen Europa. So tollpatschig und konfliktreich wie die Eingliederung Ostdeutschlands durch den Westen vollzogen wurde, so tollpatschig und konfliktreich geht derzeit die so genannte EU-Osterweiterung vonstatten. Dies ist deswegen möglich, weil einer ganzen Generation von NachfolgepolitikerInnen die Fähigkeit zu weitsichtiger makroökonomischer Politik anscheinend abhanden gekommen ist.

Seit dem Fall des Eisernen Vorhanges erleben wir eine Art Kolonialisierung: Westfirmen, vor allem auch österreichische, kaufen die lukrativen Betriebe in den Ländern des ehemaligen Ostens auf. Sie machen das aber nicht, um Wohlstand in diesen Ländern aufzubauen, sondern um die eigenen Bilanzen aufzufetten oder die niedrigeren Gewinnerwartungen zu Hause zu kompensieren.[4] Denn mit Wiederaufbau oder Wirtschaftshilfe hat eine Übernahme exjugoslawischer Banken durch österreichische oder deutsche Banken genauso wenig zu tun wie etwa der Kauf des österreichischen Reifenwerkes Semperit Traiskirchen durch den Conti-Konzern. Das Verdrängen der ansässigen Firmen und Institute, die damit einhergehenden Beschäftigungsverluste, das Aushungern der Staatsfinanzen und das Absahnen des Profites werden offiziell nicht zur Kenntnis genommen. Man benützt diese Länder, um mit niedrigen Steuersätzen und niedrigen Löhnen und katastrophalen Arbeitsbedingungen die Menschen im Westen zu erpressen. Somit entfacht man einen fatalen Wettbewerb nach unten, an dessen Ende alle weniger haben werden. Irgend wann wird das große Abräu-

4 Vgl. dazu etwa Der Standard, 20./21.5.2004, S 25: „Auf den Märkten in Zentral- und Osteuropa hat die Erste Bank mittlerweile zehn Millionen Retail-Kunden, allein in Tschechien liegt der Marktanteil bei 25 Prozent. Mit 54 Prozent haben die Osttöchter mehr als die Hälfte zum Konzernüberschuss beigetragen."

men auch in unseren Landen ein Ende haben, und dann werden auch jetzige PolitikerInnen und WitschaftsmanagerInnen darauf kommen, dass es Innenpolitik ist, was derzeit als koloniale Außenpolitik praktiziert wird. Indirekt gibt dies niemand geringerer als Günter Verheugen, EU-Kommissar für die Erweiterung, zu: „Und in der Tat, gesamtwirtschaftlich gibt es überhaupt keine Zweifel daran, dass unter dem Strich die alten Mitgliedsländer von dieser Öffnung und der Ausweitung der Märkte mehr profitieren als die neuen. Das lässt sich an den enormen Exportüberschüssen ablesen, den gerade die Bundesrepublik Deutschland erzielt ...“[5]

Allein das Argumentieren mit den Exportüberschüssen entlarvt die Fadenscheinigkeit des ökonomischen Ansatzes. Nach volkswirtschaftlichen und globalwirtschaftlichen Gesichtspunkten gehört ein Land mit dauernden Exportüberschüssen bestraft, da es zu wenig zur Ankurbelung der Inlandsnachfrage, des Konsums und des Aufbaus sozialer Wohlfahrt im eigenen Land macht. Länder mit Exportüberschüssen lassen sich von anderen ihren Lebensstandard finanzieren. Die derzeitige Politik läuft ab, als hätte es die Einsichten einer John Maynard Keynes nie gegeben. Sie läuft ab, als hätte es die Einsicht in die Zusammenhänge von sozialer Sicherheit und Frieden nie gegeben. Sie wird bestimmt von PolitikerInnen, die nicht mehr zurückschrecken vor einer Welt des Schwarz-Weiß, vor einer Einteilung in Gut und Böse, und dies nicht nur in den Vereinigten Staaten. Allein die Tatsache, dass das Wort „böse“ wieder ungestraft ausgesprochen werden kann, ist Zeichen genug. Böse im Sinne von moralisch schlecht ist nicht mehr nur eine mögliche Momentaufnahme in einem geschichtlichen Prozess, es ist wieder zu einer Wesensbeschreibung von Menschen, Völkern, Kulturen, und Nationen geworden.

Man spricht wieder von „kriminellen Elementen“, die durch AsylantInnen ins Land kommen, man will unter Flüchtlingen zwischen Kriminellen = Bösen und anständigen Flüchtlingen = Guten unterscheiden. Es fehlt diesen PolitikerInnen, aber auch einem Großteil der Presse, die Erkenntnis, dass ein und derselbe Mensch unter verschiedenen Umständen „gut“ oder „böse“ sein oder werden kann. Es fehlt diesen PolitikerInnen das Wissen, dass Friede als solcher nie gemacht werden kann, sondern dass Friede eine Frucht ist, ein Ergebnis von gegenseitiger Anerkennung und Respekt vor einander, aber vor allem auch ein Ergebnis von Überwindung von Unrecht und ökonomischer und sozialer Ungerechtigkeit. Damit wären wir auch bei der Lösung des Problems: Wer nicht sehen kann, dass wir derzeit in einem Wirtschaftssystem leben, welches immer mehr und immer größere Ungerechtigkeiten produziert, der kann auch nicht sehen, dass damit unsere Welt immer unsicherer und kriegerischer wird. Wer die derzeitige Form der Glo-

---

5 Verheugen, Günter, Europa – Frieden und Stabilität durch Integration. Gekürzte Fassung der Rede vor dem DGB-Bundesausschuss am 3.3.2004 in Berlin; In: Gewerkschaftliche Monatshefte 5/2004, Wiesbaden 2004.

balisierung neoliberalen Wirtschaftens als die beste aller möglichen hält, macht sich zum Vorreiter von Krieg und Unfrieden. Solche Menschen sind im wahrsten Sinn des Wortes blind. Dies macht den Kampf dagegen auch so schwierig. Denn wir haben es mit einer Generation von Blinden zu tun.

Mit dieser programmierten ökonomischen Kurzsichtigkeit des Laissez-faire-Kapitalismus schafft sich die Politik jedoch genau jene Probleme, welcher man dann bald nicht mehr Herr wird: Massenarbeitslosigkeit, Verarmung, Auswanderungswilligkeit, Migration, Drogenhandel und Schlepperwesen (also möglicher Weg, zu Geld zu kommen), und so fort. Dass die mediale Öffentlichkeit diese wirtschaftlichen Vorgänge in den höchsten Tönen lobt, darf dabei nicht irritieren: Schlussendlich sind die Nachrichtenkonzerne zu monopolkapitalistischen Unternehmungen mutiert: ein Großteil der weltweiten Nachrichtenübermittlung liegt heute in den Händen von etwa sieben Großkonzernen.

Bei Fortsetzung dieser Politik werden daher nicht Friede und Wohlstand am Ende stehen, sondern wirtschaftliche Depression, soziale Spannungen, Hochrüstung, Polizeistaat.

Wer dies thematisiert, wird als Nestbeschmutzer, als Ewiggestriger aggressiv bekämpft. Diese Erscheinungen werden bestenfalls als Übergangsprobleme bezeichnet. Dass dieser Übergang nun aber schon ziemlich lange dauert, das fällt anscheinend niemandem so recht auf.

Zum Vergleich: 15 Jahre nach dem Ende des Zweiten Weltkrieges, also im Jahre 1960, sprach im Nachkriegseuropa des Westens tatsächlich niemand mehr von Übergangsproblemen. Im Gegenteil: Die Wohlstandsbäuche begannen bereits zu wachsen, das Wirtschaftswunder war im vollen Gange, die innere Sicherheit und auch die äußere war kein Thema, – wenn man von der Ost-West-Konfrontation absieht. Heute, im Jahr 2004, also ebenfalls 15 Jahre danach, nach dem Fall der Ost-West-Grenze, leben viele Menschen in diesen Ländern in schlechteren Verhältnissen als vor dieser Zeit. Die neue Politik mit ihrer neuen Doktrin des freien Marktes hätte in dieser Zeit, beginnend auf einem viel höherem Niveau als 1945, also viel mehr leisten können und müssen, wenn sie den Beweis erbringen möchte, die Probleme besser zu lösen als die alte Ordnung.

Was ist nötig?

Arbeitsteilung zwischen Gewerkschaften und globalisierungskritischen Bewegungen im Aufbau einer neuen Ökonomie

Die Frage, welche zur Beantwortung mithin dringend ansteht, heißt: Wie kann wieder mehr soziale Gerechtigkeit realisiert werden, und was ist dabei die Aufgabe der Gewerkschaften und der Globalisierungskritik?

Hier muss es ohne Zweifel zwischen den angesprochenen gesellschaftlichen Kräften viel interne Auseinandersetzung, gegenseitig befruchtende Kritik und schlussendlich Arbeitsteilung geben. Nur wenn sich diese Bewegungen auf gemeinsame Ziele verständigen können, haben sie auch nur einigermaßen Aussicht auf Politikveränderung. Die Chancen dafür sind keineswegs sehr groß. Es wäre auch historisch so ziemlich das erste Mal, dass auf diesem Wege Entwicklungen in Richtung Krieg und Zerstörung gestoppt werden könnten. In der Regel wurden die ökonomischen und politischen Regeln erst durch große Krisen und Kriege geändert, nie auf Grund freiwilliger Zugeständnisse und Einsichten der herrschenden Kräfte und Mächte.

Im Folgenden geht es mir daher darum, einen Überblick über entscheidende Forderungen sowohl von Seiten der Gewerkschaften wie von Seiten der globalisierungskritischen Bewegungen zu geben. Ich erlaube mir, dies in einer sehr reduzierten Form zu machen. Weder „Gewerkschaften" noch die so genannte „globalisierungskritische Bewegung" sind homogene Organisationen. Sie bezeichnen allein in Europa Hunderte von Bewegungen, mit mehr oder weniger langen eigenen Traditionen, eigenen Schwerpunktsetzungen, eigenen (nationalen) politischen Rahmenbedingungen und dergleichen. Es ist daher nicht möglich, allgemein von diesen beiden politischen Kräften zu reden, ohne sich der Gefahr der Vereinnahmung, Nivellierung oder politischen Unschärfe auszusetzen. Möglich ist es jedoch, dies exemplarisch zu tun. Daher beschränke ich mich hier einfach auf die Darstellung der Forderungen des Österreichischen Gewerkschaftsbundes und von ATTAC Österreich, wohl wissend, dass beide Organisationen jeweils in ihrem europäischen Kontext jene Forderungen repräsentieren, welche zentral sind für die Einlösung eines sozialen und antimilitaristischen Europas. Mit welcher Ernsthaftigkeit und mit wie viel Nachdruck diese Forderungen dann jeweils von ihren politischen AkteurInnen eingefordert und umgesetzt werden, steht ohnehin auf einem anderen Blatt – und wird wohl die Nachwelt besser beurteilen.

Was beiden gesellschaftlichen Kräften gemeinsam ist, ist, dass sie im Vorfeld von militärischen und direkten sicherheitspolitischen Überlegungen angesiedelt sind.

Beiden ist gemeinsam, dass sie in dem Bewusstsein arbeiten, dass es nicht ihr unmittelbares Geschäft ist, sich mit friedens- und sicherheitspolitischen Debatten zu beschäftigen, obwohl beide wissen, dass ihre Arbeit von eminenter Bedeutung für diese Fragen ist. Beide Organisationen vertreten auch in vielen konkreten Politikfeldern die gleichen Forderungen. Aus Platzgründen werden sie hier jedoch jeweils nur an einer Stelle genannt.

Gewerkschaften – am Beispiel des Österreichischen Gewerkschaftsbundes

Scheinbar im Widerspruch zum oben Gesagten sei darauf hingewiesen, welchen Stellenwert die Problematik von Krieg und Militarismus in der Verfassung des Österreichischen Gewerkschaftsbundes einnimmt und vor allem bei jenen Gründungspersonen eingenommen hat, welche sich nach einem Jahrzehnt Austrofaschismus, Gefängnis, Nazidiktatur und Weltkrieg eine neue Verfassung gegeben haben. Dies zeigt deutlich der Paragraph 3 des Statutes des ÖGB, dessen Wortlaut immer wieder manche Nichtkundige erstaunen lässt: Unter den Aufgaben des ÖGB wird angeführt:

> „Der ÖGB ist in Verfolgung seines Zwecks zu einem kraftvollen Mitwirken an der steten sozialen, wirtschaftlichen und kulturellen Weiterentwicklung Österreichs, zur Wahrung der Unabhängigkeit und Neutralität, sowie zur Wahrung der in der Verfassung verankerten Rechtsstaatlichkeit unseres Landes in einem sozialen Europa, zur Bekämpfung des Faschismus, jeder Reaktion und aller totalitären Bestrebungen, zur Mitarbeit an der Sicherung des Weltfriedens und der Menschrechte, sowie zum unentwegten Kampf zur Hebung des Lebensstandards der ArbeitnehmerInnen Österreichs und zum Einsatz für Gleichstellung von Frauen und Männern berufen und verpflichtet."[6]

Soweit zur grundsätzlichen Orientierung der österreichischen Gewerkschaften. In seiner konkreten Politik stellen sich die aktuellen Forderungen zur Ausrichtung der internationalen Politik als Vorraussetzung für sozialen Fortschritt wie folgt dar:

Der ÖGB fordert (Auszüge):[7]

Global:

- Die soziale Dimension muss fester Bestandteil der internationalen Politik im Kontext der Globalisierung werden.
- Verbindliche Aufnahme der Kernarbeitsnormen der ILO in das WTO-Regelwerk einschließlich eines Sanktionsmechanismus. In letzter Konsequenz erfordert dies eine Unterstellung der WTO unter die Vereinten Nationen.
- Aufnahme der Kernarbeitsnormen in Handels- und Kooperationsabkommen.
- Die Soziale Dimension muss fester Bestandteil der Politik der Welt-

---

6 Statuten des ÖGB, § 3. In: Statuten und Geschäftsordnung des Österreichischen Gewerkschaftsbundes, Fassung gemäß Beschluss durch den 15. Bundeskongress des ÖGB 14.–17. Oktober 2003, S 11, ohne Ort und ohne Jahreszahl.

7 Vgl. angenommene Anträgen des 15. ÖGB-Bundesvorstandes 2003, Antrag 2, Erweiterung und Globalisierung.

bank und des Internationalen Währungsfonds sein.

- Besteuerung von Spekulationskapital als Beitrag zur Finanzierung von Systemen sozialer Sicherheit.
- In einem künftigen multilateralen Investitionsabkommen müssen soziale und ökologische Mindeststandards verankert werden.
- Verbot der Absenkung von bestehenden Standards im Sozial-, Arbeits- und Umweltbereich, inklusive einer Verpflichtung, keine neuen Sonderwirtschaftszonen sowie freie Exportzonen zu errichten. Darüber hinaus sind aber bestehende Sonderwirtschaftszonen sowie freie Exportzonen durch ein explizites Verbot dieser aufzulösen.

Europa:

- Europäisierung der Beschäftigungs-, Steuer- und Sozialpolitik,
- demokratische Kontrolle der Geld- und Zinspolitik Europas,
- Europäisierung der demokratischen Mitbestimmungsmechanismen.

Globalisierungskritische Bewegungen am Beispiel ATTAC

Die Netzwerk-Bewegung ATTAC gilt vielen als das Synonym für die am Ende des vergangenen Jahrhunderts neu aufgebrochenen sozialen Bewegungen. ATTAC ist bekannt für die Forderung nach der Einführung der Tobinsteuer und wird deswegen auch immer wieder kritisiert in dem Sinne, als man ATTAC-Mitgliedern Naivität unterstellt, weil man ihnen unterstellt, an diese Steuer als an das allein heilende Wundermittel zu glauben. Wer sich jedoch mit diesem Netzwerk beschäftig, wird darauf kommen, dass diese Forderung zwar die vielleicht prominenteste, aber nur eine von vielen ist – und wahrscheinlich nicht einmal die wichtigste. Deshalb sei hier ein relativ ausführlicher Streifzug durch die Gründungsdeklaration von ATTAC Österreich[8] gestattet.

> „Wir – ATTAC Österreich – setzen dem Eindruck der Nichtgestaltbarkeit globaler Zusammenhänge die politische Forderung der Demokratisierung der Wirtschaft und ihre Ausrichtung auf die langfristigen Überlebensinteressen der Menschheit entgegen. Ein erster und wichtiger Schritt dazu ist die demokratische Kontrolle der Finanzmärkte und ihre Unterordnung unter das Ziel einer weltwirtschaftlichen Entwicklung, welche die Bedürfnisse *aller* Menschen befriedigt und den Schutz unserer Lebensumwelt ermöglicht.
>
> Wir wollen das Primat der Politik über die Wirtschaft wiederherstellen, beginnend bei der demokratischen Kontrolle der Finanzmärkte. Wir wollen Handlungsspielräume für die regionale und nationalstaatliche Wirtschaftspolitik zu-

8 Gründungsdeklaration Attac Österreich, Wien, September 2000.

rückgewinnen, um eine global nachhaltige Entwicklung zu ermöglichen, in deren Zentrum eine gerechte Verteilung steht.

Entschärfung des Standortwettbewerbs

Freier Kapitaltransfer und Steueroasen bewirken einen Standortwettbewerb, welcher zu abnehmender Besteuerung von Vermögen und Gewinnen, zu Kapitalflucht und zur Wäsche krimineller Gelder führt. Viele Konzerne zahlen gar keine Steuern mehr und kassieren stattdessen sogar öffentliche Gelder, um an einem bestimmten Standort zu investieren. Um sicher zu stellen, dass Unternehmen einen angemessenen Beitrag zur Aufrechterhaltung von sozialer Wohlfahrt und Infrastruktur erbringen, fordern wir die Trockenlegung von Steueroasen und eine global einheitliche Konzernbesteuerung gegen den desaströsen Steuerwettlauf nach unten.

Eine Entschuldung der armen Länder als unverzichtbare Voraussetzung für ihre unabhängige Entfaltung.

Einführung eines Insolvenzrechts für überschuldete Staaten, damit die Schuldenlast auf ein sozial und ökonomisch tragfähiges Niveau reduziert werden kann. In 80 Ländern liegt das Pro-Kopf-Einkommen heute niedriger als noch vor zehn Jahren. Das Vermögen der drei reichsten Milliardäre ist größer als das Bruttoinlandsprodukt (BIP) der 48 ärmsten Länder. Seit 1984 fließt in Summe mehr Kapital von „Süd" nach „Nord" als umgekehrt, dennoch steigen die Schulden der armen Länder weiter an und rauben ihnen jede Entwicklungsmöglichkeit.

Weltweite Demokratisierung

Die Globalisierung ist kein Naturgesetz, sondern Ergebnis ihrer politischen Gestaltung. Um zu verhindern, dass das ökologische Erbe der Menschheit zerstört wird, dass die Kluft zwischen Arm und Reich weiter anwächst und um zu verhindern, dass die Profitinteressen von Investoren Vorrang gegenüber den Bedürfnissen der betroffenen Bevölkerungen haben, fordern wir gerechte Rahmenbedingungen für die Weltwirtschaft und den Vorrang demokratischer Politik vor neoliberaler Marktideologie. Die drei zentralen Institutionen – IWF, Weltbank und WTO – haben in dieser Frage nicht nur versagt, sondern ergreifen permanent und erwiesenermaßen einseitig Partei für kurzfristige Profitinteressen, erschweren alternative Entwicklungswege und stellen eine Bedrohung für das gesellschaftliche Über- und Zusammenleben dar. Wir fordern deshalb:

eine Umsetzung der Menschheitsziele, wie sie in den letzten Jahrzehnten im Rahmen der UNO formuliert wurden; politische und soziale Menschrechte, ILO-Konventionen, Ergebnisse des Erdgipfels 1992 in Rio de Janeiro, der Weltsozialgipfel 1995 in Kopenhagen und 2000 in Genf, der Weltfrauenkonferenz 1995 in Peking, der Welternährungskonferenz 1996 in Rom, der Toronto-Ziele im Klimaschutz, des Verhaltenskodex für Transnationale Konzerne usw.;

eine Unterordnung der drei zentralen internationalen Institutionen der Weltwirtschaft – IWF, Weltbank und WTO – unter die UNO-Ziele und ihre Demokratisierung (z. B. transparentere und partizipative Entscheidungsfindung, erweiterte Offenlegungs- und Rechenschaftspflicht, Stimmengewichtung nach Bevölkerung) oder die Schaffung neuer demokratischer Institutionen an ihrer Stelle."

Die Herausforderung

Engagement gegen Militarisierung heißt, klar Stellung beziehen im Kampf der Interessen gegen die auf Profitmaximierung um jeden Preis setzende Wirtschaft. Friedenspolitik heißt, ankämpfen gegen den derzeitigen Mainstream radikalmarktwirtschaftlicher Weltordnung:

- Die Herausforderung an die Gewerkschaften: diese Systemkritik sich neu anzueignen.
- Die Herausforderung an die sozialen Bewegungen: Die radikalen neuen Politikansätze in Realpolitik zu verwandeln.

Mein Engagement als Friedensaktivist in den siebziger und achtziger Jahren sagt mir, dass es zwar wichtig ist, große Bewegungen hervorzurufen, dass diese aber relativ wirkungslos bleiben, wenn sie es nicht schaffen, klare und einklagbare Regelungen, Gesetze und Verträge zu fixieren. Friedenspolitik ist Machtpolitik. Friedenspolitik heißt, klar Stellung beziehen im Kampf der Interessen und den auf Profitmaximierung um jeden Preis aufbauenden Strukturen Regelungen und Strukturen abzutrotzen, die diesen entgegenstehen. Jeder Zentimeter, der auf dem Boden der Wirtschafts- und Sozialpolitik gewonnen wird, ist ein Zuwachs an nationaler und internationaler Sicherheit. Je schräger die Produktivitätsgewinne verteilt werden, je ungleicher die Einkommen, desto größer die Wahrscheinlichkeit sozialer und schlussendlich militärischer Konflikte.

Diese Binsenweisheit muss man sich derzeit selber immer wieder vorsagen, und diese Binsenweisheit muss man immer wieder und immer öfter aussprechen, denn sie scheint einer immer größer werdenden Zahl an aktiven PolitikerInnen relativ unbekannt zu sein. Zumindest werden sie in der aktuellen Realpolitik immer mehr.

Von Frieden zu sprechen, von einer anderen Welt als der derzeit möglichen zu reden – um ein Schlagwort der globalen Bewegung zu gebrauchen – bedeutet letztlich Fundamentalkritik am herrschenden wirtschaftlichen Mainstream. Er oder sie wird zum/r SystemkriterIn. Und damit gibt er/sie sich in Gefahr, genauso abgekanzelt zu werden wie damals, als noch von beiden Seiten des Eisernen Vorhanges den FriedensaktivistInnen zugerufen wurde: „Na bitte, dann geht doch nach drüben!"

Ich habe oben erwähnt, dass radikales marktwirtschaftliches Denken totalitäres Denken ist. Daher kanzelt es seine KritikerInnen als Systemfeinde ab. Gegen den aufkommenden neuen Militarismus anzukämpfen heißt also wie eh und je, den Mut zu haben, systemkritisch zu sein, sich gegen den Mainstream zu stellen. Und dies ist heute nicht leichter als eh und je. Noch dazu, wo das System in unseren Breiten wahrlich mit großen Verlockungen auftrumpfen kann. Wer will sich gegen die Annehmlichkeiten und Segnungen, die der freie Markt hervorbringen kann, stellen? Wer kann schon leicht behaupten, dass dies ein totalitäres System sei?

In der oben angesprochenen Arbeitsteilung zwischen Gewerkschaften und globalisierungskritischen Bewegungen stellt sich meines Erachtens die Herausforderung daher auch als eine je unterschiedliche dar: Während Gewerkschaften von ihrer Natur aus als Selbsthilfegruppen dazu da sind, Systeme, aus welchen heraus sie geboren werden, zunächst einmal so zu gestalten, dass man dabei das beste für sich herausholen kann, haben sich Bewegungen wie ATTAC von vorneherein einer globaleren Sicht verschrieben. Beide eint die Unzufriedenheit mit dem Bestehenden, beide eint die Ablehnung von Krieg und Militarismus. Der Kampf gegen Militarismus erfordert heute auf jeden Fall sowohl von den Gewerkschaften wie von den globalisierungskritischen Bewegungen einen konsequenten Kampf für ökonomische Umorientierung. Gelingt diese nicht, wird Friede für immer mehr Menschen ein Begriff aus den Erzählungen vergangener Tage oder eine paradiesische Vorstellung in nicht erreichbarer Zukunft werden.

US Policy and the Quest for Nuclear Disarmament

David Krieger

„The world is a dangerous place to live, not because of the people who are evil, but because of the people who don't do anything about it."

Albert Einstein

Albert Einstein was one of the wisest and most far-seeing men who have walked on the Earth. He looked further into the mysteries of the universe than any scientist of his time or any time. Tragically, it was the vision of this humane man that opened the door to atomic weapons. Even more tragically, it was Einstein, concerned about the possibility of a German atomic weapon, who encouraged President Roosevelt to establish the US atomic bomb project, leading to the creation of nuclear weapons and their use at Hiroshima and Nagasaki.

The Decision to Bomb Hiroshima and Nagasaki

From the outset of the Nuclear Age, the United States has been the world's leading nuclear weapons power, a role it has strived diligently to maintain. The US created the world's first nuclear weapons during World War II in its top-secret Manhattan Project, ostensibly for the purpose of deterring a German atomic bomb should the Germans succeed in developing one. In late 1944, when he understood that the Germans would not succeed in developing an atomic weapon, Joseph Rotblat, a Polish émigré working on the Manhattan Project, resigned out of deep concern for the implications of the project. In 1995, he would receive the Nobel Peace Prize for his continuing efforts for nuclear disarmament.

At the time that the atomic bomb was first tested on July 16, 1945, the war in Europe had already ended with the surrender of Germany in May of that year, so there was no longer a need to deter the Germans. The war in the Pacific continued, however, and the US chose to use its new weapons within a matter of weeks on the Japanese cities of Hiroshima and Nagasaki. It chose these two cities, which had been largely spared until that point out of the US carpet bombing of other Japanese cities, to test the destructive power of first an enriched uranium bomb, *Little Boy*, and then a plutonium bomb, *Fat Man.*

In using nuclear weapons, the US ignored the heroic efforts of Leo Szilard, a Hungarian émigré and atomic scientist who earlier had played a key role in the development of the first atomic weapons. It was Szilard who actually first conceptualized the possibility of a controlled fission reaction that could lead to the creation of a nuclear weapon. In 1939, worried about the possibility of the Germans to develop an atomic weapon, Szilard went to Einstein and convinced him to send a letter to President Franklin Roosevelt, urging that the US should develop a nuclear weapons program to deter a possible German bomb. Szilard then worked in the Manhattan Project with Enrico Fermi on the first experimental test of a controlled fission reaction, proving the bomb was possible.

When it became clear in spring 1945 that the US would succeed in building an atomic weapon and that the Germans would not, Szilard applied his abundant energy to trying to stop the US from using the bombs on Japanese cities. Szilard believed that using the bombs on Japan would lead to a nuclear arms race that could result in a terrible destructive force being unleashed on civilization. By help of Eleanor Roosevelt he arranged to meet with President Roosevelt, but Roosevelt died on April 12, 1945, just prior to their scheduled meeting. Szilard then sought to arrange a meeting with President Truman, but was sent to see Jimmy Byrnes, a Truman mentor in the Senate who would soon be appointed Secretary of State. Byrnes essentially dismissed Szilard as a foreigner. Finally, Szilard organized a petition among Manhattan Project scientists, urging that the bomb should be demonstrated to the Japanese rather than used on cities. The petition, signed by some 70 scientists, was stalled by General Leslie Groves, the military head of the Manhattan Project, and did not reach Truman before the bomb was used, although it is unlikely that it would have made a difference to Truman had it reached him.

Byrnes, who accompanied Truman to Potsdam, is believed to have encouraged the use of the bomb for partisan political reasons. He is said to have advised Truman that if Americans discovered how much had been spent on creating the first atomic bombs and was thus diverted from the war effort (approximately $ 2 billion), they would vote against the Democrats if the bomb were not used as soon as it was ready. Others have argued that the bomb was used on Japan to send a warning to the Soviet Union.

The official justification for the use of the atomic bombs on Japan was to end the war quickly and save American lives that would otherwise be lost in an invasion of Japan planned for November 1945. Since Japan was already largely defeated and elements of the Japanese cabinet were seeking favorable terms of surrender, there is now considerable debate among historians about whether the use of the bombs was actually necessary to end the war. The picture is certainly much more complex than the prevalent

American mythology, which suggests that the US dropped the bombs and as a result won the war. This mythology paints nuclear weapons as war-winning weapons and therefore useful and positive.

Perspectives on the Bombings

It is instructive to look at how the bombing of Hiroshima, the first use of a nuclear weapon on a city, was viewed in its immediate aftermath. Here are the views of four prominent individuals on August 8 and 9, 1945:

French writer Albert Camus:

> „Our technical civilization has just reached its greatest level of savagery. We will have to choose, in the more or less near future, between collective suicide and the intelligent use of our scientific conquests. Before the terrifying prospects now available to humanity, we see even more clearly that peace is the only battle worth waging. This is no longer a prayer but a demand to be made by all peoples to their governments -- a demand to choose definitively between hell and reason.“

Former First Lady Eleanor Roosevelt:

> „The only safe counter weapon to this new power is the firm decision of mankind that it shall be used for constructive purposes only. This discovery must spell the end of war. We have been paying an ever-increasing price for indulging ourselves in this uncivilized way of settling our difficulties. We can no longer indulge in the slaughter of our young men. The price will be too high and will be paid not just by young men, but by whole populations. In the past we have given lip service to the desire for peace. Now we must meet the test of really working to achieve something basically new in the world.“

Former President Herbert Hoover:

> „The use of the atomic bomb, with its indiscriminate killing of women and children, revolts my soul.“

A day later, on August 9th, President Truman invoked God with regard to the use of the bomb:

> „We must constitute ourselves trustees of this new force – to prevent its misuse, and to turn it into the channels of service to mankind. It is an awful responsibility which has come to us. We thank God that it has come to us, instead of to our enemies; and we pray that He may guide us to use it in His ways and for His purposes.“ (Since the two bombs used on Japanese cities caused the immediate deaths of some 135.000 people by blast, fire and incineration, and the deaths of over 200.000 people by the end of 1945, God must at the very least have been rather surprised by Mr. Truman's prayer to use nuclear weapons „in His ways for His purposes“).

Reflecting a few years later on the use of the atomic weapons by the US, the great Indian leader Mahatma Gandhi said, *„What has happened to the soul of the destroying nation is yet too early to see. Forces of nature act in a mysterious manner.“* Gandhi's insight is unusually profound. What effect has the bomb had on the soul of America? Perhaps we are learning about this as we watch the great dream of America becoming increasingly stuck in the tar of militarism and warfare on distant shores.

US Nuclear Policy

Following the bombings of Hiroshima and Nagasaki, the US began an arms race with itself, testing and developing its nuclear arsenal. From 1949, when the Soviet Union tested its first nuclear weapon, until 1990, when the Soviet Union began to disintegrate, the US had a partner in the nuclear arms race and a justification to continue to develop its nuclear arsenal.

The US has always sought to maintain a devastating nuclear deterrent force, a force that would provide it with political advantage. In order to make its deterrent force credible, the US has sought to demonstrate its willingness to use its nuclear arsenal should it be attacked. Certainly its use of nuclear weapons at Hiroshima and Nagasaki has contributed to a general belief that the US would not be inhibited by the costs in human lives from a retaliatory nuclear response.

The US has also been willing to share nuclear technology with its close allies. This applies particularly to the UK, but also to other NATO allies on whose territories the US has maintained nuclear weapons, including Belgium, Germany, Italy, the Netherlands, Turkey and, until recently, Greece. The US has also extended its nuclear „umbrella“ to its allies in Europe, Asia and the Pacific.

With some notable exceptions, such as Israel, the US has always sought to prevent the horizontal proliferation of nuclear weapons to other countries, but has felt free to engage in vertical proliferation by increasing the size and improving the quality of its nuclear arsenal and delivery systems for the arsenal. In doing so, the US has consistently demonstrated a double standard in asking other countries to abstain from doing what it was not willing to abstain from itself.

In its policies towards arms control and disarmament, the US has always sought measures that benefited its security, while not reducing US nuclear superiority. In recent years, however, under the Bush administration, the US has shown far less regard than in the past for nuclear arms control and disarmament treaties.

The Nuclear Non-Proliferation Treaty

During the Cold War, the US and Soviet Union partnered on occasion in an attempt to prevent the proliferation of nuclear weapons to other countries. This resulted in the 1970 Nuclear Non-Proliferation Treaty (NPT). This Treaty divided the countries of the world into nuclear weapons states (US, UK, USSR, France and China) and non-nuclear weapons states (all the rest). The non-nuclear weapons states agreed not to acquire or develop nuclear weapons. The nuclear weapons states agreed in Article IV of the Treaty to provide technical assistance to the non-nuclear weapons states in the peaceful uses of the atom, going so far as to call the peaceful uses of atomic energy „an inalienable right.“ The nuclear weapons states also promised, in Article VI of the Treaty, to end the nuclear arms race at an early date and to hold good faith negotiations to achieve nuclear disarmament. When the Treaty was extended indefinitely in 1995, the nuclear weapons states agreed to „determined pursuit … of systematic and progressive efforts to reduce nuclear weapons globally, with the ultimate goals of eliminating those weapons …“ In 1996, the International Court of Justice interpreted Article VI of the NPT to mean: „There exists an obligation to pursue in good faith and bring to a conclusion negotiations leading to nuclear disarmament in all its aspects under strict and effective international control.“

At the 2000 NPT Review Conference, the parties to the treaty agreed to thirteen Practical Steps for Nuclear Disarmament, including an „unequivocal undertaking by the nuclear-weapon States to accomplish the total elimination of their nuclear arsenals leading to nuclear disarmament to which all States parties are committed under Article VI.“

The Greatest Danger Confronting Humanity

Let us fast forward to today. Countering terrorism is high on the agendas of the world's most industrialized countries, especially the US'. But in the eyes of most of the world, the nuclear weapons states are employing the greatest of terrorist threats, which are embedded in the concept of nuclear deterrence. If terrorism is the threat to injure or kill innocent people for political ends, then the reliance on nuclear deterrence is itself a terrorist act.

I would argue, in promoting Einstein, Rotblat and Szilard, that there is no greater danger confronting humanity than that of nuclear weapons. These weapons place all cities in jeopardy of annihilation. They place civilization in danger of massive destruction. And they place humanity and most of life on the endangered species list. For nearly sixty years humankind has lived with the destructive potential of nuclear weapons and has grown far too comfortable with these instruments of annihilation.

The US remains the most powerful country in the world, militarily and economically. It is the country that holds the key to nuclear disarmament. Without the active leadership of the US, nuclear disarmament will not be possible, and the world will continue to drift towards the use of these weapons once again. No other country has the capacity to bring the other nuclear weapons states to the table to negotiate the elimination of nuclear arms.

Nuclear dangers have not disappeared. Should terrorist groups, in the more traditional sense of the term, obtain nuclear weapons, they cannot be effectively deterred from using them. Protecting populations from nuclear attack will require a high level of international cooperation and US leadership. Current US leadership, however, is alienating the international community and its double standards are viewed as nuclear hypocrisy. Without a radical change of course in US nuclear policy, the likelihood of terrorist groups obtaining and using nuclear weapons is an increasingly likely possibility.

The US Nuclear Posture Review

Current US nuclear weapons policy is set forth in the Nuclear Posture Review (NPR), submitted to Congress on December 31, 2001. This document calls for a „New Triad." During the Cold War, the US referred to a triad of strategic delivery vehicles for its nuclear forces: inter-continental ballistic missiles; submarine launched ballistic missiles and strategic bombers. The New Triad is composed of offensive strike systems, nuclear and non-nuclear (including the three delivery systems of the old triad); defenses, active and passive (including missile defense systems); and a revitalized defense infrastructure to meet emerging threats. One interesting aspect of the New Triad is that it will supplement nuclear strike forces with conventional strike forces delivered anywhere in the world within 30 minutes by intercontinental missiles.

Despite calling for powerful non-nuclear forces to be added to the US arsenal, the Nuclear Posture Review boldly announces, in what may be considered a taunt to the rest of the world in terms of US obligations under Article VI of the Nuclear Non-Proliferation Treaty, that nuclear weapons provide the US with „credible military options": „Nuclear weapons play a critical role in the defense capabilities of the United States, its allies and friends. They provide credible military options to deter a wide range of threats, including WMD [weapons of mass destruction] and large-scale conventional force. These nuclear capabilities possess unique properties that give the United States options to hold at risk classes of targets [that are] important to achieve strategic and political objectives."

In other words, the Nuclear Posture Review informs the world that nuclear weapons are useful to the United States both strategically and politically. Nearly 60 years after the bombings of Hiroshima and Nagasaki and some 15 years after the breakup of the former Soviet Union, the US still finds that nuclear weapons serve strategic and political goals. To further these goals, the US has been developing earth penetrating nuclear weapons („bunker busters“) and low-yield nuclear weapons („mini-nukes“), one-third the yield of the Hiroshima bomb. While announcing to the world its intent to continue to rely upon its nuclear arsenal, the US has been unabashed in demanding that other countries – including Iraq, Iran, North Korea, Libya and Syria – refrain from following its example.

The Nuclear Posture Review recognizes the lack of an effective earth penetrating nuclear device as a shortcoming of the current US nuclear arsenal, citing the fact that „more than 70 countries use underground Facilities (UGFs) for military purposes.“ The report states, „New capabilities must be developed to defeat emerging threats such as hard and deeply buried targets….“ The Bush administration is seeking $ 28 million in 2005 and $ 485 million over five years to design this new weapon.

The Nuclear Posture Review also states, „The need is clear for a revitalized nuclear weapons complex that will: … be able, if directed, to design, manufacture, and certify new warheads in response to new national requirements; and maintain readiness to resume underground nuclear testing if required.“ It further states that options exist „that might provide important advantages for enhancing the nation's deterrence posture.“ The NPR calls for creating „advanced warhead concepts teams“ that „will provide unique opportunities to train our next generation of weapon designers and engineers.“ Overall, the Bush administration is seeking $ 6.6 billion for nuclear weapons activities in 2005, fifty percent more than the average annual expenditure for these activities during the Cold War.

Such goals and plans demonstrate little promise of US leadership for the elimination of nuclear weapons. The US cannot have it both ways, depending on nuclear weapons for security and planning to build more, on the one hand; and, on the other, providing leadership to the rest of the world for the elimination of these weapons.

The overall sense of the Bush administration's Nuclear Posture Review is that it is a long-term commitment to nuclear weapons at a time when the US is seeking to prevent these weapons from proliferating to other countries and terrorist organizations. Such a double standard cannot hold.

Presidential Directive 17 and the National Security Strategy of the United States

In September 2002, one year after the traumatic events of September 11, 2001, President Bush signed Presidential Directive 17, a classified document, which states: „The United States will continue to make clear that it reserves the right to respond with overwhelming force – including potentially nuclear weapons – to the use of (weapons of mass destruction, D.K.) against the United States, our forces abroad, and friends and allies."

Also in September 2002, the White House issued a document entitled „The National Security Strategy of the United States of America." In a letter accompanying this document, President Bush wrote, „The gravest danger our Nation faces lies at the crossroads of radicalism and technology. Our enemies have openly declared that they are seeking weapons of mass destruction, and evidence indicates that they are doing so with determination … And, as a matter of common sense and self-defense, America will act against such emerging threats before they are fully formed." This is a commitment to preventive war, the kind that the US would subsequently wage, under false pretenses, against Iraq in March 2003. The National Security Strategy document states, „While the United States will constantly strive to enlist the support of the international community, we will not hesitate to act alone, if necessary, to exercise our right of self-defense by acting preemptively against such terrorists, to prevent them from doing harm against our people and our country ..." When combined with Presidential Directive 17, this raises the possibility of preemptive or preventive nuclear war.

The National Security Strategy document reaffirms „the essential role of American military strength" by calling for building and maintaining „our defenses beyond challenge." Expressing the understanding that „deterrence can fail," the document stresses the need for US military dominance: „The United States must and will maintain the capability to defeat any attempt by an enemy – whether a state or non-state actor – to impose its will on the United States, or allies, or our friends." The latter category of US friends has unfortunately become a diminishing species in response to the bellicose words and actions of the Bush administration.

Finally, the National Security Strategy document supports a special status in the world for American leaders by freeing them from the jurisdiction of the International Criminal Court, a court supported by nearly all US allies. The document states: „We will take the actions necessary to ensure that our efforts to meet our global security commitments and protect Americans are not impaired by the potential for investigations, inquiry, or prosecution by the International Criminal Court (ICC), whose jurisdiction does not extend to Americans and which we do not accept." In other words, the US will not allow the same standards of international law to be applied to US leaders as were applied to the defeated Axis powers at Nuremberg and as are accepted by our allies today.

Article VI of the Nuclear Non-Proliferation Treaty

In March 2004, the Secretaries of State, Defense and Energy issued a joint report, entitled „An Assessment of the Impact of Repeal of the Prohibition on Low Yield Warhead Development on the Ability of the United States to Achieve Its Nonproliferation Objectives.“ After reviewing Article VI of the Nuclear Non-Proliferation Treaty, the article that calls for nuclear disarmament and for an end to the nuclear arms race, the report found, „Nothing in the NPT, including Article VI, or any other Treaty, however, prohibits the United States from carrying out nuclear weapons exploratory research or, for that matter, from developing and fielding new or modified nuclear warheads. That said, we should, of course, expect that several countries, in particular, those from the non-aligned movement, perhaps citing inaccurate or misleading press reports, will call attention to certain U.S. nuclear weapons R&D efforts … in questioning the U.S. nuclear policies and will be disappointed that more progress has not been achieved toward nuclear disarmament.“

The report then continues with a flourish of rhetoric about the US commitment to its Article VI nuclear disarmament commitments, leaving the impression that its „strong record of actions and policies … demonstrate unambiguously U.S. compliance with Article VI …“ Unfortunately, most analysts not in the pay of the US government reject this rosy, some would say hypocritical, view of US commitment to its NPT Article VI obligations. They point to the failure of the US to comply with nearly all of the obligations set forth in the thirteen Practical Steps for Nuclear Disarmament agreed to at the 2000 NPT Review Conference. The US, for example, has not ratified the Comprehensive Test Ban Treaty; has withdrawn from the Anti-Ballistic Missile Treaty; and has made no provisions for the irreversibility of reductions in the Strategic Offensive Reductions Treaty (SORT) that it pressed upon Russia.

When Undersecretary of State for International Security John Bolton spoke to the delegates of the 2004 Preparatory Committee meeting for the 2005 Non-Proliferation Treaty Review Conference, he described the „central bargain“ of the NPT as the renunciation of nuclear weapons in exchange for assistance in developing civilian nuclear power. He left out of the equation the expectation of the non-nuclear weapons states that the nuclear weapons states would fulfill their Article VI obligations for nuclear disarmament. While pointing a finger at Iran and North Korea, he dismissed the possibility of US Article VI obligations, stating, „We cannot divert attention from the violations we face by focusing on Article VI issues that do not exist."

Positions of Bush and Kerry

Under the Bush administration, the US has projected its reliance on nuclear weapons far into the future, and there has been virtually no willingness on the part of the US to comply with obligations under the Nuclear Non-Proliferation Treaty or other major international arms control and disarmament treaties. Would a Kerry presidency be substantially different? In a major policy speech on nuclear terrorism on June 1, 2004, Kerry pledged to make the fight against nuclear terrorism his top security priority. While Bush has also taken steps to prevent nuclear proliferation and keep nuclear weapons out of the hands of terrorists, Kerry distinguished his position from Bush's by pledging to end the double standard of calling on others not to develop nuclear weapons while the US moves forward with research on new nuclear weapons, such as „bunker busters" and „mini-nukes." Kerry also pledged to gain control of the nuclear materials in the former Soviet Union at a far more rapid rate than that contemplated by the Bush Administration, and Kerry promised to appoint a Nuclear Terrorism Coordinator to work with him in the White House in overseeing this effort. Finally, Kerry called for taking prompt action on a verifiable ban on the creation of new fissile materials for nuclear weapons, a step long supported by the international community and nearly all US allies, but not acted upon by the US.

Both, Bush and Kerry, have called for strengthening the Nuclear Non-Proliferation Treaty, but only in relation to preventing nuclear materials of civilian nuclear reactors from being converted to nuclear weapons. Neither of them has set forth a plan to fulfill US obligations for nuclear disarmament under Article VI of the Treaty. Thus, both of them are prepared to commit to the Treaty to prevent others from obtaining nuclear weapons, but not to fulfilling the long-standing obligations of the US for nuclear disarmament. While Kerry's positions on nuclear policy issues are certainly preferable to those of Bush, if only for Kerry's support of the Comprehensive Test Ban Treaty and of international law in general, they are neither bold nor innovative; they simply are not as damaging as those of the Bush administration.

We cannot count on US nuclear policies to significantly change on the basis of US political leadership. The only real hope to bring about needed changes in US nuclear policy is by pressure applied by US citizens and foreign governments. I will briefly discuss three efforts to influence US nuclear policy.

Nuclear Disarmament Campaigns

Turn the Tide. At the Nuclear Age Peace Foundation, we are initiating a campaign to chart a new course in US nuclear policy that we call Turn the Tide. It is an Internet-based campaign that seeks to awaken US citizens to the need to change US nuclear policy and spur them to communicate with their Congressional representatives and candidates, as well as the president and presidential candidates, and to cast their ballots based on positions on nuclear disarmament issues. The campaign is based on the following call to action:

1) Stop all efforts to create dangerous new nuclear weapons and delivery systems.
2) Maintain the current moratorium on nuclear testing and ratify the Comprehensive Test Ban Treaty.
3) Cancel plans to build new nuclear weapons production plants, and close and clean up the toxic contamination at existing plants.
4) Establish and enforce a legally binding US commitment to No Use of nuclear weapons against any nation or group that does not have nuclear weapons.
5) Establish and enforce a legally binding US commitment to No First Use of nuclear weapons against other nations possessing nuclear weapons.
6) Cancel funding for and plans to deploy offensive missile „defense" systems which would ignite a dangerous arms race and offer no security against terrorist weapons of mass destruction.
7) In order to significantly decrease the threat of accidental launch, together with Russia, take nuclear weapons off high-alert status and do away with the strategy of launch-on-warning.
8) Together with Russia, implement permanent and verifiable dismantlement of nuclear weapons taken off deployed status through the 2002 Strategic Offensive Reductions Treaty (SORT).
9) Demonstrate to other countries US commitment to reducing its reliance on nuclear weapons by removing all US nuclear weapons from foreign soil.
10) To prevent future proliferation or theft, create and maintain a global inventory of nuclear weapons and nuclear weapons materials and place these weapons and materials under strict international safeguards.
11) Initiate international negotiations to fulfill existing treaty obligations under the Nuclear Non-Proliferation Treaty for the phased and verifiable elimination of nuclear weapons.

12) Redirect funding from nuclear weapons programs to dismantling nuclear weapons, safeguarding nuclear materials, cleaning up the toxic legacy of the Nuclear Age and meeting more pressing social needs such as education, health care and social services.

Middle Powers Initiative. The Middle Powers Initiative is a coalition of eight international civil society organizations working in the area of nuclear disarmament that supports and encourages middle power governments, such as those middle power states calling for a New Agenda that have worked together in the United Nations for nuclear disarmament (Brazil, Egypt, Ireland, Mexico, New Zealand, South Africa and Sweden). The New Agenda Coalition governments took a leadership role in achieving an agreement on the thirteen Practical Steps for Nuclear Disarmament agreed to at the 2000 NPT Review Conference. With support from the Middle Powers Initiative, the New Agenda states to have continued to press the nuclear weapons states to fulfill their Article VI obligations.

Mayors for Peace Emergency Campaign to Ban Nuclear Weapons. This is an important new initiative that calls for beginning negotiations for a treaty to ban nuclear weapons by the year 2005, completing negotiations by the year 2010, and completing the process of eliminating nuclear weapons by the year 2020. Mayors for Peace is a global organization composed of some 600 mayors from cities throughout the world. The organization is led by the mayors of Hiroshima and Nagasaki, who played an active role in the 2004 Preparatory Committee meeting for the 2005 NPT Review Conference. They are planning to have more than 100 mayors from around the world at the 2005 NPT Review Conference.

There is much that needs to be done, and many good people are engaged in these efforts. However, still more is needed, and considerably more effort must be put forward by the American people. It is not clear whether this can be achieved. Americans for the most part seem too complacent, too comfortable with the power of their government, and too deferent to their government. They have not acted to curb its abuses, either with respect to nuclear weapons or to illegal wars of aggression such as the Iraq War.

Silence in the Face of Evil

Gandhi mused about what would happen to the soul of the destroying power after the use of the atomic bomb at Hiroshima. His inquiry remains relevant. What has happened to the soul of America, a country that once held such great hope for the world? Its leaders have followed the path of illegal and aggressive warfare, killing far more civilians in Afghanistan and Iraq than died in the terrorist attacks of September 11, 2001. It's young soldiers have become torturers, and their photographs with the prisoners at Abu Ghraib reflect no sense of shame or even self-consciousness about the degradation and torture of the prisoners whom they were to guard and interrogate. And US citizens have been remarkably silent in the face of leaders who have led by fear and instigated aggressive foreign wars.

The American people have been docile and reticent to react to atrocities committed in their names. Their greatest sin may be silence in the face of the misuse and misdirection of US military might, and this may be a sin that has taken hold of the soul of America.

The survivors of the atomic bombings are called *hibakusha* in Japanese. They were nearly all innocent civilians. Many have lived sad and painful lives following the bombings. Their cry has been „Never again! We will not repeat the evil." They have summoned the courage to speak out and convey their experiences in the hope that they can prevent future nuclear attacks and future *hibakusha*. I will conclude with a poem I wrote about *hibakusha* and silence. It is called *Hibakusha* Do Not Just Happen.

HIBAKUSHA DO NOT JUST HAPPEN

For every *hibakusha*
there is a pilot

for every *hibakusha*
there is a planner

for every *hibakusha*
there is a bombardier

for every *hibakusha*
there is a bomb designer

for every *hibakusha*
there is a missile maker

for every *hibakusha*
there is a missileer

for every *hibakusha*
there is a targeter

for every *hibakusha*
there is a commander

for every *hibakusha*
there is a button pusher

for every *hibakusha*
many must contribute

for every *hibakusha*
many must obey

for every *hibakusha*
many must be silent

The use of nuclear weapons on civilian populations has been described appropriately by the former president of the International Court of Justice, Mohammed Bedjaoui, as „the ultimate evil.“ General George Lee Butler, a former commander of the US Strategic Command, described nuclear weapons as „the enemy of humanity.“ „Indeed,“ he said, „they’re not weapons at all. They’re some species of biological time bombs whose effects transcend time and space, poisoning the earth and its inhabitants for generations to come.“

It is silence in the face of evil that allows evil to flourish. I fear this is the case in America today. There is no widespread uprising in the US for nuclear sanity and the elimination of these weapons. As a result, the nuclear threat will likely continue and the result may well be the creation of more *hibakusha.* This time Americans may learn the deeply painful lesson of being under, rather than above, the bomb. It is my hope that Americans will use both their imaginations and their consciences, and awaken to the serious danger that nuclear weapons pose for all humanity, including themselves, before it is too late, and will lead the world in prevailing in the greatest challenge ever faced by humanity, that of ridding the world of this ultimate evil. It is a far more difficult task than putting a man on the moon, and the first and most important step is breaking the silence that has allowed this evil to go unchallenged. This is surely necessary not only for the future of humanity, but also for the soul of America.

FRIEDENSJOURNALISMUS: PLÄDOYER FÜR EINE KONSTRUKTIVE KONFLIKTBERICHTERSTATTUNG

NADINE BILKE

Journalisten könnten von der Friedenswissenschaft vieles lernen: die Sensibilität im Umgang mit Begriffen wie Krise oder Krieg, die gründliche Analyse einer Konfliktkonstellation und die Entwicklung von friedlichen Lösungsperspektiven. Doch schon die Verbindung der Wörter Frieden und Journalismus provoziert in der Medienbranche mehr Widerspruch als Zustimmung: Journalisten müssten schließlich objektiv sein, heißt es ablehnend.

Dieser Aufsatz stellt dem folgende These entgegen: Friedensjournalismus steht der Objektivität nicht im Weg, bei der Orientierung am Frieden handelt es sich vielmehr um ein objektiv gebotenes journalistisches Ziel. Das möchte ich in sechs Schritten ausführen: Der erste Abschnitt widmet sich den Mängeln in der vorherrschenden Kriegs- und Krisenberichterstattung. Das Wirkungspotenzial journalistischer Arbeit zeigt in einem zweiten Schritt, welche zentrale Bedeutung einer konstruktiven Konfliktberichterstattung zukommt. Im Gegensatz zu einem naiven Objektivitätsbegriff, der von einem Wahrheitsgehalt der Berichterstattung ausgeht, lässt eine kritische Definition Raum für das Friedensziel, das normativ-rechtlich geboten ist. Inhaltlich stellt ein solches Konzept hohe Anforderungen an Journalistinnen und Journalisten, die in der Umsetzung an die jeweiligen Arbeits- und Konfliktsituationen angepasst werden müssen.

Muster der Krisen- und Kriegsberichterstattung

Meine Kritik an der Krisen- und Kriegsberichterstattung möchte ich bewusst zugespitzt und in provokanter Form in fünf Punkten darstellen.[1]

1) Medien sind parteiisch: Sie stehen auf der Seite ihres Landes und ihrer

---

[1] Zur Kriegsberichterstattung siehe u.a. Albrecht, Ulrich / Becker, Jörg (Hrsg.), Medien zwischen Krieg und Frieden. Baden-Baden 2002; Imhof, Kurt / Schulz, Peter (Hrsg.), Medien und Krieg – Krieg in den Medien. Zürich 1995; Löffelholz, Martin (Hrsg.), Krieg als Medienereignis, Opladen 1993.

nationalen Interessen. Ein eindrucksvolles Beispiel dafür haben große Teile der US-amerikanischen Medien während des Irak-Krieges geliefert.[2]

2) Patriotismus ist ein Mittel zur Disziplinierung der Medien. Das zeigten die Reaktionen auf die Anschläge am 11. September 2001 in den USA. Wer der offiziellen Lesart der Ereignisse widersprach, liebte angeblich sein Land nicht genug. Wie in der politischen Diskussion liefen die Linien in der Berichterstattung getreu der Separierung des US-Präsidenten George W. Bush: „Ihr seid für uns oder für die Terroristen."

3) Diese Zweiteilung stellt ein typisches Muster dar, das den Seiten absolute Eigenschaften zuordnet, die kaum Differenzierungen zulassen: Es gibt nur Gutes auf der einen, nur Böses auf der anderen Seite. Das gilt für die Parteien in einem Krieg: die bösen Serben gegen die guten Kroaten Anfang der 90er Jahre im Krieg in Ex-Jugoslawien. Das gilt auch für die Debatte zwischen den Kriegsgegnern und den Kriegsbefürwortern. Im Kosovo-Krieg 1999 waren die Fronten klar abgesteckt: Der Gute führt Krieg, der Böse lässt den Völkermord zu. Erzählt werden also Geschichten von Gut und Böse, die mit den Realitäten des Konfliktverlaufs nur noch wenig zu tun haben.[3]

4) Die Schnelligkeit der Live-Berichterstattung begünstigt diese vereinfachte Wiedergabe. Moderne Kriege sind Medienereignisse. Die Entwicklung des Live-Krieges ist am zweiten und dritten Golfkrieg zu beobachten: Dem zweiten Golfkrieg mochte mancher noch zu viel Abstand vom Geschehen vorwerfen, im dritten berichteten eingebettete Journalisten rund um die Uhr direkt vom Schlachtfeld.

5) Auch die Sprache der Berichterstatter hat einen wenig objektiven Klang. Journalistinnen und Journalisten geben dem Krieg ungefährlichere Namen: Sie nennen ihn Friedensmission, Befreiungsaktion, sie reden von einem Vorstoß oder von einer Razzia gegen Paramilitärs. Aus Soldaten der einen Seite werden Sicherheitskräfte, denen auf der andere Seite Kämpfer gegenüber stehen. Mit dieser Wortwahl verharmlosen sie nicht nur das Geschehen, sie schaffen auch neue Realität, z.B. durch die Benutzung neuer Wortschöpfungen wie „vorbeugender Krieg" im Fall Irak 2003.

---

2 Vgl. z.B. die Studie von Media-Tenor, zusammengefasst von Kegel, Sandra, Im Krieg findet jeder zu seiner eigenen Wahrheit. In: Frankfurter Allgemeine Zeitung, 14.4.2003, S. 42.

3 Vgl. Landesarbeitsgemeinschaft Friedenswissenschaft NRW (Hrsg.), ... nach dem Krieg ist vor dem Krieg ... Kosovo-Forum (25./26.10.1999). Dokumentation der Tagungsbeiträge. Hagen 1999.

Wenn man aus diesen aufgeführten Punkten eine Rolle der Medien herausfiltern möchte, dann liegt der Schluss nahe, in Medien eine Kombination aus einem Kampf- und einem Schoßhund zu sehen. Sie stehen jedem gewaltträchtigen Konflikt erwartungsvoll gegenüber, denn dieser bringt gute Stories und gute Bilder; er bringt Quote, Auflage und Karriere – das ist der Kampfhund. Und im Zweifel halten sich die Medien dabei an die Position ihrer nationalen Regierung, schmiegen sich ihr an wie ein Schoßhund.[4]

Die kurze Auflistung zeigt, dass Medien keineswegs objektiv oder neutral über Konflikte berichten. Dieser negative Befund ist das beste Argument für eine Umorientierung hin zu einem Friedensjournalismus. Friedensjournalismus soll niemals parteiisch sein, er muss eine gründliche Konfliktanalyse leisten aus einer überparteiischen Situation heraus. Die neue Rolle und damit die neue Herausforderung für die Medien könnte sein, ein überparteiischer Vermittler im Friedensdienst zu werden.

Potenzielle Wirkungen der Konfliktberichterstattung

„Die Medien sind vielleicht unser mächtigstes Hilfsmittel, um zukünftige Konflikte zu lösen und Kriege zu vermeiden."[5] Ihr großes Wirkungspotenzial unterstreicht die Verantwortung von Konfliktberichterstattern. Auf individueller, nationaler und internationaler Ebene wirkt ihr Verhalten zurück auf die Konfliktparteien und auf den Konfliktverlauf.[6] Zunächst beeinflusst jeder Journalist einen Konflikt unmittelbar durch sein eigenes Handeln. Wenn er selbst vor Ort ist, spricht er mit den Parteien, wird zum Akteur in der Konfliktkonstellation. Selbst wenn er aus der Distanz agiert, fließt seine Auffassung des Konfliktes in seine Berichte ein. Sein Bild der beteiligten Gruppen oder Kulturen schlägt sich in seiner Arbeit nieder.[7]

Diese Berichterstattung hat auf einer nationalen Ebene Einfluss auf sein Publikum. Studien weisen darauf hin, dass speziell über das Geschehen im Ausland nur wenig stabiles Wissen vorhanden ist. In Krisenzeiten aber fra-

---

4 Vgl. Hafez, Kai, Die politische Dimension der Auslandsberichterstattung. Baden-Baden 2001, S. 151 ff.; Müller, Harald, Zwischen Information, Inszenierung und Zensur, HSFK-Standpunkte: Beiträge zum demokratischen Frieden. Nr. 4/2002.

5 Vincent, Richard C. / Galtung, Johan, Krisenkommunikation morgen. Zehn Vorschläge für eine andere Kriegsberichterstattung. In: Löffelholz, Martin (Hrsg.), Krieg als Medienereignis, Opladen 1993, S. 177–210, hier S. 210.

6 Die komplexen Zusammenhänge der Wirkungsforschung werden hier aus Platzgründen stark verkürzt angesprochen. Zu Problemen und Einschränkungen s. Holtz-Bacha, Christina / Scherer, H. / Waldmann, N. (Hrsg.), Wie die Medien die Welt erschaffen und wie die Menschen darin leben, Opladen 1998; Schorr, Angela (Hrsg.), Publikums- und Wirkungsforschung. Ein Reader, Opladen 2000.

7 Vgl. Botes, Janie, ‚Dialogue of the Deaf' – Reframing the debate over media and conflict, In: Track Two, Dezember 1998, S. 4-6.

gen besorgte Menschen verstärkt Nachrichten nach. Diese Kombination aus Nachfrage und geringem Wissen eröffnet große Spielräume für den Einfluss der Medien. Das Bild des Publikums, die öffentliche Meinung zu einem Konflikt, aber beeinflusst den weiteren Konfliktverlauf auch auf internationaler Ebene. Öffentlicher Druck, diese Position vertreten einige Studien, kann ein starker Politikimpuls werden, unter bestimmten Bedingungen sogar Militäreinsätze auslösen oder beenden.[8]

In einer Welt, in der Medien zunehmend globalisiert sind, wird die Berichterstattung zu einem eigenen Kommunikationskanal zwischen den Konfliktparteien, zu nennen wären CNN und zunehmend auch Al Dschasira. Die Berichterstattung über internationale Konflikte bildet außerdem eine Informationsquelle selbst für Entscheidungsträger. So bestimmt sie –zusätzlich zu anderen Quellen – u.a. Wahrnehmungsmuster, die Grundlage für politisches oder militärisches Handeln werden können.[9]

Normativ-rechtliche Vorgaben

Die Verantwortung der Berichterstattung lässt sich nicht zuletzt aus rechtlichen Grundlagen ableiten, denn Journalismus schwebt keineswegs in einem wertefreien Raum. Seine grundlegenden Normen sind auf nationaler und internationaler Ebene festgelegt. Für deutsche Medien lassen sich aus dem Grundgesetz, den Landesmediengesetzen und verschiedenen Urteilen des Bundesverfassungsgerichts u.a. folgende Verpflichtungen ableiten: Medien sollen Information und Orientierung bieten, sie sollen ein Forum sein für verschiedene Meinungen und sich selbst kritisch äußern und Kontrolle ausüben gegenüber der Regierung. Damit sollen sie die Meinungsbildung der Bürger ermöglichen. Insofern bilden die Medien die Grundlage der Demokratie. Sie legitimieren Herrschaft durch die Herstellung von Öffentlichkeit. Ohne Medien, die sich diesen Anforderungen stellen, kann Demokratie nicht funktionieren.[10]

Im internationalen Rechtsrahmen bilden die Menschenrechte den wichtigsten Orientierungspunkt. Menschenwürde legt den Grundstein für die anderen Rechte, die zusammengenommen ein Konzept für positiven Frieden darstellen – ein Konzept, das über die reine Abwesenheit von Krieg hinausgeht und den Rahmen für soziale Gerechtigkeit liefern will. Neuere Ansätze im Völkerrecht sehen die Demokratie als die geeignete Staatsform zur Umsetzung dieser Rechte; damit schließt sich der Kreis zur Aufgabe

---

8 Vgl. Robinson, Piers, The CNN Effect. London 2002.

9 Zu diesem Komplex vgl. auch Hafez, Kai, Die politische Dimension der Auslandsberichterstattung. Baden-Baden 2001, S. 118 ff.

10 Vgl. Müller, Harald, a.a.O.

der Medien in einer Demokratie. Grundlegende völkerrechtliche Prinzipien sind in Deutschland entweder dem Grundgesetz übergeordnet oder in nationales Recht überführt, Ähnliches gilt für andere Länder. Schon die rechtlichen Zielvorgaben führen also zu dem Schluss, dass der Frieden das zentrale Ziel journalistischer Arbeit darstellt.[11]

Ein kritischer Begriff von Objektivität

Ein dominantes journalistisches Rollenverständnis geht davon aus, dass Journalisten neutral sein können und müssen. Präsentiere die Fakten, lass das Publikum urteilen, heißt das Credo, Meinung gehöre in klar gekennzeichnete Kommentare. Dieses Verständnis von Objektivität wird oft als Argument gegen Friedensjournalismus benutzt, eine Friedensorientierung verletze die journalistische Neutralität. Friedensjournalismus heißt aber keineswegs das Ende der Objektivität, ein kritischer Begriff von Objektivität ist zentraler Bestandteil des Konzepts.

> „Objektiv soll eine Berichterstattung dann heißen, wenn sie ‚objektgemäß' ist, d.h., wenn die Berichterstattung die zu berichtenden Sachverhalte so richtig, vollständig und präzise wie möglich darstellt. Objektive Berichterstattung vereinfacht (wie jede Beschreibung von Welt) die entsprechenden Sachverhalte, ohne sie jedoch zu verfälschen."[12]

Dabei wird Objektivität nicht im Gegensatz zu Subjektivität begriffen, sondern als eine „Kette subjektiver Akte",[13] als ein Prozess, der bestimmte Ergebnisse erreichen will: Richtigkeit, Vollständigkeit, Transparenz. Welche Worte Journalisten benutzen, über welche Kriege sie berichten, wo sie diese Berichte platzieren, sie treffen Entscheidungen auf der Basis ihrer Wertvorstellungen. Das Friedensziel muss in der Berichterstattung als Richtungsweiser bei diesen täglichen Weichenstellungen fungieren.

---

11 Vgl. Bilke, Nadine, Friedensjournalismus. Münster 2002, S. 62 ff.; Essen, Jakim Florian, Verantwortlichkeit der Massenmedien für Frieden und Demokratie. Unveröffentlichte Diplomarbeit am Institut für Journalistik der Universität Dortmund, April 2003.

12 Bentele, Günter, Objektivitätsanspruch und Glaubwürdigkeit. In: Jarren, Otfried (Hrsg.), Medien und Journalismus 1, Opladen 1994, S. 296-312, hier S. 309.

13 Ebd.

Friedensjournalismus[14]

Journalistinnen und Journalisten haben also immer einen Einfluss auf das Geschehen – teilweise auch schon vor der Berichterstattung, falls nämlich Akteure in einem Konflikt ihr Handeln auf die potentielle Medienwirkung ausrichten. Friedensjournalismus kann helfen, dieser Verantwortung gerecht zu werden. Das Konzept stellt keine zusätzliche Arbeitsbelastung dar, sondern bietet eine grundsätzliche Ausrichtung: Wie berichte ich über Konflikte, wie stelle ich Menschen dar, welche Lösungen präsentiere ich? Dabei wenden Journalisten Erkenntnisse aus der Friedens- und Konfliktforschung an, um eine Krisensituation zu schildern. Die folgenden Vorschläge können eine Basis bilden für konkrete Vorgehensweisen, die angepasst sein müssen an die Konfliktsituation und die eigenen Handlungsmöglichkeiten.

Die benutzte Systematik lehnt sich an die Modelle von Johan Galtung und Wilhelm Kempf an.[15] Galtung entwickelt vier große Ziele: Frieden / Konflikt, Wahrheit, Menschen und Lösung. Da ich Friedensjournalismus als zu bewältigende Aufgabe begreife, ergänze ich diese Orientierungen um die möglichen Wege zum Ziel. Friedfertigkeit führt zu Frieden, Wahrhaftigkeit, begriffen im Sinn der Diskursethik, ermöglicht eine Annäherung an Wahrheit, Empathie stellt Menschen in den Mittelpunkt, Kompromiss- und Gesprächsbereitschaft können zu einer Lösung führen. Diese Wege bestehen aus Aufgaben, die mit verschiedenen Strategien angegangen werden können.[16]

---

14 Zum Konzept eines Friedensjournalismus siehe auch Bilke, Nadine, a.a.O.; Lynch, Jake, Reporting the World. Conflict & Peace Forums 2002.

15 Vgl. Galtung, Johan,Friedensjournalismus: Was, warum, wer, wie, wann, wo? In: Kempf, Wilhelm / Schmidt-Regener, Irena (Hrsg.), Krieg, Nationalismus, Rassismus und die Medien. Münster 1998, S. 3-20; Vincent, Richard C. / Galtung, Johan, a.a.O.; Kempf, Wilhelm, Konfliktberichterstattung zwischen Eskalation und Deeskalation. In: Wissenschaft & Frieden, Nr. 2/1996, S. 51-54; Kempf, Wilhelm, Konfliktprävention und Medien. In: epd-Entwicklungspolitik, Nr. 6/1999, S. 17-23.

16 Neben den zentralen Texten von Galtung und Kempf sind noch folgende Quellen zu nennen: Manoff, Rob, Role Plays – Potential media roles in conflict prevention and management. In: Track Two, Dezember 1998, S. 11-16; Spoo, Eckart, Freund und Feind in der Presse. In: Fritz, Michael (Hrsg.), Die tägliche Mobilmachung. Göttingen 1984, S. 9-26; Schicha, Christian, Kriegsberichterstattung zwischen Anspruch und Wirklichkeit. In: Zeitschrift für Kommunikationsökologie, Nr. 2/1999, S. 10-13; Tiersky, Alexandre, Journalists Covering Conflict: Norms of Conduct. Proceedings of a Conference on Preventing Deadly Conflict at the School of International and Public Affairs, Columbia University, April 28, 1999. Online-Dokument: http://www.ccpdc.org/events/journalist/report.htm, abgerufen: 13.3.2003.

Friedfertigkeit / Konfliktanalyse

Frieden ist ein ganzheitlicher Prozess, ein wesentliches Element ist eine konstruktive Auffassung von Konflikten. Wer bereit ist, Frieden als möglich anzusehen, dem öffnen sich neue Wege, einen Konflikt darzustellen. Dazu müssen Journalisten sich zunächst über ihren eigenen Standpunkt im Klaren sein. Sie sind gefangen in ihrer Kultur, ihre Entscheidungen sind vorgeprägt vom Mediensystem, ihre Informationen werden gefiltert von Eliten. Selbst wenn sie frei und uneingeschränkt berichten könnten, wäre ihre Nachricht stets nur eine mögliche Version der Geschichte. Dieses Dilemma müssen sie offen legen und daher für verschiedene, kulturelle Perspektiven einen Rahmen schaffen.

Damit öffnet sich der Blick auf eine komplexe Konfliktkonstellation, die allen Beteiligten die Chance auf einen für sie positiven Ausgang einräumt. Um einen Konflikt als eine solche kooperative Konstellation begreifen zu können, ist eine Analyse der beteiligten Parteien, ihrer Ziele und der angesprochenen Themen notwendig, Friedensjournalisten durchbrechen die dualistische Logik. „Im Verständnis einer Perspektivenübernahme sollte über die Motive, Stärken und Interessen beider Kriegsparteien und der Interessen der ggf. nicht direkt am Konflikt beteiligten Länder berichtet werden ...“[17]

Gewalt hat nie nur eine Ursache, sie hat immer Wurzeln in der Geschichte. Gewalt wird nicht um ihrer selbst willen angewandt, verfeindete Parteien kämpfen um politische und wirtschaftliche Macht, Ethnie und Religion werden dabei häufig nur instrumentalisiert. Parallelen zu Mustern vergangener Konflikte können bei der Analyse helfen.

Eine friedensjournalistische Perspektive muss beachten, dass alle Parteien im Konflikt menschliche Züge tragen. Auch die vermeintlichen Feinde haben Emotionen, lassen sich nicht in einfache Stereotypen einordnen. Sprachlosigkeit ist ein gemeinsames Problem aller Parteien. Eine Aufgabe für Journalismus kann das Herstellen und Fördern der Kommunikation sein. Nicht nur die Parteien untereinander, auch die moderaten und radikalen Vertreter innerhalb einer Partei müssen sich austauschen. Medien können als Kommunikationskanal zwischen Parteien fungieren oder auch innerhalb einer Partei das Verständnis verbessern. Denn nicht ‚die Anderen‘ sind das Problem, vielmehr gilt es, die Gewalt zu überwinden. Kritische Friedensjournalisten stellen Gewalt nicht als angebrachtes Mittel der Konfliktlösung dar. Denn diese zerstört menschliches Zusammenleben und in ihrer extremsten Form ganze Gesellschaften. Deshalb ist ein weiteres Ziel die Verhinderung einer solchen Eskalation. Wer Konflikte einordnen kann,

---

17 Vgl. Schicha, a.a.O., S. 13.

ist vielleicht auch in der Lage, ihre Eskalationsstufe zu analysieren und dem Ausbruch von Gewalt entgegenzuwirken.

Friedensjournalismus soll nicht heißen, dass Journalistinnen und Journalisten unkritisch für eine am Konflikt beteiligte Gruppe Partei ergreifen. Sie sollen vor allem für eine friedliche Lösung Partei ergreifen, über den Dingen stehen und dennoch emotional mitten im Geschehen.

Wahrhaftigkeit

Ein Journalist kann nie für sich beanspruchen, die Wahrheit zu berichten, aber er kann nach größtmöglicher Wahrhaftigkeit streben. In einem Konflikt hat keine Partei die Wahrheit auf ihrer Seite, auch die Opfer von Gewalt nicht. Jeder nutzt seine Vorteile in der Darstellung der Situation. Friedensjournalisten müssen diese Kriegskultur durchschauen und deshalb den Interpretationen von Eliten misstrauen, die nur ihnen genehme Informationen herausfiltern. Sie können tiefer liegende Interessen entlarven, indem sie das Plausible hinterfragen und sich auch gegen vorgefertigte Erwartungshaltungen durchsetzen und versteckte Interessen hinter den angeblichen aufdecken. Sonst laufen sie Gefahr, auf Kriegspropaganda hereinzufallen.

Wichtig ist dabei das Hinterfragen der eigenen Position (Wie bewerte ich diesen Konflikt?), der eigenen Kultur (Wie rechtfertigt mein kultureller Hintergrund Gewalt?), des eigenen Landes (Genügen westliche Demokratien ihren eigenen Maßstäben?) und des eigenen Mediums (Welche Wirkung haben bestimmte Bilder, bestimmte Darstellungsformen?).

Empathie

Wenn Konflikte eskalieren, tun sich Menschen gegenseitig Gewalt an. Sie verletzen, sie zerstören. Diese Gewalt ist nicht abstrakt, sie vernichtet Leben, verursacht Leiden. Die Orientierung an menschlichen Empfindungen führt dazu, dass gewalttätiges Handeln an sich als das Problem in einem Konflikt entlarvt wird. Seine Wurzeln müssen erkannt werden, damit es in Zukunft vermieden werden kann. Wer versucht, im Angesicht von Gewalt sachlich zu bleiben, läuft Gefahr, in einen unmenschlichen Zynismus abzugleiten. Menschliche Betroffenheit ist – aus einer überparteilichen Perspektive entsprungen – ein Schlüssel zum besseren Verständnis einer Krise. Auf allen Seiten gibt es Gewalt und Opfer. Ebenso gibt es auf allen Seiten Menschen, die sich für eine friedlichere Zukunft einsetzen. Auch sie sollten ihren Platz in der Berichterstattung haben.

Lösung

Friedensjournalisten dürfen Konflikte nicht als Rennen um den Sieg verstehen. Sie müssen sich an einer Lösung des Konfliktes orientieren, möglichst durch ihre Themenauswahl und ihre Fragestellungen einen kreativen Prozess anstoßen. Sie können zum Beispiel über Friedensinitiativen berichten oder auch eine Konfliktpartei mit den Lösungsvorschlägen einer anderen konfrontieren. Die Suche nach Gemeinsamkeiten ist ein Schwerpunkt der Berichterstattung, dabei soll sie nicht unkritisch über Differenzen hinwegsehen, sondern diese genau analysieren.

Am Ende muss die Erkenntnis stehen, dass alle Seiten von einer friedlichen Lösung profitieren würden. Viele Menschen, die am Konflikt beteiligt sind, haben also zumindest ein gemeinsames Interesse. Das macht Hoffnung auf die Möglichkeit eines Zusammenlebens und einer Verständigung – auch in interkulturellen Konflikten. Die heutige Welt scheint zunächst wenig friedlich – und doch sind einige Ansätze für eine neue Konfliktkultur vorhanden: Strategien der Konfliktforschung, die Tradition der Gewaltfreiheit und das weltweite Netz sozialen Engagements können Hinweise liefern. Hier muss sich ein Friedensjournalist auch fragen, welche Alternativen es zur Gewaltlastigkeit des eigenen Mediums gäbe.

Umsetzung: Ein journalistischer (Lern-)Prozess

Die Strukturen in Medienorganisationen[18] schaffen Arbeitsbedingungen, die den gerade beschriebenen Anspruch nicht sonderlich begünstigen. Journalisten werden beeinflusst von Zeitmangel, Konkurrenzdenken und Kostendruck, um nur einige Faktoren zu nennen. Auch die Strukturen müssten sich also ändern, damit Reporter dem Konzept eines Friedensjournalismus gerecht werden können. Allerdings kann diese Änderung im System nicht die Voraussetzung sein, um friedensjournalistisch zu arbeiten. Innerhalb der vorhandenen Handlungsspielräume lassen sich durchaus einige der vorgestellten Strategien verwirklichen. Friedensjournalismus kann zunächst nur eine Aufforderung an jede einzelne Journalistin und jeden einzelnen Journalisten sein. Im Rahmen ihrer Möglichkeiten prägt ihr individuelles Handeln Form und Inhalt der Berichterstattung. Sie entscheiden über die Weltbilder, die sie transportieren.[19]

---

18 Siehe Becker, Jörg, Die unfriedlichen Strukturen. In: Fritz, Michael (Hrsg.), Die tägliche Mobilmachung. Göttingen 1984, S. 96-113.

19 Vgl. Baum, Achim, Journalistisches Handeln. Eine kommunikationstheoretisch begründete Kritik der Journalismusforschung. Opladen 1994, S. 390 ff.

Für die friedensjournalistische Praxis lassen sich keine allgemein gültigen Aussagen treffen. Die Handlungsmöglichkeiten hängen von der Konfliktkonstellation ab und von der eigenen Position (z.B. privates Radio mit mangelnder Infrastruktur in Bürgerkriegsland oder öffentlich-rechtlicher Sender in westlichem Land). Grob lässt sich zwischen Berichten mit friedensjournalistischer Themenauswahl und friedensjournalistischer Analyse bzw. Darstellungsform unterscheiden: Originär friedensjournalistische Themen sind Friedensinitiativen, die Arbeit für Versöhnung und die Vorstellung von gewaltfreien Lösungsvorschlägen. Aber auch ohne Menschen als Friedensträger zu porträtieren, kann ein Bericht friedensjournalistische Ansätze aufgreifen, z.B. indem er Gewaltursachen mehrdimensional in Vergangenheit und Gegenwart nachspürt oder Leiden auf allen Seiten eines Konfliktes darstellt.

Strategien für die Praxis

Um die möglichen Herangehensweisen greifbarer zu machen, möchte ich mit Themenvorschlägen für einen speziellen Fall der Krisen- und Kriegsberichterstattung schließen. Aus der Perspektive einer deutschen Journalistin stelle ich Überlegungen zur kritisch-konstruktiven Berichterstattung in den verschiedenen Phasen einer so genannten „militärischen Intervention" an: vor, während und nach dem Einsatz militärischer Gewalt.[20] Als Anwendungsbeispiele sind der Kosovo-Krieg 1999, Afghanistan 2001 oder der Irak 2003 denkbar.

Vor Kriegsausbruch, während der Debatte über die mögliche Anwendung militärischer Gewalt, sollten die offiziell vorgebrachten Gründe hinterfragt und analysiert werden. Genauso muss nach den ungenannten Gründen gefragt werden, z.B. geostrategischen Ziele oder Bündnispolitik. Die Risiken und das zu erwartende Leiden müssen in den Berichten Raum finden. Zweifel und Alternativvorschläge, die in der Gesellschaft existieren, sollten gemäß der Forumsfunktion auch den Weg in die Medien finden. In einer umfassenden Konfliktanalyse können vergangene Erfahrungen mit Gewalt und deren Folgen für Mensch und Gesellschaft zur Einordnung dienen.

Nach dem Empathiegebot sollten Journalistinnen und Journalisten während eines Krieges das Leiden der Menschen beschreiben und greifbar machen. Auch Schäden der Umwelt und der Infrastruktur haben Auswirkungen auf die Lebenssituation der Menschen in Kriegsgebieten. Zum Gebot der Wahrhaftigkeit gehört in dieser Situation, über die Arbeitsbedingungen

---

20 In Anlehnung an Müller, a.a.O.

für Journalisten aufzuklären und dabei auf Informationsmonopole und mögliche Propagandaeffekte aufmerksam zu machen.

Erst in der Nachkriegsphase kann die Berichterstattung die Erfahrungen zu den vorgebrachten Gründen in Bezug setzen. Teilweise dauert es Jahre, bis alle Zusammenhänge aufgeklärt werden: die Anwendung von Propaganda und Manipulation durch die Kriegsparteien, die direkten und indirekten Folgen der Taten für Mensch und Umwelt. Diese Erfahrungen gilt es für den nächsten möglichen Gewalteinsatz zu bewahren. Gleichzeitig verschiebt sich der Fokus der Berichterstattung über diesen Konfliktherd zu den gesellschaftlichen Versöhnungsprozessen. Im Sinne der Lösungsorientierung muss die mühsame Aufbauarbeit Thema der Berichterstattung bleiben.

Ein einzelner journalistischer Beitrag kann nicht alle Anforderungen auf einmal erfüllen, aber er kann seinen Teil zu einer differenzierteren Konflikt- und Lösungsanalyse beitragen, die den Diskurs über Krieg, Gewalt und Frieden in der Gesellschaft verbreitert.

Pazifismus in und für Europa. Projekt „Zukunftsfähiger europäischer Frieden“

Knut Krusewitz[1]

1. Wodurch wird pazifistisches Denken und Handeln geprägt?

Die Entwicklung des modernen pazifistischen Denkens und Handelns wurde und wird nicht nur durch seine „politischen Ziele, die Strategien, die Organisationsformen, die Aktionsmöglichkeiten, die Begrenzungen und die Misserfolge“,[2] geprägt, sondern auch durch die inner-, europa- und weltgesellschaftliche Entwicklung. Das geschah zunächst in der Ära des Imperialismus,[3] später im „Zeitalter der Extreme“[4] und setzt sich nach Ende des Kalten Krieges in der strukturkonservativen neoliberalen Globalisierung fort. Jede dieser für eine bestimmte Zeit vorherrschenden Konstellationen, namentlich der Imperialismus, der deutsche Militarismus, der Erste Weltkrieg, die Oktoberrevolution, der europäische Faschismus, der Zweite Weltkrieg, die Systemkonkurrenz zwischen sozialistischer und kapitalistischer Welt, der Nord-Süd-Konflikt oder die Integration Deutschlands in NATO und EU, brachte ihre sicherheits- und militärpolitische Praxis hervor. Das waren beispielsweise rassistischer Kolonialkrieg, militärischer Abnutzungs-, Massen- und Blitzkrieg, faschistischer Wirtschaftskrieg, völkischer Totaler Krieg, globaler Kalter Krieg, antikolonialer Befreiungskrieg, nukleare Abschreckung, und, neuerdings wieder: humanitärer Krieg. Völkerrechtliche Begleiterscheinungen dieser Kriege waren Verbrechen

---

1 Ich wähle in diesem Beitrag aus einem arbeitsökonomischen Grund die vorherrschende Schreibweise (Teilnehmer, Pazifist), statt der geschlechtsneutralen (TeilnehmerIn, PazifistIn). Dadurch kann der Eindruck entstehen, die pazifistischen Verdienste von Frauen würden unterschlagen. Ich möchte versichern, dass mir der überragende Beitrag von Frauen zum Pazifismus trotz der gewählten Schreibform bewusst ist.

2 Wette, Wolfram, „Probleme des Pazifismus in der Zwischenkriegszeit“. In: Holl, Karl / Wette, Wolfram (Hrsg.), Pazifismus in der Weimarer Republik, Paderborn 1981, S. 9.

3 Hobson, John Atkinson, Imperialism, London 1902; Arend, Hannah, Imperialismus: die politische Weltanschauung der Bourgeoisie. Thomas Hobbes und der kapitalistische Markt. In: Wehler, Hans-Ulrich (Hrsg.), Imperialismus, Köln 1970, S. 56-65.

4 Hobsbawm, Eric, Das Zeitalter der Extreme. Weltgeschichte des 20. Jahrhunderts, München-Wien 1995.

gegen den Frieden, Verbrechen gegen die Menschlichkeit, Kriegsverbrechen[5] und Verbrechen gegen die Umwelt.[6]

Diese unterschiedlichen gesellschaftlichen Konstellationen gaben dem Pazifismus einen jeweils anderen gesellschaftlichen Stellenwert, eine jeweils andere friedenspolitische Resonanz und schoben dabei unterschiedliche Problemlösungsperspektiven in den Vordergrund. Die jeweiligen epochalen Themen schaffen für den Pazifismus folglich einen Vermittlungszusammenhang, der die Problemwahrnehmung, Diskussion, Reflexion, Strategie, Aktionsmöglichkeiten und öffentliche Resonanz der Pazifisten prägte. Deshalb vertrete ich eine dialektische Theorie des Pazifismus, die methodisch der „dialektischen Theorie der Gesellschaft" verpflichtet ist, von der Theodor W. Adorno sagte, sie gehe „auf Strukturgesetze, welche die Fakten bedingen, in ihnen sich manifestieren und von ihnen modifiziert werden."[7]

Dies methodische Verfahren ist geeignet, die beachtliche wissenschaftliche und ethische Differenz zwischen „realistischem" und „pazifistischem" Friedensdenken erkennbar zu machen. Das vorherrschende *realistische Friedensdenken* nimmt an, Wirklichkeit und Möglichkeit seien nahezu identisch, wodurch es konservativ argumentieren muss. *Pazifistisches Denken* will Widersprüche zwischen Friedensanspruch und Friedenswirklichkeit – auch die zwischen eigenem Anspruch und tatsächlichem Verhalten –, erkennen und erklären, um sie aufzuheben, wodurch es aufklärerisch, selbstreflexiv, emanzipatorisch argumentieren kann.

Im Rahmen des dieser Ausarbeitung vorangehenden Workshops konnte ich aus nahe liegendem Grund die Vermittlungskontexte zwischen der Entwicklung pazifistischer Theorie-Praxis-Vorstellungen und der europäischen Gesellschafts-, Wirtschafts-, Militär- und Kulturgeschichte seit etwa 1880 nicht darstellen. Deshalb beschränkte ich mich auf einen Impulsbeitrag, der versuchte, die Innen-Außen-Dialektik zu skizzieren. Dabei versuchte ich dem methodischen Anspruch gerecht zu werden, trotz der erwähnten Beschränkungen so empirisch gehaltvoll zu argumentieren, dass die dargestellten Sachverhalte überprüfbar blieben und genug Erklärungskraft besaßen, um fruchtbare pazifistische Fragestellungen anzuregen. Im

---

5 Wette, Wolfram / Ueberschär, Gerd R. (Hrsg.), Kriegsverbrechen im 20. Jahrhundert, Darmstadt 2001.

6 Krusewitz, Knut, Umweltfolgen moderner Kriege: Vietnam – Irak – Jugoslawien. In: Ruprecht-Karls-Universität Heidelberg (Hrsg.), Krieg, Heidelberg 2001, S. 111-149; ders., Umweltfolgen permanenter Kriegsbereitschaft – Beziehungen zwischen militärökologischen Zyklen, Kriegsvölkerrecht und Sustainability. In: Österreichisches Studienzentrum für Frieden und Konfliktlösung (Hrsg.), Schurkenstaat und Staatsterrorismus, Münster 2004, S. 125-142.

7 Adorno, Theodor W., Einleitungsvortrag zum 16. Deutschen Soziologentag. In: Ders., (Hrsg.), Spätkapitalismus oder Industriegesellschaft? Stuttgart 1969, S. 13.

Übrigen sollten die Workshop-Teilnehmer nicht nur den skizzierten objektiven Vermittlungszusammenhang zur Kenntnis nehmen, sondern auch subjektive Bedingungen der Thematik. Die Frage also, ob und wie sich jede Generation erneut dazu befähigt, Frieden ermöglichende Verhältnisse erkennen und erklären zu können mit der Absicht, sie zu unterstützen. Warum individuelle wie kollektive Aktivitäten zwingend sind, wenn ein zivilisatorisch dauerhaft tragfähiger Pazifismus als integrierende Verpflichtung für Gesellschaft, Politik und Wirtschaft in Europa verwirklicht werden soll, dürfte unmittelbar einleuchten. Erklärungsbedürftig ist jedoch, was ein solcher Pazifismus bezeichnet.

Hier genüge zunächst eine knappe Definition: Soziale, politische, ökonomische, wissenschaftliche und ökologische Programme von erheblicher inner-, europa- und weltgesellschaftlicher Wirksamkeit, die sich das Leitbild eines zivilisatorisch dauerhaft verträglichen Pazifismus verwirklichen, sollen überprüfbare Beiträge zu einer Welt ohne Herrschaft, Gewalt, Ausbeutung, Naturraubbau, Hunger, Selbstentmündigung und Krieg leisten; tun sie es nicht, gelten sie als friedensgefährdend. Pazifismus wäre danach ein Programm zur Selbstaufklärung der europäischen Gesellschaft über die Bedingungen ihrer Unfähigkeit oder Fähigkeit, eine *nachhaltige Friedensordnung* zu entwickeln.

Im „Friedensgutachten 2004“ formulierten Christoph Weller et al., dies Anliegen zwar zurückhaltender, aber noch deutlich genug: „Strukturelle Konfliktursachen abzubauen ist der langfristig wirksamste Beitrag zur Verbesserung globaler Sicherheit.“ Eine „umfassende Friedensstrategie“ müsse sich „an Sicherheit und Wohlergehen *aller* Menschen“ orientieren und leite zum „Handeln an, bevor Ordnungen zerfallen, Faustrecht, Selbstjustiz und Vergeltung die Oberhand gewinnen oder Menschen ihrer fundamentalen Lebensgrundlagen beraubt werden. Mehr denn je ist es heute an der Zeit, eine solche Umorientierung für eine internationale Friedenspolitik voranzutreiben.“[8]

Ob ein so verstandenes pazifistisches Konzept aber tatsächlich richtige Antworten auf europäische Friedensfragen geben könne, sollten die Teilnehmer des Workshops herausfinden.

2. Aufklärerischer Pazifismus reviewed

Die Geschichte des Pazifismus gibt Auskunft über die Bedeutung der frühbürgerlich-liberalen und der sozialistischen Friedensmodelle für den Entstehungszusammenhang des Pazifismus als politische Theorie und soziale

8 Weller, Christoph et al., Stellungnahme zur gegenwärtigen Situation: Aktuelle Entwicklungen und Empfehlungen. In: Weller, Christoph, et al., (Hrsg.), Friedensgutachten 2004, Münster 2004, S. 19 f.

Bewegung. Der Erste Weltkrieg mit seinen fürchterlichen humanitären und krisenhaften ökonomischen, sozialen und politischen Begleit- und Folgeerscheinungen schuf die Rahmenbedingungen für den pazifistischen Nachkriegsdiskurs.

Darüber gibt ein vergessenes Dokument Auskunft, das noch heute zu den bedeutendsten pazifistischen Dokumenten in Europa gehören dürfte, geeignet, Funken daraus zu schlagen. Die Rede ist vom *„Handbuch der Weltfriedensströmungen der Gegenwart"*, das der zwanzigjährige Student Walter Fabian und sein einundzwanzigjähriger Kommilitone Kurt Lenz im März 1922 herausgaben. Ein Reprint veröffentlichte Walter Fabian 1985 im Bund-Verlag.[9] An diesem Werk haben 64 hervorragende in- und ausländische Vertreter des Pazifismus aus über 20 Staaten mitgearbeitet. Zu ihnen gehörten Albert Einstein, Eduard Bernstein, Richard N. Coudenhove-Kalergi, Friedrich Wilhelm Foerster, Rudolf Goldscheid, Paul Löbe, Ludwig Quidde und Gustav Radbruch.

Dies *Handbuch* hat von seiner Bedeutung nichts eingebüßt, weil das darin entwickelte Verständnis von Pazifismus erstaunlich kosmopolitisch argumentierte. Es stellte drei große inner- und weltgesellschaftliche Themenbereiche dar und schob dabei beeindruckende Problemlösungsperspektiven mit beachtlicher friedenspolitischer Resonanz in den Vordergrund:

- Wege zum Pazifismus: Geschichte des Pazifismus, Wissenschaften, Religionen, Ethik, Demokratie, Sozialismus, Revolution.
- Verwirklichung des Pazifismus: Abrüstung, Kriegsdienstverweigerung (KDV), Ethik, Völkerrecht, Weltarbeitsrecht, Weltgerichtshof.
- Praxisgebiete des Pazifismus: Innere Politik, Auswärtige Politik, Weltwirtschaft.

Den Einführungsartikel zum *Handbuch* – „Die Geschichte des Pazifismus" –, schrieb Professor Ludwig Quidde, Repräsentant des bürgerlichen Pazifismus, damals Vorsitzender der Deutschen Friedensgesellschaft (DFG). Ihm wurde 1927 als erstem Deutschen der Friedensnobelpreis verliehen. Die DFG war neben der „Deutschen Liga für Menschenrechte" die einflussreichste pazifistische Organisation in der Weimarer Republik. Beide Organisationen existieren noch heute.

In seinem Einführungsbeitrag charakterisierte Quidde die wichtige Differenz zwischen dem Vor- und Nachkriegspazifismus. Der Pazifismus, so Quidde 1922, „will eine neue Welt aufbauen, erfüllt von der Idee des Rechtes, getragen von den solidarischen Interessen der Menschheit. Das ist etwas viel Größeres, viel Weitergehendes als die Verhinderung des Krieges durch Heeresdienstverweigerung. Wer den Pazifismus in dieser Forderung

9 Fabian, Walter / Lenz, Kurt (Hrsg.), Ein Handbuch der Weltfriedensströmungen der Gegenwart. Köln 1985 [zuerst Berlin 1922].

aufgehen läßt, verengt seinen Gesichtskreis" und kehrt zu dem „Standpunkt jener zurück, die in den Anfängen der Bewegung gemeint haben, mit dem Ruf ‚Die Waffen nieder' sei alles getan."[10]

Die Notwendigkeit für die Revision der Vorkriegsposition ergaben sich aus den bürgerkriegsähnlichen „Nachwirkungen der gewaltigen Erschütterungen der Kriegszeit". „Weit stärker als vor dem Kriege", so Quidde, „macht sich die Forderung geltend, auch die Innenpolitik nach pazifistischen Gesichtspunkten zu orientieren und als Pazifist zu den Aufgaben der Innenpolitik Stellung zu nehmen." Und das hieß vor allem, wie es das Programm der Deutschen Friedensgesellschaft forderte, dass die „Mitarbeit am sozialen Ausgleich" fortan zu „den Verpflichtungen jedes Pazifisten" gehören solle.[11] Nach Überwindung der Nachkriegskrisen werde der Pazifismus eine einheitliche und geschlossene Haltung entwickeln, „um unter Zusammenfassung all der moralischen, erzieherischen, rechtlichen, wirtschaftlichen und sozialen Gesichtspunkte zu arbeiten an der Gestaltung einer neuen Welt, die unter Ausschaltung rechtloser Gewalt eine nationale und internationale Gemeinschaft aufbaut."[12]

Eduard Bernstein, nach dem Tod von Friedrich Engels (1895) neben Rosa Luxemburg und Karl Kautsky der große Theoretiker der deutschen Sozialdemokratie, vertiefte in seinem Beitrag zum Handbuch das Thema „Innere Politik". „Der bloße Verzicht auf den Krieg", schrieb er, „macht ja noch nicht den Pazifisten."[13] Und zwar deshalb nicht, weil der Pazifismus „eine Weltanschauung" sei, „die nicht nur das Verhalten der Nationen zueinander, das Austragen der nationalen Streitigkeiten, sondern auch das Verhalten der Klassen und Parteien zueinander, das Austragen der politischen und sozialen Gegensätze in neue Bahnen zu lenken strebt. Das ist nicht so aufzufassen, als ob er diese Gegensätze vertuschen und soziale Ungerechtigkeiten mit dem Mantel der christlichen Liebe bedecken wolle. Die große Mehrheit der Pazifisten gehört in der Politik den Parteien der Linken an. Sie streben nun auch in der inneren Politik nach solchen Einrichtungen für die Austragung der Gegensätze und solchen Formen des Kampfes für darauf gerichtete Forderungen, die mit der größten Wirksamkeit die größte Menschlichkeit verbinden. Und es ist noch der Beweis zu liefern, daß diese Verbindung ein unerreichbares Ideal ist und daß die Menschheit ohne sie zu einer höheren Stufe der Kultur fortentwickelt werden kann."[14]

---

10 Quidde, Ludwig, Die Geschichte des Pazifismus.In:Fabian/Lenz, Handbuch, a.a.O., S. 32.

11 Ders., a.a.O., S. 34.

12 Ders., a.a.O., S. 35.

13 Bernstein, Eduard, Innere Politik. In: Fabian/Lenz, Handbuch a.a.O., S. 151.

14 Ders., a.a.O., S. 152.

Die wirtschaftlichen und sozialen Argumente in den Beiträgen von Quidde und Bernstein wiesen deutliche Bezüge zur *Völkerbundsatzung* auf, namentlich zum Artikel XXXIIIa, der vom Standpunkt eines „dauernden Weltfriedens“ den inneren Zusammenhang zwischen Weltfrieden, sozialer Gerechtigkeit und Menschlichkeit herstellte, um daraus eine Reihe fortschrittlicher weltarbeits- und wirtschaftsrechtlicher Forderungen herzuleiten. Hierzu gehörten die Ächtung der „Arbeitskraft als bloße Ware“ und Forderungen nach „Bezahlung der Arbeiter mit einem Lohn, der ihnen [...] eine angemessene Lebensführung sichert“, den Grundsatz, gleichen Lohn „ohne Unterschied des Geschlechts für eine Arbeit von gleichem Wert“ zu verwirklichen oder nach „Annahme des Achtstundentages“.[15]

Schließlich bieten die Beiträge von Quidde und Bernstein einen anschaulichen Beleg für die These, wonach die jeweils vorherrschenden gesellschaftlichen Themen eine Gesamtrahmung für Wahrnehmung, Begründung und Akzeptanz pazifistischer Themen schaffen. Ich schlage vor, ihre beispielhaft zitierten Ausführungen als Vermächtnis zu lesen. Obwohl sie entgegengesetzte friedenspolitische Positionen repräsentierten, vertraten beide die Auffassung, der Pazifismus müsse nach einer neuen Welt, nach einer höheren kulturellen Stufe der Menschheit streben. Daraus folgte eine Einsicht, die noch immer nicht verwirklicht wurde: Pazifismus sollte als eine gesellschaftliche, staatliche und wirtschaftliche Programme integrierende Verpflichtung entwickelt werden. Wer sich für die Verwirklichung pazifistischer Positionen in Europa interessiert, sollte auf die beeindruckenden Vorarbeiten des „Handbuchs der Weltfriedensbewegung“ zurück greifen.

3. Zum Ursprung des Topos vom „demokratischen Frieden“

Bereits unmittelbar nach dem Ersten Weltkrieg mussten sich Pazifisten gegen die Kritik verteidigen, sie verlören „sich im Dunste eines edlen, aber unausführbaren Ideals“. Darauf gab der französische Gelehrte Charles Richet im selben Handbuch eine Antwort, die Pazifisten getrost in ihren Argumentationshaushalt einstellen dürfen. „Nun, ihr ernsten Männer, ihr Praktiker, ihr starken Politiker, die ihr euch nicht Utopien hingebt, ihr könnt *jetzt* mit Muße die Wirkungen bewundern, die eure Realpolitik hervorgebracht hat. Niedermetzelungen, wie man sie nie zuvor erlebt hatte, zehn Millionen Tote, zehn Millionen Verstümmelte, Kummer und Trauer bei zweihundert Millionen menschlicher Wesen vier volle Jahre hindurch, der Niedergang der Zivilisation, die Gefühle des Hasses, die Schmähungen, die Verleumdungen, der finanzielle Zusammenbruch aller Regierungen, die

---

15 Die Völkerbundsatzung. In: Fabian/Lenz, Handbuch, a.a.O., S. 326-329.

Not aller Bürger [...] das alles hat euer praktischer Geist uns gebracht." Er wisse nicht, fuhr Richet fort, „was geworden wäre, wenn in den verschiedenen europäischen Ländern die Pazifisten an gebietender Stelle gestanden hätten", aber er sei „überzeugt, dass der Erfolg ihrer Politik weniger abscheulich gewesen wäre als die Politik der ernsthaften, praktischen, tatkräftigen, hirngespinstlosen Männer. Unglückseliger hätten die Dinge nicht enden können, wenn die Friedensgesellschaften die Geschicke der Welt gelenkt hätten."[16]

Diese vernichtende Kritik muss im Zusammenhang mit den ursprünglichen politischen und ökonomischen Verheißungen des friedenspolitischen Realismus gelesen werden, den der frühbürgerliche Nationalliberalismus vertrat. Die menschenfreundliche „Utopie des aufsteigenden Nationalismus" gründete nämlich auf dem Versprechen, „nach der Beseitigung der bisher dominierenden Konfliktursachen – des monarchischen Ehrgeizes, der das Ansehen der Dynastie und des Fürstenstaates immer wieder mit dem Mittel des Krieges steigern wollte, überhaupt des kompetitiven aristokratischen Rivalitätsdenkens – die im Prinzip friedliche Welt der bürgerlichen Nationsgenossen heraufzuführen." Und ihrem „Interessenausgleich im Inneren entspreche", so die Annahme, „geradezu natürlich die friedliche Koexistenz aller Nationalstaaten, denen die Unruhefelder des fürstlichen Kräftemessens ganz und gar abgingen."[17]

Gestützt wurde die Vision einer „liberalen Friedensordnung" durch die klassische englische Ökonomie. Ihre Urheber, namentlich Adam Smith, David Ricardo und John Stuart Mill, versuchten nachzuweisen, warum sich die bürgerliche Gesellschaft von den vorangegangenen feudalen und theokratischen Gesellschaften wesentlich in dem Punkt unterschied, dass Macht nun friedlich, ohne physische Gewaltanwendung ausgeübt werden konnte. Hier genüge der Verweis auf eine entsprechende Begründung bei John Stuart Mill: „Es war vergeblich, Gefühle der Brüderlichkeit unter den Menschen nur durch moralischen Einfluss zur Geltung zu bringen, so lange nicht zugleich das Bewusstsein der Gemeinschaftlichkeit der Interessen begründet werden konnte; und dieses Bewusstsein verdankt man dem Handel. Der Handel ist es, welcher rüstig zu Werke geht, um Kriegführung in Vergessenheit zu bringen, indem er die versöhnlichen Interessen, welche in natürlicher Opposition gegen den Krieg stehen, mehr und mehr stärkt und vervielfältigt. Und weil aller Wahrscheinlichkeit nach Krieg jetzt das alleinige Ereignis ist, welches das Fortschreiten der menschlichen Entwicklung für längere Zeit wieder zurückdrängen könnte, so darf man ohne Übertreibung behaupten, dass die große und rasche Zunahme des internationalen Handels, indem sie die hauptsächliche Garantie des Weltfriedens ist, zu-

16 Richet, Charles, Der Bankrott des Krieges. In: Fabian/Lenz, Handbuch, a.a.O., S. 99.

17 Wehler, Hans-Ulrich, Nationalismus. Geschichte, Formen,Folgen,München 2001, S. 106.

gleich die große dauerhafte Sicherheit gewährt für das ununterbrochene Fortschreiten der Ideen, Staatseinrichtungen und des Charakters des Menschengeschlechts."[18]

Mit solchen Annahmen verbanden die Klassiker die Erwartung, der wirtschaftliche Liberalismus im Sinne des Laissez-faire-Konzepts, namentlich der englische, würde merkantilistische und kolonialistische Praktiken der Gewinnmacherei verdrängen und eine friedliche Weltwirtschaft etablieren, die höchstens durch begrenzten selektiven Protektionismus geregelt werden müsse. Regieren würden rationale, technokratische Industrielle und Bankiers, Profit träte an die Stelle von kolonialer Ausplünderung, Mehrwert, so glaubte man, ließe sich fortan durch rein ökonomische Mittel erzielen, und der Markt beziehungsweise die Arbeitsteilung würden sich, sobald sie erst einmal Wirklichkeit geworden seien, selbst regulieren. Macht hatte außerdem eine internationale Dimension. Der Staat solle schwach bleiben, infolge der massiven globalen Wirkungen des Industrialismus, des Kapitalismus und der Wissenschaften vielleicht sogar absterben. Und weil Europa sich transnational industrialisierte, würde es sich zwangsläufig zum Zentrum „einer Weltwirtschaft und Weltgesellschaft" entwickeln, die dem Krieg seine wesentlichen Ursachen entzogen habe.[19]

Das bürgerliche Ideal vom „liberalen Frieden", der zum Gleichgewicht der Mächte und damit zu einer friedlichen Weltordnung führe, scheiterte bekanntlich am Bürgertum selbst. Sein Nationalstaats-Konzept erwies sich angesichts der Krisenhaftigkeit des Kapitalismus als unfähig, „Probleme des innergesellschaftlichen und außenpolitischen Friedens befriedigend lösen zu können."[20] Die „Lösung" – Imperialismus[21] –, endete nicht zufällig im Ersten Weltkrieg.

Weil der „liberale Frieden" keine dauerhafte Weltfriedensordnung hervorbrachte, greifen seine Vertreter heute zwangsläufig auf historische Begründungsmuster militärischer Gewalt zurück. An diesen Zusammenhang haben Nette Fath-Lihic und Manuela Sissakis in ihrer umfangreichen „Zusammenfassung des Beitrages von Ludolf Kuchenbuch ‚Kriegsbegründungen in Vergangenheit und Gegenwart'" kürzlich eindrucksvoll bestätigt. „Wenn Kriege in der Vergangenheit begründet wurden, standen dieselben Motive zu Gebote, die auch heute überzeugend wirken: Verteidigung, Befreiung, Rechtsexekution, Friedensstiftung und allgemeines zivilisatorisches Sendungsbewusstsein gehören fest zum Repertoire. Dazu kommt die Erzeugung einer fatalistischen Grundstimmung, der Überzeugung nicht an-

18 Mill, John Stuart, Grundsätze der politischen Ökonomie nebst einigen Anwendungen auf die Gesellschaftswissenschaft, Bd. 2, Hamburg 1852, S. 35.

19 Mann, Michael, Geschichte der Macht, Bd. 3, Teil II, Frankfurt/New-York 1998, S. 153 f.

20 Wehler, a.a.O., S. 107.

21 Hobson, a.a.O., 1902, a.a.O., Wehler, 1968, a.a.O., Arend, 1970, a.a.O.

ders als so handeln zu können, zur Waffengewalt keine Alternative zu haben. [...]. Ganz gleich, ob es die Öffentlichkeit der Höfe im Mittelalter, die Öffentlichkeit der versammelten Reichsstände in der Frühen Neuzeit, die Medienöffentlichkeit der Späten Neuzeit oder schließlich unsere demokratische Öffentlichkeit ist: Stets werden die höchsten moralischen und rechtlichen Normen der Zeit bemüht, um Kriege zu rechtfertigen. So ist auch nur ein Wandel, kein Fortschritt zu verzeichnen, wenn der Krieg ehemals ein Werk Gottes war und jetzt ein Akt säkularer Nächstenliebe sein soll. [...]. Beide Begründungsmuster sind unserer Zeit nicht so fern wie vermutet, denn die Behauptung, Wahrheit und Moral auf der eigenen Seite zu haben, ist so wenig verschwunden wie die Bewunderung für charismatische Politiker, sofern ihre Rechtsbrüche Erfolg haben. Überwunden scheint die Begründung ‚Die Nation braucht es'. Wie aber sieht es aus mit dem ‚Sicherheitsbedürfnis' und dem Wunsch nach ‚Befriedung' der Welt? Als sich die Diskussion um diese Begriffe drehte, war deutliche Beklemmung zu spüren, denn sie betreffen das Kriegsdesign unserer Zeit."[22]

Auf diesem Hintergrund wollen wir jetzt über die verbreitete Annahme diskutieren, die EU-Demokratien seien bereits dauerhaft friedensfähig.

4. Auch die EU-Demokratien haben das „goldene pazifistische Zeitalter" noch vor sich

Der Rede von den friedlichen EU-Gesellschaften, die ihre historische Lektion gelernt hätten, wird kaum widersprochen. Dennoch sind Zweifel erlaubt. Denn nach dem Ende des Ost-West-Konflikts führten entweder die einflussreichsten von ihnen oder sogar alle in nur dreizehn Jahren bereits sieben Kriege: Gegen Irak 1991, in Somalia 1993, in Bosnien 1994/95, im Irak 1998 (Operation „Desert Fox"), gegen Jugoslawien 1999, gegen Afghanistan 2001 und gegen Irak 2003. In keinem Fall lag ein Selbstverteidigungsgrund vor.

Das ist ein beachtlicher Widerspruch zum vorherrschenden Selbstbild vom friedlichen Europa. War er nur einer bestimmten Konfliktkonstellation nach dem Kalten Krieg geschuldet oder verweist er eher auf einen neuen europäischen Trend in der Sicherheits- und Kriegspolitik. Einiges spricht für die zweite Annahme, denn die EU wird diesen Widerspruch noch verstetigen mit ihrer „European Security Strategy" (ESS),[23] deren Philosophie

---

22 Fath-Lihic, Nette / Sissakis, Manuela, Zusammenfassung des Beitrages von Ludolf Kuchenbuch ‚Kriegsbegründungen in Vergangenheit und Gegenwart' anlässlich der Konferenz ‘Kriegsbegründungen in der Geschichte. Strategien der Legitimierung und Legalisierung militärischer Gewalt" (Berlin 30./31.1.2004). In: Humanitäres Völkerrecht, Jg. 17, (Mai-Juli) 2/2004, S. 114 f.

23 European Security Strategy (ESS), A Secure Europe in a better World, im Internet:

sich auch im „Entwurf eines Vertrages über eine Verfassung für Europa"[24] wieder findet. Zu diesem Zweck entwarf die ESS ein eigenwilliges Bild von Europa: Die EU mit ihren 25 Mitgliedsstaaten und 450 Millionen Einwohnern produziert zirka ein Viertel des Welt-Bruttosozialprodukts, unterhält zwei Millionen Soldaten und finanziert 160 Milliarden Euro für Militärausgaben (Stand 2003). Daraus folgerte sie, die Union solle zukünftig – wegen ihrer bereits vorhandenen politischen, wirtschaftlichen und wissenschaftlichen Fähigkeiten und Möglichkeiten, und nach zügigem Ausbau ihrer militärischen Kapazitäten –, weltweit ein umfassendes sicherheitspolitisches Instrumentarium einsetzen, das zügig entwickelt werden müsse. Wer Europa und die Welt so betrachtet, der beabsichtigt einen friedenspolitischen Paradigmenwechsel, und den soll ein „erweiterter Sicherheitsbegriff" ermöglichen. Warum sich jedoch das bisherige europäische Sicherheits-Paradigma als nicht mehr haltbar erwies, wird nicht begründet. Statt dessen konstruiert die neue Sicherheitsphilosophie politische, ökonomische und ökologische Risikopotentiale mit der Absicht, sie ins klassische Konzept der militärischen Bedrohungsanalytik einzuordnen. Dadurch soll ein europäisches Sicherheitsverständnis entstehen, das die Wahrnehmung der geplanten „weltweiten Verantwortung" ideologisch rechtfertigen kann. Auf diese Weise wird ein Sicherheitsmanagement gefördert, das auf unzulässige Weise zivile „Risikopotentiale" in eine militärische Sicherheitsstrategie integriert.[25] Was aus friedenspolitischer Sicht durchaus zulässig ist, verbietet sich im Falle der EU. Warum?

- Entweder soll ein zukunftsfähiges Friedensprogramm durch seine integrierende Verpflichtung für Gesellschaft, Politik, Wirtschaft und Umwelt in Europa zu einer pazifistischen Gesellschaftsordnung führen,
- oder ein militärisches Sicherheitskonzept soll durch die Integration politischer, wirtschaftlicher und ökologischer „Risikopotentiale" eine „sichere" Zukunft gewährleisten.

Die Europäer müssen sich für einen der beiden Entwicklungspfade entscheiden, weil sie die Union nicht gleichzeitig als Vorbild für eine sozial gerechte, umweltverträgliche, nachhaltige und zivilisatorisch tragfähige Friedensordnung und als Hegemonialmacht entwickeln können. Genau dies aber suggeriert nicht nur die ESS, sondern auch der *EU-Vertrag*, der alle Mitgliedstaaten zur stetigen Aufrüstung (Art. I-40,3; III-212,1), verpflichtet, wofür das „Europäische Amt für Rüstung, Forschung und militärische Fähigkeiten" (Art. I-40,3) die nötigen Begründungen liefern soll.

---

www.uni.kassel.de/fb10/frieden/themen/Europa/strategie.html; Hauser, Gunther, Die Sicherheit Europas im Wandel transatlantischer Beziehungen, Wien 2004.

24 Europäischer Konvent, Vertrag über eine Verfassung für Europa, Brüssel 18. Juli 2003 (CONV 850/03).

25 ESS, a.a.O., S. 1.

Welche „Bedrohungs- und Sicherheitsanalysen" uns die geplante *Europäische Rüstungsagentur* auch immer präsentieren wird, der Kern der Globalisierung, die hegemoniale Struktur des trilateralen Kapitalismus (USA-Japan-EU), wird jedenfalls nicht Gegenstand solcher Analysen sein. Schließlich haben es unsere Sicherheitsanalytiker im Militär-, Wissenschafts- und Politikbetrieb mit ihren eigenwilligen Methoden zur Parametrisierung von Bedrohungsthemen noch allemal geschafft, die Verantwortung ihrer Auftraggeber für die zunehmenden Disparitäten zwischen armen und reichen Teilen der Menschheit in den außerwissenschaftlichen Datenkranz zu verbannen. Die sozio-ökonomischen Folgen ihrer Globalisierungspolitik fordern dazu allerdings auch auf: Nur „20 Prozent der Menschheit genießen inzwischen 90 Prozent der Güter; die reichsten 200 Weltbürger verfügen über ein Vermögen, das dem jährlichen Einkommen der Hälfte der Menschheit entspricht (über eine Billion US $), eine Milliarde Personen lebt im Wohlstand, eine Milliarde in grausamem Elend, vier Milliarden vegetieren am Existenzminimum."[26] Wer folglich zukünftig die wirtschaftlichen, technischen und militärischen Fähigkeiten der EU als machtpolitisches Instrumentarium einsetzen will, tut das offenbar in der Absicht, gemeinsam mit den USA und Japan eine Weltordnung aufrechtzuerhalten, deren Profiteure alle drei sind – und auf Kosten von über 80 % der Menschheit möglichst lange bleiben wollen. Die Warnung des Wirtschaftswissenschaftlers Karl Georg Zinn (RWTH Aachen) aus dem Jahr 1980, die weitere „Verelendung der Dritten Welt" führe „zu einer Intensivierung militärischer und terroristischer Auseinandersetzungen",[27] dürfte die Manager der *Europäischen Rüstungsagentur* deshalb kaum beeindrucken.

Es ist das strukturkonservative Verhältnis von Kapitalismus und politisch-militärischer Macht, die solche Daten bedingen. Dieser Strukturkonservatismus verlieh und verleit beiden ein besonderes Maß an Beharrungskraft, die den Übergang zu einer zukunftsfähigen europäischen Friedensordnung illusorisch erscheinen lässt. Er erklärt übrigens auch, warum die EU nach der Niederlage des Weltsozialismus nicht aus ihrer selbst verschuldeten Geschichte der Gewalt aussteigt – Abrüstung sowenig im Interesse der EU-Mitgliedstaaten wie in dem der USA.

> „Over two years world military spending increased by 18 per cent in real terms, to reach $956 billion (in current dollars) in 2003. High-income countries account for about 75 per cent of world military spending but only 16 per cent of world population. The combined military spending of these countries was slightly higher than the aggregate foreign debt of all low-income countries and 10 times higher than their combined levels of official development assistance in

---

26 Müller 2002, a.a.O., S. 195 f.

27 Zinn, Karl Georg, Die Kategorien ‚produktiv' und ‚unproduktiv' in der Ökonomie. In: Aus Politik und Zeitgeschichte. Beilage zur Wochenzeitung Das Parlament, 17/1980 vom 26.4.1980, S. 37.

> 2001. […]. Thus, there is a large gap between what countries are prepared to allocate for military means to provide security and maintain their global and regional power status, on the one hand, and to alleviate poverty and promote economic development, on the other.“[28]

Wenn 16 Prozent der Weltbevölkerung, wozu neben den USA die reichen EU-Mitgliedsstaaten zählen, rund 75 Prozent der weltweiten Militärausgaben bestreiten, dann verringern sie dramatisch ihre Fähigkeit, die Kosten einer dauerhaft tragfähigen Friedensordnung zu finanzieren. Ich verstehe das als Hinweis an die anderen 84 Prozent der Weltbevölkerung, dass die EU die „neue globale Partnerschaft“,[29] zu der sie sich anlässlich der *Konferenz für Umwelt und Entwicklung der Vereinten Nationen* (UNCED) 1992 in Rio verpflichtet hat, kündigen will. Zu tun wäre das genaue Gegenteil:

> „[O]ur current world is one in which military activities annually absorb an amount of economic resources corresponding to the annual income of half of the world population, while at the same time there is an enormous need for these resources to stave off poverty, hunger and preventable diseases. [...]. The overall challenges lies in how to reduce military expenditures and international arms transfers and channel the released resources into economically and socially more beneficial uses.“[30]

Vor diesem Hintergrund wird das *Europäische Amt für Rüstung* seine Argumente für zukünftige Militärprogramme nicht an verteidigungslogisch begründeten „Bedrohungslagen“ ausrichten, sondern an den Erfordernissen imperialer Interventionsfähigkeit. Auf das europäische militärische Establishment dürfte deshalb zutreffen, was der bedeutende amerikanische Wirtschaftswissenschaftler, Militärkritiker und Diplomat John Kenneth Galbraith vor über einem Jahrzehnt über das amerikanische Militärestablishment feststellte. Es „bestimmt weitestgehend die militärische Mission, die es verfolgt: Wie viele Menschen und wie viele Waffen in seinem Dienst stehen, kann es in hohem Maße selbst entscheiden. Und damit kontrolliert es im eigentlichen Sinne die Geldmittel – die effektive Nachfrage – die für seine Mission erforderlich sind. [...]. Wie die Macht großer Unternehmen einmal der Kontrolle des Marktes unterlag, unterlag die der Militärs der Kontrolle durch die demokratischen Institutionen. Der heutige Zustand sei Ausdruck einer demokratischen Willensbildung, wird uns gesagt. Der Begriff Demokratie ist eine euphemistische Umschreibung dafür, dass der militärisch-industrielle Komplex unabhängig und von eigenen Gnaden erhebli-

---

28 SIPRI 2004, appendix 10A, table 10A.1 and table 10A.3; heruntergeladen am 11.6.2004.

29 Bundesministerium für Umwelt (Hrsg.), Agenda 21: Dokumente der Konferenz der Vereinten Nationen für Umwelt und Entwicklung im Juni 1992 in Rio de Janeiro, Bonn o.J. (1992), S. 10.

30 Sköns, Elisabeth, Trends in Military Expenditure and Arms Transfers. In: Internet: www .unu.edu/millennium/skons, S. 16 f.

che Macht im Staate ausübt. Eine Autonomie, die vorwiegend ihm selbst nützt."[31] Weitsichtig sah Galbraith damals: „Und das politische Verständnis in unserer Zeit wird auch weiterhin davon geprägt sein, dass allgemeiner Konsens herrscht über Einfluss und Macht des modernen militärischen Establishments",[32] obwohl das seine Existenzberechtigung längst nur noch „aus sich selbst heraus" ableite.[33]

All das begründet Zweifel an der Versicherung, das „europäische Integrationsprojekt der letzten fünfzig Jahre" ziele „nicht nach außen, sondern nach innen." Es wolle eben „nicht, im Sinne eines Eurozentrismus älterer Prägung, der Welt seinen Stempel aufdrücken, sondern beschäftigt sich mit sich selbst." Deshalb verfehle der „Einwand, Europa-Ideen seien in der Vergangenheit fast immer expansiv, hegemonial und zerstörerisch aufgetreten", die „gegenwärtige Situation.[34]

Tatsächlich dürfte es angesichts der auch von Europa gestalteten Globalisierungsbedingungen nur eine Frage der Zeit sein, wann das Europäische Amt für Rüstung dem Europäischen Rat seine *Security Guidelines* vorlegen wird, die ihm die Kriterien für die Führung von Präventivkriegen nach US-Vorbild empfehlen. „So erzeugt der Kapitalismus ständig Krieg", urteilte Sven Papcke vor fünfunddreißig Jahren, „weil er den wirtschaftlichen und politischen Status quo der heutigen Welt verteidigt."[35]

5. Zukunftsfähiger europäischer Friede als pazifistischer Beitrag zu einer Welt ohne Krieg

Wenn sich die These von der Unfähigkeit der europäischen Demokratien, eine zivilisatorisch dauerhaft tragfähige Friedensordnung zu generieren, als haltbar erweist, dann sind noch erhebliche Bemühungen um tragfähige pazifistische Theorie-Praxis-Programme nötig. Dabei wollen wir uns nichts vormachen: „Die ökonomische und technologische Entwicklung der kapitalistischen Produktionsweise hat Funktions- und Bestandsbedingungen erzeugt, die in den Sphären von Kapitalverwertung und -akkumulation, der Reichtumsverteilung im Weltmaßstab, der Konzentration der politisch-militärischen Gewaltpotentiale [sowie] unter weitgehender Missachtung der

---

[31] Galbraith, John Kenneth, Die Herrschaft der Bankrotteure. Der wirtschaftliche Niedergang Amerikas, Hamburg 1992, S. 159.

[32] Ders., a.a.O., S. 164.

[33] Ders., a.a.O., S. 159.

[34] Frevert, Ute, Eurovisionen. Ansichten guter Europäer im 19. und 20. Jahrhundert, Frankfurt/Main 2003, S. 18.

[35] Papcke, Sven, Traditionen des imperialen Amerika. Moral als Macht. In: Bosch, Juan, Der Pentagonismus oder Die Ablösung des Imperialismus?, Reinbek 1969, S. 127.

ökologischen Erfordernisse einen Gesamtzustand bilden, der eine graduelle oder partielle Umkehr zu vernünftigen, bescheidungsfähigen, gerechteren, egalitäreren und friedfertigen Verhältnissen nicht zulässt. Die Richtigkeit und Begründbarkeit dieser These vorausgesetzt, wäre nach den Umrissen einer gesellschaftlichen Ordnung zu fragen, die den genannten Erfordernissen Rechnung tragen könnte."[36] Hinter diese Problembeschreibung sollten Pazifisten zukünftig nicht mehr zurückfallen. Aber gerade deshalb müssten sie erklären können, ob Frieden fördernde Bedingungen sich auch im Innern der europäischen Gesellschaften angeben lassen.

Beim Versuch, strukturelle Friedensbedingungen zu benennen, erweisen sich, neben den handlungsorientierten Beiträgen im Handbuch von 1922, drei jüngere UNO-Aktionsprogramme und einige überraschend selbstkritische Passagen in einem Dokument der Europäischen Kommission – sie erschienen alle zwischen 1992 und 1999 –, als sehr hilfreich. Die Rede ist von der

- *Agenda 21* der Vereinten Nationen,[37]
- der *Sevilla-Strategie* der UNESCO,[38]
- der *Erklärung über eine Kultur des Friedens und Aktionsprogramm für eine Kultur des Friedens* der UN-Generalversammlung,[39]
- sowie dem *Weißbuch* der EU-Kommission über *Herausforderung der Gegenwart und Wege ins 21. Jahrhundert.*[40]

Die pazifistisch relevanten Grundsätze und Normen der *Agenda 21* und der *Sevilla-Strategie* hat die *Erklärung* in ihre beachtlichen Vorstellungen von einer *Kultur des Friedens* übernommen. Deshalb zitiere ich im Folgenden aus dieser Quelle.

Für den *zukunftsfähigen europäischen Frieden* sind folgende Essentials der *Erklärung* beachtlich. Die UN-Generalversammlung schlägt ein Verständnis von *Kultur des Friedens* vor, mit dem wir nicht mehr nur friedensethisch, sondern auch friedensökonomisch argumentieren können. Die *Er-*

---

36 Conert, Hansgeorg, Zur Bestimmung einiger Grundmerkmale alternativer Ökonomie und Gesellschaft. In: Becker, Jens / Brakemeier, Heinz (Hrsg.), Vereinigung freier Individuen. Kritik der Tauschgesellschaft und gesellschaftliches Gesamtsubjekt bei Theodor W. Adorno, Hamburg 2004, S. 263

37 Bundesministerium für Umwelt (Hrsg.), Agenda 21: Dokumente der Konferenz der Vereinten Nationen für Umwelt und Entwicklung im Juni 1992 in Rio de Janeiro, Bonn o.J. (1992).

38 UNESCO, Biosphärenreservate: Die Sevilla-Strategie, Bonn 1996.

39 Vereinte Nationen, Erklärung über eine Kultur des Friedens und Aktionsprogramm für eine Kultur des Friedens, Resolution A/RES/53/243 der Generalversammlung vom 13.9. 1999.

40 Europäische Kommission, Weißbuch: Wachstum, Wettbewerb, Beschäftigung. Herausforderungen der Gegenwart und Wege ins 21. Jahrhundert, Luxemburg 1994.

klärung beginnt zwar mit einer vertrauten Definition. Unter „Kultur des Friedens ist die Gesamtheit der Wertvorstellungen, Einstellungen, Traditionen, Verhaltens- und Lebensweisen zu verstehen", die „auf der Achtung des Lebens, der Beendigung der Gewalt sowie der Förderung und Übung von Gewaltlosigkeit durch Erziehung, Dialog und Zusammenarbeit [...] beruhen".[41] Aber dann präsentiert sie den bedeutsamen Erkenntnisfortschritt.

- Er besagt, die „Entfaltung einer Kultur des Friedens" sei „untrennbar verknüpft mit der Förderung einer nachhaltigen wirtschaftlichen und sozialen Entwicklung."[42]
- Das heißt, Gesellschaften, die sich wirtschaftlich und sozial nachhaltig entwickeln werden, können tatsächlich eine Kultur des Friedens entfalten, während jene, die sich Alternativen zum kapitalorientierten Wachstumswahn ihrer besten aller ökonomischen Welten verbieten, weiterhin ihre Kriegskultur fördern.

Dies Thema ist uns inzwischen vertraut: Die Europäer können die EU nicht gleichzeitig als Vorbild für eine sozialgerechte, umweltverträgliche, nachhaltige und zivilisatorisch tragfähige Friedensordnung und als Hegemonialmacht entwickeln. Den inneren Zusammenhang zwischen Friedenskultur und Nachhaltigkeit sollten Pazifisten als strategisches Argument formulieren. Er fordert nämlich nichts Geringeres als eine tiefgreifende Korrektur strukturkonservativer Fortschrittsvorstellungen und Wachstumsprogramme und damit auch bisheriger europäischer Sicherheits-, Militär- und Kriegsvorstellungen. Wer gegen diese Implikationen erhebliche Bedenken hat, dem hilft ja möglicherweise eine einschlägige Selbstkritik der *Europäischen Kommission* darüber hinweg. Schlusskapitel ihres *Weißbuchs über Herausforderungen der Gegenwart und Wege ins 21. Jahrhundert* lesen wir: „Viele politische Entscheidungen in den Bereichen Besteuerung, Subventionsvergabe, Wettbewerb, Infrastruktur, Arbeitsorganisation, Bodennutzung, Stadtplanung und so weiter" waren jeweils „in bestimmten konkreten Zusammenhängen oder aber aufgrund von langfristigen Erwägungen zustande gekommen, die mit dem Ziel einer dauerhaften und umweltgerechten Entwicklung nicht mehr vereinbar sind." (sic!) In noch stärkerem Maße gelte dies für die „sektorale Politik in den Bereichen Energie, Verkehr, Industrie und Landwirtschaft, bei denen bestimmte Entscheidungen, die in den 50er oder 60er Jahren getroffen wurden, gründlich überprüft werden müssten."[43]

Deshalb hielt die *Kommission* damals den „Übergang zu einem tauglicheren Wirtschaftsmodell" für zwingend, und zwar aus sozialen, ökolo-

41 Vereinte Nationen, a.a.O., Artikel 1.

42 Vereinte Nationen, a.a.O., Art. 3, Satz g.

43 Europäische Kommission, 1994, a.a.O., S. 181 f.

gischen, aber auch pazifistischen Gründen. Würden nämlich die gegebenen industriellen Produktions- und Verbrauchsmuster in Europa „auf die ganze Welt ausgedehnt, so benötigte die Erde ein Zehnfaches der derzeit verfügbaren Ressourcen." Die „Extrapolation veranschaulicht das Ausmaß der weltweiten Verteilungskämpfe, die drohen, falls es nicht gelingt, die gegenwärtigen Trends umzukehren." Und die damit zusammenhängenden „Formen der Umweltschädigung bedrohen nicht bloß örtliche Ökosysteme, sondern auch das natürliche Gleichgewicht der ganzen Erde: Klima, Ozonschicht, Artenvielfalt."[44] Vom Übergang zu einem tauglicheren, d.h. nachhaltigen Wirtschaftsmodell kann in Europa zwar keine Rede sein, dafür wurden wir ersatzweise mit einer *Europäischen Sicherheitsstrategie* bedacht, aber dadurch wird die Selbstkritik der *Kommission* nicht hinfällig. Im Gegenteil, worauf das *Aktionsprogramm* der *Erklärung* verweist.

Danach soll „die Zivilgesellschaft [von ihrer Regierung] auf örtlicher, regionaler und nationaler Ebene einbezogen werden, um das Spektrum der Aktivitäten zugunsten einer Kultur des Friedens zu erweitern."[45] Nun ist zwar von keiner Regierung der EU-Mitgliedstaaten nach Verabschiedung der ESS zu erwarten, sie ermutigte ihre Zivilgesellschaft ausgerechnet zu vermehrten friedenskulturellen Aktivitäten, aber es wäre auch kaum erträglich, bedürfte die Zivilgesellschaft solcher amtlichen Aufmunterung.

Zum Spektrum der Aktivitäten, das die Zivilgesellschaft zugunsten einer Friedenskultur erweitern soll, äußern sich die *Maßnahmen*, mit denen eine nachhaltige wirtschaftliche und soziale Entwicklung zu fördern wäre. Das Spektrum reicht von der „Durchführung umfassender Maßnahmen auf der Grundlage geeigneter Strategien und vereinbarter Zielwerte zur Beseitigung der Armut durch nationale und internationale Anstrengungen", der „Verstärkung von Maßnahmen auf allen Ebenen zur Umsetzung einzelstaatlicher Strategien zur nachhaltigen Ernährungssicherung", über die „Stärkung der einzelstaatlichen Kapazitäten für die Durchführung von Politiken und Programmen zur Verringerung wirtschaftlicher und sozialer Ungleichgewichte innerhalb der einzelnen Staaten, unter anderem durch internationale Zusammenarbeit" bis zur „Förderung wirksamer und ausgewogener entwicklungsorientierter Dauerlösungen für die Auslandsverschuldungs- und Schuldendienstprobleme der Entwicklungsländer, unter anderem durch Schuldenerleichterung".[46]

Es geht dabei, zusammenfassend gesagt, um den Zusammenhang von gerechter Verteilung, Hunger, Gewalt und Krieg sowie die Frage nach Sinn und Unsinn von bestimmten Produktionen und der hierfür notwendigen Arbeit. Je infamer die Aneignungs- und Verteilungsstrukturen auf der Erde

---

44 Europäische Kommission, a.a.O., S. 176.

45 Vereinte Nationen, a.a.O., Aktionsprogramm, Abschnitt A, Satz 3.

46 Vereinte Nationen, a.a.O., Abschnitt B/10, Abs. a-d.

werden, desto gefährdeter ist der Weltfriede, desto schwieriger die pazifistische Arbeit.

Zivilgesellschaftliche Aktivitäten auf internationaler Ebene, die versuchen, das Spektrum der Nachhaltigkeitsaktivitäten zugunsten einer so verstandenen Kultur des Friedens zu erweitern – und umgekehrt –, beginnen erst. Beispielhaft in über 425 UNESCO-Modellregionen – Biosphärenreservaten –, in fast 100 Ländern der Erde, davon 21 in Österreich, der Schweiz und Deutschland.[47] Wo, wenn nicht dort, sollte der Übergang zu einem „tauglicheren Wirtschaftsmodell“ gelingen?[48] Hier könnten wichtige Erfahrungen mit Maßnahmen zur Entwicklung nachhaltiger wirtschaftlicher, sozialer und pazifistischer Verhältnisse gesammelt werden, die friedenskulturell rückständigen Regionen eines Tages attraktiv genug erscheinen sollten, um den inner-, europa- und weltgesellschaftlichen Übergang zu einer Kultur des Friedens mitzugestalten.

Literatur

Adorno, Theodor W., Einleitungsvortrag zum 16. Deutschen Soziologentag. In: Ders. (Hrsg.), Spätkapitalismus oder Industriegesellschaft? Stuttgart 1969.

Arend, Hannah, Imperialismus: die politische Weltanschauung der Bourgeoisie. Thomas Hobbes und der kapitalistische Markt. In: Wehler, Hans-Ulrich (Hrsg.), Imperialismus, Köln 1970.

Bernstein, Eduard, Innere Politik. In: Fabian, Walter / Lenz, Kurt (Hrsg.), Ein Handbuch der Weltfriedensströmungen der Gegenwart, Köln 1985 [zuerst Berlin 1922].

Bundesministerium für Umwelt, (Hrsg.), Agenda 21: Dokumente der Konferenz der Vereinten Nationen für Umwelt und Entwicklung im Juni 1992 in Rio de Janeiro, Bonn o.J. (1992).

Conert, Hansgeorg, Zur Bestimmung einiger Grundmerkmale alternativer Ökonomie und Gesellschaft. In: Becker, Jens / Brakemeier, Heinz (Hrsg.), Vereinigung freier Individuen. Kritik der Tauschgesellschaft und gesellschaftliches Gesamtsubjekt bei Theodor W. Adorno, Hamburg 2004.

Europäische Kommission, Weißbuch: Wachstum, Wettbewerb, Beschäftigung. Herausforderungen der Gegenwart und Wege ins 21. Jahrhundert, Luxemburg 1994.

---

47 Alle Angaben Stand Nov. 2002.

48 Krusewitz, 2001, a.a.O., S. 261-279.

European Security Strategy: A Secure Europe in a better World. In: www.uni.kassel.de/fb10/frieden/themen/Europa/strategie.html.

Europäischer Konvent, Vertrag über eine Verfassung für Europa, Brüssel 18.7.2003.

Fabian, Walter / Lenz, Kurt (Hrsg.), Ein Handbuch der Weltfriedensströmungen der Gegenwart, Köln 1985 [zuerst Berlin 1922].

Fath-Lihic, Nette / Sissakis, Manuela, „Zusammenfassung des Beitrages von Ludolf Kuchenbuch ‚Kriegsbegründungen in Vergangenheit und Gegenwart' anlässlich der Konferenz ‚Kriegsbegründungen in der Geschichte. Strategien der Legitimierung und Legalisierung militärischer Gewalt' (Berlin 30./31.1.2004). In: Humanitäres Völkerrecht, Jg. 17, Mai-Juli, 2/2004.

Frevert, Ute, Eurovisionen. Ansichten guter Europäer im 19. und 20. Jahrhundert, Frankfurt am Main 2003.

Galbraith, John Kenneth, Die Herrschaft der Bankrotteure. Der wirtschaftliche Niedergang Amerikas, Hamburg 1992.

Hauser, Gunther, Die Sicherheit Europas im Wandel transatlantischer Beziehungen, Wien 2004.

Hobsbawm, Eric, Das Zeitalter der Extreme. Weltgeschichte des 20. Jahrhunderts, München-Wien 1995.

Hobson, John Atkinson, Imperialism, London 1902.

Krusewitz, Knut, Umweltfolgen moderner Kriege: Vietnam – Irak – Jugoslawien. In: Ruprecht-Karls-Universität Heidelberg, (Hrsg.), Krieg, Heidelberg 2001.

Krusewitz, Knut, UNESCO-Biosphärenreservate als pazifistische Modellregionen. In: Österreichisches Studienzentrum für Frieden und Konfliktlösung, (Hrsg.), Friedensbericht 2001: Nach der Jahrtausendwende. Zur Neuorientierung der Friedensforschung, Münster 2001.

Krusewitz, Knut, Umweltfolgen permanenter Kriegsbereitschaft – Beziehungen zwischen militärökologischen Zyklen, Kriegsvölkerrecht und Sustainability. In: Österreichisches Studienzentrum für Frieden und Konfliktlösung (Hrsg.), Schurkenstaat und Staatsterrorismus, Münster 2004.

Mann, Michael, Geschichte der Macht, Bd. 3, Teil II, Frankfurt/New York 1998.

Mill, John Stuart, Grundsätze der politischen Ökonomie nebst einigen Anwendungen auf die Gesellschaftswissenschaft, Bd. 2, Hamburg 1852.

Müller, Friedrich, Einschränkung der nationalen Gestaltungsmöglichkeiten und wachsende Globalisierung. In: Kritische Justiz, Jg. 37, April-Juni, 2/2002.

Papcke, Sven, Traditionen des imperialen Amerika. Moral als Macht. In: Bosch, Juan, Der Pentagonismus oder Die Ablösung des Imperialismus?, Reinbek 1969.

Quidde, Ludwig, Die Geschichte des Pazifismus. In: Fabian, Walter / Lenz, Kurt (Hrsg.), Ein Handbuch der Weltfriedensströmungen der Gegenwart, Köln 1985 [zuerst Berlin 1922].

Richet, Charles, Der Bankrott des Krieges. In: Fabian, Walter / Lenz, Kurt (Hrsg.), Ein Handbuch der Weltfriedensströmungen der Gegenwart, Köln 1985 [zuerst Berlin 1922].

Schröder Hans-Christoph, Hobsons Imperialismus-Theorie. In: Wehler, Hans-Ulrich (Hrsg.), Imperialismus, Köln 1970.

SIPRI Webside, SIPRI Yearbook 2004, appendix 10A, table 10A.1 and table 10A.3.

Sköns, Elisabeth, Trends in Military Expenditure and Arms Transfers. In: www.unu.edu/millenium/skons.

UNESCO, Biosphärenreservate: Die Sevilla-Strategie, Bonn 1996.

Vereinte Nationen, Erklärung über eine Kultur des Friedens und Aktionsprogramm für eine Kultur des Friedens, Resolution A/RES/53/243 der Generalversammlung vom 13. Sept. 1999.

Völkerbundsatzung. In: Fabian, Walter / Lenz, Kurt (Hrsg.), Ein Handbuch der Weltfriedensströmungen der Gegenwart, Köln 1985 [zuerst Berlin 1922].

Wehler, Hans-Ulrich, Nationalismus. Geschichte, Formen, Folgen, München 2001.

Weller, Christoph, et al., Stellungnahme zur gegenwärtigen Situation: Aktuelle Entwicklungen und Empfehlungen. In: Christoph Weller, et al., (Hrsg.), Friedensgutachten 2004, Münster 2004

Wette, Wolfram, Probleme des Pazifismus in der Zwischenkriegszeit. In: Holl, Karl / Wette, Wolfram (Hrsg.), Pazifismus in der Weimarer Republik, Paderborn 1981.

Wette, Wolfram / Ueberschär, Gerd R. (Hrsg.), Kriegsverbrechen im 20. Jahrhundert, Darmstadt 2001.

Ziebura, Gilbert, Euroliberalismus, Renationalisierung oder eine demokratische Alternative. In: Beirat für gesellschafts-, wirtschafts- und umweltpolitische Alternativen (BEIGEWUM), (Hrsg.), Wege zu einem anderen Europa, Köln 1997.

Zinn, Karl Georg, Die Kategorien ‚produktiv' und ‚unproduktiv' in der Ökonomie. In: Aus Politik und Zeitgeschichte. Beilage zur Wochenzeitung Das Parlament, 17/1980 vom 26. April 1980

Zinn, Karl Georg Der Kapitalismus und die neue Hegemonialstellung der USA. Zur Rolle von Ökonomie, Politik und Militär zu Beginn des 21. Jahrhunderts. In: Ders., (Hrsg.), Zukunftswissen, Hamburg 2002.

UNGEHÖRTE FRIEDENSRUFE UND WARUM SIE UNGEHÖRT BLIEBEN – EINE ZEITREISE DURCH DIE FRIEDENSGESCHICHTSSCHREIBUNG

KARL-HEINZ KOPPE

Vorbemerkung

Wenn ich in meiner Vorlesung über die Geschichte der Friedensgeschichtsschreibung, über die ungehörten Friedensrufe darüber, warum sie ungehört blieben, die These vertrete, dass es mehr Friedenszeiten als Kriegszeiten gegeben hat und die Zivilisation ihre Entwicklung eben diesen Friedenszeiten und keineswegs den Kriegen verdankt, wie im Neunzehnten Jahrhundert viele Historiker und auch heute noch manche so genannten Kriegswissenschaftler meinten und meinen, und wenn ich darauf hinweise, dass mehr Menschen durch Unfälle und kriminelle Akte als durch kriegerische Gewalt zu Tode kommen, also im Unterschied zu Naturkatastrophen und natürlichen Tod, durch menschliches Handeln, dann bedeutet das nicht, dass ich Kriege, Gewalt und ihre Folgen für die Gesellschaft insgesamt und für die Betroffenen unterschätze. Jeder Krieg und jeder Gewaltakt ist zu verurteilen und nicht zu rechtfertigen. Den *iustum bellum*, den Gerechten Krieg, darf es nicht geben, schon gar nicht in Gesellschaften, die sich den Menschenrechten verpflichtet fühlen. Und wenn es zu Kriegen und Gewaltakten kommt, die sich der Kontrolle entziehen, dann muss alles geschehen, um die zu Grunde liegenden Konflikte wieder unter Kontrolle zu bekommen und gewaltfrei einer Lösung zuzuführen, auch wenn diese in vielen Fällen nur bedeutet, mit Konflikten leben zu lernen. Diesen Möglichkeiten nachzuspüren, heißt für mich Friedenswissenschaft zu betreiben, und so bitte ich, meine Vorlesung zu verstehen.

Es mutet fahrlässig und unpassend an, in diesen Tagen, Wochen und Jahren von Frieden zu sprechen. Krieg ist immer noch Realität, wie er es eh und je war. Nur hat er sein Erscheinungsbild verändert. In den fünfzig Jahren seit dem Zweiten Weltkrieg war er präsent, zumindest als Drohung, als „Kalter Krieg" und als Kleinkrieg in allen Erdteilen, Australien und Nordamerika ausgenommen, auch in Europa, in Nordirland, im Baskenland. Jetzt zeigt er sich als ein überstaatliches, ich möchte sagen „unstaatliches" Phänomen, als brutale, alle so genannten „Regeln" sprengende Gewalteruption, deren Ursachen wir erst unscharf erkennen, als Terrorismus, der von wenigen skrupellosen, vielleicht auch verzweifelten, von fundamentalistischen Ideologien manipulierten Tätern ausgeht, gelegentlich auch von Staaten als Mittel der Herrschaft, der Sicherung von Rohstoffen, vor allem Erdöl, oder einfach als Gegengewalt eingesetzt wird, wie wir auf dem Balkan, im Kaukasus, im Nahen und Mittleren Osten, in Afghanistan, vor allem zur Zeit im Irak, und seit einem halben Jahrhundert in Israel/Palästina, in Kaschmir, in Lateinamerika, in Afrika und zahlreichen anderen Konfliktregionen beobachten können. Schließlich gab es nicht nur den schrecklichen 11. September 2001, sondern auch den 11. September 1973, als mit Hilfe der CIA, also der US-amerikanischen Regierung, der demokratisch gewählte Präsident Chiles, Salvador Allende, und mit ihm etwa dreitausend Chilenen ermordet wurden, fast gleich viel, wie in den Trümmern der Welthandelstürme umkamen.

Vor diesem Hintergrund erscheint Frieden als Illusion, als Fiktion, bestenfalls als anzustrebende, aber letztlich unerreichbare Utopie. Und dennoch ist auch der Frieden präsent, viel präsenter als wir meinen. Auch Frieden ist eine Realität, die wir täglich spüren, über die wir aber nur selten nachdenken, weil Frieden eigentlich eine Selbstverständlichkeit ist.

Lassen Sie mich mit einem Zitat des amerikanischen Wirtschaftswissenschaftlers, Systemanalytikers und Friedensforschers *Kenneth Boulding* beginnen:

> „Menschliches Tun, zu buchstäblich allen Zeiten und an allen Orten, kann ziemlich genau in Tätigkeiten, die auf Krieg gerichtet sind, und Tätigkeiten, die nicht auf Krieg gerichtet sind, unterteilt werden. Letztere, die man auch ‚allumfassenden Frieden' nennen kann, besteht aus den meisten wirtschaftlichen Tätigkeiten – pflügen, säen, ernten, Waren produzieren, kaufen und verkaufen. Dieser Frieden umfaßt auch einen großen Teil künstlerischen Tuns: musizieren, tanzen, erziehen, fast alles, was sich in der Familie abspielt und so weiter. In der modernen Welt sind nur grob 10 bis 15 Prozent des menschlichen Tuns auf Krieg und Vorbereitung von Krieg gerichtet; und etwa 85 bis 90 Prozent auf ‚Nicht-Krieg' oder ‚allumfassenden Frieden'. (...) Dessen ungeachtet haben Historiker einen unverhältnismäßig großen Teil ihrer Forschung und Veröffentlichungen dem Krieg gewidmet. Das liegt wahrscheinlich daran, dass Krieg dramatischer und folglich oft besser dokumentiert ist als das ‚gewöhnliche Alltagsleben'." [1]

Wer die Debatten über Gewalt sowohl in den inner- wie auch zwischengesellschaftlichen Beziehungen verfolgt, gewinnt in der Tat den Eindruck, als sei Gewalt des Menschen Schicksal, vor allem in den zwischengesellschaftlichen Konflikten, die wir seit der Antike mit dem Begriff „Krieg" bezeichnen. Das wird vor allem in unseren Geschichts- und Schulbüchern

---

1 Alle nachfolgend herangezogenen Zitate und Quellen sind nachgewiesen in: Karlheinz Koppe, Der vergessene Frieden. Friedensvorstellungen von der Antike bis zur Gegenwart, Opladen 2001.

deutlich, die nach wie vor in erster Linie eine Abfolge von Herrschaftskonflikten und Kriegen vermitteln. Über Friedenszeiten, die für die Entwicklung von Zivilisationen von entscheidender Bedeutung waren und sind, wird in der Regel, wenn überhaupt, nur kurz hinweggegangen. Das Gleiche gilt für die Medien.

Die Gründe für die unterschiedliche Behandlung von Kriegs- und Friedensereignissen in den Geschichtsbüchern und Medien sind schnell zu diagnostizieren: Sie liegen in dem hohen Aufmerksamkeitswert, den Krieg, Gewalt und Katastrophen nun einmal genießen.

Typisch für den Umgang mit Frieden und Krieg dürfte der amerikanische Historiker *Homer Lea* sein, der im Jahr 1909 berechnet hatte, dass es in den vorangegangenen 3.400 Jahren nur 234 Jahre ohne Krieg gegeben habe. Selbst das ist zu bezweifeln, denn sicherlich hat es auch in diesen 234 vermuteten Friedensjahren irgendwo auf der Welt Kriege gegeben, von denen Lea nur nichts gewusst hat. Aber es waren nicht alles Weltkriege, sondern in der Regel kleine Kriege irgendwo, die einen Bruchteil der Weltbevölkerung betrafen, die meisten Menschen lebten in Frieden.

Das hatte bereits der *Bischof von Hippo, Augustinus* (354–430), erkannt, als er feststellte: „So wie Leben ohne Schmerz, nicht aber Schmerz ohne Leben vorstellbar ist, gibt es zwar Frieden ohne Krieg, aber keinen Krieg ohne Frieden.“

Wäre dem nicht so, dann hätte der Mensch wahrscheinlich nicht überlebt, zumindest nicht seine Zivilisation, denn diese ist kein Ergebnis von zerstörerischer Gewalt, sondern die Folge friedlicher Gestaltung. Ein Beleg dafür ist die Feststellung, dass nach dem Niedergang des (West-)Römischen Reiches und der wieder auflebenden Kriegsgewalt im 5. Jahrhundert die zivilisatorischen Errungenschaften (Kanalbauten, Bäderkultur, Hausbau, Ackerbau) für Jahrhunderte in Vergessenheit gerieten und eine neue Entwicklung erst wieder mit der Renaissance und der Neubegründung eines zunächst nur fürstlichen und später nationalen Gewaltmonopols einsetzte.

Was bedeutet in diesem Zusammenhang die andere, weitgehend verdrängte Beobachtung, dass es in Europa während des genannten Zeitraums vom Beginn des 19. Jahrhunderts bis heute, also im Verlaufe von rund 200 Jahren, mehr Friedensperioden als Kriegszeiten gegeben hat, nämlich 45 Jahre Krieg (den Kalten Krieg nicht eingerechnet, wohl aber 15 Jahre Krieg auf dem Balkan) und 155 Friedensjahre, die eine Voraussetzung für die Entfaltung des modernen Industriezeitalters waren?[2] Hinzu kommt, dass die meisten Regionen Europas von den kleineren Kriegen kaum berührt wurden. Richtig ist freilich auch, dass in diesen wenigen Kriegsjahren häufig das zerstört wurde, was in den zahlreicheren Friedensjahren geschaffen

---

2 Siehe hierzu das Schaubild im Anhang.

wurde und die Folgen der Kriege noch Jahrzehnte lang nachwirkten: zerstörte Familien, vernichtete Existenzen, Verwundete, von den Millionen Toten ganz zu schweigen.

Vielleicht gibt es aber auch eine ganz andere Erklärung für die einseitige Berichterstattung über Krieg, nämlich das Phänomen, das seit dem Zweiten Golfkrieg mit CNN-Effekt bezeichnet wird (CNN – *Cable News Network*, dem es erstmalig gelang, die Kriegsereignisse am Golf in Realzeit zu übertragen, das heißt direkt vom Schlachtfeld ins Wohnzimmer): die möglichst augen- und zeitnahe Berichterstattung über Massaker, Katastrophen und Kriege, wobei sie auf Darstellungen, Verläufe und Informationen angewiesen sind, die ihnen Regierungen und Militärs überlassen. Diese Form der Berichterstattung hat eine verhängnisvolle Wirkung: Auf der gnadenlosen Jagd nach Leser-, Hörer- und Zuschauerquoten zögern die Medien nicht, sich einerseits in den Dienst politischer Akteure zu stellen und andererseits Fakten zu übertreiben, zu unterdrücken und zu verfälschen, so dass sich Informationsinteressen der Akteure und Eigeninteressen der Medienmacher wechselseitig verstärken.

Diese Form indirekter Gewalt macht sich das Interesse vieler Menschen am Sensationskitzel ebenso wie die neuen Medientechnologien zu Nutze. Krieg und Gewalt, je brutaler und grausamer, sind in diesem Verständnis „berichtenswerte“ – oder, wie *Dieter Senghaas* sagt, „aufmerksamkeitsfressende“ – Ereignisse.

So neu freilich ist diese Erkenntnis nicht. Kriege waren stets attraktiver und aufregender als friedliche Ereignisse. *Karl Kraus*, der österreichische politische Satiriker, hat das in einem Korrespondentenbericht für die Wiener Freie Neue Presse über den Beginn des Ersten Weltkriegs in Bosnien sarkastisch zum Ausdruck gebracht: *„Gott, so ein Krieg is' was Interessantes“*. Für die Mehrzahl der Menschen dürften Angst und die Sorge, selbst Opfer von Gewalt und Krieg zu werden, das tragende Motiv sein, das sie den Krieg in den Medien mit so großer Aufmerksamkeit verfolgen lässt. Für viele Menschen kommen sicherlich das Erschrecken vor der brutalen Gewalt und das Mitleiden mit den Opfern hinzu.

Dieses durch die Geschichte hindurch zu beobachtende Spannungsverhältnis zwischen Friedenszustand und Störung dieses Zustandes durch Krieg und Gewalt kann freilich auch anders interpretiert werden: *Frieden ist der Normalzustand im Zusammenleben von Menschen, der als selbstverständlich hingenommen wird, er bedarf deshalb keiner besonderen Aufmerksamkeit und keiner exklusiven Berichterstattung.*

Natürlich hat es immer Gewalt in der Welt gegeben, wahrscheinlich in der vorgeschichtlichen Zeit mehr als in der organisierten Staatenwelt, Gewalt, mit der umzugehen die Gesellschaft lernen muss. Vollständiger Frieden bleibt unerreichbar, Frieden ist lediglich eine Zielvorstellung, der wir uns annähern können, ohne sie jemals voll zu verwirklichen, der wir uns freilich im Interesse des Überlebens auch immer annähern müssen. Mit anderen Worten: Friedensschaffung ist ein gesellschaftlich gebotener immerwährender Näherungsprozess.

Und weiter ist richtig, dass es immer Aggression auch ohne offene Gewalt (strukturelle und kulturelle Gewalt, den Ausdruck hat *Johan Galtung* geprägt) gegeben hat und noch heute gibt, unter der Menschen leiden (Ausbeutung, Unterdrückung, Rechtsverweigerung, Würdeverweigerung). Und schließlich ist weiter richtig, dass das Ausmaß von Gewalt zu verschiedenen Zeiten und an verschiedenen Orten unterschiedlich war und unterschiedlich bleibt. So gab und gibt es Regionen, in den ununterbrochen Krieg herrschte, wie etwa in Eritrea, aber zugleich sehr viele andere und größere Regionen, in denen ebenso ununterbrochen über Jahrzehnte hinweg Frieden herrschte, wie in Nordamerika und in der Nordischen Staatenwelt

Andererseits dürfen die zahlreichen Völkermorde (Genozide) nicht verschwiegen werden. Ein solcher Vorgang war ohne Zweifel die *Reconquista* (Wiedereroberung) der iberischen Halbinsel. Die tolerante Kultur Andalusiens, das sogenannte Goldene Zeitalter unter der Herrschaft muslimischer Kalifen, die zwar selbst ihre Machtinteressen in Kriegen austrugen, aber Muslimen, Juden und Christen einen großen Raum für höchste kulturelle und zivilisatorische Leistungen ließen, interessierte die christlichen Herrscher nicht. Für sie waren allein Machtausweitung, Landnahme und Tötung Andersgläubiger wichtig. Der damit verbundene Niedergang an Zivilisation wurde nicht nur hingenommen, er war beabsichtigt: Die bei Juden und Arabern wie zuvor schon bei Griechen und Römern gepflegte Badekultur galt als Indiz für ein insgeheimes Bekenntnis zur jüdischen beziehungsweise muslimischen Religion, das von den Inquisitoren gnadenlos verfolgt wurde: *Ein gottesfürchtiger Christ badet nicht.* Manchmal auch heute noch, habe ich mir sagen lassen.

Ähnliches ist für die *Conquista* (Eroberung) der neu entdeckten Kontinente im fernen Westen festzustellen, die mit der Entdeckungsreise des *Christoph Columbus* just im gleichen Jahr 1492 begann, in dem die *Reconquista* mit dem Fall Granadas ihr blutiges Ende gefunden hatte: Binnen der folgenden achtzig Jahre kamen neunzig Prozent der Ureinwohner der so genannten „Neuen Welt“ um, weniger durch die überlegenen Waffen der Eroberer als vielmehr durch eingeschleppte Krankheiten und Vernichtung ihrer traditionellen Existenzgrundlagen. Ähnliches geschah den Ureinwohnern Australiens bis vor noch nicht allzu langer Zeit.

Der erste große Völkermord (Genozid) der neueren Geschichte war mit hoher Wahrscheinlichkeit die Vernichtung von geschätzten 1,3 Millionen Armeniern in der Türkei in den Jahren 1915 bis 1923. Der zeitlich längste und in seiner Art einmalige Völkermord wurde an den Juden seit dem Ende des (West-)Römischen Reiches, später durch die Inquisition vor allem in Spanien und Pogrome in Russland und schließlich durch die ideologisch motivierte und gezielte Ermordung der europäischen Juden während der Naziherrschaft (*Holocaust/Shoa*) begangen.

Nicht richtig dürfte dagegen die Annahme sein, dass Menschen zu jeder Zeit nur darauf aus gewesen seien, sich gegenseitig aus Neid, Lust oder Machtgier umzubringen. In Analogie zu den Überlegungen von *Boulding* kann davon ausgegangen werden, dass nur wenige Menschen bereit sind, ihre potenzielle Aggressivität in offener, zerstörerischer Gewalt auszuleben, was noch lange nicht bedeutet, dass sie dies auch wirklich tun. Der Prozentsatz derer, die tatsächlich kriminelle (Raub, Mord, Vergewaltigung) oder politische (Folter, Krieg) Gewalt ausüben, dürfte noch geringer sein. Es gibt sie auch in demokratischen Gesellschaften, wie die Folterung irakischer Gefangener durch US-Soldaten im Irak belegen.

Das Verhältnis von Kriegstoten zur Gesamtbevölkerung, das für den Stellenwert des Krieges in der Gesellschaft bezeichnend ist, kann durch einen Vergleich erläutert werden: Seit 1945 wurden etwa 25 Millionen Personen durch direkte militärische Kampftätigkeit getötet (davon 90 Prozent Zivilisten), das sind im Jahresdurchschnitt ca. 500.000 Menschen (0,008 Prozent der heutigen Weltbevölkerung). Zur Zeit werden ebenfalls jährlich etwa 500.000 Personen durch Kraftfahrzeuge zu Tode gebracht, ohne dass dieser Genozid auch nur annähernd eine ähnliche Beachtung in den Medien und in der Öffentlichkeit findet. Gegen diesen Vergleich kann eingewandt werden, dass es sich im ersten Fall um organisierte kollektive Gewalt handle, im zweiten Fall dagegen um individuelle Vorgänge, nämlich Unfälle mit Todesfolge. Und wer diesem Vergleich nicht zuzustimmen vermag, sollte an die Millionen Kinder denken, die jährlich Hungers sterben, also an unterlassene Hilfeleistung, auch ein Genozid, den die reichen Gesellschaften durchaus abwenden könnten.

Die Menschheit ist also keineswegs „zur Aggression verdammt", wie *Herbert Selg* in einer von ihm herausgegebenen Studie nachweist. Gesellschaftliche Beziehungen sind sehr viel mehr durch etwas ganz anderes geprägt, nämlich Vertrauen. Der Soziologe *Niklas Luhmann* schreibt dazu:

> „Vertrauen im weitesten Sinne eines Zutrauens zu eigenen Erwartungen ist ein elementarer Tatbestand des sozialen Lebens. Ohne jegliches Vertrauen könnte (ein Mensch) morgens sein Bett nicht verlassen. Unbestimmte Angst, lähmendes Entsetzen befielen ihn."

In der Tat gäbe es ohne Vertrauen keine organisierte Gesellschaft, unsere Zivilisation hätte sich nicht entwickeln können. Vertrauen ist ebenso wie Nahrung, Wohnung und Bildung ein Grundbedürfnis des Menschen und damit eine entscheidende Voraussetzung für die Gestaltung erträglicher menschlicher und gesellschaftlicher Beziehungen und damit die entscheidende Voraussetzung für die Gestaltung und Wahrung von Frieden und Sicherheit.

Zwar ist umstritten, ob die Fähigkeit des Menschen seinesgleichen zu töten, die *Thomas Hobbes* mit den Worten *homo homini lupus*, (der Mensch ist des Menschen Wolf) beschrieben hat, in ihm biologisch oder kulturell angelegt ist. Doch die meisten Menschen tragen in sich eine biologische Tötungshemmschwelle, die überwunden werden muss, damit sie überhaupt bereit werden, Mitmenschen zu töten. Um das zu erreichen, wurde in Soldaten oder Kämpfern zu allen Zeiten – zuletzt auf amerikanischer Seite im Golfkrieg – mit Alkohol, Drogen oder mit psychologischem Druck ein „Killerinstinkt" geweckt, wie *General Schwarzkopf* am Vorabend des Gegenangriffs (*Desert Storm*) im Zweiten Golfkrieg in einer Ansprache erklärte. Den Übersetzern des Buches von Schwarzkopf bereitete das Wort „Killerinstinkt" offensichtlich Bauchschmerzen. Sie versuchten, es mit einer A.d.Ü. abzumildern:

> „To kill, töten, ist auch der übliche militärische Fachausdruck für abschießen und ausschalten."

In diesem Licht erscheint die Forderung des amerikanischen Politologen *Samuel Huntington,* sich in einem bevorstehenden „Kampf der Kulturen" mehr denn je auf Krieg vorzubereiten, als Fortsetzung oder sogar Überhöhung der These vom Krieg als Schicksal der Menschheit. Um so müßiger – weil aussichtslos – wäre dann das Bemühen um eine Kultur des Friedens.

In der Tat scheint die These vom Kampf der Kulturen von einem Kulturbegriff auszugehen, der den Krieg im Clausewitz'schen Verständnis als „Fortsetzung der Politik mit anderen Mitteln" nach wie vor als allgegenwärtiges und unverzichtbares Mittel der politischen Auseinandersetzung begreift. Der französische Kulturphilosoph *Michel Foucault* hat in besonderer Weise zu einer „Entgrenzung" des Kriegsbegriffes beigetragen, indem er schlechthin jeden Diskurs, jegliche Form von Auseinandersetzung, als Krieg begreift:

> „Der Krieg ist der Motor der Institutionen und der Ordnung. (...) Wir haben tatsächlich Schlachtenforscher zu sein, weil der Krieg nicht zu Ende ist (...) und wir zum Ende des Kriegs nur gelangen können – nicht indem wir eine Befriedung einklagen, sondern indem wir die Sieger sein werden."

Ähnlich argumentiert ein anderer Sicherheitsexperte, *Hans Speier*, der den Krieg zur unverrückbaren Konstante erhebt:

> „Weder die Abschaffung des Kriegs noch die Etablierung eines Weltstaats (...) ist menschenmöglich."

Mit diesem Bekenntnis bleibt *Speier* keine andere Option, als den Frieden im Krieg selbst zu verankern, will er ihn als Begriff nicht aufgeben. Diese Sichtweise hat auch der französische Philosoph *André Glucksmann* in seinem Buch „Krieg um den Frieden" aufgegriffen. Er unterscheidet sich von Huntington insofern, als er den Krieg nicht als Mittel der Verteidigung westlicher Kultur, sondern zur Wahrung von Menschenrechten versteht.

Ungeachtet dieses Unterschieds verschreiben sich beide der ethischen Rechtfertigung des Krieges, der um des Friedens willen, wenn nicht geführt, so doch stetig vorbereitet werden müsse. Wie stark die Kriegskultur wieder um sich greift, zeigt auch *Cora Stephan* mit ihrem Buch „Das Handwerk des Krieges", in dem sich die Autorin gegen die Ächtung des Krieges ausspricht, denn

> „Die Ächtung des Krieges sorgt höchstens dafür, dass er sich um so regelloser entwickelt."

Ähnlich argumentiert auch der israelische Militärexperte *Martin van Creveld* in seiner Publikation „Die Zukunft des Krieges":

> „Der großangelegte konventionelle Krieg – der Krieg, wie er immer noch von den heutigen militärischen Großmächten verstanden wird – mag tatsächlich in den letzten Zügen liegen; der Krieg selbst, der Krieg als solcher hingegen, erfreut sich bester Gesundheit und steht kurz vor dem Eintritt in eine neue Epoche."

Das Stichwort „Frieden" taucht in dem ansonsten sehr ausführlichen Sachregister seines Buch überhaupt nicht auf.

Auch andere Autoren haben den Krieg als Gegenstand der Literatur wieder entdeckt. Sie sind nicht unbedingt „Bellizisten", die den Krieg ethisch rechtfertigen wie *Foucault, Speier, Huntington, Glucksmann*, *van Creveld* und *Stephan*. Die meisten sind sogar ausgesprochen „kriegskritisch", aber sie stellen den Krieg in einer Weise in den Mittelpunkt, dass Frieden kaum noch Erwähnung findet. So erweckt *Gabriel Kolko* mit seinem Buch „Das Jahrhundert der Kriege" den Eindruck, als habe das 20. Jahrhundert ununterbrochen in Flammen gestanden. Allerdings kommt er dabei zu einer überraschenden Erkenntnis, wenn er schreibt:

> „Die Kriegsbereitschaft der Staatsmänner Europas lässt, ebenso wie die von den verfeindeten Generälen geteilte Illusionen über die Dauer und Folgen des Kriegs, grundsätzlich daran zweifeln, ob Klugheit und Einsicht nach der Jahrhundertwende überhaupt noch eine Rolle spielten."

Wenn es auch richtig ist, dass der Austrag militärischer Gewalt seit Ende des Zweiten Weltkriegs andere, neue Formen angenommen hat, so übersehen diese Autoren sowohl die Existenz und Wirkung von Friedenszeiten als auch die deutlich erkennbare Abnahme des militärischen Geschehens, sicher nicht kontinuierlich, eher vergleichbar der Echternacher Springprozession: Drei Schritte nach vorn, zwei Schritte zurück. Das primitive Faustrecht wurde erst durch den Gottesfrieden, dann durch den Landfrieden und das Kriegsvölkerrecht und schließlich durch die internationale Ächtung des Krieges in der Charta der Vereinten Nationen abgelöst.

Das bedeutet, dass die Gesellschaft keineswegs so von der Kriegskultur durchdrungen ist, wie es den Anschein hat. Friedensentwürfe, gewissermaßen der erste Schritt zur Friedenskultur, sind mindestens ebenso alt wie die

Zeugnisse der Kriegskultur. Sie waren stets ein Widerspruch zu den Kriegsplänen der jeweiligen Herrscher. Sie dürften auch nicht ohne Einfluss gewesen sein. Die Forschung darüber steckt noch ganz in den Anfängen. Nach allem, was wir wissen, gab es sogar eine tausendjährige Kultur, die ohne Krieg auskam, die Induskultur. Sie ging an der Zerstörung ihrer Umwelt zu Grunde, nachdem sie entscheidende zivilisatorische Leistungen, wie Wasserregulierung und Ackerbau, an andere Kulturen weitergegeben hatte. Und schon vor 3.300 Jahren erkannte *Hammurabi von Babylon* Gerechtigkeit als Voraussetzung friedlichen Zusammenlebens und erließ in Stein gehauen ein Gesetzeswerk mit unverkennbar friedensgesellschaftlichen Zügen.

Etwa um 500 Jahre vor unserer Zeitrechnung erklärt *Lao Tse* schlicht und einfach: „Waffen sind Instrumente des Unheils“ und „Unter allen Dingen sind Soldaten Werkzeuge des Bösen, den Menschen verhasst.“ Er kann als der erste namentlich bekannte Pazifist gelten.

Worte aus dem Tao Te King

Wenn du jemals einen Führer dieser Welt im Sinne des Weges beraten solltest,
dann sag ihm, daß er die Welt nie durch Waffengewalt einschüchtern darf,
denn das könnte auf ihn zurückfallen.

Wo ein Kriegsheer lagerte, blühen nur noch Dornbüsche;
auf einen langen Krieg folgen schlechte Jahre.

Der Gute siegt, und damit ist es genug, aber er wagt nicht,
durch Waffengewalt einzuschüchtern; er siegt, aber er prahlt nicht ;
er siegt, aber er ist nicht hochmütig; er siegt, aber nur, wenn es nicht anders geht;
er siegt, aber er wendet nur soweit nötig Gewalt an.

Wenn das Starke dem Schwachen Gewalt antut, so heißt das: es stellt sich gegen den Weg. Was sich gegen den Weg stellt, wird sehr bald zu Ende gehen. (30)

Waffen sind Instrumente des Unheils und werden von allen Geschöpfen gehaßt.
Wer dem Weg folgt, besteht deshalb nicht auf ihrem Gebrauch.

Der Edle bevorzugt die linke Hand, wenn er zu Hause ist,
aber die rechte, wenn er in den Krieg zieht.
Waffen sind Instrumente des Unheils und nicht die Instrumente des Edlen.
Ist man gezwungen, sie zu gebrauchen,
so ist es am besten, wenn man keinen Gefallen daran findet.

Ein Sieg ist kein Grund für laute Freude; wer sich dennoch über einen Sieg freut,
der hat auch Freude am Töten von Menschen. Wer Freude hat am Töten von Menschen, kann sein Ziel in der Welt nicht erreichen.

Bei Freudenfesten ist der Ehrenplatz links, bei Trauerfeiern ist er rechts; bei der Armee steht der Leutnant links und der General rechts.

Das bedeutet: ein Krieg ist vergleichbar mit einem Begräbnis. Wenn viele Menschen getötet werden, solle man sie mit Tränen des Mitleids beweinen. Aus diesem Grund läßt sich ein Sieg im Krieg mit einem Begräbnis vergleichen. (31)

Ein guter Soldat sucht die Gewalt nicht; ein guter Kämpfer wird nicht wütend; ein guter Sieger rächt sich nicht; ein guter Arbeitgeber bleibt bescheiden. Das ist die Tugend des Nicht-Streitens; das heißt: die Kunst, andere zu führen; das heißt: mit dem Himmel im Einklang sein. (68)

In der Kriegführung kennt man folgende Taktik:
ich mache nicht den ersten Schritt zum Angriff,
sondern warte ab wie ein Gast;
ich wage nicht, einen Zoll vorzurücken, sondern weiche einen Fuß zurück.

Das heißt: vorwärts gehen ohne Straße, die Ärmel hochkrempeln,
ohne den Arm zu zeigen, den Feind überwältigen, ohne anzugreifen,
stark sein, ohne Waffen zu gebrauchen.

Es gibt kein größeres Unglück, als den Feind zu unterschätzen.
Wer den Feind unterschätzt, verliert seine größten Schätze.

Darum gilt: Wenn zwei Parteien die Waffen gegeneinander erheben,
siegt diejenige, die es schweren Herzens tut.

(LAO TSE)

Einhundert Jahre später wehrt sich der Philosoph *Mo Tse* dagegen, dass ein Einzelner, wenn er einen Menschen tötet, bestraft werde, wenn aber im Kriege viele Soldaten viele Menschen töten, die Soldaten gerühmt und geehrt würden.

Mo Tse: Verdammung des Angriffskrieges

Das Töten eines Menschen gilt als ungerecht, und es steht darauf eine Todesstrafe. Führen wir diese Erwägung weiter, dann ist die Tötung von zehn Menschen eine zehnfache Ungerechtigkeit und sollte mit zehn Todesstrafen geahndet werden, und die Tötung von hundert Menschen ist eine hundertfache Ungerechtigkeit und verdient hundert Todesstrafen. Die Edelen des Reiches verstehen das sehr wohl und nennen es Ungerechtigkeit. Kommen wir nun aber zu der Ungerechtigkeit im Großen, nämlich dem Angriff auf einen Staat, dann verurteilen sie diese nicht mehr, im Gegenteil, sie rühmen sie und nennen sie gerecht. Da haben wir einen Mann, welcher, wenn er etwas Schwarzes sieht, es schwarz nennt, sieht er dagegen viel schwarz, so nennt er es weiß. Wir werden von einem solchen annehmen, daß er den Unterschied zwischen weiß und schwarz nicht kennt. Ein anderer kostet etwas Bitteres und nennt es bitter, wenn das Bittere aber in größeren Mengen vorhanden ist, so nennt er es süß. Von einem solchen Menschen wissen wir, daß ihm der Unterschied zwischen süß und bitter

> unbekannt ist. Wenn nun jemand ein geringes Unrecht kennt und es verurteilt, dagegen ein großes Unrecht wie das Bekriegen eines Staates nicht erkennt und verurteilt, es vielmehr preist, können wir dann wohl von ihm behaupten, daß er sich des Unterschiedes zwischen Recht und Unrecht bewußt ist? So sehen wir denn, daß die Edelen des Reichs das Unterscheidungsvermögen für Recht und Unrecht verloren haben.

Ebenfalls um 500 vor unserer Zeitrechnung formulierte in Indien *Siddharta Gautama (Buddha)* Gewaltfreiheit (*ahimsa*) als allgemeine Verhaltensregel, was freilich später buddhistische Mönche nicht daran hinderte, kräftig in Kriegen mitzumischen und auch selbst zu den Waffen zu greifen. Der japanische Zen-Buddhismus verband sich mit den Idealen der Samurai zum *Bushido* (Kriegerweg), der Treue, Ehre, Waffentüchtigkeit, Todesverachtung, Selbstdisziplin und Güte gegenüber Schwachen und Armen einforderte und den so genannten preußischen Tugenden verblüffend ähnelte.

Für den Mittelmeerraum/Europa sind seit der Antike ähnliche friedenskulturelle Ansätze bezeugt. Dabei ging es weniger darum, den Krieg als solchen abzuschaffen, als vielmehr seine Auswirkungen einzudämmen und vor allem inneren Frieden herzustellen. Das galt in besonderer Weise für die sich unaufhörlich bekämpfenden griechischen Stadtstaaten. Diese Erfahrung dürfte *Heraklit* (um 550–480) vor Augen gestanden haben, als er den Satz prägte, dass Krieg/Streit (πολεμος / *polemos*) der „Vater aller Dinge" sei und *eirene* (ειρηνη), das griechische Wort für Frieden, nur die Ruhe, die Pause im Streit bedeute. Wörtlich lautet der Ausspruch des Heraklit, der nur fragmentarisch überliefert ist:

> „Krieg (Streit) ist von allem der Vater, von allem der König, denn die einen hat er zu Göttern, die anderen zu Menschen, die einen zu Sklaven, die anderen zu Freien gemacht."

Heute besteht weitgehende Übereinstimmung darüber, dass *Heraklit* unter *polemos* den Inbegriff der sich bewegenden Gegensätze gemeint hat. Mit der einseitigen Übersetzung des Begriffes *polemos* mit Krieg wurde mehr Unheil denn Klarheit geschaffen. Im 19. und bis weit ins 20. Jahrhundert hinein diente dieser Satz der Verherrlichung des Krieges und der Heroisierung des Soldatentodes. Er hat ganze Generationen verführt, im Krieg eine Erfüllung ihres Lebens zu sehen.

Thukydides (um 460–405), der mit seiner Chronik des „Weltkriegs" seiner Zeit, des Peloponnesischen Krieges, die rationale, an Fakten orientierte Geschichtsschreibung begründete und den Krieg als Spiegel von Götterkämpfen ablehnte, beschreibt als erster den Rüstungswettlauf und die „Herrschsucht, die sich in Habgier und Ehrgeiz äußert" als auslösende Momente des Kriegsgeschehens, Überlegungen, die auch heute noch ihren Sinn haben. Sein „Kriegsbericht" hat nichts mehr von den Lobpreisungen der homerischen Helden.

Für *Platon* ist umfassender Frieden (κοινη ερηνη / *koine eirene*) die vorrangige Aufgabe des Staates, der Polis (πολιτεια / *politeia*). Allerdings möchte Platon diesen Frieden nur nach innen gesichert wissen, nach außen – gegen die Barbaren, also gegen alle Nicht-Griechen – soll der Staat stark sein und Krieg führen.

Aristoteles, Schüler des Platon, setzte diese Gedanken fort und dehnte sie auf die „Barbaren" aus, insofern er Herrschaft über – und damit Krieg gegen – andere Staaten als Unrecht brandmarkte, aber dessen ungeachtet starke Verteidigungsmaßnahmen befürwortete. Auf ihn geht die Forderung zurück, dass Ziel jeden Krieges stets der Friede sein müsse, eine Formel, die geradezu den Missbrauch durch Gewaltherrscher provoziert: Napoleon, Lenin/Stalin, Hitler – sie alle verkündeten, dass sie Krieg um des Friedens willen führten, freilich um eines Friedens nach ihren Vorstellungen. Das gilt in gewisser Hinsicht auch für *George Bush*: Krieg gegen Saddam Hussein bedeutet Frieden im Nahen Osten. Letztlich bewirkt diese Formel eine Sprachverwirrung, in der die Begriffe Frieden und Krieg sich vermischen. *George Orwell* hat in seinem Roman „1984" beschrieben, bis zu welcher Perversion ein totalitärer Diktator, in diesem Falle der „Große Bruder", sich versteigen kann, der die Staatspartei proklamieren lässt: „Krieg bedeutet Frieden." Heute ist es *George Bush junior*, der Krieg gegen den Irak um des Friedens willen forderte und in seinen Begründungen nicht wählerisch war. In der Tat waren alle Kriegsgründe, wenn nicht gelogen, so zumindest nicht gegeben: Saddam Hussein hatte keine Massenvernichtungswaffen, und die CIA wusste das, es gab auch kein Zusammenwirken zwischen *Saddam* und *Osama bin Ladens* Al Qaida.

Die Christen waren bis Ende des 2. Jahrhunderts dem Gewaltfreiheitsgebot ihres Religionsstifters *Jesus von Nazareth* gefolgt, doch mit Anerkennung des Christentums im 4. Jahrhundert begannen sie schnell, den Krieg als Mittel der Ausrottung von Nichtchristen und Häretikern sowie der Erweiterung von Macht nicht nur zu befürworten, sondern in höchsten Tönen zu loben. „Von der Kirche der Pazifisten zur Kirche der Feldpfaffen" betitelt *Karlheinz Deschner* das entsprechende Kapitel seiner „Kriminalgeschichte des Christentums". Der bereits erwähnte Bischof von Hippo, *Augustinus*, wurde in Anlehnung an die Stoiker und insbesondere an *Cicero* zum Protagonisten des „gerechten Krieges", sofern die Sache gerecht war (*causa iusta*), die Intention sittlich richtig (*intentio recta*) erschien und die Verantwortung bei einem legitimen Fürsten (*legitima potestas*) lag. Nach letzterem Prinzip haben katholische Bischöfe während der NS-Herrschaft auch immer wieder ihre Gläubigen aufgefordert, Hitler Gehorsam zu leisten.

Zur höchsten Perversion wurde die Begründung des „gerechten", in diesem Falle sogar des „heiligen Krieges" mit den Kreuzzügen, denen innergesellschaftlich die Inquisition als Mittel der Unterdrückung und Eliminierung von Ketzern oder auch nur freien und damit unliebsamen Geisteshaltungen entsprach. Der Kritik an solchem Verhalten wurde und wird auch heute oft mit dem Argument begegnet, dass es eben zu anderen Zeiten anders gewesen sei. Wo jeder gegen jeden Krieg führte, hätten halt auch Päpste und Bischöfe Krieg geführt. Das Foltern und Verbrennen der Inquisition habe den damaligen Sitten auch in der weltlichen Gerichtsbarkeit entsprochen, sei also gar keine typische christliche Eigenart und auch keine Erfindung der Inquisition. Festzuhalten bleibt, dass die Praxis der „heiligen“ Krieges auf die Christliche Kirche und nicht auf den Islam zurückgeht und die Kreuzzüge sich nicht nur gegen Heiden und Muslime richteten, sondern gegen solche Mitchristen, die sich nicht der Dogmatik der römischen Kirche unterwarfen – wie die Donatisten und Albigenser.

Niccolò Machiavelli (1469–1527) rechtfertigte schließlich sogar böses Tun als sittliche Notwendigkeit, allerdings nur in extremen Situationen im Sinne der Staatsraison, indem er seinem Fürsten anriet:

> „Daher muss er eine Gesinnung haben, aufgrund derer er bereit ist, sich nach dem Wind des Glücks und dem Wechsel der Umstände zu drehen und (…) vom Guten nicht abzulassen, wie es möglich ist, aber sich zum Bösen wenden, sobald es nötig ist.“

Schließlich wurde der bereits erwähnte *Thomas Hobbes* (1588–1679) zum Philosophen der im Fürsten begründeten absoluten Staatsgewalt, die einerseits die Untertanen daran hindern soll, sich gegenseitig totzuschlagen, andererseits aber das Recht in Anspruch nimmt, die Staatsinteressen gegenüber anderen Herrschern mit kriegerischer Gewalt durchzusetzen. Das Recht zur Kriegführung, das Recht auf Krieg (*ius ad bellum*), hatte den Gerechten Krieg (*iustum bellum)* endgültig ad absurdum geführt.

Dessen ungeachtet haben sich immer wieder Friedensrufer zu Wort gemeldet, die sich von der Dialektik des Augustinus nicht beeindrucken ließen. Der überzeugendste war vermutlich *Franz von Assisi* (1182–1226). Zu nennen sind auch *Marsilius von Padua (Defensor pacis)*, *Dante Alighieri, Pierre Dubois, Erasmus von Rotterdam (Querela Pacis* – die Klage des Friedens), die Utopisten *Thomas Morus, Tomaso Campanella, Francis Bacon,* der böhmische König *Georg Podiebrad*, der Herzog von *Sully, Gottfried Wilhelm Leibniz, William Penn*, der *Abbé de Saint Pierre, Jean Jacques Rousseau, Immanuel Kant*. Und als Letzte dieser Reihe möchte ich *Friedrich Nietzsche, Bertha von Suttner und Mahatma Gandhi* nennen. Das waren alles individuelle Zeugnisse, der eindrucksvollste kollektive Friedensruf ging von der „Gesellschaft der Freunde“, den Quäkern (*George Fox,* 1647) aus:

Quäker verweigern die Gefolgschaft im Krieg

> „Wir lehnen grundsätzlich jeden Krieg und allen Kampf mit der Waffe ab, für welches Ziel und unter welchem Vorwand es auch sei: Dies ist unser Zeugnis

> vor der ganzen Welt. (…) Und wir wissen sicher und bezeugen der Welt, dass der Geist Christi, der uns in alle Wahrheit führt, uns niemals bewegen wird, gegen irgendeinen Menschen mit der Waffe zu kämpfen weder für sein Reich, noch für die Reiche dieser Welt."

Sie alle setzten sich für die Ablösung der Kultur des Krieges durch eine Kultur des Friedens ein. Ihre Mahnungen blieben nicht ganz ohne Erfolg. Die bereits genannte Entwicklung vom Faustrecht zum Land- und Kaiserfrieden brachte den Menschen ihrer Zeit, vor allem den Bauern, zwar Erleichterung, wenn auch sicherlich keinen positiven Frieden.

Doch aller Friedenssehnsucht zum Trotz scheint die Sache Krieg und Gewalt die Menschen immer noch oder schon wieder zu beherrschen, zumindest jene, die sich überhaupt mit den Konflikten unserer Zeit auseinandersetzen. Und dennoch ist nichts falscher als die Annahme, Entwicklung und Gegenwart der menschlichen Gesellschaft seien vorrangig, wenn nicht ausschließlich durch Krieg geprägt, ja ohne Krieg hätte es keinen zivilisatorischen Fortschritt gegeben. Noch heute versteigen sich Verteidigungs- und Rüstungsminister in aller Welt zu der abenteuerlichen Behauptung, Rüstungsforschung sei notwendig, um den zivilisatorischen und technologischen Fortschritt zu sichern. Doch Dampfmaschine, Benzin- und Dieselmotor, Eisenbahn, Auto, Flugzeug, Telephon, Radio, Fernsehen, ja sogar das bei allen Hausfrauen und Hausmännern beliebte Teflon wurden durch individuelle und zivile Forschung erfunden. Ausnahmen wie das Internet bestätigen die Regel. Erst später haben sich Militär und Rüstungsindustrie diese Errungenschaften zu kriegerischen Zwecken angeeignet. Richtig ist allenfalls, dass sich für Rüstungsaufträge leichter als für zivile Forschung öffentliche Mittel locker machen lassen. Wiederum stehen wir vor einem Problem der Friedenskultur, nämlich der Unfähigkeit des Staates, der Medien und der Lehrerschaft auf allen Ebenen, die kulturelle Dimension des Friedens zu vermitteln.

Frieden ist längst nicht mehr die Beschreibung von Nichtkrieg, also vom Ruhen militärischer Waffen. Frieden und Sicherheit werden durch andere Faktoren weit mehr gestört als durch Krieg, und zwar durch Faktoren, die im Unterschied zur Vergangenheit – etwa seit Beginn der Industrialisierung im 19. Jahrhundert, aber auch schon früher – von Menschen gemacht sind: Zerstörung der Umwelt und damit der natürlichen Lebensgrundlagen der Menschheit und – in engem Zusammenhang damit – ökonomischer Raubbau, Überkonsum bei etwa 15 Prozent der Menschheit, Normalkonsum bei weiteren 15 Prozent und Unterversorgung der übrigen 70 Prozent. Deshalb ist als friedensstörender Faktor an erster Stelle der Mangel an weltweiter und innergesellschaftlicher Verteilungsgerechtigkeit zu nennen.

Daraus kann geschlossen werden, dass nicht Sicherung des Friedens in erster Linie durch militärische Mittel angesagt ist, sondern politische Maßnahmen zur Überwindung ökologischer und ökonomischer – also zivilisatorischer – Gefährdungen den Vorrang haben müssen. Dort ist der Schlüssel für gegenwärtige und künftige Friedensgestaltung zu finden, dort ist Annäherung an Frieden zu suchen, die immer zugleich auch Annäherung an Gerechtigkeit sein muss, wenn sie von Erfolg begleitet sein soll.

Um solche Friedensstrategien ist es freilich schlecht bestellt. Die politischen Akteure denken nicht daran, sich an solchen Analysen zu orientieren. Sie möchten auf das Instrument der Friedenssicherung, Friedenserzwingung und Friedensgestaltung durch militärische Gewalt, sei es auch nur als *ultima ratio*, die sehr schnell zur *ultima irratio* werden kann, nicht verzichten. Sie verweisen Frieden, Gerechtigkeit und Gewaltarmut einfach in den Bereich der Utopien und Illusionen und setzen weiterhin auf *Clausewitz*. Denn was anderes bedeutet Militärpolitik als eine Vorbereitung darauf, Politik mit anderen Mitteln, also mit Waffeneinsatz oder zumindest mit der Drohung solchen Einsatzes, fortzusetzen?

Um einen Wandel im Denken zu erreichen, wäre es hilfreich, wenn wir mehr darüber wüssten, warum die überwältigende Mehrheit der Menschen friedlich zusammenlebt. Warum leben Menschen trotz unterschiedlicher ethnischer Identität, trotz verschiedenartiger Glaubenszugehörigkeit und kultureller Traditionen, trotz höchst unterschiedlicher (häufig sogar als miteinander unvereinbar angesehener) Interessen dennoch friedlich zusammen, als Individuen, als Nationen? Es gibt zu dieser Frage kaum empirisch belegbare Antworten, allenfalls beschreibende Untersuchungen, auch diese nur unvollkommen.

Insgesamt kann die Gründung und Entwicklung der Europäischen Gemeinschaften, inzwischen Europäische Union, als eine friedenskulturelle Leistung verstanden werden, obschon andere Motive (Kontrolle des westdeutschen Industriepotentials einerseits und Einspannung der Bundesrepublik in die Verteidigung gegenüber dem aggressiven sowjetischen Drohpotential andererseits) dominiert haben, die freilich auch im Interesse der deutschen Politik lagen. Auch der als dauerhaft anzusehende Frieden zwischen den Mitgliedern der Organisation für Wirtschaftliche Zusammenarbeit und Entwicklung *(Organization for Economic Cooperation and Development* – OECD) kann als ein Erfolg der Friedenskultur angesehen werden. Dabei fällt eine Parallele zur *Pax Romana* auf: Auch diese weltweite Friedenszone kennt an ihren Randgebieten kleinere gewaltsame Konflikte – in Nordirland, im Baskenland, auf Korsika, in der Türkei (Kurdenkonflikt), auf dem Balkan, im Nahen Osten. Diese Entwicklungen können als ein Übergang von der bislang mehr oder weniger allein geltenden Maxime des *si vis pacem, para bellum* (Willst Du den Frieden, bereite den Krieg vor) zu einem *si vis pacem, para pacem* (Willst Du den Frieden, bereite den Frieden vor) verstanden werden. Der wohl wichtigste Faktor, wenn auch noch unvollkommen, der Friedenssicherung heute sind die Vereinten Nationen. Gerade deshalb gilt es zu verhindern, dass sie von mächtigen Staaten, wie den USA, gewissermaßen beiseite geschoben werden.

Die Frage, warum politische Akteure wider solche Erkenntnisse und Einsichten handeln, ist schwer zu beantworten. Zahlreiche Äußerungen lassen vermuten, dass sie Zwängen unterliegen oder zumindest meinen, solchen ausgesetzt zu sein. Internationale Verpflichtungen, Fehleinschätzungen und Fehlwahrnehmungen, Überforderung durch Problemanfall und Zeitdruck, Abhängigkeit von Zuträgern und mächtigen Lobbies, Angst vor politischen und finanziellen Risiken, aber auch das Interesse, wiedergewählt zu werden, und schließlich ein Misstrauen gegenüber wissenschaftlichen Erkenntnissen, seien sie auch noch so gut empirisch belegt – das alles sind Gründe, warum sich Politiker dagegen wehren, das vielleicht sogar von ihnen selbst erkannte Notwendige zu tun. Die schnelle Entscheidung, der Rückgriff auf angeblich bewährte alte Instrumente, ist häufig die falsche Entscheidung, wie sich im Nachhinein herausstellt. Dabei sind oft Entscheidungen erst dann in Parlament und Öffentlichkeit durchsetzbar, wenn eine Situation keinen anderen Ausweg mehr lässt. Dann aber ist der Zeitpunkt für erfolgversprechende Prävention längst verpasst. Maßnahmen, die unter solchem Druck getroffen werden, tragen den Keim des Fehlschlags bereits in sich. Und ob das Bemühen der rotgrünen Koalition, sich der gegenwärtigen von den Vereinigten Staaten ausgehenden Kriegspolitik entgegenzustemmen, von Dauer sein wird, muss sich erst noch herausstellen. Bisherige Reaktionen in den Bevölkerungen, auch in den USA selbst, zeigen aber auch, dass die Bundesregierung keineswegs so isoliert ist, wie es die Opposition darzustellen versucht.

Eine große Rolle dürfte in diesem Zusammenhang die Angst vor Strukturwandel, vor Infragestellung jahrhundertealter patriarchalischer Privilegien spielen, für deren Aufrechterhaltung Militär, neben dem Selbsterhaltungstrieb des Militärs selbst, ein offensichtlich entscheidenderer Faktor ist als alle anderen Überlegungen. Die Sorge, dass der Reformdruck, vor allem im Zeichen zunehmender öffentlicher und individueller Armut bei gleichzeitig zunehmendem Reichtum einer Minderheit der Bevölkerung sowie im Zeichen anhaltender Zerstörung der Umwelt, zu einer „anderen" (sprich: gerechteren und damit friedlicheren) Republik führen könnte, ist offensichtlich für viele gesellschaftliche Akteure ein so erschreckender Gedanke, dass sie auf Militär nicht verzichten wollen.

Die amerikanische Historikerin *Barbara Tuchman* hat diese Denkweise in die Kategorie der Torheiten eingeordnet:

> „In der Regierungskunst, so scheint es, bleiben die Leistungen der Menschheit weit hinter dem zurück, was sie auf fast allen anderen Gebieten vollbracht hat. Weisheit, die man definieren könnte als den Gebrauch der Urteilskraft auf der Grundlage von Erfahrung, gesundem Menschenverstand und verfügbarer Information, kommt in dieser Sphäre weniger zur Geltung und ihre Wirkung wird häufiger vereitelt, als es wünschenswert wäre. Warum agieren die Inhaber hoher Ämter so oft in einer Weise, die der Vernunft und dem aufgeklärten Eigen-

interesse zuwiderläuft? Warum bleiben Einsicht und Verstand so häufig wirkungslos?"

Wenn die Gesamtheit meiner Überlegungen der Kritik standhält, dann sollten sie Konsequenzen für die Friedenspolitik haben. Auf dieser Grundlage wäre nach neuen Erkenntnissen zu suchen, wie die ohne jeden Zweifel noch vorhandene Gewalt in den zwischenstaatlichen und innerstaatlichen Beziehungen weiter eingedämmt und schließlich auf eine wahrscheinlich nie völlig auszuschaltende Restgewalt reduziert werden kann, die wir mit rechtsstaatlichen Mitteln, etwa durch den Einsatz internationaler Polizei, unter Kontrolle halten können, wie dies in demokratischen Gemeinwesen die Regel ist. Die Politik wäre herausgefordert, Konflikte, in welcher Form und an welchem Ort sie auch immer gewaltträchtig zum Ausbruch kommen können, schon im Vorfeld mit zivilen Mitteln einzuhegen.

Das bedeutet unter vielem anderen den schrittweisen Verzicht auf Streitkräfte, die – wie es nach wie vor der Fall ist – die Tötung von Menschen einüben und sanktionieren, und ihr ebenso schrittweiser Ersatz durch internationale Polizeikräfte, die nicht dem einzelnen Staat oder Staatenbündnis, sondern den Vereinten Nationen zugeordnet und internationaler rechtsstaatlicher Kontrolle unterworfen sind. Im Falle Bosniens war eine solche internationale Polizeitruppe vorgesehen, doch dieselben Regierungen, die Militärkontingente stellten, waren bis heute nicht bereit, ihre Verpflichtung zur Bereitstellung von Polizeikräften zu erfüllen, auf die zahlreiche Aufgaben warten (Überwachung ziviler Vorgänge, Hilfestellung beim Aufbau von Verwaltungen, Ausbildung örtlicher Polizeien und anderes mehr), die zur Entwicklung und Wiederbelebung einer Friedenskultur unerlässlich sind.

Die Summe vorstehender Überlegungen lässt erkennen, dass wir mit den Worten des amerikanischen Politikwissenschaftlers *Leonhard Lewin* bisher nur „schüchtern über den Rand des Friedens" geblickt haben. Erst wenn wir die vielfältigen Erfahrungen friedlichen Zusammenlebens von Menschen und Gemeinwesen in Vergangenheit und Gegenwart aufarbeiten, werden wir eine Kultur des Friedens entwickeln und praktizieren können, die der Weltgesellschaft eine gewaltfreiere Perspektive, eine Welt ohne Krieg eröffnet. Und darum dürfen Friedensrufe nicht ungehört bleiben.

Friedens- und Kriegsperioden in Europa im 19. und 20. Jahrhundert

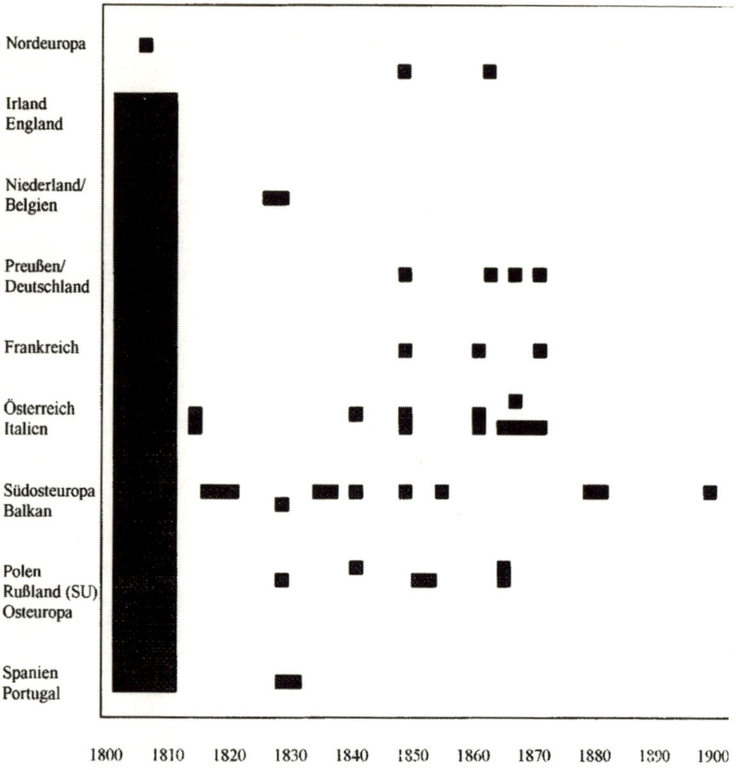

Dieses Schaubild verdeutlicht im Verständnis von Kenneth Boulding (vgl. Anhang 6.2: „Möglichkeiten und Grenzen interdisziplinärer Friedensforschung") die Verteilung von Friedensperioden (hell) und Kriegsperioden (dunkel) in Europa im 19. und 20. Jahrhundert. Berücksichtigt wurden 45 Kriege ohne innere Wirren und Revolutionen und ohne die Periode des Kalten Krieges. Die drei Weltkriege (Napoleonische Kriege, WK I, WK II) und der spanische Bürgerkrieg forderten schätzungsweise drei Viertel der Todesopfer, nur etwa ein Viertel entfiel auf die anderen Kriege, an denen in den meisten Fällen nur zwei oder drei Staaten beteiligt waren. Dabei wurden u.a. die Berechnungen von Ruth Leger Sivard (1993), *World Military and Social Expenditures*, 15. Ausgabe, Washington D.C., S. 21, zugrunde gelegt. Vertreibungen, Fluchtbewegungen und die Opfer des stalinistischen Fluchtbewegungen wurden nicht berücksichtigt.

Friedens- und Kriegsperioden in Europa im 19. und 20. Jahrhundert

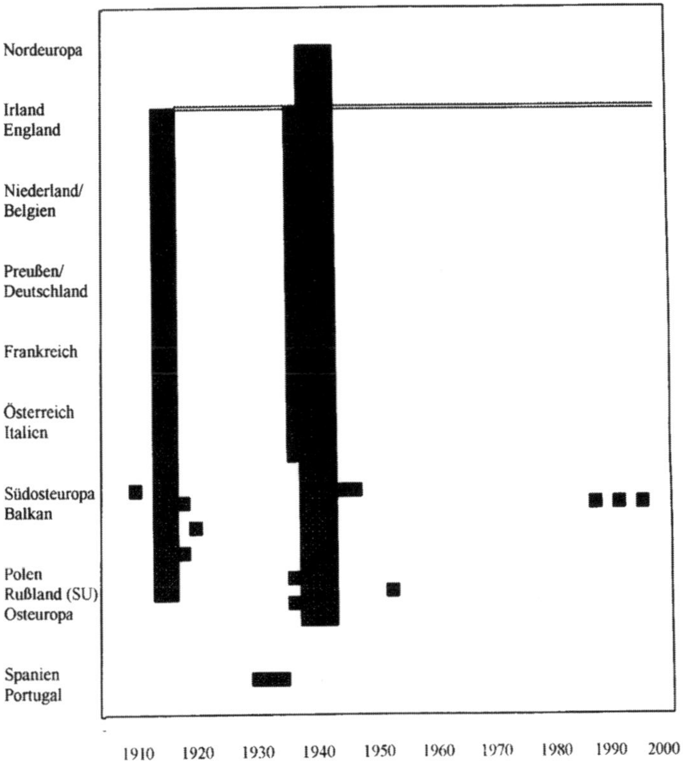

Die Wagerechte verdeutlicht die jeweilige Dauer der Kriege (wobei zusätzlich zu berücksichtigen ist, dass manche Krieg nur ein paar Monate oder gar nur Wochen dauerten), die Senkrechte verdeutlicht die Zahl der beteiligten Staaten (wobei zu berücksichtigen ist, dass nicht alle Regionen eines Staates vom Kriegsgeschehen betroffen waren; letzteres gilt auch für die Weltkriege). Insgesamt entfielen auf 200 Jahre 69 Kriegsjahre und 131 Friedensjahre. Auf den Gesamtzeitraum von 200 Jahren bezogen entfielen nur etwa 11 bis 12 Prozent der gesellschaftlichen Tätigkeit auf Kriegsereignisse. Der dünne Querbalken stellt den zeitlich längsten bewaffneten Konflikt in Europa dar: den Kampf der Iren gegen die britische Herrschaft über Irland bzw. Nordirland.

Grafik: Karlheinz Koppe; das einseitig gefasste Original wurde hier in zwei Seiten getrennt.

Anhang

Autorinnen und Autoren

Dolores M. Bauer, Journalistin und Autorin.

Nadine Bilke, Online-Redakteurin des Zweiten Deutschen Fernsehens (ZDF).

Ernst-Otto Czempiel, Professor für Internationale Politik und Außenpolitik, Universität Frankfurt/Main, Hessische Stiftung Friedens- und Konfliktforschung (HSFK).

Corinna Hauswedell, Internationales Konversionszentrum Bonn (BICC), Mitherausgeberin des Friedensgutachtens.

Claudia Haydt, Religionswissenschaftlerin und Soziologin mit Schwerpunkt Friedensforschung, Informationsstelle Militarisierung (IMI), Tübingen.

Hans-Joachim Heintze, Geschäftsführer des Instituts für Friedenssicherungsrecht und Humanitäres Völkerrecht, Universität Bochum.

Karl-Heinz Koppe, Professor, ehemaliger Präsident der International Peace Research Association (IPRA).

David Krieger, Präsident der Nuclear Age Peace Foundation, Santa Barbara, USA.

Ekkehart Krippendorff, Professor für Politikwissenschaft, Freie Universität Berlin.

Knut Krusewitz, ehemaliger Hochschullehrer für Umweltplanung, Technische Universität Berlin, Friedens- und Umweltaktivist.

Gerald Mader, Präsident des Österreichischen Studienzentrums für Frieden und Konfliktlösung (ÖSFK), Stadtschlaining.

Otfried Nassauer, Leiter des Berliner Informationszentrums für Transatlantische Sicherheit (BITS), freier Journalist.

Norman Paech, Professor für Öffentliches Recht und Völkerrecht, Hamburger Universität für Wirtschaft und Politik.

Thomas Roithner, wissenschaftlicher Mitarbeiter des Österreichischen Studienzentrums für Frieden und Konfliktlösung (ÖSFK), Stadtschlaining, Außenstelle Wien.

Jürgen Rose, Oberstleutnant der Deutschen Bundeswehr, Diplompädagoge, München, External Fellow am Institut für Friedensforschung und Sicherheitspolitik an der Universität Hamburg (IFSH).

Werner Ruf, Professor für Internationale Politik, Universität Kassel.

Peter Strutynski, Politikwissenschaftler, Universität Kassel, Sprecher des Bundesausschusses Friedensratschlag.

Josef Wall-Strasser, Bildungssekretär Österreichischer Gewerkschaftsbund OÖ, Vorstandsmitglied von ATTAC Österreich.

Friedenszentrum Burg Schlaining

In der südburgenländischen Stadtgemeinde Stadtschlaining sind zwei Friedensinstitutionen beheimatet: Das 1982 gegründete Österreichische Studienzentrum für Frieden und Konfliktlösung (ÖSFK) und das 1987 vom ÖSFK mit Hilfe von europäischen UNESCO-Organisationen gegründete Europäische Universitätszentrum für Friedensstudien (EPU). Beide Institutionen sind als private, gemeinnützige, überparteiliche und unabhängige Vereine organisiert, deren Tätigkeit nicht auf Gewinn gerichtet ist, und beide werden von ihrem Gründer und geschäftsführenden Präsidenten Dr. Gerald Mader geleitet. Beiden Institutionen wurde 1995 von der UNESCO der Preis für Friedenserziehung verliehen.

Das ÖSFK hat das Ziel, zur weltweiten Förderung des Friedens und zur Förderung einer friedlichen Konfliktlösung auf allen Ebenen beizutragen. Entsprechend engagiert sich das ÖSFK in Forschung, Ausbildung und friedenspolitischer Praxis für den persönlichen, gesellschaftlichen und internationalen Bereich. Den Forschungsschwerpunkt bildet ein fünfjähriges internationales Forschungsprogramm zu Grundfragen einer europäischen Sicherheits- und Friedenspolitik: „Friedensmacht Europa? Strategien für den Aufbruch ins 21. Jahrhundert". Im Bereich der Ausbildung werden Beiträge zur schulischen und außerschulischen Friedens- und Konflikterziehung geleistet. Den Ausbildungsschwerpunkt bilden Programme zur Qualifizierung von Fachkräften für Regierungs- und Nichtregierungsorganisationen, die sich mit Friedenseinsätzen in Konfliktregionen beschäftigen, wie das „International Civilian Peace-keeping and Peace-building Training Program" (IPT), das „Mission Preparation Training Program for the OSCE" (MPT) und die „Summer Academy on OSCE". Der friedlichen Konfliktlösung in bestimmten Regionen dienen vor allem Projekte wie „Rebuilding the Multi-ethnic Society in Croatia" und „Preventive Diplomacy and Peace-building" für Afrika.

Die EPU führt englischsprachige Studienprogramme in „Peace and Conflict Studies" auf postgraduiertem universitärem Niveau durch. Das EPU-Programm kann nach drei Monaten mit einem Zertifikat abgeschlossen werden oder nach einem Jahr mit einem Mastertitel. Die EPU verbindet klassische akademische Analyse mit Praxisorientierung und persönlichem Lernen, das durch die Dynamik einer internationalen und multikulturellen Studiengemeinschaft in Schlaining gefördert wird.

Seit dem Jahr 2000 betreibt das Friedenszentrum Schlaining das Europäische Museum für Frieden. Den Kern des Europäischen Museums für Frieden bildet eine permanente Ausstellung, die in drei Bereiche unterteilt ist: Gewalt und ihre Vermeidung, Konflikte und ihre konstruktive Bearbeitung sowie Frieden und seine Entwicklung. Die heurige Sonderausstellung beschäftigt sich mit dem Thema „Geheimnisvoller Osten". Das Museum wurde mit einem vom Ministerium für Bildung, Wissenschaft und Kultur verliehenen Anerkennungspreis im Rahmen des Museumspreises 2001 ausgezeichnet.

Das Friedenszentrum Burg Schlaining veröffentlicht u.a. die Zeitschrift „Friedens-Forum" sowie die Publikationsreihen „workingpapers" und „dialog. Beiträge zur Friedensforschung". Im Rahmen der Publikationsreihe „dialog" erscheinen der jährliche Friedensbericht und die Dokumentationen der Sommerakademien.

Das Friedenszentrum Burg Schlaining verfügt über eine Infrastruktur mit Büroräumlichkeiten in der Burg Schlaining, dem „Haus International" (Wohn- und Seminarräume), der Friedensbibliothek in der einstigen Synagoge, dem „Hotel Burg Schlaining" (Seminarhotel) und dem Konferenz- und Seminarzentrum in der Burg Schlaining.

Kontakt zur Redaktion:

Österreichisches Studienzentrum für Frieden und Konfliktlösung
Außenstelle Wien
Mag. Dr. Thomas Roithner
Wiedner Gürtel 10
A – 1040 Wien
Tel. + 43 (0) 1 – 79 69 959
Fax + 43 (0) 1 – 79 65 711
eMail: aspr.vie@aspr.ac.at

Dialog – Beiträge zur Friedensforschung

In der Reihe *Dialog – Beiträge zur Friedensforschung*, herausgegeben vom Österreichischen Studienzentrum für Frieden und Konfliktlösung, erschienen jüngst:

Pax Americana und Pax Europaea. Konsens oder Konflikt um eine neue Weltordnungskonzeption?, Projektleitung: Ronald H. Tuschl, Dialog 46, 300 Seiten, 2004.

Neutralität im Neuen Europa. Österreichs Beitrag zur Finalität der Union, (gemeinsam hg. mit IIP Wien), Redaktion: Wolfgang Koch, Franz Leidenmühler, Peter Steyrer, Dialog 45, 150 Seiten, 2004.

Schurkenstaat und Staatsterrorismus. Die Konturen einer militärischen Globalisierung, Projektleitung: Thomas Roithner, Dialog 44, 240 Seiten, 2004.

Jihad vs. McWorld? Friedenspolitik im Spannungsfeld zwischen Globalisierung und fundamentalistischer Bedrohung, Projektleitung: Ronald H. Tuschl, Dialog 43, 288 Seiten, 2003.

Europa Macht Frieden. Die Rolle Österreichs, Projektleitung: Thomas Roithner, Dialog 42, 348 Seiten, 2003.

Ground Zero. Friedenspolitik nach den Terroranschlägen auf die USA, Projektleitung: Ronald H. Tuschl, Dialog 41, 271 Seiten, 2002.

Globe 2001. Friedenspolitik an der Schwelle eines neuen Jahrtausends, Projektleitung: Thomas Roithner, Dialog 40, 180 Seiten, 2002.

Nach der Jahrtausendwende. Zur Neuorientierung der Friedensforschung im 3. Jahrtausend, Projektleitung: Thomas Roithner, Ronald H. Tuschl, Wilfried Graf, Dialog 39, 345 Seiten, 2001.

Wie sicher ist Europa? Perspektiven einer zukunftsfähigen Sicherheitspolitik nach der Jahrtausendwende, Projektleitung: Thomas Roithner, Dialog 38, 236 Seiten, 2001.

Bezugsadresse:
im Buchhandel und über die vorangehende Redaktionsanschrift.